Das Wettbewerbsverbot im Verbands- und Kartellrecht

Peer Philip Wagner

Das Wettbewerbsverbot im Verbands- und Kartellrecht

Eine rechtsformübergreifende Untersuchung unter besonderer Berücksichtigung von Gemeinschaftsunternehmen

PL ACADEMIC RESEARCH

Bibliografische Information der Deutschen Nationalbibliothek
Die Deutsche Nationalbibliothek verzeichnet diese Publikation in der Deutschen Nationalbibliografie; detaillierte bibliografische Daten sind im Internet über http://dnb.d-nb.de abrufbar.

Zugl.: Münster (Westfalen), Univ., Diss., 2014

D 6
ISSN 0531-7312
ISBN 978-3-631-65720-1 (Print)
E-ISBN 978-3-653-05011-0 (E-Book)
DOI 10.3726/978-3-653-05011-0

PL Academic Research ist ein Imprint der Peter Lang GmbH.
Peter Lang – Frankfurt am Main · Bern · Bruxelles · New York · Oxford · Warszawa · Wien

Diese Publikation wurde begutachtet.

www.peterlang.com

Danksagung

Diese Arbeit lag der Rechtswissenschaftlichen Fakultät der Westfälischen Wilhelms-Universität Münster im Jahre 2014 als Inauguraldissertation vor. Rechtsprechung und Literatur konnten bis Mitte 2014 berücksichtigt werden.

Ich danke meinem Doktorvater *Prof. Dr. Gerald Mäsch* für die Betreuung der Arbeit und die lehrreiche Zeit, die ich als wissenschaftlicher Mitarbeiter an seinem Institut verbringen durfte. *Prof. Dr. Wolfram Timm* danke ich für die zügige Erstellung des Zweitgutachtens.

Mein besonderer Dank gilt meiner Mutter, *Beatrice Wagner*, die mich während meiner gesamten juristischen Ausbildung in jeder Hinsicht großzügig unterstützt hat und mir auf diese Weise meinen Werdegang ermöglicht hat.

Ihr und meinem leider viel zu früh verstorbenen Vater, *Jürgen Wagner*, ist diese Arbeit gewidmet.

Peer Wagner Hamburg, 13. August 2014

Inhaltsverzeichnis

Literaturverzeichnis

Altmeppen, Holger *Roth*, Günter	Gesetz betreffend die Gesellschaften mit beschränkter Haftung (GmbHG), 7. Auflage, München 2012 (zit.: *Roth/Altmeppen*, GmbHG).
Altmeppen, Holger	Zum Vorstandsdoppelmandat in einer beherrschten AG & Co. KG, Zeitschrift für Wirtschaftsrecht (ZIP) 2008, 437 ff.
–	Interessenkonflikte im Konzern, Zeitschrift für das gesamte Handels- und Wirtschaftsrecht (ZHR) 171 (2007), 320 ff.
–	Neutralitätspflicht und Pflichtangebot nach dem neuen Übernahmerecht, Zeitschrift für Wirtschaftsrecht (ZIP) 2001, 1073 ff.
–	Abschied vom „qualifizierten faktischen Konzern“, Heidelberg 1991 (zit.: *Altmeppen*, Abschied vom „qualifiziert faktischen“ Konzern).
Arens, Peter	Dogmatik und Praxis der Schadensschätzung, Zeitschrift für Zivilprozess (ZZP) 88 (1975), 1 ff.
Armbrüster, Christian	Grundlagen und Reichweite von Wettbewerbsverboten im Personengesellschaftsrecht, Zeitschrift für Wirtschaftsrecht (ZIP) 1997, 261 ff.
–	Wettbewerbsverbote im Kapitalgesellschaftsrecht, Zeitschrift für Wirtschaftsrecht (ZIP) 1997, 1269 ff.
Assmann, Heinz-Dieter (Hrsg.) *Pötzsch*, Thorsten (Hrsg.) *Schneider*, Uwe H. (Hrsg.)	Wertpapiererwerbs- und Übernahmegesetz, 1. Auflage, Köln 2005 (zit.: Assmann/Pötzsch/Uwe H. Schneider/*Bearbeiter*, WpÜG).
Baumbach, Adolf *Hueck*, Alfred (Hrsg.)	Kommentar Gesetz betreffend die Gesellschaft mit beschränkter Haftung, 20. Auflage, München 2013 (zit.: Baumbach/Hueck/*Bearbeiter*, GmbHG).

Baumbach, Adolf
Lauterbach, Wolfgang
Albers, Jan
Hartmann, Peter (Verf.) — Kommentar Zivilprozessordnung: ZPO, 72. Auflage, München 2014 (zit.: Baumbach/Lauterbach/Albers/*Hartmann*, ZPO).

Bechtold, Rainer — Kommentar Kartellgesetz: GWB, 7. Auflage, München 2013 (zit.: *Bechtold*, GWB).

– — Zum Referenten-Entwurf der 6. GWB-Novelle, BetriebsBerater (BB) 1997, 1853 ff.

– — Die Entwicklung des deutschen Kartellrechts von 1981 bis 1983, Neue Juristische Wochenschrift (NJW) 1984, 145 ff.

Belke, Rolf — Grundfragen des Kartellverbots, Zeitschrift für das gesamte Handels- und Wirtschaftsrecht (ZHR) 143 (1979), 74 ff.

Benner, Klaus — Kartellrechtliche Unwirksamkeit bei verfassten Verbänden, Berlin 1993 (zugleich Diss. Freiburg; zit.: *Benner*, Kartellrechtliche Unwirksamket bei verfassten Verbänden).

Beuthien, Volker — Gesellschaftsrecht und Kartellrecht – Kann Gesellschaftsrecht Kartellrecht brechen?, Zeitschrift für das gesamte Handels- und Wirtschaftsrecht (ZHR) 142 (1978), 259 ff.

Binz, Mark K.
Sorg, Martin H. — Die GmbH & Co. KG im Gesellschafts- und Steuerrecht, 11. Auflage, München 2010 (zit.: *Binz/Sorg*, Die GmbH & Co. KG).

Bornkamm, Joachim — Das Kartellverbot in der neueren Rechtsprechung des Bundesgerichtshofs, Festschrift für Karlmann Geiß, Köln 2000, S. 539 ff. (zit.: *Bornkamm*, FS Geiss).

Buntscheck, Martin — Das „Konzernprivileg“ im Rahmen von Art. 81 Abs. 1 EG-Vertrag – Analyse der Entscheidungspraxis von Kommission und Gerichtshof unter besonderer Berücksichtigung der Beziehung zwischen Gemeinschaftsunternehmen und ihren Müttern, Baden-Baden 2002 (zugleich Diss. Mainz; zit.: *Buntscheck*, Das „Konzernprivileg“).

Burgard, Ulrich	Das Wettbewerbsverbot des herrschenden Aktionärs, Festschrift für Marcus Lutter, Köln 2000, S. 1033 ff. (zit.: *Burgard*, FS Lutter).
Canaris, Claus-Wilhelm	Handelsrecht, 24. Auflage, München 2006 (zit.: *Canaris*, Handelsrecht).
Canaris, Claus-Wilhelm (Hrsg.) *Habersack*, Mathias (Hrsg.) *Schäfer*, Carsten (Hrsg.)	Staub Handelsgesetzbuch: HGB, Band 3: §§ 105–160, 5. Auflage, Berlin 2009 (zit.: Großkomm-HGB/*Bearbeiter*).
Claussen, Carsten P.	Rezension: „Aßmann/Basaldua/Bozenhardt/Peltzer, Übernahmeangebote, ZGR-Sonderheft 1990", Zeitschrift für das gesamte Handels- und Wirtschaftsrecht (ZHR) 154 (1990), 488 ff.
De Crozals, Dorothee *Hartog*, Johanna	Die neue Nebenabreden-Bekanntmachung der Europäischen Kommission, Europäisches Wirtschafts- und Steuerrecht (EWS) 2004, 533 ff.
Ebenroth, Thomas *Boujong*, Karlheinz *Joost*, Detlev (Hrsg.) *Strohn*, Lutz (Hrsg.)	Handelsgesetzbuch: HGB, Band 1: §§ 1–342e, 2. Auflage, München 2008 (zit. E/B/J/S/*Bearbeiter*, HGB).
Emmerich, Volker *Habersack*, Mathias	Kommentar Aktien- und GmbH-Konzernrecht, 7. Auflage, München 2013 (zit.: *Emmerich/Habersack*).
–	Konzernrecht – Ein Studienbuch, 10. Auflage, München 2013 (zit.: *Emmerich/Habersack*, Konzernrecht).
Emmerich, Volker	Kartellrecht – Ein Studienbuch, 12. Auflage, München 2012 (zit.: *Emmerich*, Kartellrecht).
–	Das Konzernrecht der Personengesellschaften, Festschrift für Walter Stimpel, Berlin 1985 (zit.: *Emmerich*, FS Stimpel).
–	Die höchstrichterliche Rechtsprechung zum GWB, Zeitschrift für das gesamte Handels- und Wirtschaftsrecht (ZHR) 139 (1975), 501 ff.

Fleischer, Holger — Zur ergänzenden Anwendung von Aktienrecht auf die GmbH, GmbH-Rundschau (GmbHR) 2008, 673 ff.

– Ungeschriebene Hauptversammlungszuständigkeiten im Aktienrecht, Neue Juristische Wochenschrift (NJW) 2004, 2335 ff.

– Konzerninterne Wettbewerbsbeschränkungen und Kartellverbot – Zugleich Besprechung der *Viho/Parker Pen*-Entscheidung des Europäischen Gerichtshofs, Die Aktiengesellschaft (AG) 1997, 491 ff.

Fleischer, Holger (Hrsg.)
Goette, Wulf (Hrsg.) — Münchener Kommentar zum GmbHG, Band 1: §§ 1–34, 1. Auflage, München 2010 (zit.: MünchKomm-GmbHG/*Bearbeiter*).

– Münchener Kommentar zum GmbHG, Band 2: §§ 35–52, 1. Auflage, München 2012 (zit.: MünchKomm-GmbHG/*Bearbeiter*).

– Münchener Kommentar zum GmbHG, Band 3: §§ 53–85, 1. Auflage, München 2011 (zit.: MünchKomm-GmbHG/*Bearbeiter*).

Flume, Werner — Die Rechtsprechung des II. Zivilsenats des BGH zur Treupflicht des GmbH-Gesellschafters und des Aktionärs – Zugleich eine Besprechung des *Girmes*-Urteils des BGH vom 20. März 1995 – Zeitschrift für Wirtschaftsrecht (ZIP) 1996, 161 ff.

– Allgemeiner Teil des Bürgerlichen Rechts – Enzyklopädie der Rechts- und Staatswissenschaft, Bd. 1, Teil 1, Die Personengesellschaft, Berlin 1977 (zit.: *Flume*, Die Personengesellschaft).

– Gesellschaft und Gesamtheit, Zeitschrift für das gesamte Handels- und Wirtschaftsrecht (ZHR) 136 (1972), 177 ff.

Fuchs, Andreas	Kartellrechtliche Immanenztheorie und Wettbewerbsbeschränkungen in Genossenschaftssatzungen – Bemerkungen zum Beschluss des BGH vom 10.11.1992, BetriebsBerater (BB) 1993, 1893 ff.
Gansweid, Wolfgang	Gemeinsame Tochtergesellschaften im deutschen Konzern- und Wettbewerbsrecht, Baden-Baden 1976 (zugleich Diss. Bielefeld; zit.: *Gansweid*, Gemeinsame Tochtergesellschaften).
Gärtner, Reinhard	Wandlungen in der Interpretation des Paragraphen 1 GWB durch die Rechtsprechung, Mainz 1984 (zugleich Diss. Mainz; zit.: *Gärtner*, Wandlungen in der Interpretation des § 1 GWB).
Gärtner, Rudolf	Handelsrechtliches Wettbewerbsverbot und Kartellvertrag, BetriebsBerater (BB) 1970, 946 ff.
Gehring, Stefan *Mäger*, Thorsten	Kartellrechtliche Grenzen von Kooperationen zwischen Wettbewerbern – Neue Leitlinien der EU-Kommission, Der Betrieb (DB) 2011, 398 ff.
Geiger, Martin	Wettbewerbsverbote im Konzernrecht – Eine Untersuchung zur Konzernbildungskontrolle im Recht der Personengesellschaften, der GmbH und der AG, Baden-Baden 1996 (Zugleich Diss. München; zit.: *Geiger*, Wettbewerbsverbote im Konzernrecht)
Goette, Wulf (Hrsg.) *Habersack*, Mathias (Hrsg.) *Kalss*, Susanne (Hrsg.)	Münchener Kommentar zum Aktiengesetz, Band 1: §§ 1–75, 3. Auflage, München 2008 (zit.: MünchKomm-AktG/*Bearbeiter*).
–	Münchener Kommentar zum Aktiengesetz, Band 2: §§ 76–117, 4. Auflage, München 2014 (zit.: MünchKomm-AktG/*Bearbeiter*).
–	Münchener Kommentar zum Aktiengesetz, Band 4: §§ 179–277, 3. Auflage, München 2011 (zit.: MünchKomm-AktG/*Bearbeiter*).

– Münchener Kommentar zum Aktiengesetz, Band 5: §§ 278–328, 3. Auflage, München 2010 (zit.: MünchKomm-AktG/*Bearbeiter*).

Gosch, Dietmar (Hrsg.) Körperschaftssteuergesetz – Kommentar, 2. Auflage, München 2009 (zit.: Gosch/*Bearbeiter*, KStG).

Götting, Horst-Peter Gewerblicher Rechtsschutz – Patent-, Gebrauchsmuster-, Geschmacksmuster- und Markenrecht, 9 Auflage, München 2010 (zit.: *Götting*, Gewerblicher Rechtsschutz).

Grandpierre, Walter Wettbewerbsbeschränkungen zwischen verbundenen Unternehmen nach dem Gesetz gegen Wettbewerbsbeschränkungen, Marburg 1972 (zugleich Diss. Marburg; zit.: *Grandpierre*, Wettbewerbsbeschränkungen zwischen verbundenen Unternehmen).

Großfeld, Bernhard Föderalismusprobleme im Rundfunkrecht, Die Aktiengesellschaft (AG) 1992, 336 ff.

Grunewald, Barbara Einsichts- und Auskunftsrecht des GmbH-Gesellschafters nach neuem Recht, Zeitschrift für das gesamte Handels- und Wirtschaftsrecht (ZHR) 146 (1982), 211 ff.

Gummert, Hans (Hrsg.)
Weipert, Lutz (Hrsg.) Münchener Handbuch des Gesellschaftsrechts, Band 1: BGB-Gesellschaft, Offene Handelsgesellschaft, Partnerschaftsgesellschaft, Partenreederei, EWIV, München 2009 (zit.: Münch.Hdb.GesR/*Bearbeiter*, I.)

Habersack, Mathias Die Mitgliedschaft – subjektives und „sonstiges" Recht, Tübingen 1996 (zugleich Diss. Heidelberg; zit.: *Habersack*, Die Mitgliedschaft).

Habersack, Mathias (Hrsg.)
Ulmer, Peter (Hrsg.)
Löbbe, Marc (Hrsg.) GmbHG – Gesetz betreffend die Gesellschaften mit beschränkter Haftung: GmbH – Großkommentar, Band I: §§ 1–28, Tübingen 2013 (zit.: Ulmer/*Bearbeiter*, GmbHG).

– GmbHG – Gesetz betreffend die Gesellschaften mit beschränkter Haftung: GmbH – Großkommentar, Band II: §§ 29–52, Tübingen 2006 (zit.: Ulmer/*Bearbeiter*, GmbHG).

– GmbHG – Gesetz betreffend die Gesellschaften mit beschränkter Haftung: GmbH – Großkommentar, Band III: §§ 53–87, Tübingen 2008 (zit.: Ulmer/*Bearbeiter*, GmbHG).

Helm, Horst — Teilnichtigkeit nach Kartellrecht, Gewerblicher Rechtsschutz und Urheberrecht (GRUR) 1976, 496 ff.

Hennrichs, Joachim — Treupflichten im Aktienrecht – zugleich Überlegungen zur Konkretisierung der Generalklausel des § 242 BGB sowie zur Eigenhaftung des Stimmrechtsvertreters –Archiv für die civilistische Praxis (AcP) 195 (1995), 221 ff.

Henze, Hartwig — Kein ungeschriebenes Wettbewerbsverbot für herrschende Unternehmen gegenüber abhängigen Gesellschaften?, Zeitschrift für das gesamte Handels- und Wirtschaftsrecht (ZHR) 175 (2011), 1 ff.

– Das Wettbewerbsverbot im außervertraglichen Aktienrechtskonzern, Festschrift für Uwe Hüffer, München 2010, S. 309 ff. (zit.: *Henze*, FS Hüffer).

– Treupflichten der Gesellschafter im Kapitalgesellschaftsrecht, Zeitschrift für das gesamte Handels- und Wirtschaftsrecht (ZHR) 162 (1998), 186 ff.

Hirsch, Günter (Hrsg.) *Montag*, Frank (Hrsg.) *Säcker*, Franz Jürgen (Hrsg.) — Münchener Kommentar zum Europäischen und Deutschen Wettbewerbsrecht (Kartellrecht), Band 1: Europäisches Wettbewerbsrecht: EuWettbR), München 2007 (zit.: MünchKomm-EuWettR/*Bearbeiter*).

–	Münchener Kommentar zum Europäischen und Deutschen Wettbewerbsrecht (Kartellrecht), Band 2: Gesetz gegen Wettbewerbsbeschränkungen: GWB, München 2008 (zit.: MünchKomm-GWB/*Bearbeiter*).
Hirte, Heribert	Die Ausübung der Informationsrechte von Gesellschaftern durch Sachverständige, Festschrift für Volker Röhricht, Köln 2005, S. 217 ff. (zit.: *Hirte*, FS Röhricht).
Hirte, Heribert	Zivil- und Kartellrechtliche Schranken für Wettbewerbsverbote im Zusammenhang mit Unternehmensveräußerungen, Zeitschrift für das gesamte Handels- und Wirtschaftsrecht (ZHR) 154 (1990), 443 ff.
Hirte, Heribert (Hrsg.) *Von Bülow*, Christoph (Hrsg.)	Kölner Kommentar zum WpÜG, 2. Auflage, Köln 2010 (zit.: KK-WpÜG/*Bearbeiter*).
Hoffmann-Becking, Michael (Hrsg.)	Münchener Handbuch des Gesellschaftsrechts, Band 4: Aktiengesellschaft, 3. Auflage, München 2007 (zit.: Münch.Hdb.GesR/*Bearbeiter*, IV.).
Hommelhoff, Peter	Der Unternehmenskauf als Gegenstand der Rechtsgestaltung, Zeitschrift für das gesamte Handels- und Wirtschaftsrecht (ZHR) 150 (1986), 254 ff.
Hommelhoff, Peter (Hrsg.) *Hopt*, Klaus J. (Hrsg.) *Von Werder*, Axel (Hrsg.)	Handbuch Corporate Governance, 1. Auflage, Köln 2003 (zit.: Hommelhoff/Hopt/v. Werder/*Bearbeiter*, Hdb. Corporate Governance).
Höpfner, Clemens	Die systemkonforme Auslegung – Zur Auflösung einfachgesetzlicher, verfassungsrechtlicher und europarechtlicher Widersprüche im Recht, Tübingen 2008 (zugleich Diss. Konstanz; zit.: *Höpfner*, Die systemkonforme Auslegung).
Hopt, Klaus J. *Merkt*, Hanno *Roth*, Markus	Kommentar Handelsgesetzbuch, 35. Auflage, München 2012 (zit.: Baumbach/*Bearbeiter*, HGB).

Hopt, Klaus J. — Grundsatz- und Praxisprobleme nach dem Wertpapiererwerbs- und Übernahmegesetz, Zeitschrift für das gesamte Handels- und Wirtschaftsrecht (ZHR) 166 (2002), 383 ff.

Hopt, Klaus J. (Hrsg.) *Wiedemann*, Herbert (Hrsg.) — Aktiengesetz Großkommentar, Band 1: Einleitung; §§ 1–53, 4. Auflage, Berlin 2004 (zit.: Großkomm-AktG/*Bearbeiter*).

– Aktiengesetz Großkommentar, Band 2: §§ 53a-75, 4. Auflage, Berlin 2008 (zit.: Großkomm-AktG/*Bearbeiter*).

Huber, Ulrich — Zur kartellrechtlichen Problematik der Zusammenfassung von Konzernunternehmen unter einer einheitlichen Leitung im Sinne des § 18 AktG, Zeitschrift für das gesamte Handels- und Wirtschaftsrecht (ZHR) 131 (1968), 193 ff.

Hueck, Alfred — Der Treuegedanke im modernen Privatrecht, München 1947.

Hüffer, Uwe — Kommentar Aktiengesetz, 10. Auflage, München 2012 (zit.: *Hüffer*, AktG).

– Der herrschende Aktionär, Adressat eines ungeschriebenen Wettbewerbsverbots?, Festschrift für Volker Röhricht, Köln 2005, S. 251 ff. (zit.: *Hüffer*, FS Röhricht).

– Zur gesellschaftsrechtlichen Treupflicht als richterrechtliche Generalklausel, Festschrift für Ernst Steindorff, Berlin 1990, S. 59 ff. (zit.: *Hüffer*, FS Steindorff).

Immenga, Ulrich — Zum Wettbewerbsverbot unter Gesellschaftern einer GmbH & Co. KG, JuristenZeitung (JZ) 1984, 578 ff.

– Die personalistische Kapitalgesellschaft: Eine rechtsvergleichende Untersuchung nach deutschem GmbH-Recht und dem Recht der Corporations in den Vereinigten Staaten, Bad Homburg 1970 (zugleich Habil. Bielefeld; zit.: *Immenga*, Die personalistische Kapitalgesellschaft).

Immenga, Ulrich (Hrsg.) *Mestmäcker*, Ernst-Joachim (Hrsg.)	Wettbewerbsrecht, Band 1: EU/Teil 1 und 2 Kommentar zum Europäischen Kartellrecht, 5. Auflage, München 2012 (zit.: I/M/*Bearbeiter*, Bd./Teil).
–	Wettbewerbsrecht, Band 2: GWB Kommentar zum Deutschen Kartellrecht, 4. Auflage, München 2007 (zit.: I/M/*Bearbeiter*, GWB).
Ivens, Michael	Das Konkurrenzverbot des GmbH-Gesellschafters – Verbotsklauseln, Treuebindung, Kartellrecht, Hamburg 1987 (zit.: *Ivens*, Konkurrenzverbot).
Jaeger, Wolfgang (Hrsg.) *Pohlmann*, Petra (Hrsg.) *Rieger*, Harald (Hrsg.) *Schroeder*, Dirk (Hrsg.)	Frankfurter Kommentar zum Kartellrecht (zit.: FK/*Bearbeiter*).
Kapp, Thomas *Schumacher*, Anke	Das Wettbewerbsverbot des Minderheitsgesellschafters, Wirtschaft und Wettbewerb (WuW) 2010, 481 ff.
Kardaras, Athanasios	Das Wettbewerbsverbot in den Personengesellschaften unter Berücksichtigung des Gesetzes gegen Wettbewerbsbeschränkungen – GWB, München 1967 (zugleich Diss. Köln; zit.: *Kardaras*, Das Wettbewerbsverbot).
Keßler, Jürgen	Wettbewerbsbeschränkende Abreden in Gesellschaftsverträgen im Lichte von § 1 GWB und Art. 81 EGV – eine methodische und rechtsdogmatische Betrachtung, Wettbewerb in Recht und Praxis (WRP) 2009, 1208 ff.
Kindler, Peter	Die Treuepflichtklausel in der Satzung der Aktiengesellschaft, Festschrift für Sebastian Spiegelberger, Bonn 2009, S. 778 ff. (zit.: *Kindler*, FS Spiegelberger).
Klaue, Siegfried	Wettbewerbsverbote und § 1 GWB, Wirtschaft und Wettbewerb (WuW) 1961, 323 ff.
Kling, Michael	Wirtschaftliche Einheit und Gemeinschaftsunternehmen – Konzernprivileg und Haftungszurechnung, Zeitschrift für Wirtschaftsrecht (ZWeR) 2011, 169 ff.

Knobbe-Keuk, Brigitte — Der Tatbestand der verdeckten Gewinnausschüttung und branchengleichen Tätigkeit des Gesellschafter-Geschäftsführers, GmbH-Rundschau (GmbHR) 1992, 333 ff.

Köhler, Helmut — Der Schutz des abhängigen Unternehmens im Schnittpunkt von Kartellrecht und Konzernrecht, Neue Juristische Wochenschrift (NJW) 1978, 2473 ff.

Kraft, Alfons
Kreutz, Peter — Gesellschaftsrecht, 11. Auflage, München 2000 (zit.: *Kraft/Kreutz*, Gesellschaftsrecht).

Kübler, Friedrich
Waltermann, Jens — Geschäftschancen der Kommanditgesellschaft – Besprechung der Entscheidung BGH ZIP 1989, 986 ff., Zeitschrift für Unternehmens- und Gesellschaftsrecht (ZGR) 1991, 162 ff.

Kuhlmann, Jens
Ahnis, Erik — Konzern- und Umwandlungsrecht, 3. Auflage, Heidelberg 2010 (zit.: *Kuhlmann/Ahnis*, Konzern- und Umwandlungsrecht).

Kuhn, Tilman — Der Erwerb wettbewerblich erheblichen Einflusses in der Deutschen Zusammenschlusskontrolle – Kein Modell für Europa, Zeitschrift für Wettbewerbsrecht (ZWeR) 2011, 258 ff.

– — Kooperative Aspekte von Gemeinschaftsunternehmen im Europäischen Kartellrecht, 1. Auflage, Köln 2007 (zit.: *Kuhn*, Kooperative Aspekte von Gemeinschaftsunternehmen).

Langen, Eugen
Bunte, Hermann-Josef (Hrsg.) — Kommentar zum deutschen (Band 1) und europäischen Kartellrecht, (Band 2), 12. Auflage, Köln 2014 (zit.: Langen/Bunte/*Bearbeiter*, Bd.).

Larenz, Karl
Canaris, Claus-Wilhelm — Methodenlehre der Rechtswissenschaft, 3. Auflage, Berlin u.a. 1995 (zit.: *Larenz/Canaris*, Methodenlehre).

Larenz, Karl — Methodenlehre der Rechtswissenschaft, 6. Auflage, Berlin u.a. 1991 (zit.: *Larenz*, Methodenlehre).

– — Allgemeiner Teil des deutschen Bürgerlichen Rechts, 7. Auflage, München 1989 (zit.: *Larenz*, AT).

Lawall, Lars — Das ungeschriebene Wettbewerbsverbot des GmbH-Gesellschafters, Frankfurt a.M. Berlin u.a. 1996 (zugleich Diss. Bayreuth; zit.: *Lawall*, Das ungeschriebene Wettbewerbsverbot).

Lieberknecht, Otfried
Gnauk, Herbert — Zur kartellrechtlichen Beurteilung von Wettbewerbsverboten in Personengesellschaften, Betriebs-Berater (BB) 1963, 1067 ff.

Liebscher, Thomas — Kommentar GmbH-Konzernrecht – Die GmbH als Konzernbaustein, München 2006 (zit.: *Liebscher*, GmbH-Konzernrecht).

Linsmeier, Petra
Lichtenegger, Moritz — Wettbewerbsverbote zu Lasten von Minderheitsgesellschaftern und ihre kartellrechtliche Beurteilung, BetriebsBerater (BB) 2011, 328 ff.

Loewenheim, Ulrich (Hrsg.)
Meessen, Karl M. (Hrsg.)
Riesenkampff, Alexander (Hrsg.) — Kartellrecht Kommentar, 2. Auflage, München 2010 (zit.: Loewenheim/Meessen/Riesenkampff/*Bearbeiter*).

Luchterhandt, Hans Friedrich — Leitungsmacht und Verantwortlichkeit im faktischen Konzern, Zeitschrift für das gesamte Handels- und Wirtschaftsrecht (ZHR) 133 (1970), 1 ff.

Lückenbach, Andreas — Nebenabreden nach europäischem Fusionskontrollrecht – Dogmatische Grundlagen und Kommissionspraxis, München 2003 (zugleich Diss. Köln; zit.: *Lückenbach*, Nebenabreden nach europäischem Fusionskontrollrecht).

Lüder, Tilman — Konzentrative und kooperative Gemeinschaftsunternehmen: Jenseits der Dichotomie, Tübingen 1997 (zugleich Diss. Tübingen; zit.: *Lüder*, Konzentrative und kooperative Gemeinschaftsunternehmen).

Lutter, Marcus
Timm, Wolfram — Konzernrechtlicher Präventivschutz im GmbH-Recht, Neue Juristische Wochenschrift (NJW) 1982, 409 ff.

Lutter, Marcus | Treupflichten und ihre Anwendungsprobleme, Zeitschrift für das gesamtc Handels- und Wirtschaftsrecht (ZHR) 162 (1998), 164 ff.

– | Das Girmes-Urteil, JuristenZeitung (JZ) 1995, 1053 ff.

– | Zum Vorschlagsrecht für die Geschäftsführerposition in einer GmbH und zu den Grenzen eines zulässigen Ausschlusses eines Geschäftsführers von der Geschäftsführertätigkeit, Zeitschrift für Wirtschaftsrecht (ZIP) 1986, 1195 ff.

– | Zum Informationsrecht des Gesellschafters nach neuem GmbH-Recht, Zeitschrift für Unternehmens- und Gesellschaftsrecht (ZGR) 1982, 1 ff.

– | Theorie der Mitgliedschaft – Prolegomena zu einem Allgemeinen Teil des Korporationsrechts, Archiv für die civilistische Praxis (AcP) 180 (1980), 84 ff.

– | Zur Herrschaft mehrerer Unternehmen über eine Aktiengesellschaft, Neue Juristische Wochenschrift (NJW) 1973, 113 ff.

Magen, Albrecht | Gesellschaftsrechtliche Wettbewerbsverbote und Kartellrecht, Neue Juristische Wochenschrift (NJW) 1961, 147 ff.

Mäger, Thorsten (Hrsg.) | Europäisches Kartellrecht, 2. Auflage, Baden-Baden 2011 (zit.: Mäger/*Bearbeiter*, Europäisches Kartellrecht).

Mäsch, Gerald | De-minimis-Bekanntmachung der EU-Kommission hat keine bindende Wirkung für andere – „Expedia", Gewerblicher Rechtsschutz und Urheberrecht. Praxis im Immaterialgüter- und Wettbewerbsrecht (GRUR-Prax) 2013, 51.

Mäsch, Gerald (Hrsg.) | Praxiskommentar zum deutschen und europäischen Kartellrecht, 1. Auflage, Köln 2009 (zit.: Mäsch/*Bearbeiter*, PK-KartellR).

Meessen, Karl M. — Gemeinschaftsunternehmen im EWG-Wettbewerbsrecht – Zwischen Markt und Hierarchie, Wirtschaft und Wettbewerb (WuW) 1993, 901 ff.

Mennicke, Petra — Zum Weisungsrecht der Gesellschafter und der Folgepflicht des Geschäftsführers in der mitbestimmungsfreien GmbH, Neue Zeitschrift für Gesellschaftsrecht (NZG) 2000, 622 ff.

Merkt, Hanno — Unternehmensleitung und Interessenkollision, Zeitschrift für das gesamte Handels- und Wirtschaftsrecht (ZHR) 159 (1995), 423 ff.

Mertens, Hans-Joachim
Cahn, Andreas — Wettbewerbsverbot und verdeckte Gewinnausschüttung im GmbH-Konzern, Festschrift für Theodor Heinsius, Berlin 1991, S. 545 ff. (zit.: *Mertens/Cahn*, FS Heinsius).

Mertens, Hans-Joachim — § 51a Abs. 1 GmbHG und die kapitalistisch strukturierte GmbH, Festschrift für Winfried Werner, Berlin/New York 1984, S. 557 ff. (zit.: *Mertens*, FS Werner).

Mestmäcker, Ernst-Joachim — 50 Jahre GWB – Die Erfolgsgeschichte eines unvollkommenen Gesetzes, Wirtschaft und Wettbewerb (WuW) 2008, 6 ff.

– — Recht und ökonomisches Gesetz: Über die Grenzen von Staat, Gesellschaft und Privatautonomie, 2. Auflage, Berlin 1984 (zit.: *Mestmäcker*, Recht und ökonomisches Gesetz).

– — Verwaltung, Konzerngewalt und Rechte der Aktionäre: eine rechtsvergleichende Untersuchung nach deutschem Aktienrecht und dem Recht der Corporations in den Vereinigten Staaten, Karlsruhe 1958 (zugleich Habil. Frankfurt a.M.; zit.: *Mestmäcker*, Verwaltung, Konzerngewalt und Recht der Aktionäre).

Michalski, Lutz (Hrsg.) — Kommentar zum Gesetz betreffend die Gesellschaften mit beschränkter Haftung (GmbH-Gesetz), Band 1: Syst. Darstellung §§ 1–34 GmbHG, 2. Auflage, München 2010 (zit.: Michalski/*Bearbeiter*, GmbHG).

– | Verbot der Stimmabgabe bei Stimmverboten und nicht nach § 16 Abs. 1 GmbHG legitimierten Nichtgesellschaftern mittels einstweiliger Verfügung, GmbH-Rundschau (GmbHR) 1991, 12 ff.

Möschel, Wernhard | Recht der Wettbewerbsbeschränkungen, Köln 1983 (zit.: *Möschel*, Recht der Wettbewerbsbeschränkungen).

Müller, Klaus J. | Das gesetzliche Wettbewerbsverbot der Gesellschafter der KG, Neue Juristische Wochenschrift (NJW) 2007, 1724 ff.

Münch, Christof | Befreiung vom Wettbewerbsverbot im Recht der GmbH, Neue Juristische Wochenschrift (NJW) 1993, 225 ff.

Nassall, Wendt | Reduzierte Geltungserhaltung kartellrechtswidriger Klauseln?, BetriebsBerater (BB) 1988, 1264 ff.

Oetker, Hartmut (Hrsg.) | Kommentar zum Handelsgesetzbuch (HGB), 3. Auflage, München 2013 (zit.: Oetker/*Bearbeiter*, HGB).

Palandt, Otto | Bürgerliches Gesetzbuch: BGB, 73. Auflage, München 2014 (zit.: Palandt/*Bearbeiter*).

Paschke, Marian | Die fehlerhafte Korporation – Zwischen korporationsrechtlicher Tradition und europäischer Rechtsentwicklung, Zeitschrift für das gesamte Handels- und Wirtschaftsrecht (ZHR) 155 (1991), 1 ff.

Peters, Egbert | Die Erzwingbarkeit vertraglicher Stimmrechtsbindungen, Archiv für die civilistische Praxis (AcP) 156 (1957), 311 ff.

Peters, Klaus / *Werner*, Horst S. | Banken als herrschende Unternehmen?, Die Aktiengesellschaft (AG) 1978, 297 ff.

Pohlmann, Petra | Doppelkontrolle von Gemeinschaftsunternehmen im europäischen Kartellrecht – Eine Zwischenbilanz, Wirtschaft und Wettbewerb (WuW) 2003, 473 ff.

– Der Unternehmensverbund im Europäischen Kartellrecht, Berlin 1999 (zugleich Habil. Münster; zit.: *Pohlmann*, Der Unternehmensverbund).

Polley, Notker Wettbewerbsverbot und Geschäftschancenlehre – Eine Untersuchung am Beispiel der Geschäftsleitung von US-Corporation und deutscher GmbH, Baden-Baden 1993 (zugleich Diss. Osnabrück; zit.: *Polley*, Wettbewerbsverbot und Geschäftschancenlehre).

Potrafke, Christian Kartellrechtswidrigkeit konzerninterner Vereinbarungen und darauf beruhender Verhaltensweisen: nach § 1 Sherman Act, Art. 85 EWGV und §§ 25, 1 GWB, Baden-Baden 1991 (zugleich Diss. Tübingen; zit.: *Potrafke*, Kartellrechtswidrigkeit konzerninterner Vereinbarungen).

Priester, Hans-Joachim Die eigene GmbH als fremder Dritter – Eigensphäre der Gesellschaft und Verhaltenspflichten ihrer Gesellschafter, Zeitschrift für Unternehmens- und Gesellschaftsrecht (ZGR) 1993, 512 ff.

Priester, Hans-Joachim (Hrsg.)
Mayer, Dieter (Hrsg.)
Wicke, Hartmut (Hrsg.) Münchener Handbuch des Gesellschaftsrechts, Band 3: Gesellschaft mit beschränkter Haftung, 4. Auflage, München 2012 (zit.: Münch.Hdb. GesR/*Bearbeiter*, III.).

Raiser, Thomas 100 Bände BGHZ – GmbH-Recht – Die Treuepflichten im GmbH-Recht als Beispiel der Rechtsfortbildung, Zeitschrift für das gesamte Handels- und Wirtschaftsrecht (ZHR) 151 (1987), 422 ff.

– Wettbewerbsverbote als Mittel des konzernrechtlichen Präventivschutzes, Festschrift für Walter Stimpel, Berlin 1985, S. 855 ff. (zit.: *Raiser*, FS Stimpel).

Krüger, Wolfgang (Hrsg.)
Rauscher, Thomas (Hrsg.) Münchener Kommentar zur Zivilprozessordnung mit Gerichtsverfassungsgesetz und Nebengesetzen, Band 1: §§ 1–354, 4. Auflage, München 2013 (zit.: MünchKomm-ZPO/*Bearbeiter*).

– Münchener Kommentar zur Zivilprozessordnung mit Gerichtsverfassungsgesetz und Nebengesetzen, Band 2: §§ 355–1024, 4. Auflage, München 2012 (zit.: MünchKomm-ZPO/*Bearbeiter*).

Reymann, Christoph — Immanente Schranken des europäischen Kartellverbots – Zur Wiederherstellung der systematischen Grundaussage des Art. 81 EG, Baden-Baden 2003 (zugleich Diss. Univ. d. Saarlandes; zit.: *Reymann*, Immanente Schranken des europäischen Kartellverbots).

Riegger, Bodo — Unterliegt die Komplementär-GmbH dem gesetzlichen Wettbewerbsverbot?, Betriebs-Berater (BB) 1983, 90 f.

Riesenhuber, Karl (Hrsg.) — Europäische Methodenlehre – Handbuch für Ausbildung und Praxis, 2. Auflage, Berlin 2010 (zit.: Riesenhuber/*Bearbeiter*, Europäische Methodenlehre).

Rittner, Fritz — Die Wettbewerbsverbote der Handelsvertreter und § 18 GWB, Zeitschrift für das gesamte Handels- und Wirtschaftsrecht (ZHR) 135 (1971), 289 ff.

Röhricht, Volker; *Graf von Westphalen*, Friedrich; *Haas*, Ulrich — Kommentar Handelsgesetzbuch: HGB, 4. Auflage, Köln 2014 (zit.: Röhricht/Graf v. Westphalen/Haas/*Bearbeiter*, HGB).

Roth, Wulf-Henning — Nichtigkeit von Gesellschaftsverträgen bei Verstoß gegen das europäische Kartellverbot, Festschrift für Klaus J. Hopt, Berlin/New York 2010, S. 2881 ff. (zit.: *Roth*, FS Hopt).

Rowedder, Heinz; *Schmidt-Leithoff*, Christian (Hrsg.) — Gesetz betreffend die Gesellschaft mit beschränkter Haftung: GmbHG Kommentar, 5. Auflage, München 2013 (zit.: Rowedder/Schmidt-Leithoff/*Bearbeiter*, GmbHG).

Säcker, Franz Jürgen	„Mehrmütterklausel" und Gemeinschaftsunternehmen – Zur Bedeutung der *Brost & Funke*-Entscheidung des BGH, Neue Juristische Wochenschrift (NJW) 1980, 801 ff.
Säcker, Franz Jürgen (Hrsg.) *Rixecker*, Roland (Hrsg.)	Münchener Kommentar zum Bürgerlichen Gesetzbuch, Band 1: §§ 1–240, 6. Auflage, München 2012 (zit. MünchKomm-BGB/*Bearbeiter*).
Säcker, Franz Jürgen (Hrsg.) *Rixecker*, Roland (Hrsg.) *Oetker*, Hartmut (Hrsg.)	Münchener Kommentar zum Bürgerlichen Gesetzbuch, Band 5: §§ 705–853, 6. Auflage, München 2013 (zit.: MünchKomm-BGB/*Bearbeiter*).
Saenger, Ingo	Zivilprozessordnung: Handkommentar, 5. Auflage, Baden-Baden 2013 (zit. Hk-ZPO/*Bearbeiter*).
–	Gesellschaftsrecht, 2. Auflage, München 2013 (zit.: *Saenger*, GesR).
Salfeld, Rainer	Wettbewerbsverbote im Gesellschaftsrecht, Frankfurt a.M. 1987 (zugleich Diss. Bielefeld; zit.: *Salfeld*, Wettbewerbsverbote).
Schmidt-Diemitz, Rolf	Wettbewerbsverbote in Gesellschaftsverträgen, Gewerblicher Rechtsschutz und Urheberrecht (GRUR) 1980, 18 ff.
Schmidt, Karsten	Das Recht der Mitgliedschaft: Ist „korporatives Denken" passé?, Zeitschrift für Unternehmens- und Gesellschaftsrecht (ZGR) 2011, 108 ff.
–	Kartellprivatrecht – Zivilrechtswissenschaft und Kartellrechtswissenschaft: Herrin und Magd? Magd und Herrin?, Zeitschrift für Wettbewerbsrecht (ZWeR) 2010, 15 ff.
–	Die GmbH & Co. KG als Lehrmeisterin des Personengesellschaftsrechts – 18 Leitsätze zum gewandelten Rechtsbild der Kommanditgesellschaft, JuristenZeitung (JZ) 2008, 425 ff.
–	Gesellschaftsrecht, 4. Auflage, Köln 2002 (zit.: *K. Schmidt*, GesR).

– Handelsrecht, 6. Auflage, Köln 2014 (zit.: *K. Schmidt*, Handelsrecht).

– Zur Durchsetzung einer Stimmrechtsbindung mit den Mitteln des einstweiligen Rechtsschutzes in der GmbH, GmbH-Rundschau (GmbHR) 1991, 469 f.

– Gemeinschaftsunternehmen im Recht der Wettbewerbsbeschränkungen – Eine Studie zum GWB und zur Tragweite von kartellbehördlichen Verwaltungsgrundsätzen und Unbedenklichkeitserklärungen, Die Aktiengesellschaft (AG) 1987, 333 ff.

– Fehlerhafte Gesellschaft" und allgemeines Verbandsrecht – Grundlagen und Grenzen eines verbandsrechtlichen Instituts, Archiv für die civilistische Praxis (AcP) 186 (1986), 421 ff.

– Vertragliche Wettbewerbsverbote im deutschen Kartellrecht – Gemeinsamer Zweck und Immanenztheorie in der Praxis und Theorie, Zeitschrift für das gesamte Handels- und Wirtschaftsrecht (ZHR) 149 (1985), 1 ff.

– Informationsrechte in Gesellschaften und Verbänden, Heidelberg 1984 (zit.: *K. Schmidt*, Informationsrechte).

– „Unternehmen" und „Abhängigkeit" – Begriffseinheit und Begriffsvielfalt im Kartell- und Konzernrecht, Zeitschrift für Unternehmens- und Gesellschaftsrecht (ZGR) 1980, 277 ff.

– Kartellverbot und „sonstige Wettbewerbsbeschränkungen" – Begriff und Funktion des „gemeinsamen Zwecks" im GWB, Köln 1978 (zit.: *K. Schmidt*, Kartellverbot).

– Kartellverfahrensrecht – Kartellverwaltungsrecht – Bürgerliches Recht. Kartellrechtspflege nach deutschem Recht gegen Wettbewerbsbeschränkungen, Köln 1978 (zit.: *K. Schmidt*, Kartellverfahrensrecht).

Schmidt, Karsten (Hrsg.)	Münchener Kommentar zum Handelsgesetzbuch, Band 1: §§ 1–104a, 3. Auflage, München 2010 (zit.: MünchKomm-HGB/*Bearbeiter*).
Schmidt, Karsten (Hrsg.)	Münchener Kommentar zum Handelsgesetzbuch, Band 2: §§ 105–160, 3. Auflage, München 2011 (zit.: MünchKomm-HGB/*Bearbeiter*).
Schmidt, Karsten (Hrsg.)	Münchener Kommentar zum Handelsgesetzbuch, Band 3: §§ 161–237, 3. Auflage, München 2012 (zit.: MünchKomm-HGB/*Bearbeiter*).
Schmidt, Karsten (Hrsg.) *Lutter*, Marcus (Hrsg.)	Aktiengesetzt: AktG, Band 1: §§ 1–149 und Band 2: §§ 150–410; 2. Auflage, Köln 2010 (zit.: K. Schmidt/Lutter/*Bearbeiter*, AktG).
Schmitz, Stefan	Doch eine Rule of Reason im deutschen Kartellrecht?, Wirtschaft und Wettbewerb (WuW) 2002, 6 ff.
Schroeder, Dirk	Schnittstellen der Kooperations- und Oligopolanalyse im Fusionskontrollrecht – Gedanken zur Anwendung von Art. 2 Abs. 4 und 5 FKVO, Wirtschaft und Wettbewerb (WuW) 2004, 893 ff.
–	Nebenabreden in der Fusionskontrolle nach deutschem und europäischem Recht, FIW-Schriftenreihe, Band 181 (1999), 93 ff.
–	Die Anwendung des Kartellverbots auf verbundene Unternehmen, Wirtschaft und Wettbewerb (WuW) 1988, 274 ff.
Schulze, Jörn-Christian *Schröer*, Anne	Wirksamkeit eines gesellschaftsvertraglichen Wettbewerbsverbots gegenüber Kommanditisten einer GmbH & Co. KG - Anmerkung zu OLG Frankfurt Urteil v. 17.03.2009 Az. 11 U 61/08, jurisPR-HaGesR 12/2009 Anm. 6
Schürnbrand, Jan	„Verdeckte" und „atypische" Beherrschungsverträge im Aktien- und GmbH-Recht, Zeitschrift für das gesamte Handels- und Wirtschaftsrecht (ZHR) 169 (2005), 35 ff.

Schütte, Dietz	Wettbewerbsverbote der Personalhandelsgesellschafter und ihre Beurteilung nach § 1 GWB, Köln 1971 (zugleich Diss. Freiburg; zit.: *Schütte*, Wettbewerbsverbote der Personalhandelsgesellschafter).
Schwarz, Günter Christian	Kartellvertrag und sonstige wettbewerbsbeschränkende Verträge: Das Merkmal „zu einem gemeinsamen Zweck" in § 1 Abs. 1 S. 1 GWB, Köln 1984 (zugleich Diss. Marburg; zit.: *Schwarz*, Kartellvertrag).
Staudinger, Julius von	Kommentar zum Bürgerlichen Gesetzbuch mit Einführungsgesetz und Nebengesetzen, Buch 2: §§ 433–487; Leasing, Berlin 2004 (zit.: Staudinger-BGB/*Bearbeiter*).
Steindorff, Ernst	Gesetzeszweck und gemeinsamer Zweck des § 1 GWB – Bemerkungen zum Urteil des BGH vom 14.10.1976, BetriebsBerater (BB) 1977, 569 ff.
Steinmeyer, Roland *Häger*, Michael	Kommentar WpÜG: Wertpapiererwerbs- und Übernahmegesetz, 2. Auflage, Berlin 2007 (zit.: Steinmeyer/Häger, WpÜG).
Stoll, Hans	Haftungsverlagerung durch beweisrechtliche Mittel, Archiv für die civilistische Praxis (AcP) 176 (1976), 145 ff.
Thomas, Stefan	Konzernprivileg und Gemeinschaftsunternehmen – Die kartellrechtliche Beurteilung konzerninterner Wettbewerbsbeschränkungen mit Gemeinschaftsunternehmen, Zeitschrift für Wettbewerbsrecht (ZWeR) 2005, 236 ff.
Timm, Wolfram	Wettbewerbsverbot und „Geschäftschancen"-Lehre im Recht der GmbH, GmbH-Rundschau (GmbHR) 1981, 177 ff.
Tröger, Tobias *Dangelmayer*, Stephan	Eigenhaftung der Organe für die Veranlassung existenzvernichtender Leitungsmaßnahmen im Konzern, Zeitschrift für Unternehmens- und Gesellschaftsrecht (ZGR) 2011, 558 ff.

Ulmer, Peter — Das Sonderrecht der §§ 311 ff. AktG und sein Verhältnis zur allgemeinen aktienrechtlichen Haftung für Schädigungen der AG, Festschrift für Uwe Hüffer, München 2010, S. 999 ff. (zit.: *Ulmer*, FS Hüffer).

– Wettbewerbsverbote in Unternehmensveräußerungsverträgen – kritische Anmerkungen zu BGH NJW 1979, 1605, Neue Juristische Wochenschrift (NJW) 1979, 1585 ff.

– Gemeinschaftsunternehmen im EG-Kartellrecht, Wirtschaft und Wettbewerb (WuW) 1979, 433 ff.

– Die Lehre von der fehlerhaften Gesellschaft – gesicherter Bestand des Gesellschaftsrecht oder methodischer Irrweg, Festschrift für Werner Flume Band II, Köln 1978, S. 301 ff. (zit.: *Ulmer*, FS Flume II).

– „Wettbewerbsbeschränkende Absprachen" im Rahmen von Unternehmenszusammenschlüssen, Wirtschaft und Wettbewerb (WuW) 1960, 163 ff.

Van Vormizeele, Philipp Voet — Die EG-kartellrechtliche Haftungszurechnung im Konzern im Widerstreit zu den nationalen Gesellschaftsrechtsordnungen, Wirtschaft und Wettbewerb (WuW) 2010, 1008 ff.

Voges, Hans-Joachim — Zum Verhältnis des gesellschaftsrechtlichen Wettbewerbsverbote zum Kartellrecht, Der Betrieb (DB) 1977, 2081 ff.

Von der Osten, Dinnies — Das Wettbewerbsverbot von Gesellschaftern und Gesellschafter-Geschäftsführern in der GmbH, GmbH-Rundschau (GmbHR) 1989, 450 ff.

Von Gerkan, Hartwin — Gesellschafterbeschlüsse, Ausübung des Stimmrechts und einstweiliger Rechtsschutz, Zeitschrift für Unternehmens- und Gesellschaftsrecht (ZGR) 1985, 167 ff.

Von Gierke, Otto — Deutsches Privatrecht, Band 1, Leipzig u.a. 1895 (zit.: *v. Gierke*, Deutsches Privatrecht).

Von Mangoldt, Hermann *Klein*, Friedrich *Starck*, Christian (Hrsg.)	Kommentar zum Grundgesetz: GG, Band 1: Präambel, Art. 1–19, 6. Auflage, München 2010 (zit.: v. Mangoldt/Klein/Starck/*Bearbeiter*, GG).
Weisser, Johannes	Corporate Opportunities – zum Schutz der Geschäftschancen des Unternehmens im deutschen und US-amerikanischen Recht, Köln u.a. 1991 (zugleich Diss. Bonn; zit.: *Weisser*, Corporate Opportunities).
Weller, Marc-Philippe	Wettbewerbsverbote und ihre Drittwirkung in der Kapitalgesellschaft & Co. KG, Zeitschrift für das gesamte Handels- und Wirtschaftsrecht (ZHR) 175 (2011), 110 ff.
Werner, Rüdiger	Zulässigkeit und Reichweite eines Wettbewerbsverbots im Gesellschaftsvertrag einer GmbH & Co. KG, GmbH-Rundschau (GmbHR) 2009, 886 f.
Wertenbruch, Johannes	Die Rechtsfolgen der Doppelkontrolle von Gemeinschaftsunternehmen nach dem GWB, Köln u.a. 1990 (zugleich Diss. Bonn; zit.: *Wertenbruch*, Die Rechtsfolgen der Doppelkontrolle).
Westermann, Harm Peter	Vertragsfreiheit und Typengesetzlichkeit im Recht der Personengesellschaften, Berlin u.a. 1970 (zugleich Habil. Köln; zit.: *H.P. Westermann*, Vertragsfreiheit und Typengesetzlichkeit).
Wiedemann, Gerhard (Hrsg.)	Handbuch des Kartellrechts, 2. Auflage, München 2008 (zit.: Wiedemann/*Bearbeiter*, Hdb. Kartellrecht).
–	Rechte und Pflichten des Personengesellschafters, Wertpapier Mitteilungen (WM)-Sonderbeilage 7/1992, 1 ff.
–	Zu den Treupflichten im Gesellschaftsrecht, Festschrift für Theodor Heinsius, Berlin 1991, S. 949 ff. (zit.: *Wiedemann*, FS Heinsius).
–	Gemeinschaftsunternehmen im deutschen Kartellrecht, Heidelberg 1981 (zugleich Diss. Heidelberg; zit.: *Wiedemann*, Gemeinschaftsunternehmen).

–	Gesellschaftsrecht, Band. 1, Grundlagen, München 1980 (zit.: *Wiedemann*, Gesellschaftsrecht, Bd. 1).
Wiedemann, Herbert *Hirte*, Heribert	Die Konkretisierung der Pflichten des herrschenden Unternehmens – Besprechung der *Heumann-Ogilvy*-Entscheidung BGHZ 89, 162 – Zeitschrift für Unternehmens- und Gesellschaftsrecht (ZGR) 1986, 163 ff.
Wilde, Heiko	Anteilserwerb an einer GmbH durch einen Wettbewerber bei bestehendem Wettbewerbsverbot für die Gesellschafter der GmbH, Neue Zeitschrift für Gesellschaftsrecht (NZG) 2010, 252 ff.
Winter, Martin	Mitgliedschaftliche Treuebindungen im GmbH-Recht – Rechtsformspezifische Aspekte eines allgemeinen gesellschaftsrechtlichen Prinzips, München 1988 (zugleich Diss. Heidelberg; zit.: *M. Winter*, Mitgliedschaftliche Treuebindungen).
Würdinger, Hans	Verhältnis des § 112 HGB zu § 1 GWB, Wirtschaft und Wettbewerb (WuW) 1969, 143 ff.
Zeitler, Gottfried	Der Konzernrabatt, Wirtschaft und Wettbewerb (WuW) 1959, 621 ff.
Zöllner, Wolfgang	Treupflichtgesteuertes Aktienkonzernrecht, Zeitschrift für das gesamte Handels- und Wirtschaftsrecht (ZHR) 162 (1998), 235 ff.
–	Die Schranken mitgliedschaftlicher Stimmrechtsmacht bei den privatrechtlichen Personenverbänden, München 1963 (zugleich Habil. München; zit.: *Zöllner*, Schranken der Stimmrechtsmacht).
Zöllner, Wolfgang (Hrsg.) *Noack*, Ulrich (Hrsg.)	Kölner Kommentar zum Aktiengesetz, Band 1/3: §§ 53a-66, 3. Auflage, Köln u.a. 2010 (zit.: KK-AktG/*Bearbeiter*).
–	Kölner Kommentar zum Aktiengesetz, Band 2/1: §§ 76–94, 3. Auflage, Köln u.a. 2009 (zit.: KK-AktG/*Bearbeiter*).

– Kölner Kommentar zum Aktiengesetz, Band 6: §§ 15–22; 291–328, 3. Auflage, Köln u.a. 2004 (zit.: KK-AktG/*Bearbeiter*).

Zutt, Jürg Einstweiliger Rechtsschutz bei Stimmbindungen, Zeitschrift für das gesamte Handels- und Wirtschaftsrecht (ZHR) 155 (1991), 190 ff.

1. Kapitel: Einleitung

A. Zielsetzung der Arbeit

In seiner „Theorie der Mitgliedschaft“ hat *Marcus Lutter*[1] aufgezeigt, dass die Mitgliedschaft in privatrechtlichen Korporationen – trotz teilweise unterschiedlichster Konstruktionsprinzipien – eine einheitliche rechtliche Struktur aufweist. Die Mitgliedschaft in einer Korporation ist die Verwirklichung von Privatautonomie.[2] Sämtliche Korporationsformen sind Ausprägungen der Idee von der gemeinsamen Zweckverfolgung mehrerer Personen.[3] Es bestehen daher aktive und passive Förderpflichten der Gesellschafter.[4] Das Maß der Rücksichtnahme und die Intensität der Loyalitätspflicht korrelieren mit den Einflussmöglichkeiten und dem Inhalt der ausgeübten Befugnisse.[5]

Die Fragen rund um das Wettbewerbsverbot sind eng mit der sich aus der Mitgliedschaft in der Korporation ergebenden Treupflicht verbunden. Es soll der Versuch unternommen werden, das gesellschaftsrechtliche Wettbewerbsverbot rechtsformübergreifend sowohl unter dem Blickwinkel des Gesellschaftsrechts als auch des Kartellrechts zu untersuchen, gemeinsame Strukturen zu erkennen und das Zusammenspiel von Gesellschafts- und Kartellrecht besser zu verstehen. Mit *K. Schmidt* kann in dem Verhältnis von Kartellrecht zu Verbandsrecht ein Testfall für die Kartellrechtsdogmatik[6] gesehen werden. Dem soll anhand des gesellschaftsrechtlichen Wettbewerbsverbots näher nachgegangen werden.

---

1 *Lutter,* AcP 180 (1980), 84 ff.; zu der Aktualität dieser Arbeit: *K. Schmidt,* ZGR 2011, 108 ff.

2 *Lutter,* AcP 180 (1980), 84 (94); *Flume,* Die Personengesellschaft, S. 189 ff. m.w.N.; ausgenommen sind insoweit die Zwangsverbände; zu einem weiteren Verständnis der Mitgliedschaft, welches die gerichtliche Bildung einer Gläubigergruppe (§ 222 InsO) sowie Handelskammern und Kammern der freien Berufe umfasst: *K. Schmidt,* ZGR 2011, 108 (113 f.).

3 *Lutter,* AcP 180 (1980), 84 (106).

4 Eingehend *Lutter,* AcP 180 (1980), 84 (108 ff.); der den Begriff der Treupflicht aufgrund er zu vermeidenden „Inflationierung ethischer Begriffe“ (104) ablehnt und daher von Förderpflichten spricht; ein sachlicher Unterschied ist indes nicht erkennbar.

5 *Lutter,* AcP 180 (1980), 84 (114); *Immenga,* Die personalistische Kapitalgesellschaft, S. 261 ff. dort auch zu der Entwicklung des Treupflichtgedankens; vgl. auch in dieser Richtung im Zusammenhang mit Schutzaktien RG Urteil v. 13.12.1927 Az. II 401/27, RGZ 119, 248 (257).

6 *K. Schmidt,* AG 1987, 333 (334).

Besondere Aufmerksamkeit verdient dabei auch das Wettbewerbsverbot als Instrument der Konzernbildungskontrolle im Aktienrecht. Insoweit muss es sich in das System der konzernrechtlichen Regelungen einfügen; diese dürfen der Annahme eines ungeschriebenen Wettbewerbsverbots jedenfalls nicht entgegenstehen.

Die Thematik ist nicht nur von großem wissenschaftlichem Interesse. Vielmehr kommt der Frage nach dem Bestehen oder Nicht-Bestehen eines Wettbewerbsverbots auch praktische Bedeutung zu. Einerseits sieht sich der gegen ein Wettbewerbsverbot verstoßende Gesellschafter empfindlichen Sanktionen ausgesetzt; andererseits besteht für die Kapitalgesellschaft, welche auf die aus einem Verstoß gegen ein Wettbewerbsverbot entstandenen Ansprüche verzichtet, die Gefahr, den steuerrechtlichen Tatbestand der verdeckten Gewinnausschüttung im Sinne des § 8 Abs. 2 S. 3 KStG zu verwirklichen[7].

Es gibt eine Vielzahl von Einzelfallentscheidungen der Gerichte, welche sich mit der Annahme eines ungeschriebenen Wettbewerbsverbots oder mit der Frage der kartellrechtlichen Zulässigkeit eines vereinbarten Wettbewerbsverbots befassen. Die Leitsätze der Entscheidungen werden häufig unkritisch von der Literatur übernommen. Die vorliegende Arbeit unternimmt den Versuch, die Thematik des gesellschaftsrechtlichen Wettbewerbsverbots umfassend darzustellen und neue Argumente und Betrachtungsweisen aufzuzeigen, um auf diese Weise einen Beitrag zu der schon lange andauerenden Diskussion um gesellschaftsrechtliche Wettbewerbsverbote zu leisten.

B. Begrenzung des Untersuchungsgegenstandes

Aufgrund der Vielschichtigkeit der denkbaren gesellschaftsrechtlichen Konstellationen kann das Anliegen der Arbeit nicht „stets unerreichbare Vollständigkeit“[8] sein. Gegenstand der Untersuchung sind die wichtigsten gesellschaftsrechtlichen Rechtsformen: die Personenhandelsgesellschaften, die Gesellschaft mit beschränkter Haftung und die Aktiengesellschaft. Überdies wird auf die Besonderheiten bei der rechtlichen Behandlung von Gemeinschaftsunternehmen eingegangen, wobei sich diese Ausführungen wiederum auf die gängigste Kooperationsform, die GmbH, beschränken.

---

7 Vgl. Gosch/*Gosch*, KStG, § 8 Rn. 1351 ff.; *Lawall*, Das ungeschriebene Wettbewerbsverbot, S. 24 ff.; die steuerrechtliche Problematik wird in der Arbeit nicht weiter behandelt.

8 Vgl. zu dieser Formulierung in anderem Zusammenhang: *Lutter*, AcP 180 (1980), 84 (129).

Eine weitere Begrenzung wurde im Hinblick auf die zeitliche Geltung des Wettbewerbsverbots vorgenommen. Weder vor- noch nachvertragliche Wettbewerbsverbote werden im Hinblick auf ihre kartellrechtliche Zulässigkeit untersucht. Vielmehr wird ausschließlich das Wettbewerbsverbot während der Mitgliedschaft in dem jeweiligen Verband in den Blick genommen.

Ferner ist die Untersuchung auf das Verhältnis von verbandsrechtlichem Wettbewerbsverbot und Kartell- sowie Konzernrecht begrenzt. Daher wurde auf Ausführungen zu § 138 BGB, an dem gesellschaftsvertraglich vereinbarte Wettbewerbsverbote ebenfalls zu messen sind, verzichtet.

C. Gang der Untersuchung

Zunächst werden die Regelungen des geschriebenen gesellschaftsrechtlichen Wettbewerbsverbots, namentlich die des § 112 HGB, dargestellt (2. Kap.). Bei § 112 HGB handelt es sich um die „Grundnorm" des gesellschaftsrechtlichen Wettbewerbsverbots, sodass die Ausführungen zu dieser Regelung den Ausgangspunkt für die weitere Untersuchung der ungeschriebenen Wettbewerbsverbote bildet.

Auf diese wird ausführlich im 3. Kapitel eingegangen. Zunächst wird die normative Anknüpfung des ungeschriebenen Wettbewerbsverbots allgemein und sein Verhältnis zur gesellschaftsrechtlichen Treupflicht geklärt sowie ein Überblick über die gesellschaftrechtliche „Geschäftschancenlehre" und ihr Verhältnis zum Wettbewerbsverbot gegeben. Anschließend werden die Voraussetzungen diskutiert, unter denen ein ungeschriebenes Wettbewerbsverbot zulasten des Kommanditisten in der Kommanditgesellschaft, im Recht der GmbH sowie im Recht der Aktiengesellschaft in Betracht kommt. Dabei stellt sich im Zusammenhang mit der Frage nach einem ungeschriebenen Wettbewerbsverbot in der Aktiengesellschaft insbesondere die Frage, ob die Regelungen des Konzernrechts diesem entgegenstehen.

Das 4. Kapitel geht auf das Spannungsverhältnis von gesellschaftsrechtlichem Wettbewerbsverbot und Kartellverbotstatbestand ein. Nach dem Versuch der methodengerechten Auflösung des Normkonflikts zwischen § 112 HGB und dem deutschen sowie dem europäischen Kartellverbotstatbestand folgt die Untersuchung der kartellrechtlichen Zulässigkeit gesellschaftsrechtlicher Wettbewerbsverbote. Es wird zu zeigen sein, dass die Begründung ungeschriebener Wettbewerbsverbote und die kartellrechtliche Zulässigkeit gesellschaftsvertraglich vereinbarter Wettbewerbsverbote denselben Wertungen folgen. Zur Vermeidung von Wiederholungen, beschränken sich die Ausführungen zur kartellrechtlichen Zulässigkeit gesellschaftsvertraglich vereinbarter Wettbewerbsverbote daher weitgehend auf solche Konstellationen, die in Rechtsprechung und Literatur ausschließlich unter diesem Gesichtspunkt diskutiert werden (und eben nicht im Hinblick auf die Begründung ungeschriebener Wettbewerbsverbote).

Es wird nicht streng zwischen europäischem und deutschem Kartellrecht unterschieden, wo dies aufgrund ihres Gleichlaufs nicht erforderlich ist.[9] Daher ist häufig von dem „Kartellverbotstatbestand" die Rede, welcher sich sowohl auf deutsches als auch auf europäisches Recht bezieht. Wo eine Unterscheidung aufgrund unterschiedlicher Regelungen erforderlich ist, wird diese selbstverständlich vorgenommen.

Das 5. Kapitel beginnt mit einigen allgemeinen Erläuterungen zu der Kooperationsform des Gemeinschaftsunternehmens (GU). Dabei spielt insbesondere die nach deutschem und europäischem Recht unterschiedlich zu beantwortende Frage nach der Anwendbarkeit des Kartellverbots neben der Fusionskontrolle eine entscheidende Rolle. In der Folge wird die Frage aufgeworfen und diskutiert, ob die Besonderheiten eines Gemeinschaftsunternehmens zu einer Beurteilung des Wettbewerbsverbots führt, die von den zuvor aufgestellten allgemeinen verbandsrechtlichen Grundsätzen abweicht. Denn die Kooperation in einem Gemeinschaftsunternehmen vollzieht sich in den gängigen Gesellschaftsrechtsformen, derer sich die Muttergesellschaften bedienen.

Abschließend wird in diesem Kapitel ein eigener Vorschlag gemacht, mit dem die kartellrechtliche Unbedenklichkeit von Wettbewerbsverboten zulasten der GU-Mütter begründet werden kann.

9 Das ist aufgrund der weitgehenden Annäherung des deutschen an europäisches Recht der Regelfall; vgl. insoweit auch Art. 3 VO 1/2003.

2. Kapitel: Das geschriebene gesellschaftsrechtliche Wettbewerbsverbot

A. Personenhandelsgesellschaften

Für die offene Handelsgesellschaft (OHG) gilt § 112 HGB unmittelbar. Für die Kommanditgesellschaft findet der § 112 HGB über § 161 Abs. 2 HGB im Hinblick auf den Komplementär Anwendung. Dagegen bestimmt § 165 HGB für die Kommanditisten die Unanwendbarkeit der §§ 112, 113 HGB.

I. Der § 112 HGB als Grundlage des Wettbewerbsverbots

Der Gesellschafter einer OHG unterliegt gem. § 112 Abs. 1 HGB einem Wettbewerbsverbot, wonach er weder ohne Einwilligung der Mitgesellschafter im Handelszweig der Gesellschaft Geschäfte machen (Alt. 1), noch als persönlich haftender Gesellschafter an einer anderen gleichartigen Handelsgesellschaft teilnehmen darf (Alt. 2).

1. Normzweck

a) Historische Entwicklung

Die Regelungen zum Wettbewerbsverbot gehen zurück auf den Entwurf eines Handelsgesetzbuchs für die preussischen Staaten von 1857.[10] Das Konkurrenzverbot war in Art. 101 des Entwurfs vorgesehen.[11] Der preussische Entwurf wurde zur Grundlage der Beratungen über das Allgemeine Deutsche Handelsgesetzbuch (ADHGB)[12] und das Wettbewerbsverbot in Art. 101 des Entwurfs wurde – mit nur kleineren sprachlichen Änderungen – in Art. 96 ADHGB[13] kodifiziert. Der Art. 96

10 *Burgard,* FS Lutter, 1033 (1035); *K. Schmidt,* GesR, § 20 V. 1. b); der „Entwurf eines Handelsgesetzbuchs für die preußischen Staaten" ist abgedruckt bei *Schubert,* Protokolle zum ADHGB, Bd. 10, sowie im Entwurf eines HGB für die preussischen Staaten, 1. Teil: Entwurf, S. 18/19.

11 Siehe: Entwurf eines HGB für die preussischen Staaten, 1. Teil: Entwurf, S. 18/19.

12 Vgl. zur Entstehungsgeschichte des ADHGB: *Schubert,* Protokolle zum ADHGB, Bd. 1, IX–XXIII.

13 Das ADHGB in der Fassung vom 05.06.1869 ist abgedruckt bei *Schubert/Schmiedel/Krampe,* Quellen zum Handelsgesetzbuch von 1897, Bd. 1, Gesetze und Entwürfe, S. 97 ff.; Art. 96 ADHGB findet sich auf S. 422.

ADHGB wurde wiederum fast[14] wörtlich im Handelsgesetzbuch vom 10.05.1897[15] durch § 112 HGB übernommen, dessen Wortlaut bis heute nicht mehr geändert wurde.

b) Sinn und Zweck des § 112 Abs. 1 HGB

Die für Art. 101 des preussischen Entwurfs maßgebenden teleologischen Erwägungen wurden - soweit ersichtlich - weder bei den Beratungen über das ADHGB noch bei Schaffung des § 112 HGB in Frage gestellt.[16]

In den Motiven zu Art. 101 des preussischen Entwurfs wird darauf abgestellt, dass der Gesellschaftsvertrag „vor allen anderen Verträgen auf dem ganz besonderen gegenseitigen Vertrauen, dass jedes Mitglied die Interessen der Gesellschaft wie seine eigenen wahrnehmen werde", beruht.[17] Damit sei eine Tätigkeit des Gesellschafters in demselben Handelszweig der Gesellschaft unverträglich. Dies gelte sogar, wenn der Gesellschafter von der Geschäftsführung ausgeschlossen sei, da seine Kenntnis der Bücher und Verbindungen der Gesellschaft ihn zu einem gefährlichen Konkurrenten derselben mache.

Der Normzweck des § 112 Abs. 1 HGB wird heute allgemein darin gesehen, bestimmte der Gesellschaft nachteilige Wettbewerbshandlungen durch die Gesellschafter zu verhindern.[18] Insoweit werden zwei Aspekte für maßgebend erachtet: Zum einen soll der Gesellschafter die aufgrund seiner Gesellschafterstellung erlangten Informationen nicht zur Verfolgung eigennütziger Zwecke verwerten, und zum anderen soll er seinen Einfluss in der Gesellschaft nicht missbrauchen.[19] Der Schutz der Gesellschaft vor Informationsmissbrauch und

---

14 In Art. 96 ADHGB war beispielsweise von „Genehmigung" statt von „Einwilligung" die Rede. Diese und weitere kleine sprachliche Korrekturen bedeuteten aber keine inhaltliche Änderung.

15 Abgedruckt bei *Schubert/Schmiedel/Krampe*, Quellen zum Handelsgesetzbuch von 1897, Bd. 1, Gesetze und Entwürfe, S. 717.

16 Vgl. *Schubert*, Protokolle zum ADHGB, Bd. 1, S. 183 f. sowie die Begründung zu dem Entwurf eines HGB für das Deutsche Reich von 1895 bei *Schubert/Schmiedel/Krampe*, Quellen zum Handelsgesetzbuch von 1897, Bd. 2, Denkschriften, Beratungen, Berichte, S. 72 f.

17 Entwurf eines HGB für die preussischen Staaten, 2. Teil: Motive, S. 55.

18 BGH Urteil v. 21.02.1978 Az. KZR 6/77 (Tz. 14) – *Gabelstaplervermietung*, BGHZ 70, 331 (333) = NJW 1978, 1001 (1002).

19 BGH Urteil v. 05.12.1983 Az. II ZR 242/82 (Tz.17) – *Werbeagentur*, BGHZ 89, 162 (166) = NJW 1984, 1351; Oetker/*Weitemeyer*, HGB, § 112 Rn. 2; Großkomm-HGB/*Schäfer*, § 112 Rn. 1; E/B/J/S/*Goette*, HGB, § 112 Rn. 2; MünchKomm-HGB/*Langhein*, § 112 Rn. 2; *Salfeld*, Wettbewerbsverbote, S. 67 f.

der Schutz vor missbräuchlicher Einflussnahme auf die Geschäftsführung stehen nach wohl herrschender Meinung als gleichrangige Aspekte nebeneinander.[20]

Anders als etwa bei § 60 HGB oder § 88 AktG erfasst der Normzweck des § 112 HGB nicht die Erhaltung der vollen Arbeitskraft des Gesellschafters zugunsten der Gesellschaft.[21] Dies ergibt sich schon daraus, dass der § 112 HGB den Gesellschaftern nur die Tätigkeit in dem Handelszweig der Gesellschaft, bzw. die Beteiligung an einer gleichartigen Handelsgesellschaft verbietet und nicht ein generelles Verbot anderweitiger Tätigkeiten oder Beteiligungen ausspricht.[22] Ebenfalls nicht zum Zweck des § 112 HGB gehört die Erhaltung des Vermögens der Gesellschafter als Haftungs- und Kreditgrundlage der Gesellschaft.[23] Eine Pflicht zur Erhaltung des eigenen Privatvermögens lässt sich weder aus § 128 HGB, noch aus den gesellschaftsvertraglichen Pflichten im Innenverhältnis herleiten.[24] Überdies wäre die Regelung des § 112 HGB zur Erreichung dieses Zwecks untauglich, da es dann einer Norm bedürfte, die den Gesellschaftern jegliche Disposition über ihr Privatvermögen verbietet, was der Einführung eines gesetzlichen Kapitalerhaltungsgrundsatzes für den persönlich haftenden Gesellschafter bedeuten würde.[25]

Es kann also festgehalten werden, dass mit der Norm des § 112 HGB der Zweck verfolgt wird, die Gesellschaft vor der Doppelrolle eines Gesellschafters als Verbandszugehörigem und als Konkurrenten zu schützen.[26] Die insoweit zu vermeidenden Risiken liegen in der Gefahr des Insiderinformationsmissbrauchs und der Gefahr der missbräuchlichen Ausnutzung gesellschaftsinternen Einflusses. Ferner kann allein der Verdacht der treuwidrigen Insiderkonkurrenz aufgrund der Tätigkeit des Gesellschafters im selben Handelszweig die Vertrauensgrundlage für die Zusammenarbeit in der Personengesellschaft erschüttern.[27]

---

20 Großkomm-HGB/*Schäfer*, § 112 Rn. 1 m.w.N. zur teilweise stärkeren Akzentuierung des missbräuchlichen Einflusses oder des Informationsmissbrauchs in Fn. 2.

21 Baumbach/*Hopt*, HGB, § 112 Rn. 1; Großkomm-HGB/*Schäfer*, § 112 Rn. 2; Oetker/*Weitemeyer*, HGB, § 112 Rn. 2; MüchKomm-HGB/*Langhein*, § 112 Rn. 2.

22 Vgl. *Salfeld*, Wettbewerbsverbote, S. 68.

23 So aber im Hinblick auf § 112 Abs. 1 Alt. 2 HGB: *Kraft/Kreutz*, Gesellschaftsrecht, 11. Auflage 2000, S. 182; dagegen aber mit Recht: Großkomm-HGB/*Schäfer*, § 112 Rn. 2; *Beuthien*, ZHR 142 (1978), 259 (271 f.).

24 *Armbrüster*, ZIP 1997, 261 (263).

25 *Armbrüster*, ZIP 1997, 261 (263) m.w.N. in Fn. 18.

26 Vgl. *Salfeld*, Wettbewerbsverbote, S. 70.

27 Vgl. *Beuthien*, ZHR 142 (1978), 259 (286); ähnlich auch in den Motiven zu Art. 101 des preussischen Entwurfs.

2. *Rechtsnatur und Geltungsgrund*

Das Wettbewerbsverbot des § 112 HGB stellt ein Verbot mit Erlaubnisvorbehalt dar und ist als Gefährdungstatbestand ausgestaltet.[28]

Es handelt sich um eine dispositive Norm (vgl. § 109 HS. 2 HGB). Dies bedeutet, dass der § 112 HGB gilt, sofern nicht durch den Gesellschaftsvertrag ein anderes bestimmt ist. Da dispositive Vorschriften gesetzlich typisierte Ordnungs- und Gerechtigkeitsvorstellungen zum Ausdruck bringen, schadet ihr Zurücktreten hinter privatautonome Vereinbarungen ihrem Gerechtigkeitsgehalt nicht.[29] Der Anspruch auf Normgeltung liegt daher in der dispositiven Norm selber begründet.[30] Richtig ist zwar, dass es zur Geltung des § 112 HGB zunächst eines wirksamen Gesellschaftsvertragsschlusses bedarf.[31] Liegt dieser aber vor, so gilt das Wettbewerbsverbot eben kraft dispositiven Gesetzesrechts, auch wenn die Möglichkeit für seine Geltung erst durch einen Vertragsschluss geschaffen werden muss.[32]

3. *Abgrenzung des maßgebenden Handelszweigs*

Sowohl § 112 Abs. 1 Alt. 1 HGB, als auch § 112 Abs. 1 Alt. 2 beschränken das Wettbewerbsverbot auf den Handelszweig der Gesellschaft. Folglich kommt der Bestimmung des Handelszweigs, in dem die Gesellschaft tätig ist, für die Frage des Eingreifens des Wettbewerbsverbots entscheidende Bedeutung zu. Maßgeblich ist insoweit zunächst der im Gesellschaftsvertrag beschriebene Geschäftsbereich.[33] Da es sich bei § 112 HGB um einen Gefährdungstatbestand handelt und weil der Verwirklichung des Zweck des Wettbewerbsverbots größtmögliche Geltung zu

---

28 Vgl. nur MünchKomm-HGB/*Langhein*, § 112 Rn. 3 m.w.N.

29 Vgl. *H.P. Westermann*, Vertragsfreiheit und Typengesetzlichkeit, S. 45.

30 Anders wohl Großkomm-HGB/*Schäfer*, § 109 Rn. 4, der meint, dass die Rechtsbeziehungen der Gesellschafter insgesamt vertraglicher Natur seien, auch wenn sie auf dispositivem Gesetzesrecht beruhen.

31 Großkomm-HGB/*Schäfer*, a.a.O.

32 Wenn *Schäfer*, a.a.O. in diesem Zusammenhang ausführt, dass es sich *daher* bei § 112 HGB um ein Wettbewerbsverbot auf vertraglicher Grundlage handele, sodass sich die Frage nach der Vereinbarkeit mit § 1 GWB stellt, ist dies jedenfalls missverständlich. Das Vorliegen einer *Vereinbarung* i.S.d. § 1 GWB wird für § 112 HGB nur im Hinblick auf den Kartellverbotstatbestand angenommen; vgl. *Salfeld*, Wettbewerbsverbote, S. 65 sowie unten: 4. Kap. A. I. 2. b).

33 Großkomm-HGB/*Schäfer*, § 112 Rn. 17; *Salfeld*, Wettbewerbsverbote, S. 72.

verschaffen ist, darf bei der Abgrenzung des sachlich relevanten Marktes nicht restriktiv verfahren werden.[34]

Eine Orientierung allein an dem gesellschaftsvertraglich festgelegten Geschäftsbereich würde den Gesellschafter allerdings zu stark in seiner Handlungsfreiheit einschränken und wäre zudem zur Erreichung der mit dem Wettbewerbsverbot verfolgten Ziele nicht erforderlich. Daher ist der maßgebliche Handelszweig nach der tatsächlich durch die Gesellschaft ausgeübten Tätigkeit, soweit diese von dem Gesellschaftsvertrag gedeckt ist, zu bestimmen.[35] Eine von der tatsächlichen Tätigkeit der Gesellschaft abweichende weitere Formulierung des Unternehmensgegenstandes im Gesellschaftsvertrag ist nur dann durch § 112 HGB geschützt, wenn hierdurch eine konkrete Entwicklungsmöglichkeit der Gesellschaft gewährleistet werden soll.[36]

Eine Erweiterung des gesellschaftsvertraglich festgelegten Geschäftsgegenstandes allein durch faktisches Tätigwerden ist nicht möglich.[37] Es wird jedoch häufig eine konkludente Vertragsänderung vorliegen, etwa wenn ein Beschluss gem. § 116 Abs. 2 HGB gefasst wurde.[38]

4. *Weitere Tatbestandsvoraussetzungen*

a) Geschäfte i.S.d. § 112 Abs. 1 Alt. 1 HGB

Aus § 113 Abs. 1 HS. 2 HGB ergibt sich, dass der § 112 Abs. 1 HGB sowohl Geschäfte auf eigene Rechnung, als auch auf fremde Rechnung[39] verbietet. Dem

---

34 Großkomm-HGB/*Schäfer*, § 112 Rn. 17; MünchKomm-HGB/*Langhein*, § 112 Rn. 13; *Kardaras*, Das Wettbewerbsverbot, S. 56.

35 Oetker/*Weitemeyer*, HGB, § 112 Rn. 6; E/B/J/S/*Goette*, HGB, § 112 Rn. 9; MünchKomm-HGB/*Langhein*, § 112 Rn. 11, wonach ein weniger umfangreich betriebenes tatsächliches Geschäft einen weiter formulierten gesellschaftsvertraglichen Unternehmensgegenstand konkludent einschränken oder Letzterer eine bloß unverbindliche Option darstellen soll; vgl. ferner: *Armbrüster*, ZIP 1997, 261 (263).

36 E/B/J/S/*Goette*, HGB, § 112 Rn. 9; MünchKomm-HGB/*Langhein*, § 112 Rn. 11 mit dem Hinweis, dass unrealistisch weite Formulierungen im Gesellschaftsvertrag aus Rechtsunkenntnis und „purer Aufschneiderei“ keineswegs selten seien.

37 E/B/J/S/*Goette*, HGB, § 112 Rn. 10 mit Hinweis auf die teilweise missverständliche Rechtsprechung, vgl. insoweit: BGH Urteil v. 05.12.1983 Az. II ZR 242/82 (Tz. 31) – *Werbeagentur*, BGHZ 89, 162 (170) = NJW 1984, 1351 (1353); vgl. auch *M. Winter*, Mitgliedschaftliche Treubindungen, S. 253 f.

38 Großkomm-HGB/*Schäfer*, § 112 Rn. 16.

39 In Art. 96 ADHGB hieß es noch ausdrücklich: „Ein Gesellschafter darf ohne Genehmigung der anderen Gesellschafter weder in dem Handelszweig der Gesellschaft für eigene Rechnung oder für Rechnung eines Dritten Geschäfte machen, [...].“

Gesellschafter ist es daher aufgrund des Wettbewerbsverbots untersagt, beispielsweise als Makler, Kommissionär oder Handelsvertreter tätig zu werden.[40] Der Begriff des „Geschäfts" ist weit im Sinne jeder unternehmerischen Tätigkeit zu verstehen.[41] Aus teleologischen Gründen muss jede Tätigkeit gem. § 112 Abs. 1 HGB verboten sein, bei der es zu einer Ausnutzung von Insiderinformationen oder dem Missbrauch des Einflusses in der Gesellschaft kommen kann.[42] Daher sind auch die Tätigkeiten als Vorstand in einer Aktiengesellschaft oder als Geschäftsführer in einer GmbH als Geschäfte in fremdem Namen erfasst.[43]

b) Beteiligung mit persönlicher Haftung i.S.d. § 112 Abs. 1 Alt. 2 HGB

Das Beteiligungsverbot des § 112 Abs. 1 Alt. 2 HGB erfasst unproblematisch die *gesetzestypische* Beteiligung als persönlich haftender Gesellschafter an einer anderen Handelsgesellschaft. Dies gilt unabhängig von der konkreten Rechtsform dieser Handelsgesellschaft, sodass sowohl OHG, als auch KG oder KGaA in Betracht kommen.[44] Nicht erfasst ist hingegen die rein kapitalistische Beteiligung, beispielsweise als Aktionär, Kommanditist oder GmbH-Gesellschafter.[45] Anders ist dies nur im Falle eines beherrschenden Einflusses auf die Gesellschaft.[46] Das Tätigwerden als Organ einer Aktiengesellschaft oder GmbH fällt aber unter § 112 Abs. 1 Alt. 1 HGB.[47]

Der § 112 Abs. 1 Alt. 2 HGB verbietet die Teilnahme an einer anderen gleichartigen Handelsgesellschaft als persönlich haftender Gesellschafter. Dabei lässt sich fragen, ob die Formulierung „an einer anderen gleichartigen Handelsgesellschaft" so zu verstehen ist, dass die Gesellschaften demselben Handelszweig zuzuordnen sein müssen. Der Wortlaut spricht gegen ein solches Verständnis, da der „Handelszweig" nur in § 112 Abs. 1 Alt. 1 HGB erwähnt wird und es dem Sprachgebrauch des Wortes „gleichartig" näher kommt, hierunter die Gesellschaftsform (OHG oder KG) zu verstehen.[48]

Vgl. *Schubert/Schmiedel/Krampe*, Quellen zum Handelsgesetzbuch von 1897, Bd. 1, Gesetze und Entwürfe, S. 422.

40 Baumbach/*Hopt*, HGB, § 112 Rn. 4.

41 Großkomm-HGB/*Schäfer*, § 112 Rn. 20.

42 Großkomm-HGB/*Schäfer*, a.a.O.

43 Baumbach/*Hopt*, HGB, § 112 Rn. 4; Großkomm-HGB/*Schäfer*, § 112 Rn. 22.

44 Vgl. nur MünchKomm-HGB/*Langhein*, § 112 Rn. 17.

45 MünchKomm-HGB/*Langhein*, § 112 Rn. 18.

46 Vgl. *Ivens*, Konkurrenzverbot, S. 70 m.w.N.; Baumbach/Hueck/*Zöllner/Beurskens*, GmbHG, SchlAnhKonzernR, Rn. 95.

47 Vgl. oben: 2. Kap. A. I. 4. a).

48 *Armbrüster*, ZIP 1997, 261 (262).

Überzeugender ist es jedoch darauf abzustellen, ob die andere Handelsgesellschaft, an der sich der Gesellschafter beteiligt, ihre Geschäfte in dem gleichen Handelszweig betreibt. Dafür sprechen auch die Protokolle der „Commission zur Berathung eines allgemeinen deutschen Handelsgesetz-Buches".[49] Es wurde nicht nur diskutiert, ob das Konkurrenzverbot für den Betrieb jedes anderen Handelsgeschäfts gelten solle und folglich nicht auf den Handelszweig der Gesellschaft zu begrenzen sei, sondern auch, ob einem Gesellschafter die Teilnahme an jeder anderen Handelsgesellschaft zu verbieten, mithin das Wort „gleichartigen" zu streichen sei.[50] Die Kommission ging in den Beratungen zu der Vorgängervorschrift des § 112 HGB eindeutig von einem Verbot der Teilnahme an anderen gleichartigen Handelsgesellschaften im Sinne eines Verbots der Beteiligung an einer demselben Handelszweig zugehörigen Gesellschaft aus.[51]

Die am Wortlaut orientierte Auslegung widerspricht überdies dem systematischen Zusammenhang mit § 112 Abs. 1 Alt. 1 HGB, da es nicht nachvollziehbar wäre, dem Gesellschafter außerhalb des Handelszweigs der Gesellschaft zwar eine einzelkaufmännische Tätigkeit zu erlauben, eine Beteiligung an einer Gesellschaft jedoch aufgrund der gleichen Gesellschaftsform zu verbieten.[52]

Folglich verbietet § 112 Abs. 1 Alt. 2 HGB allein die Beteiligung an einer in demselben Handelszweig tätigen Gesellschaft.[53]

c) Fehlende Einwilligung der Mitgesellschafter

Ein Gesellschafter darf ohne Einwilligung der anderen Gesellschafter nicht zu der Gesellschaft in Wettbewerb treten (§ 112 Abs. 1 HGB). Bei der fehlenden Einwilligung der Mitgesellschafter handelt es sich also um ein negatives Tatbestandsmerkmal des § 112 Abs. 1 HGB.[54] Die Erteilung der Einwilligung erfolgt entsprechend §§ 182 – 184 BGB durch einseitige empfangsbedürftige Willenserklärungen eines

49 *Schubert*, Protokolle zum ADHGB, Bd. 1.

50 *Schubert*, Protokolle zum ADHGB, Bd. 1, S. 183 f.; die Abstimmung ging zugunsten der Begrenzung des Konkurrenzverbots auf den Handelszweig der Gesellschaft und der Beibehaltung des Wortes „gleichartige" aus.

51 Offenkundig wird dies auch in dem bei *Schubert*, Protokolle zum ADHGB, Bd. 1, S. 185 genannten Beispiel. Dort heißt es: „Es sei z.B. gar nicht abzusehen, welches Interesse des Gesellschafter einer Spinnfabrik haben könnte, einem Socius die Betheiligung an einer Maschinenfabrik zu untersagen [...].".

52 *Armbrüster*, ZIP 1997, 261 (262).

53 So auch ohne nähere Begründung: BGH Urteil v. 05.12.1983 Az. II ZR 242/82 (Tz. 29 f.) – *Werbeagentur*, BGHZ 89, 162 (169 f.) = NJW 1984, 1351 (1353); MünchKomm-HGB/*Langhein*, § 112 Rn. 17.

54 Großkomm-HGB/*Schäfer*, § 112 Rn. 32.

jeden Mitgesellschafters gegenüber dem Gesellschafter, der zu der Gesellschaft in Wettbewerb treten will.[55] Nach anderer Auffassung soll stets ein einstimmiger Gesellschafterbeschluss erforderlich sein, welcher der sachlichen Rechtfertigung bedarf.[56] Für das Erfordernis einseitiger Individualerklärungen streitet jedenfalls die Möglichkeit der anfänglich im Gesellschaftsvertrag erteilten Einwilligung.[57] Nicht nachvollziehbar ist zudem, warum ein Beschluss, der ohnehin die Zustimmung *aller* Gesellschafter voraussetzt, noch zusätzlich eines sachlichen Rechtfertigungsgrundes bedürfen soll.[58]

Ist den übrigen Gesellschaftern bei Eingehung der Gesellschaft bekannt, dass der Gesellschafter an einer anderen Gesellschaft als persönlich haftender Gesellschafter teilnimmt, und wird die Aufgabe dieser Beteiligung nicht ausdrücklich bedungen, so gilt die Einwilligung zur Teilnahme an der anderen Gesellschaft gem. § 112 Abs. 2 HGB[59] als erteilt. Dabei handelt es sich um eine unwiderlegliche Vermutung.[60] Die Regelung dient dem Schutz des bereits auf dem Markt der zu gründenden Gesellschaft tätigen Gesellschafters, der auf die Fortsetzung seiner bisherigen Tätigkeit vertrauen darf, soweit deren Aufgabe von den anderen Gründungsgesellschaftern trotz Kenntnis nicht ausdrücklich verlangt wird.[61]

Nach seinem Wortlaut stellt § 112 Abs. 2 HGB zwar auf den Zeitpunkt der Eingehung der Gesellschaft ab; er gilt jedoch für den späteren Beitritt eines Gesellschafters entsprechend, wenn seine anderweitige Teilnahme als persönlich haftender Gesellschafter an einer Gesellschaft sämtlichen aufnehmenden Gesellschaftern bekannt ist und sie die Aufgabe dieser Beteiligung nicht ausdrücklich bedingen.[62]

---

55 (Str.), so Baumbach/*Hopt,* HGB, § 112 Rn. 9; Großkomm-HGB/*Schäfer,* § 112 Rn. 26; MünchKomm-HGB/*Langhein,* § 112 Rn. 24.

56 *Kardaras,* Das Wettbewerbsverbot, S. 66 f.; E/B/J/S/*Goette,* HGB, § 112 Rn. 25 mit Hinweis auf die mangelnde praktische Bedeutung dieses Streits, da in einem Gesellschafterbeschluss die gebündelten individuellen Willenserklärungen der Mitgesellschafter gesehen werden können.

57 MünchKomm-HGB/*Langhein,* § 112 Rn. 24.

58 Ebenfalls zweifelnd: E/B/J/S/*Goette,* HGB, § 112 Rn. 25.

59 Eine ähnliche Formulierung findet sich in Art. 101 Abs. 3 des Entwurfs eines HGB für die preussischen Staaten, der im Wesentlichen die Bestimmung des § 637 Abs. 2 lit. 8 des Allgemeinen Landrechts wiedergibt. Die Regelung wurde in Art. 96 ADHGB übernommen.

60 E/B/J/S/*Goette,* HGB, § 112 Rn. 30; Baumbach/*Hopt,* HGB, § 112 Rn. 10.

61 Großkomm-HGB/*Schäfer,* § 112 Rn. 29; E/B/J/S/*Goette,* HGB, § 112 Rn. 30.

62 Baumbach/*Hopt,* HGB, § 112 Rn. 10; MünchKomm-HGB/*Langhein,* § 112 Rn. 28; dies gilt allerdings nicht, soweit nicht sämtliche Gesellschafter an der Aufnahme eines neuen Gesellschafters beteiligt sind, E/B/J/S/*Goette,* § 112 Rn. 31.

5. *Befreiung vom Wettbewerbsverbot*

Aus der dispositiven Natur des § 112 Abs. 1 HGB (§ 109 HGB) folgt, dass das Wettbewerbsverbot bei Abschluss oder durch Änderung des Gesellschaftsvertrags abbedungen werden kann.[63] Bei einer nach Gesellschaftsgründung zu gewährenden Befreiung ist daher ein der Zustimmung sämtlicher Gesellschafter bedürfender Gesellschaftsbeschluss erforderlich.[64] Ist ein Gesellschafterbeschluss mit einfacher Mehrheit vorgesehen, so ist der zu befreiende Gesellschafter vom Stimmrecht ausgeschlossen und es wird ein im Gesellschaftsinteresse liegender sachlicher Grund für die Befreiung gefordert.[65]

Mit Erteilung der Befreiung ist jedoch nicht die generelle Erlaubnis zur Schädigung der Gesellschaft verbunden, da die Treupflicht, soweit es um die gemeinsame Zweckverfolgung geht, nicht abdingbar ist.[66] Insbesondere erfasst die Gestattung einer Konkurrenztätigkeit im Zweifel nicht die Verwertung gesellschaftsintern vermittelter Geschäftschancen.[67]

6. *Einschränkung des § 112 Abs. 1 HGB bei atypischen Vertragsgestaltungen*

In einigen atypischen Fällen wird eine Einschränkung des gesetzlich vorgesehenen Wettbewerbsverbots diskutiert, ohne dass diese Einschränkung mit dem Kartellverbotstatbestand begründet wird.

a) Von der Geschäftsführung ausgeschlossene OHG-Gesellschafter

Der § 112 Abs. 1 HGB verbietet dem *Gesellschafter* ohne Einwilligung der anderen Gesellschafter in dem Handelszweig der Gesellschaft Geschäfte zu machen. Der Wortlaut der Norm lässt keine Beschränkung auf die geschäftsführenden – und somit dem gesetzlichen Leitbild (§ 114 Abs. 1 HGB) entsprechenden – Gesellschafter erkennen. Das Wettbewerbsverbot erfasst mithin auch die gesellschaftsvertraglich von der Geschäftsführung ausgeschlossenen Gesellschafter.

---

63 Großkomm-HGB/*Schäfer*, § 112 Rn. 31.

64 Großkomm-HGB/*Schäfer*, a.a.O.

65 Baumbach/*Hopt*, HGB, § 112 Rn. 13; MünchKomm-HGB/*Langhein*, § 112 Rn. 36; *Wiedemann/Hirte*, ZGR 1986, 163 (173) plädieren wohl für die Alternativität von Stimmrechtsausschluss oder dem Erfordernis eines im Gesellschaftsinteresse liegenden sachlichen Grundes; vgl. gegen das Erfordernis eines sachlichen Grundes auch oben 2. Kap. A. I. 4. c), jedoch im Zusammenhang mit der Einwilligung durch *einstimmigen* Gesellschafterbeschluss.

66 Großkomm-HGB/*Schäfer*, § 112 Rn. 33.

67 *M. Winter*, Mitgliedschaftliche Treuebindungen, S. 241 u. S. 259 (für die GmbH).

Im Vergleich zu den von dem Wettbewerbsverbot gem. § 165 HGB ausgenommenen nicht zur Geschäftsführung berufenen Kommanditisten stellt die Erfassung der von der Geschäftsführung ausgeschlossenen OHG-Gesellschafter durch § 112 HGB allerdings eine nicht durchdachte gesetzgeberische Inkonsequenz dar.[68]

Teilweise wird daher für den Fall des Ausschlusses des OHG-Gesellschafters von der Geschäftsführung eine teleologische Reduktion des § 112 HGB vertreten.[69] Diese wird damit begründet, dass die Gefahr, welcher das Wettbewerbsverbot begegnen soll, im Einfluss auf die Geschäftsführung liegt, und ein nicht geschäftsführender Gesellschafter häufig an anderweitigen unternehmerischen Aktivitäten interessiert sein wird, sodass ein Wettbewerbsverbot für ihn eine wesentlich schwerere Einschränkung bedeutete, als für den gesetzestypisch beteiligten Gesellschafter.[70]

Eine im Hinblick auf eine teleologische Reduktion erforderliche Ausnahmeregelungslücke[71] lässt sich bei isolierter Betrachtung der gesellschaftsrechtlichen Normen jedoch nicht feststellen. Allein eine „gesetzgeberische Inkonsequenz" begründet noch keine Regelungslücke. Vielmehr erscheint gerade der Gegenschluss zulässig: Wenn der Gesetzgeber den Kommanditisten explizit vom Wettbewerbsverbot ausnimmt, den nicht geschäftsführenden OHG-Gesellschafter hingegen nicht, so manifestiert sich in dieser Regelung gerade ein entsprechender gesetzgeberischer Wille.

Ein anderes Ergebnis lässt sich nur unter Rückgriff auf das in § 1 GWB und Art. 101 AEUV zum Ausdruck gebrachte Prinzip der Wettbewerbsfreiheit begründen.[72]

b) Komplementär-GmbH in der GmbH & Co. KG

Das *Oberlandesgericht Frankfurt* hat die Auffassung vertreten, das Wettbewerbsverbot des § 112 HGB könne für die Komplementär-GmbH einer GmbH &

---

68 Vgl. *Wiedemann/Hirte*, ZGR 1986, 163 (166).

69 *Armbrüster*, ZIP 1997, 261 (265); dabei wird nicht ganz klar, ob *Armbrüster* diese Einschränkung mit Rücksicht auf den Kartellverbotstatbestand befürwortet oder allein aufgrund gesellschaftsrechtlicher Erwägungen; dagegen spricht Großkomm-HGB/*Schäfer*, § 112 Rn. 7, ausdrücklich von einer Restriktion des § 112 HGB „mit Rücksicht auf § 1 GWB".

70 *Armbrüster*, ZIP 1997, 261 (266).

71 *Larenz/Canaris*, Methodenlehre, S. 210 f.

72 Dazu unten: 4. Kap. II. 2.

Co. KG jedenfalls im Fall einer „kapitalistischen Kommanditgesellschaft" nicht gelten.[73]

Es begründet diese Ansicht mit dem Hinweis, dass es sich bei der GmbH & Co. KG um eine gesellschaftsrechtliche Rechtsform handele, die bei Einführung der Regelungen zum gesetzlichen Wettbewerbsverbot noch gar nicht bekannt war, sodass der Gesetzgeber nicht veranlasst gewesen sei, neben den Kommanditisten (§ 165 HGB) auch die Komplementär-GmbH von der Geltung des § 112 HGB auszunehmen.[74] Eine GmbH & Co. KG sei im Gegensatz zu einer Kommanditgesellschaft einer Kapitalgesellschaft sehr ähnlich, und der GmbH komme als selbständiger juristischer Person nicht die Stellung eines Komplementärs i.S.d. § 112 HGB zu, da sie bei ihrem Handeln durch einen Geschäftsführer vertreten wird.[75]

Die Ausführungen des *OLG Frankfurt* zielen auf eine teleologische Reduktion des § 112 HGB, auch wenn dies so nicht ausdrücklich benannt wird. Die ganz herrschende Meinung folgt dieser Ansicht jedoch zu Recht nicht.[76] Nach dem Sinn und Zweck des Wettbewerbsverbots, welcher nicht in der Erhaltung der Arbeitskraft für die Gesellschaft liegt[77], kann es keinen Unterschied machen, ob eine natürliche oder eine juristische Person als Komplementär auftritt, da der Schutz der Gesellschaft in beiden Fällen zu gewährleisten ist.[78] Ob auch der in Vertretung der GmbH handelnde Geschäftsführer einem (organschaftlichen) Wettbewerbsverbot unterliegt, welches auch Drittwirkung zugunsten der Kommanditgesellschaft entfaltet[79], ist eine andere Frage, die an dieser Stelle nicht zu behandeln ist. Überdies kommt es auch allein auf die regelmäßig personalistisch ausgestaltete Stellung der Komplementär-GmbH in der Kommanditgesellschaft an und nicht darauf, ob die GmbH & Co. KG insgesamt einer Kapitalgesellschaft ähnelt.[80]

---

73 OLG Frankfurt Urteil v. 15.04.1982 Az. 6 U 104/81, BB 1982, 1383.

74 OLG Frankfurt a.a.O.

75 OLG Frankfurt Urteil v. 15.04.1982 Az. 6 U 104/81, BB 1982, 1383 (1384).

76 BGH Beschluss v. 24.02.1997 Az. II ZB 11/96 (Tz. 11), NJW 1997 1923 (1924); vgl. zur AG & Co. KG: BGH Urteil v. 09.03.2009 Az. II ZR 170/07 (Tz. 2) – *Vorstandsdoppelmandat*, BGHZ 180, 105 (107); Baumbach/*Hopt*, HGB, Anh. § 177a Rn. 23; Großkomm-HGB/*Schäfer*, § 112 Rn. 6; E/B/J/S/*Henze*, HGB, Anh. Nach § 177a Rn. 90; *Binz/Sorg*, Die GmbH & Co. KG, § 4 Rn. 41; *Müller*, NJW 2007, 1724; *Riegger*, BB 1983, 90.

77 Vgl. oben: 2. Kap. A. I. 1. b).

78 *Müller*, NJW 2007, 1724; *Riegger*, BB 1983, 90.

79 Vgl. dazu *Weller*, ZHR 175 (2011), 110 (133 ff.).

80 *Riegger*, BB 1983, 90 (91); vgl. ausführlich unten: 3. Kap. D. IV. 1. b).

Im Ergebnis kann daher zugunsten der GmbH als Komplementär einer Kommanditgesellschaft keine Ausnahme von dem Wortlaut des § 112 Abs. 1 HGB gemacht werden.

II. Rechtsfolgen bei Verstoß gegen das Wettbewerbsverbot

1. Rechtfolgen des § 113 HGB

Die Gesellschaft kann bei Verletzung des Wettbewerbsverbots durch den Gesellschafter gem. § 113 Abs. 1 HS. 1 HGB Schadensersatz von diesem verlangen. Dabei gelten die allgemeinen Grundsätze zur Schadensersatzhaftung bei Vertragsverletzung. Der Gesellschafter muss den Verstoß daher zu vertreten haben (§§ 276, 278 BGB), wobei der Verschuldensmaßstab des § 708 BGB zu berücksichtigen ist.[81]

Alternativ[82] kann die Gesellschaft gem. § 113 Abs. 1 HS. 2 HGB verlangen, dass der Gesellschafter seine für eigene Rechnung gemachten Geschäfte als für Rechnung der Gesellschaft gelten lässt und die aus Geschäften für fremde Rechnung bezogene Vergütung herausgibt oder seinen Anspruch auf die Vergütung abtritt (Eintrittsrecht). Normzweck des § 113 Abs. 1 HGB ist es, dem Gesellschafter die Vorteile seiner Handlungen zu entziehen, sodass es nicht darauf ankommt, ob die Gesellschaft den Gewinn selber erzielt hätte.[83] Dem Eintrittsrecht kommt – entgegen dem missverständlichen Namen – keine Außenwirkung zu, sondern es regelt ausschließlich die internen Folgen eines Verstoßes gegen ein Wettbewerbsverbot.[84] Folglich bleibt die Wirksamkeit eines verbotswidrigen Geschäfts des Gesellschafters mit einem Dritten unberührt, und Ansprüche der Gesellschaft gegen den Dritten bestehen nur im Fall der Abtretung des Vergütungsanspruches (§ 113 Abs. 1 HS. 2 aE HGB).

Die Geltendmachung der genannten Ansprüche bedarf eines Gesellschafterbeschlusses gem. § 113 Abs. 2 HGB.

2. Sonstige Rechtsfolgen bei Verletzung des Wettbewerbsverbots

Der § 113 Abs. 1 HGB ist nur im Hinblick auf Schadensersatzansprüche abschließend.[85] Dies gilt jedoch nur insoweit, als der Tatbestand des § 112 Abs. 1

81 Großkomm-HGB/*Schäfer*, § 113 Rn. 13; Baumbach/*Hopt*, HGB, § 113 Rn. 2.

82 Nach herrschender Meinung handelt es sich bei § 113 Abs. 1 HS. 1 und HS. 2 HGB um einen Fall der elektiven Konkurrenz, vgl. Großkomm-HGB/*Schäfer*, § 113 Rn. 9 m.w.N. in Fn. 14.

83 Großkomm-HGB/*Schäfer*, § 113 Rn. 16; E/B/J/S/*Goette*, HGB, § 113 Rn. 11.

84 E/B/J/S/*Goette*, HGB, § 113 Rn. 10.

85 E/B/J/S/*Goette*, HGB, § 113 Rn. 27; Oetker/*Weitemeyer*, HGB, § 113 Rn. 32 ff.

HGB verletzt ist.[86] Eine weitere Treupflichtverletzung liegt beispielsweise in der Ausnutzung von der Gesellschaft zugeordneten Geschäftschancen.[87]

Daneben bleibt es der Gesellschaft (und den Gesellschaftern im Wege der actio pro socio[88]) möglich, den gegen § 112 HGB verstoßenden Gesellschafter auf Unterlassung in Anspruch zu nehmen und diesen Anspruch zivilprozessual durchzusetzen (§ 890 ZPO).[89] Zwar wurde der Unterlassungsanspruch weder in § 112 HGB noch in § 113 HGB ausdrücklich normiert. Gleichwohl ergibt sich dieser aus allgemeinen Grundsätzen und ist keineswegs durch § 113 HGB ausgeschlossen.[90]

Nach § 113 Abs. 4 HGB wird das Recht der Gesellschafter, die Auflösung der Gesellschaft zu verlangen, durch diese Vorschrift nicht berührt. Ein Verstoß gegen das Wettbewerbsverbot kann daher den Anlass für die Ausschließungsklage gem. § 140 HGB darstellen.[91]

Das gesellschaftsrechtliche Wettbewerbsverbot entfaltet seine präventive Schutzwirkung zugunsten der Gesellschaft somit einerseits unmittelbar aufgrund des Unterlassungsanspruchs und andererseits mittelbar aufgrund der drohenden Sekundärfolgen, denen eine gewisse verhaltenssteuernde Wirkung zukommen kann.[92]

---

86 Oetker/*Weitemeyer*, HGB § 113 Rn. 33.

87 Oetker/*Weitemeyer*, HGB, § 113 Rn. 33 m.w.N.; vgl. zur „Geschäftschancenlehre" unten: 3. Kap. B.

88 Die Gesellschafter können auch in entsprechender Anwendung der §§ 46 Nr. 8 Hs. 2, 147 Abs. 2 S. 1 AktG einen besonderen Vertreter zur Durchsetzung von *Ersatzansprüchen* gegen ihren organschaftlichen Vertreter bestellen, vgl. BGH Beschluss v. 07.06.2010 Az. II ZR 210/09 (Tz. 8 ff.), ZIP 2010, 2345 (2346) = DB 2010, 2610 (2611 f.); da der Grund hierfür darin liegt, dass die Geschäftsführer nicht unvoreingenommen genug sind, die Gesellschaftsinteressen im Prozess gegen ihre Kollegen zu vertreten, dürfte für die Geltendmachung eines Unterlassungsanspruchs nicht anderes gelten.

89 Vgl. BGH Urteil v. 21.02.1978 Az. KZR 6/77 (Tz. 24) – *Gabelstaplervermietung*, BGHZ 70, 331 (336) = NJW 1978, 1001 (1002); Baumbach/*Hopt*, HGB, § 113 Rn. 4; E/B/J/S/*Goette*, HGB, § 113 Rn. 22; Oetker/*Weitemeyer*, HGB, § 113 Rn. 30.

90 Vgl. BGH Urteil v. 21.02.1978 Az. KZR 6/77 (Tz. 24) – *Gabelstaplervermietung*, BGHZ 70, 331 (336) = NJW 1978, 1001 (1002); MünchKomm-HGB/*Langhein*, § 113 Rn. 11 m.w.N.; Großkomm-HGB/*Schäfer*, § 112 Rn. 38.

91 Allgemeine Meinung, vgl. nur MünchKomm-HGB/*Langhein* § 113 Rn. 12, überdies kommt die Entziehungsklage gem. §§ 117, 127 HGB in Betracht.

92 *Weller*, ZHR 175 (2011), 110 (113).

III. Privatautonome Vereinbarung als Grundlage des Wettbewerbsverbots

1. Vereinbarung als autonomer Geltungsgrund

Für nicht von dem Anwendungsbereich des § 112 HGB erfasste Sachverhalte kommt als Geltungsgrund für ein Wettbewerbsverbot nur eine privatautonome Vereinbarung in Betracht. In der Offenen Handelsgesellschaft betrifft dies vor- und nachvertragliche Wettbewerbsverbote, da die §§ 112, 113 HGB insoweit nicht gelten.[93] Eine solche privatautonome Vereinbarung ist in den Grenzen der §§ 138 BGB, 1 GWB frei gestaltbar.

2. Vereinbarung neben § 112 HGB

Für den Fall, dass die Gesellschaftsvertragsschließenden ein Wettbewerbsverbot ausdrücklich in die Satzung aufnehmen, ist zu differenzieren: Liegen die Tatbestandsvoraussetzungen des § 112 HGB vor, und geht die getroffene Regelung inhaltlich nicht über die gesetzliche Regel hinaus, kommt der gesellschaftsvertraglichen Regelung rein deklaratorische Bedeutung zu. Der Geltungsgrund für das Wettbewerbsverbot liegt dann trotz der gesellschaftsvertraglichen Regelung in der Norm des § 112 HGB begründet.

Sobald aber eine über § 112 HGB auch nur teilweise hinausgehende Regelung getroffen wird, kommt als Geltungsgrund *insoweit* nur der Gesellschaftsvertrag in Betracht.[94]

B. Kapitalgesellschaften

I. Gesellschaft mit beschränkter Haftung

Das Recht der GmbH sieht keine gesetzliche Regelung eines Wettbewerbsverbots für die Gesellschafter vor. Aufgrund der weiten satzungsautonomen Gestaltungsfreiheit des § 3 Abs. 2 GmbHG[95] kann ein Wettbewerbsverbot aber jedenfalls in

---

93 Baumbach/*Hopt*, HGB, 112 Rn. 14; allerdings werden teilweise auch Vor- und Nachwirkungen der Treupflicht anerkannt, vgl. *K. Schmidt*, GesR, § 20 IV. 1. b), wonach sich ein Wettbewerbsverbot zulasten des ausgeschiedenen Gesellschafters aus der nachwirkenden Treupflicht ergeben kann; dagegen verbindet die Treupflicht nach *Claussen*, ZHR 154 (1990), 488 (491) nur „vorhandene und verbleibende Aktionäre"; vgl. auch *Hirte*, ZHR 154 (1990), 443 (456) m.w.N.

94 Dann stellt sich allerdings die Frage nach der kartellrechtlichen Zulässigkeit, vgl. unten: 4. Kap. C.

95 Dazu Baumbach/Hueck/*Fastrich*, GmbHG, § 3 Rn. 32.

der Satzung der Gesellschaft unter Beachtung der Grenzen des § 1 GWB und § 138 BGB vereinbart werden.[96]

Der Geschäftsführer der GmbH unterliegt ebenfalls keinem geschriebenen Wettbewerbsverbot.[97] Der § 43 Abs. 1 GmbHG, welcher die Organpflichten des Geschäftsführers konkretisiert, statuiert ein solches jedenfalls nicht unmittelbar.[98] Ein Wettbewerbsverbot sowohl für den Gesellschafter, als auch für den Geschäftsführer einer GmbH kann sich aber aus der Treupflicht ergeben.[99]

2. *Aktiengesellschaft*

Das Aktienrecht sieht in § 88 AktG ein Wettbewerbsverbot für Vorstandsmitglieder einer AG vor. Dieses geht insoweit über § 112 HGB hinaus, als es einem Vorstandsmitglied ohne Einwilligung des Aufsichtsrates generell untersagt ist, ein Handelsgewerbe zu betreiben oder Geschäftsführer oder persönlich haftender Gesellschafter einer anderen Handelsgesellschaft zu sein, und dieses Verbot nicht auf den Handelszweig der Aktiengesellschaft beschränkt ist. Der Zweck des § 88 AktG besteht – anders als der des § 112 HGB[100] - vorrangig auch darin, der Gesellschaft die Arbeitskraft des Vorstands zu sichern.[101]

Ob auch ein Gesellschafter einer Aktiengesellschaft im Einzelfall aufgrund der gesellschaftsrechtlichen Treupflicht einem Wettbewerbsverbot unterliegt, ist sehr umstritten.[102]

---

96 *Armbrüster*, ZIP 1997, 1269 (1272).

97 Ein solches wird allerdings häufig in dem Anstellungsvertrag vereinbart, vgl. *von der Osten*, GmbHR 1989, 450 (453).

98 Vgl. Rowedder/Schmidt-Leithoff/*Koppensteiner*/*Gruber*, GmbHG, § 43 Rn. 19; *Armbrüster*, ZIP 1997, 1269 (1276); **a.A.** wohl *von der Osten*, GmbHR 1989, 450 (453).

99 Dazu unten: 3. Kap. D.

100 Vgl. oben: 2. Kap. A. I. b).

101 Vgl. nur *Hüffer*, AktG, § 88 Rn. 1; MünchKomm-AktG/*Spindler*, § 88 Rn. 1.

102 Dazu unten: 3. Kap. F.

3. Kapitel: Ungeschriebene Wettbewerbsverbote im Gesellschaftsrecht

In besonderen Konstellationen, in denen ein gesetzliches Wettbewerbsverbot nach seinem Wortlaut an sich nicht eingreift oder eine gesetzliche Regelung überhaupt fehlt, wird die Annahme eines ungeschriebenen Wettbewerbsverbotes diskutiert.

A. Normative Anknüpfung des ungeschriebenen Wettbewerbsverbots

Von der Frage, wann die Annahme eines Wettbewerbsverbots materiellrechtlich geboten ist, ist zunächst die – rechtsformübergreifende - Frage nach der normativen Anknüpfung eines ungeschriebenen Wettbewerbsverbots zu trennen. Insoweit besteht in Rechtsprechung und Literatur keinesfalls Einigkeit. Der *Bundesgerichtshof* hat in der *Werbeagentur*-Entscheidung auf Tatbestandsebene mit Hinweis auf die Treupflicht die Begründung einer Analogie zu § 112 Abs. 1 HGB vermieden, während er auf der Rechtsfolgenseite mit Verweis auf §§ 112, 113 HGB auf die Ableitung des speziellen (präventiven) Wettbewerbsverbots aus der Treupflicht verzichtete.[103] Auch im Schrifttum wird regelmäßig weder auf die methodischen Voraussetzungen für die Bildung einer Analogie zu § 112 HGB eingegangen, noch wird der Inhalt der gesellschaftsrechtlichen Treupflicht in einer die Prüfung eines Verstoßes erlaubenden Weise konkretisiert.[104]

Es soll daher der Versuch unternommen werden, das Verhältnis von mitgliedschaftlicher Treupflicht und dem positiv normierten Wettbewerbsverbot zu ordnen und eine eindeutige rechtliche Grundlage für das ungeschriebene Wettbewerbsverbot herauszuarbeiten.

I. Die gesellschaftsrechtliche Treupflicht

Nicht unerhebliche Unsicherheit besteht bereits im Hinblick auf den Begriff und die dogmatische Verortung der gesellschaftsrechtlichen Treupflicht.[105]

---

103 In BGH Urteil v. 05.12.1983 Az. II ZR 242/82 – *Werbeagentur* ist von einer „rechtsähnlichen“ Anwendung des § 112 HGB die Rede (Tz. 33) und da deren Voraussetzungen bejaht wurden, wird auch der § 113 HGB entsprechend angewandt (Tz. 35).

104 Zu diesem Befund: *Hüffer*, FS Röhricht, 251 (267).

105 Vgl. auch *Hennrichs*, AcP 195 (1995), 221 (225).

Eine ausführliche Darstellung dieser vielschichtigen Problematik kann und soll hier nicht erfolgen.[106] Die Ausführungen sind daher auf die für die vorliegende Untersuchung maßgebenden Aspekte beschränkt.

1. Allgemeine verbandsrechtliche Grundlagen

Der Begriff der Treupflicht[107] ist ein ethischer Maßstab[108], welcher (gewohnheits-) rechtliche Bedeutung gewonnen hat.[109] Die gesellschaftsrechtliche Treupflicht wird von *Hüffer* als „Generalklausel des Richterrechts" bezeichnet, die mit ihrer jeweiligen Konkretisierung die zweite Stufe der Rechtsfortbildung erreiche.[110]

A. Hueck differenziert nach drei verschiedenen sittlichen Maßstäben: Von den guten Sitten (§§ 138, 826 BGB) als dem allgemeinsten Maßstab, über Treu und Glauben (§ 242 BGB), bis hin zur speziellen „echten" Treuepflicht.[111] Die durch die besondere persönliche Verbundenheit determinierte „echte Treuepflicht" unterscheidet sich von den zuvor Genannten insoweit, als diese nicht nur die Pflicht vorsieht, Schaden von der Gesellschaft abzuhalten, sondern auch eine aktive Förderungspflicht bestimmt.[112] *K. Schmidt* verortet ihre *rechtsfunktionelle* Anknüpfung sowohl im mitgliedschaftlichen Gemeinschaftsverhältnis, als auch in der mitgliedschaftlichen Zweckförderungspflicht sowie in der Korrelation zwischen Rechtsmacht und Verantwortung.[113]

Allgemein lassen sich die Rechtsverhältnisse der Mitglieder einer Gesellschaft untereinander und die Rechtsbeziehungen der Mitglieder zur Zentralgewalt

---

106 Vgl. zur Treupflicht eingehend: *Hüffer,* FS Steindorff, S. 59 ff.; *Lutter,* ZHR 162 (1998), 164 ff.; *Henze,* ZHR 162 (1998), 186 ff. (zum Kapitalgesellschaftsrecht); *Wiedemann,* FS Heinsius, S. 949 ff.; *M. Winter,* Mitgliedschaftliche Treuebindungen (zur GmbH); *Hennrichs,* AcP 195 (1995), 221 ff. (zur AG).

107 Grundlegend: *A. Hueck,* Der Treuegedanke im modernen Privatrecht.

108 Daher gegen den die „Sachethik durch Wortethik" überstrahlenden Begriff der „gesellschaftlichen Treuepflicht" *Lutter,* AcP 180 (1980), 84 (105) insbesondere Fn. 96.

109 *A. Hueck,* Der Treuegedanke im modernen Privatrecht, S. 9.

110 *Hüffer,* FS Steindorff, 59 (73).

111 *A. Hueck,* Der Treuegedanke im modernen Privatrecht, S. 9 ff.; vgl. zu der dogmatischen Grundlage der Treupflicht auch eingehend: *Hennrichs,* AcP 195 (1995), 221 (228 ff.).

112 *A. Hueck,* Der Treuegedanke im modernen Privatrecht, S. 14; *Kardaras,* Das Wettbewerbsverbot, S. 17 f.

113 *K. Schmidt,* GesR, § 20 IV. 1. b) m.w.N.

unterscheiden.[114] Ebenso ist zwischen horizontaler und vertikaler Treupflicht zu differenzieren.

2. *Treupflicht im Personengesellschaftsrecht*

Die dogmatische Grundlage für die Anerkennung der gesellschaftsrechtlichen Treupflicht war zunächst nur der schuldrechtliche Personengesellschaftsvertrag.[115] Solange man die Gesamthandsgemeinschaft als eine mit Sondervermögen ausgestattete Vertragsgemeinschaft der Gesellschafter ansah[116], war die Verortung der Treupflicht im Gesellschaftsvertrag ebenso naheliegend wie die alleinige Gebundenheit der Gesellschafter untereinander durch selbige.[117] Das änderte sich mit der zunehmenden Akzeptanz der „Gruppenlehre", wonach die Gesellschaft ein von der Person der Gesellschafter zu trennendes Zuordnungssubjekt von Rechten und Pflichten darstellt.[118] Dieser Ansatz wird heute mit Recht als herrschend bezeichnet.[119]

Folglich ist auch die Begründung von Treupflichten (alleine) zwischen den Gesellschaftern schwieriger geworden. Letztlich wird aber sowohl die Begründung der Treupflicht im Verhältnis des Gesellschafters zur Gesellschaft als auch im Verhältnis der Gesellschafter untereinander überwiegend auf den Gesellschaftsvertrag

---

114 Vgl. zum Personengesellschaftsrecht: *Wiedemann*, WM-Sonderbeilage 7/1992, S. 4, der bildlich von der Anordnung der Rechtsverhältnisse in der Gesellschaft in Form eines Rades (Felge und Speichen) spricht.

115 Vgl. ausführlich: *M. Winter*, Mitgliedschaftliche Treuebindungen, S. 10 ff.

116 *Wiedemann*, Gesellschaftsrecht, Bd. 1, (1980), S. 248 charakterisiert die Gesamthand als eine mitgliedsbezogene Sondervermögensordnung; *Larenz*, AT (7. Aufl.), S. 145 m.w.N.; vgl. zu dem früheren Verständnis auch *v. Gierke*, Deutsches Privatrecht, Bd. 1, (1895), S. 660 ff., der aber bereits auch eine „überindividuelle Wirkungseinheit" der Gesamthand anerkennt (vgl. insbesondere S. 682). Die Rechtsträgerschaft der OHG wurde trotz § 124 HGB teilweise in Frage gestellt, vgl. RG Urteil v. 18.06.1901, Nr. 144/1901 VII., JW 1901, 576; vgl. zu dem Streit: *K. Schmidt*, GesR, § 46 II. 1.

117 *Hüffer*, FS Steindorff, 59 (64); vgl. auch allgemeiner *Wiedemann*, WM-Sonderbeilage 7/1992, S. 4.

118 Zuerst wohl *Flume*, ZHR 136 (1972), 177 ff.; *K. Schmidt*, GesR, § 8 III.; MünchKomm-BGB/*Ulmer*/*Schäfer*, Vor § 705 Rn. 9 ff.; für die Außen-GbR ist die Teilrechtsfähigkeit seit BGH Urteil v. 29.01.2001 Az. II ZR 331/00, BGHZ 146, 341 ff. = NJW 2001, 1056 ff. weithin akzeptiert.

119 Für die OHG ergibt sich das aus § 124 HGB und für die Außen-GbR ist das mittlerweile auch durch den Gesetzgeber akzeptiert, vgl. nur Palandt/*Sprau*, § 705 Rn. 24 m.w.N.

zurückgeführt.[120] Für die zuletzt genannte Konstellation stellt sich allein die Frage, ob es sich um eine schuldrechtliche oder um eine organisationsrechtliche Pflicht handelt. Da der Gesellschaftsvertragsschluss im Innenverhältnis zu einer schuldrechtlichen wechselseitigen Bindung der Gesellschafter führt, während er zugleich als Organisationsvertrag die Grundlage für den Personenverband bildet,[121] erscheint eine Rückbindung der Treupflicht in der schuldrechtlichen Komponente des Gesellschaftsvertrags näher zu liegen. Letztlich bedarf dies vorliegend aber keiner Entscheidung, da die Treubindung im Ergebnis sowohl in horizontaler als auch in vertikaler Ausprägung ebenso anerkannt ist wie deren gemeinsame gesellschaftsvertragliche Wurzel.[122]

3. *Treupflicht im Kapitalgesellschaftsrecht*

Anders als im Personengesellschaftsrecht hat die Anerkennung einer über das allgemeine Rechtsmissbrauchsverbot (§§ 226, 242 BGB) hinausgehenden generellen gesellschaftsrechtlichen Treupflicht im Recht der Kapitalgesellschaften einige Zeit gedauert. Insbesondere kommt die juristische Person als primäres Zuordnungssubjekt von Treupflichten in Betracht, sodass die Differenzierung zwischen vertikalen und horizontalen Treupflichten an Bedeutung gewinnt.

a) Vertikale Treupflicht

Das Bestehen rechtlicher Beziehungen zwischen der Kapitalgesellschaft und ihrem Mitglied ist seit langer Zeit anerkannt.[123] Bereits das *Reichsgericht* ist von einer Treubindung zwischen Korporation und Gesellschafter ausgegangen.[124] Das ist auch nachvollziehbar, da die juristische Person von ihren Gründern

120 Vgl. *Hüffer*, FS Steindorff, 59 (65 f.).

121 MünchKomm-BGB/*Ulmer*/*Schäfer*, § 705 Rn. 158 u. 216.

122 Vgl. ausführlich: *M. Winter*, Mitgliedschaftliche Treuebindungen, S. 9 ff.; für Verständnis als „organisationsrechtlichen Bestandteil der Mitgliedschaft“: *K. Schmidt*, GesR, § 20 IV. 1. b), der bei dieser Aussage allerdings nicht nach vertikalem und horizontalem Verhältnis differenziert; auf die Bedeutung der gemeinsamen gesellschaftsvertraglichen Wurzel verweist auch MünchKomm-BGB/*Ulmer*/*Schäfer*, § 705 Rn. 222.

123 Vgl. *A. Hueck*, Der Treuegedanke im modernen Privatrecht, S. 13 ff.; *Immenga*, Die personalistische Kapitalgesellschaft, S. 264 ff.; vgl. die Nachweise zu dem einer echten Treupflicht ablehnend gegenüber stehenden Meinungsbild zu Beginn der 60-er Jahre: *Zöllner*, Schranken der Stimmrechtsmacht, S. 336 (Fn. 3).

124 RG Urteil v. 22.01.1935 Az. II 198/34, RGZ 146, 385 (395) (zum Missbrauch des Anfechtungsrechts); vgl. ferner BGH Urteil v. 09.06.1954 Az. II ZR 70/53, BGHZ 14, 25 = NJW 1954, 1401.

errichtet wird und daher als primäres Zuordnungssubjekt von rechtlichen Bindungen in Betracht kommt. Die Beziehungen der Gesellschafter untereinander werden durch das Organisationsrecht der juristischen Person überlagert.[125]

b) Horizontale Treupflicht

Ursprünglich waren in Rechtsprechung und Lehre mit Verweis auf rechtsdogmatische Gründe lediglich Rechtsbeziehungen zwischen der juristischen Person und ihren Gesellschaftern für möglich erachtet worden.[126] *Immenga* formuliert in diesem Zusammenhang, dass die Körperschaft den Zurechnungspunkt aller rechtlichen Beziehungen bilde und somit jede direkte Beziehung zwischen den Gesellschaftern zerschneide.[127]

Die Treubindung der Gesellschafter untereinander wurde durch den *Bundesgerichtshof* zunächst für die GmbH und später für die AG anerkannt. Seitdem ist die gesellschaftsrechtliche Treupflicht als eigenständiges, rechtsformübergreifendes Rechtsinstitut allgemein akzeptiert.[128] Über die Entwicklung wird im Folgenden ein kurzer Überblick gegeben.

aa) Anerkennung im Recht der GmbH

Im Recht der GmbH bedeutete die *ITT*-Entscheidung des *Bundesgerichtshofs*[129] den endgültigen Durchbruch für die Anerkennung von Treupflichten zwischen den Gesellschaftern. Dies begründete der *BGH* insbesondere mit dem Erfordernis einer den Einflussmöglichkeiten des Mehrheitsgesellschafters korrespondierenden gesellschaftsrechtlichen Rücksichtnahmepflicht.[130]

Generell liegt jeder Mitgliedschaft der Gedanke der gemeinsamen Zweckverfolgung sowie die damit verbundene Loyalität – unabhängig von ihrer Rechtsform – zugrunde.[131] Die Treupflicht besteht unabhängig von einer

---

125 *M. Winter*, Mitgliedschaftliche Treuebindungen, S. 86 m.w.N.

126 Vgl. zu der Entwicklung: Ulmer/*Raiser*, GmbHG, § 13 Rn. 12 m.w.N.; *Flume*, ZIP 1996, 161 f.

127 *Immenga*, Die personalistische Kapitalgesellschaft, S. 271.

128 Vgl. MünchKomm-GmbHG/*Merkt*, § 13 Rn. 94 f.; Roth/*Altmeppen*, GmbHG, § 13 Rn. 28 ff.; Baumbach/Hueck/*Fastrich*, GmbHG, § 13 Rn. 20; kritisch *Flume*, ZIP 1996, 161 ff.

129 Urteil v. 05.06.1975 Az. II ZR 23/74, BGHZ 65, 15 ff. = NJW 1976, 191 ff.

130 BGH Urteil v. 05.06.1975 Az. II ZR 23/74 (Tz. 11), BGHZ 65, 15 (19) = NJW 1976, 191; vgl. auch *Immenga*, Die personalistische Kapitalgesellschaft, S. 274.

131 *Lutter*, AcP 180 (1980), 84 (129).

personalistischen Ausgestaltung der Gesellschaft, wobei ihre Struktur aber auf Intensität und Umfang der Treupflicht Einfluss hat.[132]

bb) Anerkennung im Recht der Aktiengesellschaft

Während die horizontale Treupflicht im Recht der GmbH bereits durch den *Bundesgerichtshof* anerkannt wurde, war dies im Recht der Aktiengesellschaft noch keineswegs der Fall.[133] Das Verhältnis der Gesellschafter untereinander unterlag nur den allgemeinen Rechtsgrundsätzen der §§ 226, 242, 826 BGB, was mit der körperschaftlichen Struktur der Aktiengesellschaft erklärt wurde.[134] Die Organisationsstruktur der AG ist von den einzelnen Aktionären weitgehend unabhängig und kann durch Satzung kaum verändert werden (§ 23 Abs. 5 AktG).[135]

Der *Bundesgerichtshof* übertrug seine Rechtsprechung zum GmbH-Recht erst in der *Linotype*[136]- und in der *Girmes*[137]-Entscheidung konsequent auf das Aktienrecht und bereitete der Anerkennung der gesellschaftsrechtlichen Treupflicht der Gesellschafter untereinander dort auf diese Weise den Weg. Seitdem hat sich die Auffassung durchgesetzt, dass der Treupflichtgedanke generell im Kapitalgesellschaftsrecht anzuerkennen ist, da auch hier das Bedürfnis nach einem das Maß des gesellschaftlichen Einflusses begrenzenden Korrektiv in Form einer insbesondere auch gegenüber den Mitgesellschaftern bestehenden Rücksichtnahmepflicht besteht.[138] Auch wenn die Treupflicht daher

---

132 Vgl. BGH Urteil v. 19.11.1984 Az. II ZR 102/84 (Tz.16), NJW 1985, 972 (973); *Lutter*, AcP 180 (1980), 84 (105 ff.); Baumbach/Hueck/*Fastrich*, GmbHG, § 13 Rn. 22; dagegen noch das *persönliche* Verhältnis der Gesellschafter hervorhebend BGH Urteil v. 01.04.1953 Az. II ZR 235/52 (Tz. 14); BGHZ 9, 157 (163).

133 Dazu *Raiser*, ZHR 151 (1987), 422 (431); *K. Schmidt*, GesR, § 20 IV. 2. c); in dem der *ITT*-Entscheidung nur wenige Monate nachfolgenden *Audi/NSU*-Fall wurde eine horizontale Treupflicht unter den Aktionären ausdrücklich abgelehnt, BGH Urteil v. 13.02.1976 Az. II ZR 61/74, WM 1976, 449.

134 Vgl. BGH Urteil v. 01.02.1988 Az. II ZR 75/87 (Tz. 18), BGHZ 103, 184 (194 f.) = NJW 1988, 1579 (1581 f.) m.w.N.

135 Vgl. *Hüffer*, FS Röhricht, 251 (269).

136 BGH Urteil v. 01.02.1988 Az. II ZR 75/87, BGHZ 103, 184 ff. = NJW 1988, 1579 ff.

137 BGH Urteil v. 20.03.1995 Az. II ZR 205/94, BGHZ 129, 136 ff. = NJW 1995, 1739 ff; kritisch *Flume*, ZIP 1996, 161 ff.; positives Fazit bei *Lutter*, JZ 1995, 1053 (1056).

138 BGH Urteil v. 20.03.1995 Az. II ZR 205/94 (Tz. 19), BGHZ 129, 136 (143 ff.) = NJW 1995, 1739 (1741); *Kindler*, FS Spiegelberger, 778 (779); *Hüffer*, AktG, § 53a Rn. 14 m.w.N.; K. Schmidt/Lutter/*Fleischer*, AktG, § 53a Rn. 42; *K. Schmidt*, GesR, § 28 I. 4. a) vgl. den Überblick über die Rechtentwicklung bei MünchKomm-AktG/

häufig als Instrument des Minderheitenschutzes dient[139], so unterliegt gleichwohl auch der Minderheitsgesellschafter seinerseits einer Treupflicht gegenüber dem Mehrheitsaktionär.[140] Dies gilt unabhängig von der Frage, ob eine hinreichende Einflussposition zur Erzwingung bestimmter Rechte[141] oder Verhinderung wirksamer Beschlüsse[142] besteht, da die Bedeutungslosigkeit der treupflichtwidrigen Stimmenabgabe nur im Hinblick auf die fehlende Kausalität relevant sein kann, aber nichts am Bestehen der Treupflicht ändert.[143]

4. *Die verschiedenen Konzeptionen der Treupflicht*

Nach dem bislang Gesagten lassen sich zwei verschiedene Konzeptionen der gesellschaftsrechtlichen Treupflicht unterscheiden.[144] Ursprünglich wurde die Treupflicht als Ausdruck des Vertrauensverhältnisses, welches sich aus der besonders engen persönlichen Verbundenheit der Personengesellschafter ergibt, anerkannt.[145]

Neben dieses ursprüngliche Verständnis ist die Auffassung der Treupflicht als Schutz vor den sich aufgrund mitgliedschaftlicher Befugnisse der Gesellschafter ergebenden Einwirkungsmöglichkeiten getreten. Der Treupflichtgedanke hat heute infolge dieses Verständniswandels als Instrument der Einwirkungskontrolle insbesondere auch in das Recht der Kapitalgesellschaften Eingang gefunden, da bei diesen ein auf enger persönlicher Verbundenheit beruhendes Vertrauensverhältnis regelmäßig fehlt.

Hüffer, § 243 Rn. 50 ff. (im Zusammenhang mit der materiellen Beschlusskontrolle); vgl. ferner *Lutter*, AcP 180 (1980), 84 (105 ff.); sowie grundlegend bereits *Zöllner*, Schranken der Stimmrechtsmacht, S. 339 ff.

139 Vgl. nur K. Schmidt/Lutter/*Fleischer*, AktG, § 53a Rn. 42.

140 BGH Urteil v. 20.03.1995 Az. II ZR 205/94 (Tz. 19), BGHZ 129, 136 (143 ff.) = NJW 1995, 1739 (1741).

141 Z.B. § 122 Abs. 1 und 3 AktG, § 142 Abs. 2 AktG, § 147 Abs. 1 AktG.

142 Z.B. § 179 Abs. 2 AktG, § 182 Abs. 1 AktG, § 186 Abs. 3 AktG, § 222 Abs. 1 AktG.

143 So die h.M., K. Schmidt/Lutter/*Fleischer*, AktG, § 53a Rn. 50; *Lutter*, JZ 1995, 1053 (1054); *Hennrichs*, AcP 195 (1995), 221 (237); vgl. jüngst auch BGH Urteil v. 19.10.2009 Az. II ZR 240/08 (Tz. 22 ff.) – *Sanieren oder Ausscheiden*, BGHZ 183, 1 (8) = NJW 2010, 65 (67).

144 Vgl. *Hüffer*, FS Röhricht, 251 (268).

145 Vgl. *Hüffer*, FS Röhricht, 251 (268); *A. Hueck*, Der Treuegedanke im modernen Privatrecht, S. 12 ff. spricht von einer über § 826 BGB und § 242 BGB hinausgehenden „echten Treuepflicht im eigentlichen Sinne“; vgl. ferner *Hüffer*, FS Steindorff, 59 (74).

II. Wettbewerbsverbot und Treupflicht

Es ist zu erörtert, inwiefern im Hinblick auf die Rechtsgrundlage eines ungeschriebenen Wettbewerbsverbots sowie zur Bestimmung der Rechtsfolgen im Falle seiner Verletzung auf die gesellschaftsrechtliche Treupflicht zurückgegriffen werden kann oder ob es der Bildung einer Analogie zu §§ 112, 113 HGB bedarf.

1. Rechtsgrundlage des ungeschriebenen Wettbewerbsverbots

a) Treupflicht und § 112 HGB

Ebenso wie es „im Wesentlichen" akzeptiert ist, dass die Treupflicht in der Mitgliedschaft in der Gesellschaft als allseitigem Rechtsverhältnis wurzelt[146], ist es weitgehend anerkannt, dass die Norm des § 112 HGB als Ausdruck der mitgliedschaftlichen Treupflicht in der Personenhandelsgesellschaft anzusehen ist.[147]

Teilweise wird zwar vertreten, § 112 Abs. 1 HGB gehe über die sich aus der Treupflicht ergebenden Beschränkungen hinaus, da dieser als Gefährdungstatbestand formuliert sei und somit die Gesellschaft *präventiv* vor Wettbewerbshandlungen ihrer Gesellschafter schütze, während eine Treupflichtverletzung den tatsächlichen Missbrauch einer Insiderinformation oder der internen Einflussmöglichkeiten durch einen Gesellschafter sowie einen nachweisbaren Schaden der Gesellschaft voraussetze.[148] Danach könnte man den § 112 HGB nicht als spezialgesetzliche Ausprägung der Treupflicht ansehen.

Dieser Auffassung kann jedoch nicht gefolgt werden. Sie scheint davon auszugehen, dass nur das missbräuchliche Ausnutzen von Geschäftschancen[149] aufgrund der Treupflicht untersagt ist. Es ist kein Grund ersichtlich, warum sich ein *präventiver* und *genereller* Anspruch auf Unterlassung von Wettbewerbshandlungen in dem Geschäftszweig der Gesellschaft nicht aus der Treupflicht ergeben können sollte. Die aus der Treupflicht abzuleitende Unterlassungspflicht kann gerade stärker sein als die aus § 242 BGB resultierenden Missbrauchsverbote und allgemeinen Sorgfaltspflichten. Ob die Treupflicht tatsächlich zu dieser weitreichenden Unterlassungspflicht führt, ist eine Frage ihrer im Einzelfall zu

---

146 *Lutter*, ZHR 162 (1998), 164 (168).

147 BGH Urteil v. 04.12.2001 Az. X ZR 167/99 (Tz. 11), NJW 2002, 1046 (1047); *K. Schmidt*, GesR, § 20 V. 1. b); Baumbach/*Hopt*, HGB, § 112 Rn. 1; E/B/J/S/*Goette*, HGB, § 112 Rn. 1 m.w.N.

148 Großkomm-HGB/*Schäfer*, § 112 Rn. 1/3.

149 Dazu unten: 3. Kap. B.

bestimmenden Intensität.[150] Die positiv-rechtliche Regelung des § 112 Abs. 1 HGB bringt insofern den typisierten Fall einer intensiven Treubindung im Recht der offenen Handelsgesellschaft zum Ausdruck. Diese rechtfertigt einen präventiven Unterlassungsanspruch in Form eines als Gefährdungstatbestand ausgestalteten Wettbewerbsverbots.

Letztlich liegt die Bedeutung des § 112 HGB darin, dass in den von dieser Vorschrift erfassten Fällen ein mit scharfen Sanktionen bewehrtes (§ 113 HGB) generelles Wettbewerbsverbot besteht, während sich ein solches für alle nicht erfassten Gesellschafter erst aufgrund einer umfassenden Einzelfallprüfung aus der Treupflicht herleiten lässt.[151] Für den persönlich haftenden Personengesellschafter ist das Wettbewerbsverbot mithin die Regel und für alle anderen Gesellschafter die begründungsbedürftige Ausnahme.[152]

Die Regelung des § 112 HGB stellt nur eine gesetzliche Typisierung der Treupflicht in der OHG dar. Ein Wettbewerbsverbot zulasten der Gesellschafter würde sich folglich bereits aus der gesellschaftsrechtlichen Treupflicht ergeben, falls es den positiv-rechtlichen § 112 HGB nicht gäbe.

Das *ungeschriebene* Wettbewerbsverbot in den Personenhandelsgesellschaften ist daher auf die gesellschaftsrechtliche Treupflicht zurückzuführen. Die in Literatur und Rechtsprechung in diesem Zusammenhang so häufig genannte, jedoch nicht näher begründete, Analogie zu § 112 HGB[153] ist insoweit überflüssig. Hierdurch soll wohl lediglich deutlich werden, dass sich die Voraussetzungen und Rechtsfolgen des ungeschriebenen Wettbewerbsverbots an § 112 Abs. 1 HGB orientieren.[154]

b) Einschränkung im Recht der Kapitalgesellschaften?

Es ist fraglich, ob sich das ungeschriebene Wettbewerbsverbot im Kapitalgesellschaftsrecht ebenso wie im Recht der Personenhandelsgesellschaften unmittelbar auf die gesellschaftsrechtliche Treupflicht zurückführen lässt.

---

150 Diese Frage wird in diesem Kapitel ab Gliederungspunkt C. im Einzelnen untersucht.

151 *K. Schmidt*, GesR, § 20 V. 1. c).

152 *K. Schmidt*, a.a.O.

153 Vgl. BGH Urteil v. 05.12.1983 Az. II ZR 242/82 – *Werbeagentur*, BGHZ 89, 162 ff. = NJW 1984, 1351 ff.; OLG Frankfurt Urteil v. 17.03.2009 Az. 11 U 61/08, GmbHR 2009, 884 f. = NZG 2009, 903 f.; *Raiser*, FS Stimpel, 855 (856); vgl. zu diesem Befund auch *Hüffer*, FS Röhricht, 251 (267).

154 Vgl. auch *Hüffer*, FS Röhricht, 251 (267).

Hüffer differenziert nach den verschiedenen Treupflichtkonzepten, also nach dem Schutz der Vertrauensgrundlage der Gesellschaft und der Einwirkungskontrolle.[155] Er ordnet das Wettbewerbsverbot der Treupflicht insoweit zu, als es um den Schutz der Vertrauensgrundlage der Gesellschaft geht, was jedoch eine Mitunternehmerbeziehung voraussetze.[156] Dabei bezieht er sich maßgebend auf die Begründung zum preußischen HGB-Entwurf von 1857, in dem von „dem ganz besonderen gegenseitigen Vertrauen, dass jedes Mitglied die Interessen der Gesellschaft wie seine eigenen wahrnehmen werde" die Rede ist.

Dagegen lasse sich das präventive Wettbewerbsverbot nicht mit der Treupflicht in ihrer Ausprägung als Einwirkungskontrolle in Verbindung bringen, da diese lediglich zur Unzulässigkeit einer bestimmten Maßnahme aufgrund der Umstände des Einzelfalles führe.[157] Der Rechtsgedanke der Einwirkungskontrolle gehe von der grundsätzlichen Zulässigkeit des (potentiell) beanstandeten Verhaltens aus, sodass sich aus diesem kein präventiver Anspruch auf Unterlassung von Wettbewerb ergeben könne, da bei Annahme eines Wettbewerbsverbots gerade keine Einzelfallabwägung hinsichtlich der auch nur potentiell unverhältnismäßigen Ausübung mitgliedschaftlicher Rechte stattfinden kann.[158] Nach diesem Verständnis kommt ein ungeschriebenes Wettbewerbsverbot allenfalls bei solchen Gesellschaftsverhältnissen in Betracht, bei denen eine enge persönliche Verbundenheit besteht.[159]

Soweit ersichtlich ist *Hüffer* der Erste, der sich derart differenziert mit der Einordnung des Wettbewerbsverbots in das Konzept der gesellschaftsrechtlichen Treupflicht beschäftigt. Seiner im Hinblick auf Kapitalgesellschaften insoweit ablehnenden Auffassung kann jedoch nicht gefolgt werden.

Im Rahmen der Ausführungen zu Sinn und Zweck des § 112 HGB wurde dargelegt[160], dass dieser heute überwiegend in dem Schutz der Gesellschaft vor Informationsmissbrauch sowie dem Missbrauch von mitgliedschaftlichen Einflussmöglichkeiten zu sehen ist. *Daneben* mag im Recht der Personenhandelsgesellschaften zwar auch weiterhin der Schutz der Vertrauensgrundlage der Gesellschaft eine Rolle spielen. Es handelt sich aber nur um einen Aspekt unter mehreren. Der § 112 HGB verweist neben dem Schutz der internen

155 *Hüffer*, FS Röhricht, 251 (269 ff.).

156 *Hüffer*, FS Röhricht, 251 (270): „Das Wettbewerbsverbot dient der Hygiene in den gemeinsamen Verhältnissen der Gesellschaft".

157 *Hüffer*, FS Röhricht, 251 (271).

158 *Hüffer*, FS Röhricht, 251 (271).

159 Vgl. auch *Henze*, ZHR 175 (2011), 1 (5).

160 Oben: 2. Kap. A. I. 1. b).

Vertrauensbasis der Gesellschaft auch auf den externen Konflikt durch die Ausnutzung von Insiderinformationen.[161] Das Wettbewerbsverbot sollte daher nicht auf den Vertrauensschutzaspekt reduziert werden.

Daraus folgt, dass das gesellschaftsrechtliche Wettbewerbsverbot der Treupflicht nicht ausschließlich unter dem Aspekt des Vertrauensschutzes, sondern auch im Hinblick auf die Einwirkungskontrolle zuzuordnen ist. Auch *Lutter*, der durch die Konkurrenzsituation eines Gesellschafters zu seinem Verband sowohl den internen (Vertrauen) als auch den externen (Missbrauch) Konflikt angesprochen sieht, bezeichnet die §§ 112, 113 HGB als einen typischen Fall der passiven Förderpflicht.[162]

Das verdeutlicht: Tritt ein Gesellschafter zu seinem Verband in Konkurrenz, so geht es nicht mehr um eine Einwirkungskontrolle in dem Sinne, wie *Hüffer* sie versteht. Es geht dann nämlich nicht um grundsätzlich zulässiges Verhalten, welches aufgrund des konkreten, zweckwidrigen Einsatzes der mitgliedschaftlichen Befugnisse *im Einzelfall* möglicherweise als treuwidrig zu beurteilen ist. Vielmehr ist der Gebrauch der mitgliedschaftlichen Befugnisse in bestimmten Konkurrenzsituationen *generell* so gefährlich, dass es zum Schutz der Gesellschaft erforderlich ist, eine solche Situation gar nicht erst zuzulassen. Das ist anzunehmen, wenn eine Bewertung der Verhältnismäßigkeit einzelner Maßnahmen überhaupt nicht möglich ist. Man kann daher sagen, dass es sich bei dem Wettbewerbsverbot, welches den Ausschluss der Konkurrenzsituation bewirkt, um einen *gesteigerten Fall der Einwirkungskontrolle*, nämlich die Verhinderung von Einwirkungen in der Wettbewerbssituation, handelt. Wann genau eine solche Gefahrensituation für die Gesellschaft besteht, dass ein Wettbewerbsverbot zu ihrem Schutz erforderlich ist, wird in diesem Kapitel ab Gliederungspunkt C. untersucht.

Die Rechtsgrundlage eines ungeschriebenen Wettbewerbsverbots stellt somit auch im Recht der Kapitalgesellschaften die gesellschaftsrechtliche Treupflicht dar.

2. *Wettbewerbsverbot als Ausdruck vertikaler oder horizontaler Treupflicht?*

Fraglich ist, ob das Wettbewerbsverbot aus der horizontalen oder aus der vertikalen gesellschaftsrechtlichen Treupflicht herzuleiten ist. Im Allgemeinen gewinnt die konkrete Rückbindung der Treupflicht im Verhältnis der Gesellschafter untereinander oder im Verhältnis des Gesellschafters zur Gesellschaft

161 Vgl. *Lutter*, AcP 180 (1980), 84 (112).

162 *Lutter*, AcP 180 (1980), 84 (119).

im Hinblick auf die Frage nach dem Anspruchsberechtigten bei ihrer Verletzung Bedeutung. Grundsätzlich gilt, dass ein eigener Anspruch der Gesellschafter nur dann relevant wird, wenn der Gesellschaft selber kein Schaden entstanden ist.[163] Andernfalls wird der Individualanspruch des Gesellschafters durch das Organisationsrecht überlagert, sodass der Gesellschafter allenfalls im Wege der actio pro socio Leistung an die Gesellschaft verlangen kann.[164] Der mittelbar durch die Schädigung der Gesellschaft entstandene und in der Entwertung des Gesellschaftsanteils liegende Schaden der Gesellschafter wird durch die Leistung von Schadensersatz an die Gesellschaft kompensiert.[165]

Gleichwohl soll hier eine genaue Einordnung versucht werden.[166] Dem Wortlaut des § 112 Abs. 1 HGB lässt sich nicht entnehmen, ob durch das Wettbewerbsverbot die Gesellschaft oder die Gesellschafter geschützt werden sollen. Für den Schutz der Gesellschafter spricht, dass diese den konkurrierenden Gesellschafter durch ihre Einwilligung von dem Wettbewerbsverbot befreien können, mithin über dessen Geltung disponieren können. Auch entscheiden sie über die Geltendmachung der aus der Verletzung des Wettbewerbsverbots resultierenden Ansprüche (§ 113 Abs. 2 HGB).[167] Diese Befugnisse der Gesellschafter ließen sich nur schwer erklären, wenn sich das Wettbewerbsverbot ausschließlich aus der vertikalen Treupflicht des konkurrierenden Gesellschafters zur Gesellschaft ergeben sollte.

Ob die Treupflicht im Verhältnis Gesellschafter – Gesellschafter (horizontal) oder Gesellschafter – Gesellschaft (vertikal) betroffen ist, bestimmt sich allgemein danach, wer im Einzelfall durch die zu konkretisierende Verhaltenspflicht geschützt werden soll.[168] Zu der Frage, wessen Schutz das Wettbewerbsverbot

---

163 MünchKomm-BGB/*Ulmer*/*Schäfer*, § 705 Rn. 229.

164 Vgl. *M. Winter*, Mitgliedschaftliche Treuebindungen, S. 11 m.w.N und S. 85 ff.

165 *M. Winter*, Mitgliedschaftliche Treuebindungen, S. 87, der dies auf den verallgemeinerungsfähigen Rechtsgedanken der §§ 117 Abs. 1 S. 2, 317 Abs. 1 S. 2 AktG zurückführt.

166 Diese wird später bei der Argumentation im Zusammenhang mit der Frage nach einem Wettbewerbsverbot in der Aktiengesellschaft relevant. Da die vertikale Treupflicht schon seit langer Zeit anerkannt ist, während sich die horizontale Treupflicht erst seit der *ITT*-Entscheidung des *BGH* im Kapitalgesellschaftsrecht (langsam) durchgesetzt hat, spielt die Verortung des Wettbewerbsverbots in dem einen oder anderen Verhältnis eine Rolle für die Frage, ob ein ungeschriebenes Wettbewerbsverbot zur Zeit der Schaffung der konzernrechtlichen Regelungen des AktG bereits denkbar war oder nicht. Vgl. unten: 3. Kap. F. 4.

167 Dabei sind sie allerdings wiederum an des Interesse der Gesellschaft gebunden, vgl. nur Großkomm-HGB/*Schäfer*, § 113 Rn. 27 m.w.N.

168 Vgl. *Hennrichs*, AcP 195 (1995), 221 (232, Fn 49).

dient, finden sich unterschiedliche Aussagen. *M. Winter* meint, die Treupflicht gegenüber der Gesellschaft sei insbesondere einschlägig, soweit es um die Einflussnahme auf die Geschäftsführungsorgane geht.[169] Insoweit zeige „ein Vergleich mit §§ 112, 113 HGB“, dass sich auch die Schranken der unternehmerischen Betätigung aus der Treupflicht zur Gesellschaft ergeben, ohne dass es eines Rückgriffs auf die Treupflicht der Gesellschafter untereinander bedürfe.[170] Ein Vergleich mit den gesetzlichen Regelungen der §§ 112, 113 HGB ist für die hier interessierende Frage aber jedenfalls nicht zielführend. Wie bereits erwähnt, ist diesen Normen keine Aussage darüber zu entnehmen, ob es sich bei ihnen um eine Konkretisierung der horizontalen oder vertikalen Treupflicht handelt.

Bei *Schäfer* heißt es, der § 112 Abs. 1 HGB schütze *Gesellschaft und Mitgesellschafter* vor den Gefahren des Missbrauchs von Einfluss und Informationen.[171] Hingegen verweisen *Mertens/Cahn* auf die Dispositivität des Wettbewerbsverbots und betonen, dieses diene dem Schutz der Mitgesellschafter.[172]

Hinsichtlich der Frage, ob das Wettbewerbsverbot Ausdruck der vertikalen oder horizontalen Treupflicht ist, besteht mithin Unsicherheit. Die wenigsten Autoren setzen sich hiermit intensiv auseinander und die gleichwohl aufgestellten Behauptungen reichen von der ausschließlichen Rückbindung in der vertikalen Treupflicht bis zur ausschließlichen Verortung in der horizontalen Treupflicht und der Kombination aus Beidem.

Zu einem überzeugenden Ergebnis führen letztlich die Ausführungen von *Lutter*[173]: In der Debatte um die gesellschaftsrechtliche Treupflicht gehe es *materiell* lediglich um die Interessen der Gesellschafter, welche in der mehrgliedrigen Gesellschaft zum Gesellschaftsinteresse gebündelt werden. Das Gesellschaftsinteresse stelle mithin nur eine Metapher dar, solange das Gesetz keine anderen zwingenden Interessen – wie beispielsweise die aktienrechtliche Kapitalbindung – ins Spiel bringt. Gleichwohl bleibe das Gesellschaftsinteresse und die Treupflicht der Gesellschafter gegenüber der Gesellschaft eine nützliche Figur, da sie die Verpflichtung der Gesellschafter auf das gemeinsame Ziel sowie die Zuständigkeit der Gesellschaft zur Geltendmachung von Ansprüchen verdeutlichen.

Überträgt man diese allgemeinen Überlegungen auf die konkrete Frage nach der horizontalen oder vertikalen Natur der sich im Einzelfall zum Wettbewerbsverbot verdichtenden Treupflicht, so muss das Wettbewerbsverbot *materiell* als

169 *M. Winter*, Mitgliedschaftliche Treubindungen, S. 94.

170 *M. Winter*, a.a.O.

171 Großkomm-HGB/*Schäfer*, §112 Rn. 1.

172 *Mertens/Cahn*, FS Heinsius, 545 (559).

173 *Lutter*, ZHR 162, 164 (183).

Ausdruck der horizontalen Treupflicht verstanden werden. Es geht in erster Linie um den Schutz der Mitgesellschafter vor konkurrenzbedingter Entwertung ihrer Gesellschaftsanteile. Die Verdichtung der horizontalen Treubindung zu einem Wettbewerbsverbot, welches das Geschäftemachen in demselben Handelszweig der Gesellschaft verbietet und somit auch die Treubindung des Gesellschafters zu seinem Verband anspricht, ist nicht viel mehr als die „nützliche Figur", von der *Lutter* spricht. Dafür spricht auch, dass die ganz herrschende Auffassung ein kraft Treupflicht begründetes Wettbewerbsverbot zulasten des Einmann-GmbH-Gesellschafters ablehnt, da insoweit kein von den Gesellschaftern unabhängiges Eigeninteresse der Gesellschaft besteht.[174]

3. *Voraussetzungen und Rechtsfolgen des ungeschriebenen Wettbewerbsverbots*

Zwar ergibt sich das Wettbewerbsverbot – unter bestimmten Voraussetzungen – unmittelbar aus der gesellschaftsrechtlichen Treupflicht. Die Kritik von *Hüffer* ist aber insoweit berechtigt, als regelmäßig weder die Voraussetzungen noch die Rechtsfolgen eines Treupflichtverstoßes eingehend untersucht werden.[175] Der *Bundesgerichtshof* hat in der *Werbeagentur*-Entscheidung auf Tatbestandsebene mit Hinweis auf die Treupflicht die Begründung einer Analogie zu § 112 Abs. 1 HGB vermieden, während er auf der Rechtsfolgenseite mit Verweis auf §§ 112, 113 HGB auf die Ableitung des speziellen (präventiven) Wettbewerbsverbots aus der Treupflicht verzichtete.[176]

Die Annahme eines präventiven Wettbewerbsverbots an sich hängt von der Intensität der Treupflicht ab. Dabei geht es – wie noch im Einzelnen auszuführen sein wird – letztlich um die *Erforderlichkeit* des Wettbewerbsverbots zum Schutz der Gesellschaft. Folglich muss das ungeschriebene Wettbewerbsverbot auch auf das zum Schutz der Gesellschaft erforderliche Maß beschränkt sein. Es muss mithin das mildeste Mittel darstellen.

Im Hinblick auf die Voraussetzungen des ungeschriebenen Wettbewerbsverbots kann auf den § 112 HGB zurückgegriffen werden, der einen gesetzlich typisierten

---

174 Vgl. dazu ausführlich und m.w.N. unten: 3. Kap. D. V.; vgl. zum vorliegenden Zusammenhang auch ähnlich: *Mertens/Cahn*, FS Heinsius, 545 (559 f.).

175 Vgl. *Hüffer*, FS Röhricht, 251 (267).

176 In BGH Urteil v. 05.12.1983 Az. II ZR 242/82 – *Werbeagentur* ist von einer „rechtsähnlichen" Anwendung des § 112 HGB die Rede (Tz. 33) und da deren Voraussetzungen bejaht wurden, wird auch der § 113 HGB entsprechend angewandt (Tz. 35), vgl. zu dem Befund auch: *Hüffer*, FS Röhricht, 251 (273 f.).

Fall der gesellschaftsrechtlichen Treupflicht darstellt. Die Begrenzung des Verbots des Geschäftemachens auf den Handelszweig der Gesellschaft ist ebenso wie das Verbot der Beteiligung an einer gleichartigen Handelsgesellschaft mit persönlicher Haftung Ausdruck der Beschränkung des Wettbewerbsverbots auf das für den Schutz der Gesellschaft Erforderliche.[177]

Einer eingehenderen Begründung bedarf hingegen die Ableitung des in § 113 Abs. 1 Alt. 2 HGB für den Fall der Verletzung des Wettbewerbsverbots vorgesehenen Eintrittsrechts aus der gesellschaftsrechtlichen Treupflicht. *Schäfer* meint, dieses lasse sich nicht aus der Treupflicht herleiten, sodass dieser Norm insoweit eine eigenständige Bedeutung zukomme.[178]

Die ebenfalls von *Schäfer* vertretene Auffassung, wonach sich auch das präventive Wettbewerbsverbot nicht aus der Treupflicht herleiten lasse, wurde bereits widerlegt.[179] Es ist daher zu fragen, ob die Annahmen eines ungeschriebenen Wettbewerbsverbots kraft gesellschaftsrechtlicher Treupflicht zwangsläufig für den Fall der Zuwiderhandlung ein dem § 113 Abs. 1 Alt. 2 HGB entsprechendes Eintrittsrecht zur Folge hat. Das ist zu bejahen, wenn ein Eintrittsrecht nach Sinn und Zweck des Wettbewerbsverbots zwingend erforderlich ist. Die Effektivität des Schutzes der Gesellschaft müsste mithin ohne Eintrittsrecht gefährdet sein. Es wird im Verlauf der weiteren Darstellung noch zu zeigen sein, dass ein ungeschriebenes Wettbewerbsverbot gerade dann anzunehmen ist, wenn ein Einzelausgleich nachteiliger Maßnahmen in der Wettbewerbssituation regelmäßig zu scheitern droht.[180] Würde die Gesellschaft in diesem Fall auf einen Schadensersatzanspruch verwiesen, welcher bei Treupflichtverletzungen unstreitig grundsätzlich möglich ist, so liefe dieser häufig mangels zu beziffernden Schadens leer. Aufgrund der Konkurrenzsituation kann es beispielsweise zu einer generellen Störung des Geschäftsbetriebs, Verschlechterung der Umsatz- oder Ertragslage sowie zum Abspringen von Kunden gekommen sein, sodass auch mithilfe des § 287 ZPO kein Schaden bejaht werden kann.[181] Aus diesem Grund sieht § 113 Abs. 1 HGB neben dem Schadensersatzanspruch (Alt. 1) eben auch das Eintrittsrecht (Alt. 2) der Gesellschaft mit seiner Abschöpfungsfunktion vor.[182]

---

177 Vgl. zu den einzelnen Tatbestandsmerkmalen des § 112 HGB oben: 2. Kap. A.

178 Großkomm-HGB/*Schäfer*, § 112 Rn. 3

179 Oben: 3. Kap. A. II. 1. a).

180 Vgl. insbesondere 3. Kap. C. III.; D, II. 1.; F. 4. a) bb).

181 E/B/J/S/*Goette*, HGB, § 113 Rn. 8.

182 Vgl. OLG Köln Urteil v. 10.01.2008 Az. 18 U/07 (Tz. 29), GmbHR 2008, 1103 (1104); ‚MünchKomm-HGB/*Langhein*, § 113 Rn. 1; Großkomm-HGB/*Schäfer*, § 113 Rn. 1; Baumbach/*Hopt*, HGB, § 113 Rn. 2.

Die *präventive* Wirkung eines Wettbewerbsverbots ergibt sich jedenfalls teilweise gerade auch aufgrund des drohenden Eintrittsrechts, da der gegen das Wettbewerbsverbot schuldhaft verstoßende Gesellschafter damit rechnen muss, die Früchte seiner Tätigkeit in jedem Fall herausgegeben zu müssen.[183] Es spricht daher vieles dafür, bei Verstoß gegen die sich zu einem ungeschriebenen Wettbewerbsverbot verdichtende Treupflicht auch ein dem § 113 Abs. 1 Alt. 2 HGB entsprechendes Eintrittsrecht der Gesellschaft aus der Treupflicht herzuleiten. Andernfalls könnte die Gesellschaft lediglich ihren Unterlassungsanspruch gem. § 890 ZPO durchsetzten. Ohne ein gleichzeitiges Eintrittsrecht der Gesellschaft würde aber ein nicht unerhebliches Drohpotential abhanden kommen, welches die Befolgung des Wettbewerbsverbots sicherstellen kann und soll.

Im Ergebnis ist festzuhalten, dass die im Zusammenhang mit der Begründung ungeschriebener Wettbewerbsverbote häufig genannte Analogie zu §§ 112, 113 HGB keine wirkliche Analogie im Rechtssinne ist. Es wird keine Regelung auf einen planwidrig ungeregelten Sachverhalt[184] übertragen. Vielmehr sollte der Hinweis auf die „entsprechende Anwendung der §§ 112, 113 HGB" nur als Konkretisierung der gesellschaftsrechtlichen Treupflicht verstanden werden.

B. Wettbewerbsverbot und „Geschäftschancenlehre"

Ein Wettbewerbsverbot verbietet umfassend und präventiv jede wettbewerbliche Tätigkeit im Geschäftszweig der Gesellschaft. Unabhängig davon bestehen jedoch im Hinblick auf unternehmerische Betätigungen außerhalb der Gesellschaft *konkrete* Schädigungsverbote.[185] Unproblematisch gehört dazu das Verbot von Eingriffen in Ausschließlichkeitsrechte der Gesellschaft sowie das Verbot, sich in mit Dritten bestehende Verträge der Gesellschaft hineinzudrängen.[186]

Problematisch ist dagegen die Ausnutzung von Geschäftschancen im Vorfeld der Geltung eines allgemeinen Wettbewerbsverbots. Daher soll sie „Geschäftschancenlehre" im Folgenden kurz dargestellt und die Unterschiede zum Wettbewerbsverbot herausgearbeitet werden.

---

183 E/B/J/S/*Goette*, HGB, § 113 Rn. 11.

184 Die Feststellung einer *planwidrigen* Regelungslücke wäre insbesondere im GmbH- und Aktienrecht kaum zu begründen (Jedenfalls wenn man die Voraussetzung der Planwidrigkeit ernst nimmt).

185 Vgl. *M. Winter*, Mitgliedschaftliche Treuebindungen, S. 240 ff.

186 *M. Winter*, Mitgliedschaftliche Treuebindungen, S. 241 f.

I. Grundlagen

Die sogenannte „Geschäftschancenlehre“ geht auf die im amerikanischen Recht bekannte *corporate opportunity doctrine*[187] zurück und wird insbesondere im Recht der GmbH diskutiert.[188] Die Vereitelung von Geschäftschancen des Unternehmens stellt einen Typus der Treupflichtverletzung dar, welche durch Leitungsorgane einer Gesellschaft ebenso begangen werden kann, wie durch bloße Mitgesellschafter.[189]

Die Fokussierung der Diskussion auf das GmbH-Recht erklärt sich mit dem Fehlen ausdrücklicher gesetzlicher Wettbewerbsverbote (wie § 112 HGB oder § 88 AktG) für die GmbH.[190] Gleichwohl begründet das Ausnutzen von Geschäftschancen der Gesellschaft für eigene Zwecke auch außerhalb des GmbH-Rechts eine Treupflichtverletzung.[191]

II. Zurechenbarkeit einer Geschäftschance zum Unternehmen

Die Zurechenbarkeit einer Geschäftschance zum Unternehmen kann eindeutig angenommen werden, wenn der Gesellschaft ein bestimmtes Geschäft angeboten wurde, oder die Gesellschaft an einem bestimmten Abschluss bereits von sich aus Interesse gezeigt hat.[192] Eine Geschäftschance gebührt der Gesellschaft insbesondere dann, wenn der Gesellschafter die näheren Umstände kraft seiner Gesellschafterstellung, z.B. aufgrund seines Informationsrechts, in Erfahrung gebracht hat.[193] In den übrigen Fällen ist die Abgrenzung schwierig. In der Literatur wurden in Anlehnung an die amerikanische Rechtsprechung Kriterien entwickelt, die für oder gegen die Zuordnung einer Geschäftschance zu der Gesellschaft sprechen, wie beispielsweise die Frage, ob das Geschäft zu

---

187 Dazu: *Weisser*, Corporate Opportunities, S. 19 ff.; aus rechtsvergleichender Sicht: *Immenga*, Die personalistische Kapitalgesellschaft; *Mestmäcker*, Verwaltung, Konzerngewalt und Recht der Aktionäre; das amerikanische Recht kennt kein Wettbewerbsverbot, wie es das deutsche Recht vorsieht.

188 Vgl. eingehend *Timm*, GmbHR 1981, 177 ff.

189 *K. Schmidt*, GesR, § 20 V. 3. m.w.N.

190 *Timm*, GmbHR 1981, 177.

191 Vgl. zur OHG: BGH Urteil v. 23.09.1985 Az. II ZR 257/84, NJW 1986, 584; zur KG: BGH Urteil v. 08.05.1989 Az. II ZR 229/88, NJW 1989, 2687; zur GbR: BGH Urteil v. 04.12.2012 Az. II ZR 159/10, NZG 2013, 216; *Kübler/Waltermann*, ZGR 1991, 162 f.

192 *Timm*, GmbHR 1981, 177 (180) m.w.N.

193 BGH Urteil v. 08.05.1989 Az. II ZR 229/88 (Tz. 9), NJW 1989, 2687 (2688); *Kübler/Waltermann*, ZGR 1991, 162 (168).

dem üblichen Tätigkeitsbereich der Gesellschaft gehört oder für diese „wesentlich“ ist.[194]

Überzeugend ist es aber, die Zurechenbarkeit einer Geschäftschance zu der Gesellschaft ausschließlich zu bejahen, wenn die Geschäftschance dem Gesellschafter kraft seiner Mitgliedsstellung im Verband vermittelt wurde.[195]

III. Fälle der „Geschäftschancenlehre“

Schließt der Geschäftsführer einer GmbH ein Geschäft für eigene Rechnung ab, das ihm nur aufgrund seiner Stellung in der Gesellschaft angeboten wurde, so begründet dies regelmäßig einen die außerordentliche Kündigung des Anstellungsvertrages rechtfertigenden Vertrauensbruch.[196] Dies gilt sogar dann, wenn es an einer Interessenbeeinträchtigung der Gesellschaft fehlt.[197]

Der geschäftsführende Gesellschafter einer OHG ist zum Schadensersatz verpflichtet, wenn er die sich ihm bietende Möglichkeit des Erwerbs eines Geschäftsgrundstücks nicht für die Gesellschaft, sondern für seine Ehefrau nutzt.[198]

Ebenso verletzt der Kommanditist seine Treupflicht, der mit Einverständnis des Komplementärs die Kaufvertragsverhandlungen über ein Grundstück für die Gesellschaft führt, wenn er das Grundstück ohne Zustimmung der anderen Gesellschafter für sich selbst erwirbt.[199] Als Folge dieser Treupflichtverletzung sah der *Bundesgerichtshof* den Gesellschafter im Wege des Schadensersatzes als zur Übertragung des Grundstückseigentums auf die Gesellschaft verpflichtet an.[200]

---

194 Dies soll hier nicht weiter vertieft werden; vgl. dazu: *Weisser*, Corporate Opportunities, S. 142 ff.; *Timm*, GmbHR 1981, 177 (181); *Kübler/Waltermann*, ZGR 1991, 162 (168 f.).

195 *Lutter*, AcP 180 (1980), 84 (116); *M. Winter*, Mitgliedschaftliche Treuebindungen, S. 242 mit Hinweis auf die Parallele zur Diskussion um § 51a GmbHG, vgl. dazu unten: 3. Kap. D. IV. 1. a).

196 BGH Urteil v. 08.05.1967 Az. II ZR 126/65 (Tz. 10), WM 1967, 679; zur AG: BGH Urteil v. 09.07.1979 Az. II ZR 125/77 (Tz. 19), WM 1979, 1328 (1330); weitere Beispiele bei *Timm*, GmbHR 1981, 177 (179 f.).

197 BGH a.a.O.

198 BGH Urteil v. 23.09.1985 Az. II ZR 257/84 (Tz. 18 f.), NJW 1986, 584 (585).

199 BGH Urteil v. 08.05.1989 Az. II ZR 229/88 (Tz. 9), NJW 1989, 2687 (2688).

200 BGH Urteil v. 08.05.1989 Az. II ZR 229/88 (Tz. 13), NJW 1989, 2687 (2688), Voraussetzung ist die tatsächliche Feststellung, dass die Gesellschaft das Grundstück bei gesellschaftstreuem Verhalten des Beklagten erhalten hätte.

IV. Unterschiede zwischen Wettbewerbsverbot und „Geschäftschancenlehre"

1. Unterschiede im Anwendungsbereich

Geschäftschancenlehre und Wettbewerbsverbot überschneiden sich in ihren Anwendungsbereichen insoweit, als sich für den mit seiner Gesellschaft konkurrierenden Gesellschafter häufig die Gelegenheit bietet, Geschäftschancen der Gesellschaft für eigene Rechnung wahrzunehmen.[201] Eine der Gesellschaft zugeordnete Geschäftschance kann aber gerade auch von einem Gesellschafter ausgenutzt werden, der einem Wettbewerbsverbot überhaupt nicht unterliegt oder von diesem befreit wurde.[202] Es handelt sich dabei weniger um eine Frage der Konkurrenztätigkeit gegenüber der Gesellschaft, als vielmehr um eine potentielle Schädigung der Gesellschaft, indem dieser Geschäfte vorenthalten werden.[203] Dies betrifft von § 112 HGB ausgenommene, nicht handelszweigtypische Geschäfte (sog. Hilfsgeschäfte), wie beispielsweise den Abschluss von Kreditverträgen oder den Erwerb von Betriebsgrundstücken.[204]

Umgekehrt kann die Wahrnehmung einer der Gesellschaft nicht zugeordneten Geschäftschance von einem Wettbewerbsverbot erfasst und somit verboten sein.[205] Damit erfasst die „Geschäftschancenlehre" auf der einen Seite mehr und auf der anderen Seite weniger Fälle als § 112 HGB.[206]

2. Unterschiede in der zeitlichen Geltung

Das Wettbewerbsverbot und die unerlaubte Wahrnehmung fremder Geschäftschancen unterscheiden sich im Hinblick auf ihre zeitliche Geltung. Während das Wettbewerbsverbot mit Ausscheiden des Gesellschafters endet[207], bleibt die Wahrnehmung fremder Geschäftschancen auch nach dem Ausscheiden aus der Gesellschaft für einen angemessenen Zeitraum verboten.[208]

---

201 Vgl. *Kübler/Waltermann*, ZGR 1991, 162 (173).

202 *Kübler/Waltermann*, ZGR 1991, 162 (173).

203 Vgl. *Timm*, GmbHR 1981, 177 (179).

204 *Armbrüster*, ZIP 1997, 261 (264); Großkomm-HGB/*Schäfer*, § 112 Rn. 17 m.w.N.

205 *Kübler/Waltermann*, ZGR 1991, 162 (174).

206 So auch: MünchKomm-HGB/*Langhein*, § 112 Rn. 16.

207 Baumbach/*Hopt*, HGB, § 112 Rn. 3 u.14; MünchKomm-HGB/*Langhein*, § 112 Rn. 20; E/B/J/S/*Goette*, HGB, § 112 Rn. 19; zur GmbH: Rowedder/Schmidt-Leithoff/*Pentz*, GmbHG, § 13 Rn. 90.

208 *Merkt*, ZHR 159 (1995), 423 (450).

3. Unterschiede in Rechtsfolgen und Beweisfragen

Rechtsfolge der eigennützigen Verwertung einer der Gesellschaft zugeordneten Geschäftschance ist regelmäßig die Schadensersatzverpflichtung wegen Verletzung gesellschaftsvertraglicher (Neben-) Pflichten gegenüber der Gesellschaft.[209] Da insoweit Naturalrestitution geschuldet ist (§ 249 Abs. 1 BGB), führt dies häufig zu einem dem § 113 HGB ähnlichen „faktischen Eintrittsrecht" der Gesellschaft.[210]

Die klagende Gesellschaft muss im Streitfall gem. § 286 ZPO den Haftungsgrund voll beweisen, wozu der Nachweis des „Betroffenseins"[211] durch die schuldhaft begangene Pflichtwidrigkeit des Gesellschafters genügt.[212] Dies ist jedenfalls anzunehmen, wenn der Gesellschaft eine vermögenswerte Chance pflichtwidrig nicht verschafft oder erhalten wird.[213]

Der Beweis, dass sich diese Chance verwirklicht hätte, ist über § 287 ZPO erleichtert.[214] Im Unterschied zu § 286 ZPO muss sich das Gericht bei § 287 ZPO keine volle Überzeugung über die Wahrheit einer Tatsachenbehauptung bilden und darf notfalls einen Mindestschaden schätzen.[215]

Überdies wird neben dem dargestellten „faktischen Eintrittsrecht" als Folge des auf Naturalrestitution gerichteten Schadensersatzanspruchs wegen Verletzung der gesellschaftsrechtlichen Treupflicht auch ein Eintrittsrecht in analoger Anwendung des § 113 HGB für möglich gehalten.[216] Das kann allerdings nur dann richtig sein, wenn sich die Treupflicht auch zu einem präventiven Wettbewerbsverbot verdichtet hat und das Wettbewerbsverbot im konkreten Fall auch betroffen ist.[217] Letzteres wird aber bei nicht handelszweigtypischen Hilfsgeschäften regelmäßig ausgeschlossen sein, da ein präventives Verbot

---

209 *Lutter*, AcP 180 (1980), 84 (119) m.w.N.

210 So bei: BGH Urteil v. 08.05.1989 Az. II ZR 229/88 (Tz. 13), NJW 1989, 2687 (2688); dazu: *Kübler/Waltermann*, ZGR 1991, 162 (172).

211 Dazu allgemein: *Arens*, ZZP 88 (1975), 1 (8 ff.)

212 BGH Urteil v. 08.05.1989 Az. II ZR 229/88 (Tz. 14), NJW 1989, 2687 (2688).

213 BGH Urteil v. 08.05.1989 Az. II ZR 229/88 (Tz. 14), NJW 1989, 2687 (2688) m.w.N.

214 BGH a.a.O.; kritisch zu der extensiven Anwendung des § 287 ZPO durch die Gerichte: *Stoll*, AcP 176 (1976), 145 (181 ff.).

215 MünchKomm-ZPO/*Prütting*, § 287 Rn. 3; Hk-ZPO/*Saenger*, § 287 Rn. 14; insbesondere das Vorliegen der haftungsbegründenden Kausalität ist aber nach § 286 ZPO nachzuweisen.

216 Großkomm-HGB/*Schäfer*, § 112 Rn. 3; § 113 Rn. 16; *Weisser*, Corporate Opportunities, S. 234 f.; wohl auch *Timm*, GmbHR 1981, 177 (185).

217 Vgl. auch: MünchKomm-HGB/*Langhein*, § 112 Rn. 16;

dann zu einer übermäßigen Einengung der Betätigungsmöglichkeiten der Gesellschafter führen würde.[218] Der aus einer Treupflichtverletzung wegen Vereitelung einer Geschäftschance resultierende Schadensersatzanspruch soll nach überzeugender Ansicht jedenfalls auch nicht in analoger Anwendung des § 113 Abs. 3 HGB der kurzen Verjährungsfrist unterliegen.[219]

Nach alldem ist auch die analoge Anwendung des § 113 HGB insgesamt in Fällen der treuwidrigen Ausnutzung von Geschäftschancen abzulehnen.[220] Damit steht fest, dass die Gesellschaft nicht von dem Eintrittsrecht des § 113 Abs. 1 Alt. 2 HGB profitieren kann. Dieses ermöglicht die Vorteilsabschöpfung bei dem Gesellschafter gerade auch dann, wenn der Gesellschaft überhaupt kein Schaden entstanden ist oder ihr der entsprechende Nachweis nicht möglich ist.[221] In diesen Fällen hilft der Gesellschaft auch nicht die prozessuale Erleichterung des § 287 ZPO[222], sodass ein weiterer Unterschied zwischen dem Schadensersatzanspruch wegen Vereitelung einer der Gesellschaft zugeordneten Geschäftschance und der Verletzung des Wettbewerbsverbots deutlich wird.

4. *Fazit*

Die aufgezeigten Unterschiede zwischen „Geschäftschancenlehre" und Wettbewerbsverbot lassen erkennen, warum Erstere lediglich dann herangezogen wird, wenn sich ein Treupflichtverstoß nicht unter § 112 HGB subsumieren lässt.[223] Dieselben Erwägungen gelten im Hinblick auf Verhaltensweisen, die von ungeschriebenen Wettbewerbsverboten erfasste werden. Eine eigenständige Bedeutung

218 Vgl. E/B/J/S/*Goette,* HGB, § 112 Rn. 9; *Armbrüster,* ZIP 1997, 261 (264); vgl. aber auch: Großkomm-HGB/*Schäfer,* § 112 Rn. 17, der auf einen „indirekten Bezug" der von der sog. Geschäftschancenlehre erfassten „neutralen" Fälle zum Wettbewerbsverbot hinweist.

219 BGH Urteil v. 11.01.1971 Az. II ZR 143/68 (Tz. 20 ff.), NJW 1971, 802; allerdings ist § 113 HGB analog anwendbar, soweit sich die Ansprüche aus Verletzung von Geschäftschancen mit Ansprüchen aus Verletzung von Wettbewerbsverboten überschneiden; so überzeugend OLG Köln Urteil v. 10.01.2008 Az. 18 U 1/07 (Tz. 33), NZG 2009, 306 (308).

220 So wohl auch BGH Urteil v. 11.01.1971 Az. II ZR 143/68 (Tz. 20), NJW 1971, 802.

221 Vgl. nur MünchKomm-HGB/*Langhein,* § 113 Rn. 7 m.w.N. in Fn. 22.

222 Soweit feststeht, dass tatsächlich kein Schaden entstanden ist oder ein solcher der Höhe nach völlig unklar ist, hilft § 287 ZPO dem Kläger nicht, vgl. Baumbach/Lauterbach/Albers/*Hartmann,* ZPO, § 287 Rn. 27.

223 So auch MünchKomm-HGB/*Langhein,* § 112 Rn. 16 m.w.N.

kommt der „Geschäftschancenlehre“ nur außerhalb des Anwendungsbereichs von Wettbewerbsverboten zu.[224]

Das Ausnutzen von durch den Verband vermittelten Geschäftschancen für eigene Zwecke ist unabhängig von Intensität des Einflusses in der Gesellschaft verboten.[225] Dagegen bedarf das weitreichende generelle Wettbewerbsverbot einer besonderen Rechtfertigung. Diese ist in den mitgliedschaftlichen Einwirkungsmöglichkeiten zu suchen.[226]

C. Ungeschriebene Wettbewerbsverbote im Recht der Personenhandelsgesellschaft

Der Kommanditist unterliegt an sich wegen § 165 HGB keinem gesetzlichen Wettbewerbsverbot. Durch diese Regelung wird dem Umstand Rechnung getragen, dass der Kommanditist grundsätzlich von der Geschäftsführung ausgeschlossen ist (§ 164 HGB) und auch nur über eingeschränkte Kontrollrechte gem. § 166 HGB verfügt, sodass der Telos der §§ 112, 113 HGB (Schutz vor Missbrauch von Einflussmöglichkeiten und Insiderinformationen) nicht betroffen ist.[227]

Da sämtliche OHG-Gesellschafter gem. § 112 Abs. 1 HGB einem Wettbewerbsverbot unterliegen, beschränken sich die folgenden Ausführungen auf die Kommanditgesellschaft.

I. Wettbewerbsverbot aufgrund vertraglich eingeräumter Geschäftsführungsbefugnis

Wird dem Kommanditisten in der Gesellschaft die einem persönlich haftenden Gesellschafter entsprechende Stellung vertraglich eingeräumt[228], so unterliegt dieser unproblematisch einem ungeschriebenen Wettbewerbsverbot.[229] In diesem Fall

224 Vgl. *Polley*, Wettbewerbsverbot und Geschäftschancenlehre, S. 18; insbesondere bei nicht dem Handelszweig der Gesellschaft zugehörigen Geschäften ist die Geschäftschancenlehre daher relevant, vgl. Baumbach/*Hopt*, HGB, § 112 Rn. 5; *Armbrüster*, ZIP 1997, 261 (264).

225 *Lutter*, AcP 180 (1980), 84 (116).

226 Vgl. dazu sogleich.

227 Vgl. Oetker/*Oetker*, HGB, § 165 Rn. 1; *Müller*, NJW 2007, 1724.

228 Dies ist zulässig, vgl. Baumbach/*Hopt*, HGB, § 164 Rn. 7; MünchKomm-HGB/*Grunewald*, § 164 Rn. 22.

229 Baumbach/*Hopt*, HGB, § 165 Rn. 3; MünchKomm-HGB/*Grunewald*, § 165 Rn. 5; Oetker/*Oetker*, HGB, § 165 Rn. 12; E/B/J/S/*Weipert*, HGB, § 165 Rn. 7.

greifen die Erwägungen des Gesetzgebers zu § 165 HGB nicht, weil die Gefahren des Missbrauchs interner Einflussmöglichkeiten und der Ausnutzung von Insiderinformationen gerade gegeben sind.[230]

II. Wettbewerbsverbot aufgrund erweiterter Informationsrechte

Der Kommanditist ist gem. § 166 Abs. 1 HGB berechtigt, die abschriftliche Mitteilung des Jahresabschlusses zu verlangen und dessen Richtigkeit unter Einsicht der Bücher und Papiere zu prüfen. Die weiteren Rechte des § 118 HGB werden dem Kommanditisten ausdrücklich gem. § 166 Abs. 2 HGB versagt.

Sieht der Gesellschaftsvertrag aber weitergehende Einsichts- und Kontrollrechte vor, sodass der Kommanditist im Hinblick auf seine Informationsmöglichkeiten einem Komplementär (§§ 161 Abs. 2, 118 HGB) gleichsteht, so begründet dies nach teilweise vertretener Auffassung ein Wettbewerbsverbot zu seinen Lasten, ohne dass er zur Geschäftsführung befugt sein muss.[231] Der Gesellschafter könne dann Einblick in das operative Geschäft der Gesellschaft nehmen und auch Auskunfts- und Einsichtsverweigerungsrechte seien nicht geeignet, vor der missbräuchlichen Verwertung von Gesellschaftsinterna Schutz zu gewähren, da die Mitgesellschafter die entsprechenden Schutzmaßnahmen regelmäßig erst nach bereits erfolgter missbräuchlicher Verwertung von gesellschaftsinternen Informationen ergreifen könnten.[232] Daher sei das präventive Wettbewerbsverbot erforderlich.

Der dargestellten Auffassung liegt maßgebend der Gedanke zugrunde, dass der Gefahr des Missbrauchs von durch das gesetzliche Informationsrecht vermittelten gesellschaftsinternen Informationen nicht effektiv durch Auskunfts- und Einsichtsverweigerungsrechte begegnet werden kann. Um die Richtigkeit dieser Annahme zu beurteilen, ist die Regelung des § 118 HGB in den Blick zu nehmen.

1. Das Informationsrecht des § 118 HGB

Der § 118 Abs. 1 HGB gewährt ein umfassendes, gegen die Gesellschaft gerichtetes[233], Informations- und Kontrollrecht, welches sich vorrangig auf die Einsicht in die Handelsbücher und Papiere der Gesellschaft bezieht. Nach dem Wortlaut

---

230 *Müller*, NJW 2007, 1724 (1725).

231 Baumbach/*Hopt*, HGB, § 165 Rn. 3; Oetker/*Oetker*, HGB, § 165 Rn. 13; E/B/J/S/*Weipert*, HGB, § 165 Rn. 8; Röhricht/Graf v. Westphalen/*Haas*/*Mock*, HGB, § 165 Rn. 11; *Müller*, NJW 2007, 1724 (1726).

232 Oetker/*Oetker*, HGB, § 165 Rn. 13.

233 Vgl. *K. Schmidt*, Informationsrechte, S. 65: Aus Gründen der Praktikabilität soll eine Durchsetzung unmittelbar gegen die geschäftsführenden Gesellschafter möglich sein.

des § 118 Abs. 1 HGB kann sich ein Gesellschafter „von den Angelegenheiten der Gesellschaft persönlich unterrichten". Das bedeutet aber regelmäßig nicht, dass der Gesellschafter neben oder anstelle des Einsichtsrechts die Erteilung von Auskünften verlangen kann.[234] Das Recht des § 118 Abs. 1 HGB ist also grundsätzlich nur auf ein „Dulden" und nicht auf ein aktives Tun gerichtet.

Für den Fall, dass die erforderlichen Angaben nicht aus den Handelsbüchern und Papieren der Gesellschaft ersichtlich sind, wird jedoch im Wege der Rechtsfortbildung auch ein Auskunftsrecht des Gesellschafters anerkannt, damit er sich Klarheit über die Angelegenheiten der Gesellschaft verschaffen kann.[235] Der Begriff „Angelegenheiten der Gesellschaft" ist weit zu verstehen und umfasst sämtliche Vorgänge auf der Ebene der Gesellschaft, seien es Geschäfte mit Dritten oder interne Vorgänge, wie beispielsweise Geschäftsplanungen, Gewinnaussichten oder Investitionsentscheidungen.[236]

2. Schranken des Informationsrechts

Der von *K. Schmidt* geforderte Nachweis eines allgemeinen Informationsbedürfnisses[237] wird überwiegend abgelehnt.[238] Das Informationsrecht des § 118 Abs. 1 HGB dient aber jedenfalls der funktionsgerechten Ausübung der Mitgliedschaftsrechte der Gesellschafter.[239] Es findet daher seine Schranken in der gesellschaftsrechtlichen Treupflicht sowie dem Missbrauchsverbot.[240] Danach ist insbesondere die Verwendung der erlangten Informationen zu eigenen Zwecken treuwidrig.[241] Der bloße Verdacht des Missbrauchs rechtfertigt jedoch noch nicht die Verweigerung der Auskunft oder Einsicht.[242] Vielmehr muss in

234 So die h.M.: BGH Urteil v. 20.06.1983 Az. II ZR 85/82 (Tz. 12), WM 1983, 910 (911); Großkomm-HGB/*Schäfer*, § 118 Rn. 24 m.w.N.; Baumbach/*Hopt*, HGB, § 118 Rn. 7.

235 BGH Urteil v. 20.06.1983 Az. II ZR 85/82 (Tz. 12), WM 1983, 910 (911); *K. Schmidt*, Informationsrechte, S. 62 ff.; Baumbach/*Hopt*, HGB, § 118 Rn. 7; Röhricht/Graf v. Westphalen/*Haas*, HGB, § 118 Rn. 7; Oetker/*Weitemeyer*, HGB, § 118 Rn. 14.

236 Vgl. nur Großkomm-HGB/*Schäfer*, § 118 Rn. 12 m.w.N.

237 *K. Schmidt*, Informationsrechte, S. 35 ff.; *ders.*, GesR, § 21 III. 1. e): Aufgrund des zu fordernden Informationsbedürfnisses sei auch die Unterscheidung zwischen Einsichts- und Auskunftsrecht nicht hilfreich.

238 Großkomm-HGB/*Schäfer*, § 118 Rn. 7.

239 E/B/J/S/*Mayen*, HGB, § 118 Rn. 14; Oetker/*Weitemeyer*, HGB, § 118 Rn. 15; vgl. auch zur GmbH: *Mertens*, FS Werner, 557 (568 ff.) sowie unten 3. Kap. D. IV. 1. a).

240 E/B/J/S/*Mayen*, HGB, § 118 Rn. 15.

241 Großkomm-HGB/*Schäfer*, § 118 Rn. 17.

242 MünchKomm-HGB/*Enzinger*, §118 Rn. 29.

Anlehnung an die allgemeinen gesellschaftsrechtlichen Grundsätze des § 51a Abs. 2 GmbHG und § 131 Abs. 3 Nr. 1 und Nr. 5 AktG aufgrund der Befriedigung des Informationsbegehrens eine Schädigung der Gesellschaft in vorhersehbarer Weise zu befürchten sein.[243] Teilweise wird in diesem Zusammenhang argumentiert, die bloße Möglichkeit der Verletzung der Geheimhaltungspflicht könne nicht als Rechtfertigung für die Verweigerung der Einsichtnahme akzeptiert werden, da die OHG-Gesellschafter gem. § 112 Abs. 1 HGB besonders strengen Verschwiegenheitsanforderungen unterliegen.[244]

Das zuletzt genannte Argument ist jedenfalls im vorliegenden Zusammenhang unbeachtlich, da der Kommanditist, der mit erweiterten Informationsrechten ausgestattet ist, keinem Wettbewerbsverbot gem. § 112 Abs. 1 HGB unterliegt. Ob zu seinen Lasten ein ungeschriebenes Wettbewerbsverbot anzunehmen ist, ist gerade zu untersuchen.

Entscheidend ist die Frage, ob der Gesellschafter, der zu seiner Gesellschaft in einer Konkurrenzbeziehung steht, persönlich von seinem Informationsrecht Gebrauch machen darf. Das wird aufgrund überwiegender Interessen der Gesellschaft verneint.[245] Der Gesellschafter kann lediglich einen zur Verschwiegenheit verpflichteten Sachverständigen mit der Ausübung seines Rechts beauftragen. Dieser kann beispielsweise die Vollständigkeit und Richtigkeit bereits erteilter Informationen bestätigen, ohne jedoch dem Gesellschafter die Grundlagen seines positiven oder negativen Urteils mitzuteilen.[246] Geht es darum, überhaupt erst einmal Informationen zu erlangen, vermag auch der Einsatz eines Sachverständigen nicht zu helfen, da er die Informationen nicht weitergeben darf.[247]

3. *Bedeutung für die Annahme eines Wettbewerbsverbots*

Die Bedeutung der Auskunfts- und Einsichtsverweigerungsrechte für die Frage nach einem ungeschriebenen Wettbewerbsverbot ist im Hinblick auf folgende Konstellation zu beurteilen: Ein Kommanditist, welcher mit Informationsrechten

---

243 *Hirte*, FS Röhricht, 217 (223) m.w.N.

244 MünchKomm-HGB/*Enzinger*, § 118 Rn. 29.

245 BGH Urteil v. 15.12.1969 Az. II ZR 82/68 (Tz. 57), BB 1970, 187 = MDR 1970, 307; BGH Urteil v. 02.07.1979 Az. II ZR 213/78 (Tz. 8), WM 1979, 1061 = GmbHR 1979, 204 (205); E/B/J/S/*Mayen*, HGB, § 118 Rn. 20; Baumbach/*Hopt*, HGB, § 166 Rn. 7; Röhricht/Graf v. Westphalen/*Haas*, HGB, § 118 Rn. 10; Großkomm-HGB/*Schäfer*, § 118 Rn. 18 mit der Beschränkung der Informationssperre auf besonders sensible Daten; MünchKomm-HGB/*Enzinger*, § 118 Rn. 29; *Hirte*, FS Röhricht, 217 (222 f.).

246 *Hirte*, FS Röhricht, 217 (223): der Sachverständige dient als „Informationsschleuse".

247 *Hirte*, FS Röhricht, 217 (224).

ausgestattet ist, die dem Umfang des § 118 Abs. 1 HGB entsprechen, betreibt ein Konkurrenzunternehmen.[248]

Für diesen Fall wurden soeben die Schranken der Ausübung des Informationsrechts durch den Gesellschafter herausgearbeitet. Dem in Konkurrenz zu der Gesellschaft stehenden Gesellschafter kann die Information über die Angelegenheiten der Gesellschaft *verweigert* werden. Es ist daher keineswegs so, dass Einsichts- und Auskunftsverweigerungsrechte erst nach missbräuchlicher Verwertung von gesellschaftsinternen Informationen ergriffen werden können.

Problematisch ist somit nicht der Fall, in dem von dem gesetzlichen (oder vertraglich eingeräumten) Informationsrecht Gebrauch gemacht wird, sondern der, in dem wettbewerbsrelevante Informationen auf informellem Wege weitergegeben werden. Es ist aber regelmäßig nicht zu erwarten, dass eine informelle Weitergabe solcher Informationen zugunsten von einfachen Kommanditisten stattfindet.[249]

Das Auskunfts- und Einsichtsverweigerungsrecht ist somit ein geeignetes Mittel, dem Missbrauch von erweiterten Informationsrechten des Kommanditisten vorzubeugen.[250] Folglich ist ein ungeschriebenes Wettbewerbsverbot unter diesem Aspekt nicht geboten.

III. Wettbewerbsverbot zulasten des Mehrheitsgesellschafters

Schwieriger zu beurteilen ist die Frage, ob der Mehrheitsgesellschafter einem ungeschriebenen Wettbewerbsverbot gegenüber seiner Kommanditgesellschaft unterliegen soll.

1. Die „Werbeagentur"-Entscheidung des Bundesgerichtshofs

Der *Werbeagentur*-Entscheidung des *Bundesgerichtshofs*[251] zur GmbH & Co. KG kommt grundlegende Bedeutung für die rechtsformübergreifende Diskussion ungeschriebener Wettbewerbsverbote zu.

---

248 Unbeachtet bleibt lediglich der Fall, dass ein Gesellschafter, der noch kein Konkurrenzunternehmen betreibt, erst unter Ausnutzung der gem. § 118 HGB erlangten Informationen zu seiner Gesellschaft in Wettbewerb zu treten beabsichtigt.

249 Anders aber im Fall eines Kommanditisten mit beherrschendem Einfluss auf die Leitung des Unternehmens, vgl. dazu sogleich.

250 MünchKomm-HGB/*Grunewald*, § 165 Rn. 9.

251 Vgl. BGH Urteil v. 05.12.1983 Az. II ZR 242/82 – *Werbeagentur*, BGHZ 89, 162 ff. = NJW 1984, 1351 ff.; häufig wird auch von dem *„Heumann/Ogilvy-Urteil"* gesprochen.

Dem Urteil lag folgender Sachverhalt zugrunde: Die Beklagte hielt über eine Tochtergesellschaft 80 % der Kommanditanteile an einer KG und des Stammkapitals der Komplementär-GmbH. Die Beklagte gründete weitere Werbegesellschaften und trat so in Konkurrenz zu der GmbH & Co. KG. Daraufhin begehrten die Klägerinnen als Minderheitsgesellschafter im Wege der actio pro socio von der Beklagten Unterlassung der konkurrierenden Tätigkeit.

Die Vorinstanz[252] entschied, dass die Beklagte keinem Wettbewerbsverbot unterliegt und daher nicht zum Unterlassen von Wettbewerb verpflichtet werden kann. Dem trat der *Bundesgerichtshof* entgegen und urteilte, dass ein Gesellschafter mit hoher Mehrheit sowohl am Kapital der KG, als auch der Komplementär-GmbH die Gesellschaft derart beherrscht, dass er einem Wettbewerbsverbot unterliegt.[253] Das nach seinem Wortlaut nicht gegebene Wettbewerbsverbot (§§ 161, 165, 112 HGB), welches seine Grundlage in der Treupflicht habe, die das Gesellschaftsverhältnis in der handelsrechtlichen Personengesellschaft in besonderem Maße beherrsche, bedürfe für den Fall, dass ein nicht persönlich haftender Gesellschafter einen beherrschenden Einfluss im Innenverhältnis der Gesellschaft auszuüben vermag, gleichwohl der Geltung.[254] Dieses Ergebnis gebiete die besondere Gefährdungslage, welche sich aus der die Abhängigkeit begründenden Herrschaftsmöglichkeit zur jederzeitigen negativen Einflussnahme auf die Gesellschaft ergebe, ohne dass ein objektiver Maßstab für die Beurteilung einer Maßnahme als Benachteiligung und somit auch der Frage nach deren Ausgleich bestehe.[255] Überdies nennt der BGH die sich aus der beherrschenden Stellung ergebende Möglichkeit der Ausbeutung gesellschaftsinterner

252 OLG Frankfurt Urteil v. 15.04.1982 Az. 6 U 104/81, BB 1982, 1383 f. = ZIP 1982, 963 ff.

253 Vgl. BGH Urteil v. 05.12.1983 Az. II ZR 242/82 – *Werbeagentur*, BGHZ 89, 162 = NJW 1984, 1351; keine Bedeutung misst der BGH der Tatsache zu, dass nicht die Beklagte Gesellschafterin war, sondern deren Tochtergesellschaft. Er meint, dass auch die Beklagte als Muttergesellschaft für die Erfüllung der Pflichten der Tochtergesellschaft einstehen muss (Tz. 15); vgl. zu dieser hier nicht zu vertiefenden Problematik des „mehrstöckigen Durchgriffs“: *Wiedemann/Hirte*, ZGR 86, 163 (165).

254 BGH Urteil v. 05.12.1983 Az. II ZR 242/82 (Tz. 17) – *Werbeagentur*, BGHZ 89, 162 (166).

255 BGH a.a.O.; vgl. bereits zuvor: BGH Urteil v. 16.02.1981 Az. II ZR 168/79 (Tz. 16), BGHZ 80, 69 (73 f.) = NJW 1981, 1512 (1514): insbesondere die Frage, ob und wann eine Umstellung der Produktion zur Erhaltung der Wettbewerbsfähigkeit erforderlich ist, kann durchaus zweifelhaft sein und mangels objektiven Maßstabes keine Ausgleichspflicht begründen.

Informationen zu Lasten der Gesellschaft als weiteren Grund für eine die Erweiterung des Wettbewerbsverbotes gebietende Gefahrenlage.[256]

Von einer Beherrschung der Gesellschaft durch die Beklagte geht der *Bundesgerichtshof* wegen ihrer Stellung in der Komplementär-GmbH aus, welche es ihr ermöglicht, den Geschäftsführer zu bestimmen sowie diesem Weisungen zu erteilen.[257] Diese Stellung werde durch die hohe Kapitalmehrheit an der Kommanditgesellschaft „gesichert und verstärkt".

Die Frage nach der Notwendigkeit des tatsächlichen Gebrauchs von Einflussmöglichkeiten, die durch die beherrschende Stellung vorhanden sind, lässt der BGH offen und meint, es bestehe eine tatsächliche Vermutung dafür, dass von den gegebenen Einflussmöglichkeiten auch tatsächlich Gebrauch gemacht wird.[258]

2. *Rezeption durch die Literatur*

Das *Werbeagentur*-Urteil erfuhr in der Literatur insoweit grundsätzlich Zustimmung, als die Annahme eines Wettbewerbsverbots zulasten des herrschenden Kommanditisten bzw. GmbH-Gesellschafters für möglich gehalten wird.[259]

Hüffer weist auf einen kritischen Punkt in der Urteilsbegründung hin: Der *Bundesgerichtshof* übergehe das ungeklärte Verhältnis zwischen Beherrschung i.S.d. § 17 AktG und faktischer Geschäftsführung durch die Anwendung einer tatsächlichen Vermutung.[260] Die Frage nach der Notwendigkeit des Gebrauchs der durch die herrschende Stellung in der Gesellschaft vermittelten Einflussmöglichkeiten werde offen gelassen und es werde unterstellt, dass es aufgrund der Beherrschung zu einer Einflussnahme komme.

Bei *Grunewald* findet sich insoweit eine differenzierende Betrachtung[261]: Auch bei einer Mehrheitsbeteiligung eines Kommanditisten bleibe es grundsätzlich bei

---

256 BGH Urteil v. 05.12.1983 Az. II ZR 242/82 (Tz. 17) – *Werbeagentur,* BGHZ 89, 162 (166).

257 BGH Urteil v. 05.12.1983 Az. II ZR 242/82 (Tz. 18) – *Werbeagentur,* BGHZ 89, 162 (166).

258 BGH Urteil v. 05.12.1983 Az. II ZR 242/82 (Tz. 21) – *Werbeagentur,* BGHZ 89, 162 (167).

259 Vgl. *Wiedemann/Hirte*, ZGR 1986, 163 ff.; *Müller*, NJW 2007, 1724 (1726); Baumbach/*Hopt*, HGB, § 165 Rn. 3; Röhricht/Graf v. Westphalen/*Haas/Mock*, HGB, § 165 Rn. 9; vgl. für die GmbH nur: Emmerich/*Habersack*, § 318 Anh. Rn. 16 m.w.N.; **a.A.** Oetker/*Oetker*, HGB, § 165 Rn. 15.

260 *Hüffer,* FS Röhricht, 251 (255 und 263 f.).

261 MünchKomm-HGB/*Grunewald*, § 165 Rn. 10/11.

der Regel des § 165 HGB, es sei denn dieser führe tatsächlich faktisch die Geschäfte der Gesellschaft. Eine Vermutung der Einflussnahme des Mehrheitsgesellschafters soll jedoch nur eingreifen, wenn dieser zugleich noch in einem weiteren Unternehmen engagiert sei.

3. *Stellungnahme*

Der *Bundesgerichtshof* setzt für die Annahme eines Wettbewerbsverbots nicht (nur) die Beherrschung einer Gesellschaft i.S.d. § 17 AktG voraus, sondern faktische Geschäftsführung, welche aufgrund der Beherrschung vermutet wird.[262] Ihre normative Anknüpfung findet diese Vermutung in den §§ 17 Abs. 2, 18 Abs. 1 S. 3 AktG.[263]

Die Argumentation des *Bundesgerichtshofs* überzeugt.[264] Für Beherrschung i.S.d. § 17 AktG genügt unstreitig allein die Möglichkeit der beständigen und umfassenden Einflussnahme, und eine tatsächliche Ausübung des Einflusses ist nicht erforderlich.[265] Es ließe sich zwar überlegen, ob nicht bereits allein diese Möglichkeit der Einflussnahme ein ungeschriebenes Wettbewerbsverbot zu rechtfertigen vermag. Dafür spricht, dass ein Wettbewerbsverbot nach seinem Sinn und Zweck der präventiven Verhinderung missbräuchlicher Ausnutzung gesellschaftsrechtlicher Einflussmöglichkeiten dient. Zu seiner Begründung den tatsächlichen Gebrauch von Einflussmöglichkeiten – ob missbräuchlich oder nicht – zu fordern, erscheint daher nicht sinnvoll.[266]

Letztlich lässt der *Bundesgerichtshof* aber *de facto* auch die Möglichkeit der Einflussnahme für die Annahme eines ungeschriebenen Wettbewerbsverbots genügen, indem er an den kraft Mehrheitsbeteiligung vermittelten beherrschenden Einfluss die tatsächliche Vermutung des Gebrauchs der bestehenden

---

262 *Hüffer*, FS Röhricht, 251 (264) m.w.N. zur **a.A.** in Fn. 56; insoweit unklar *M. Winter*, Mitgliedschaftliche Treuebindungen, S. 250; zu der sich aus diesem Verständnis ergebenden Problematik im Zusammenhang mit der AG vgl. unten 3. Kap. F. I. 3. d).

263 BGH Urteil v. 05.12.1983 Az. II ZR 242/82 (Tz. 21) – *Werbeagentur*, BGHZ 89, 162 (167); zustimmend *Hüffer*, FS Röhricht, 251 (264).

264 Zustimmend auch *Hüffer*, FS Röhricht, 251 (264) mit dem Hinweis, dass eine Schwäche der *Werbeagentur*-Entscheidung darin liegt, dass sie faktische Geschäftsführung meint, teilweise aber konzernrechtliche Terminologie verwendet.

265 Vgl. nur *Hüffer*, AktG, § 17 Rn. 6.

266 So aber *Mertens/Cahn*, FS Heinsius, 545 (557 ff.); wohl auch Röhricht/Graf v. Westphalen/*Haas*/*Mock*, HGB, § 165 Rn. 9.

Möglichkeiten der Einflussnahme und somit der faktischen Geschäftsführung knüpft.[267]

Der Ansicht von *Grunewald,* wonach eine Vermutung der Einflussnahme nur im Falle des bereits bestehenden anderweitigen unternehmerischen Engagements in Betracht kommt, kann hingegen nicht gefolgt werden. Das Wettbewerbsverbot soll der Gesellschaft präventiven Schutz gewähren. Im Rahmen der Beurteilung, ob ein ungeschriebenes Wettbewerbsverbot anzunehmen ist, muss daher bereits die *hypothetische Situation* eines bestehenden Wettbewerbsverhältnisses zwischen Gesellschaft und Gesellschafter maßgebend sein. Das Wettbewerbsverbot soll genau diese Situation aufgrund der damit verbundenen Gefahren verhindern. Folglich ist ein Wettbewerbsverbot auch zulasten des (noch) nicht unternehmerisch tätigen Mehrheitsgesellschafters aufgrund der Vermutung faktischer Einflussnahme zu bejahen.[268]

4. *Kraft Vollmacht vermittelte Mehrheitsgesellschafterstellung?*

Das *Oberlandesgericht Frankfurt* hatte sich mit der Frage zu befassen, ob ein Kommanditist mit einer Beteiligung von 1/3 einem ungeschriebenen Wettbewerbsverbot unterliegt, wenn dieser aufgrund einer rechtsgeschäftlich erteilten Vertretungsmacht[269] über einen weiteren Stimmenanteil von 1/3 in der KG verfügt.[270] Während des Bestehens der Vertretungsmacht verfügte der Kommanditist mithin über einen Stimmenanteil von 2/3 in der Gesellschaft. Besteht eine solche Beteiligung, ohne dass die Hälfte der Stimmenanteile auf eine Vollmacht zurückgeht, wäre nach den obigen Ausführungen unproblematisch ein ungeschriebenes Wettbewerbsverbot anzunehmen.

---

267 Die Widerlegung dieser Vermutung ist theoretisch zwar möglich, dürfte aber nur selten gelingen.

268 Nach Auffassung *Grunewalds* müssten die Vermutung der Einflussnahme und somit auch das Wettbewerbsverbot in dem Moment der Aufnahme einer unternehmerischen Tätigkeit durch den Mehrheitsgesellschafter entstehen. Liegt diese unternehmerische Tätigkeit zugleich in einer Konkurrenztätigkeit, so würde das Wettbewerbsverbot erst hierdurch für die Zukunft begründet. Die Gesellschaft wäre mithin gegenüber der ersten Wettbewerbshandlung schutzlos. Ein umfassender Schutz lässt sich daher nur über die hier vertretene *hypothetische* Betrachtung erreichen.

269 Die Formulierung des OLG: „rechtsgeschäftlich erteilte Vollmacht" ist im Hinblick auf § 166 Abs. 2 BGB sprachlich nicht ganz korrekt.

270 OLG Frankfurt Urteil v. 17.03.2009 Az. 11 U 61/08, GmbHR 2009, 884 f. = NZG 2009, 903 f.

Das *Oberlandesgericht Frankfurt* lehnte ein Wettbewerbsverbot jedoch ab, da die Vollmacht gem. § 168 S. 2 BGB jederzeit widerrufen werden konnte[271] und eine aufgrund einer widerruflichen Vollmacht vermittelte beherrschende Stellung in der Gesellschaft nicht einer gesellschaftsvertraglich verankerten Stellung vergleichbar sei.[272]

Im Ergebnis ist diesen Ausführungen zuzustimmen, auch wenn das *OLG* nicht darlegt, warum genau die jederzeitige Widerrufsmöglichkeit der Vollmacht in Bezug auf die Stimmausübung eine andere Bewertung rechtfertigt, als eine gesellschaftsrechtlich vermittelte beherrschende Stellung. Der Unterschied kann darin gesehen werden, dass über der kraft rechtsgeschäftlicher Vertretungsmacht bestehenden Stimmenmehrheit das Damoklesschwert des möglichen Widerrufs schwebt und die ansonsten bei Stimmenmehrheit bestehenden Gefahren der eigennützigen Einflussnahme oder des Informationsmissbrauch minimiert. Würde ein solcher Fall nämlich bekannt, müsste der Gesellschafter mit dem sofortigen Widerruf der Vollmacht rechnen, da auch das Interesse des Vollmachtgebers negativ betroffen wäre.

IV. Wettbewerbsverbot zulasten des Minderheitsgesellschafters

Der Minderheitskommanditgesellschafter unterliegt keinem Wettbewerbsverbot. Das ergibt sich aus § 165 HGB. Für den Fall, dass dem Minderheitsgesellschafter eine Sperrminorität zusteht, kann nichts Abweichendes gelten, da die §§ 161 Abs. 2, 119 Abs. 1 HGB Einstimmigkeit als gesetzlichen Regelfall vorsehen, somit jedem Kommanditisten eine Sperrminorität zukommen und dies zum Leerlaufen des § 165 HGB führen würde.[273] Schon aus diesem Grund scheidet die Annahme eines Wettbewerbsverbots zulasten des Minderheitskommanditgesellschafters mit Sperrminorität aus.

V. Befreiung vom Wettbewerbsverbot

Besteht zulasten des Kommanditisten ein ungeschriebenes Wettbewerbsverbot, so richtete sich die Möglichkeit der Befreiung von selbigem nach den für

271 Vgl. zur Zulässigkeit des Ausschlusses der Widerruflichkeit: MünchKomm-BGB/*Schramm*, § 168 Rn. 20 ff.

272 OLG Frankfurt Urteil v. 17.03.2009 Az. 11 U 61/08 (Tz. 40 ff.), GmbHR 2009, 884 (886).

273 Baumbach/*Hopt*, HGB, § 165 Rn. 3; *Müller*, NJW 2007, 1724 (1726 f.).

Personenhandelsgesellschaften geltenden Regelungen. Insoweit kann auf die bereits erfolgten Ausführungen verwiesen werden.[274]

D. Ungeschriebenes Wettbewerbsverbot im Recht der GmbH

Unproblematisch kann dem nicht geschäftsführenden Gesellschafter einer GmbH in der Satzung ein Wettbewerbsverbot als gesellschaftsvertragliche Nebenpflicht auferlegt werden (§ 3 Abs. 2 GmbHG).[275] Ist dies nicht vereinbart worden, bleibt die Frage nach der Geltung eines ungeschriebenen Wettbewerbsverbots.

I. Wettbewerbsverbot zulasten des GmbH-Geschäftsführers

Für das GmbH-Recht fehlt eine dem § 88 AktG entsprechende Regelung.[276] Der Geschäftsführer einer GmbH unterliegt gleichwohl unproblematisch einem im Wesentlichen dem § 88 AktG entsprechenden Wettbewerbsverbot, auch wenn es nicht ausdrücklich vereinbart wurde. Dies ergibt sich aus der Treupflicht, die es dem Geschäftsführer für die Dauer seines Amtes verbietet, seine Organstellung zulasten der Gesellschaft und zu seinem eigenen Vorteil auszunutzen.[277] Der Geschäftsführer hat sowohl hinsichtlich der Geschäftsinterna einen Informationsvorsprung, als auch weitreichende Einwirkungsbefugnisse im Hinblick auf das ihm anvertraute Vermögen, sodass es des Korrelats der organschaftlichen Treupflicht bedarf.[278]

Ob sich das Wettbewerbsverbot des Geschäftsführers dogmatisch aus dem schuldrechtlichen Anstellungsvertrag oder dem Organverhältnis jeweils in Kombination mit § 242 BGB ergibt, ist mangels inhaltlicher Differenzen unerheblich.[279] Es ist jedenfalls darauf hinzuweisen, dass der Geschäftsführer aufgrund seiner Verpflichtung zur Fremdinteressenwahrung *per se* einem Wettbewerbsverbot

---

274 Oben: 2. Kap. A. I. 5.

275 *Ivens*, Konkurrenzverbot, S. 27 ff.; Ulmer/*Raiser*, GmbHG, § 14 Rn. 104; es stellt sich dann die Frage nach der kartellrechtlichen Zulässigkeit, vgl. unten: 4. Kap. C. III.

276 § 71 RegE 1971, der ein Wettbewerbsverbot vorsah, wurde während des Gesetzgebungsverfahrens verworfen, vgl. Ulmer/*Paefgen*, GmbHG, § 43 Rn. 38.

277 BGH Urteil v. 26.10.1964 Az. II ZR 127/62, WM 1964, 1320 (1321); BGH Urteil v. 09.11.1967 Az. II ZR 64/67 (Tz. 9), BGHZ 49, 30 (31) = NJW 1968, 396; Baumbach/Hueck/*Zöllner/Noack*, GmbHG, § 35 Rn. 41; Roth/*Altmeppen*, GmbHG, § 43 Rn. 29; *M. Winter*, Mitgliedschaftliche Treuebindungen, S. 239.

278 Roth/*Altmeppen*, GmbHG, § 43 Rn. 26 ff.; vgl. grundlegend auch: *Zöllner*, Schranken der Stimmrechtsmacht, S. 342 f.

279 *Weller*, ZHR 175 (2011), 110 (119 f.) m.w.N.; *Altmeppen*, ZIP 2008, 437 (440).

unterworfen ist, während sich die mitgliedschaftliche Treupflicht nur unter besonderen Voraussetzungen zu einem Wettbewerbsverbot verdichtet.[280]

II. Wettbewerbsverbot zulasten des Mehrheitsgesellschafters

Der Mehrheitsgesellschafter[281] einer GmbH kann nach wohl überwiegender Auffassung einem ungeschriebenen Wettbewerbsverbot unterliegen. Die Einzelheiten sind allerdings umstritten.

1. Begründung des Wettbewerbsverbots

Der Grund für die Annahme eines Wettbewerbsverbots zulasten des Mehrheitsgesellschafters in der GmbH liegt in dessen umfangreichen Möglichkeiten der Einflussnahme (§§ 37 Abs. 1, 47 Abs. 1 GmbHG), welche einen Schutz der Gesellschaft vor innerer Aushöhlung erforderlich machen.[282] Es besteht die Gefahr, dass sich der Mehrheitsgesellschafter wettbewerbsrelevante Informationen verschafft und zu seinen Gunsten ohne Wissen der Minderheitsgesellschafter verwendet.[283] Dabei ist er nicht auf die Ausübung gesetzlicher Informationsrechte angewiesen, wie etwa der Minderheitsgesellschafter auf § 51a Abs. 1 GmbHG.[284] Vielmehr kann sich der Mehrheitsgesellschafter aufgrund der genannten Einflussmöglichkeiten, insbesondere aufgrund der Befugnis, den Geschäftsführer zu bestellen, die für ihn relevanten Informationen auf informellem Wege beschaffen.[285] Auch unter diesem Gesichtspunkt ist ein grundsätzliches Verbot der Tätigkeit in dem Geschäftszweig der abhängigen Gesellschaft geboten.

Letztlich gelten die Erwägungen des *Bundesgerichtshofs* aus der *Werbeagentur*-Entscheidung[286]. In der Konkurrenzsituation fehlt regelmäßig ein objektiver

280 *Weller*, ZHR 175 (2011), 110 (127 f.); *Wiedemann/Hirte*, ZGR 1986, 163 (166): „das Konkurrenzverbot ist mit der Stellung als – treuhänderischer – Unternehmensleiter naturnotwendig verbunden."

281 Die Mehrheitsbeteiligung ist der typische Fall einer beherrschenden Stellung, vgl. Roth/*Altmeppen*, § 13 Rn. 45. Die folgenden Ausführungen gelten daher generell für den Gesellschafter mit beherrschender Stellung.

282 Vgl. MünchKomm-GmbHG/*Merkt*, § 13 Rn. 216; Baumbach/Hueck/*Fastrich*, GmbHG, § 13 Rn. 28.

283 *Beuthien*, ZHR 142 (1978), 259 (284 f.); *Henze*, ZHR 175 (2011), 1 (3 f.).

284 Dazu unten: 3. Kap. D. IV. 1. a).

285 So auch *M. Winter*, Mitgliedschaftliche Treuebindungen, S. 248 f.

286 BGH Urteil v. 05.12.1983 Az. II ZR 242/82 (Tz. 16 f.) – *Werbeagentur*, BGHZ 89, 162 (166 f.); vgl. dazu bereits oben: 3. Kap. C. III.

Maßstab für die Beurteilung nachteiliger Einflussnahmen auf die abhängige Gesellschaft. Eine entsprechende Einflussnahme kann beispielsweise in der Durchsetzung einer konkreten Unternehmenspolitik oder der Veranlassung zur Umstellung der Produktion liegen.[287] Gleiches gilt für die Beurteilung von Rationalisierungen oder der Ausdehnung des Unternehmensgegenstandes.[288] Ein wirksamer Schutz im Vorfeld des präventiven Wettbewerbsverbots ist nur dann gewährleistet, wenn sich eine nachteilige Einflussnahme konkret bezeichnen lässt.[289] Das wird aber, wie die gerade genannten Beispiele zeigen, insbesondere bei strategischen Entscheidungen häufig nicht der Fall sein.

Zudem ist im Hinblick auf die Gefahr des Missbrauchs wettbewerbsrelevanter Informationen regelmäßig davon auszugehen, dass die entsprechenden Informationsflüsse sowie deren Ausnutzung nicht bekannt werden. Ein präventiv wirkendes Wettbewerbsverbot verhindert, dass es überhaupt zu einer Interessenkollision kommt.

Der *Bundesgerichtshof* hat die Frage nach der Notwendigkeit faktischer Geschäftsführung – also dem tatsächlichen Gebrauchen der bestehenden Einflussmöglichkeiten – durch den Mehrheitsgesellschafter für die Annahme eines Wettbewerbsverbots offen gelassen.[290] Mit *Hüffer* ist von einer tatsächlichen Vermutung der faktischen Geschäftsführung durch den herrschenden GmbH-Gesellschafter auszugehen.[291] Diese kann für die GmbH mit der jederzeit gegebenen Möglichkeit der Einflussnahme gem. § 37 Abs. 1 GmbHG unproblematisch begründet werden.[292]

---

287 *Lawall*, Das ungeschriebene Wettbewerbsverbot, S. 115.

288 *M. Winter*, Mitgliedschaftliche Treuebindungen, S. 249.

289 *M. Winter*, Mitgliedschaftliche Treuebindungen, S. 249; vgl. in diesem Zusammenhang als Beispiel auch BGH Urteil v. 05.06.1975 Az. II ZR 23/74, BGHZ 65, 15 ff. = NJW 1976, 191 f.

290 Vgl. dazu bereits oben: 3. Kap. C. III. 2.

291 Vgl. *Hüffer*, FS Röhricht, 251 (264); hingegen dafür, dass die bloße Möglichkeit der Einflussnahme aufgrund der Beherrschung genügt: *Winter*, Mitgliedschaftliche Treuebindung, S. 250; ihm folgend *Lawall*, Das ungeschriebene Wettbewerbsverbot, S. 116, der auf die Unschärfe des Begriffs der „faktischen Übernahme" der Geschäftsführung hinweist. Bei Anwendung der tatsächlichen Vermutung stellen sich aber ebenfalls keine Abgrenzungsprobleme.

292 Schwieriger ist dies bei der AG, dazu unten: 3. Kap. F. I. 3. d).

2. *Maßgeblichkeit der Gesellschaftsstruktur*

Es besteht Streit darüber, ob für die Annahme eines Wettbewerbsverbots eine personalistische Struktur der Gesellschaft erforderlich ist.[293]

a) Begriffsbestimmung

Bevor auf den angesprochenen Streit eingegangen werden kann, sind die Begriffe der „personalistischen" und „kapitalistischen" Gesellschaftsstruktur zu klären. Zunächst ist festzuhalten, dass es sich jeweils um einen Begriffstypus handelt, welcher einer trennscharfen Bestimmung nicht zugänglich ist.[294] Gleichwohl sind Kriterien zu nennen, welche eine „personenbezogene" Gesellschaft ausmachen. Bei Gesellschaften, die diese Kriterien nicht erfüllen, handelt es sich um solche mit „kapitalistischer" Prägung.

Aufgrund der Satzungsautonomie (§ 3 Abs. 2 GmbHG) ist eine der Personengesellschaft angenäherte Ausgestaltung der GmbH möglich.[295] Eine personalistische Prägung der Gesellschaft ist anzunehmen, wenn der Kreis der Gesellschafter überschaubar ist und ihre Handlungsorgane mit Gesellschaftern besetzt sind (vgl. § 6 Abs. 3 GmbHG).[296] Häufig wird zum Schutz vor dem Eindringen unerwünschter Personen in den Kreis der Gesellschafter eine Vinkulierungsklausel

---

293 Eingehend *Ivens*, Konkurrenzverbot, S. 124 ff.

294 Vgl. MünchKomm-GmbHG/*Fleischer*, Einl. Rn. 39.

295 Vgl. grundsätzlich *Immenga*, Die personalistische Kapitalgesellschaft, S. 69 ff.

296 *Immenga*, Die personalistische Kapitalgesellschaft, Ulmer/*Ulmer*, GmbHG, Einl. A Rn. 8; S. 16; MünchKomm-GmbHG/*Fleischer*, Einl. Rn. 38 sowie in Rn. 203 mit Zahlen, wonach bei vier Fünfteln der GmbHs faktisch Selbstorganschaft besteht. Vgl. überdies auch den Hinweis auf § 5 Abs. 4 der Zweiten Verordnung zur Durchführung der Dividendenabgabeverordnung von 1942 (RGBl. I S. 261). Dieser lautete: „Personenbezogene Kapitalgesellschaften sind: 1. Kapitalgesellschaften, deren Satzung bestimmt, dass die Anteilseigner einem Kreis von Personen angehören müssen, die miteinander durch Ehe, Verwandtschaft, Schwägerschaft oder Annahme an Kindes Statt verbunden sind. Mindestens eine der Personen dieses Kreises muss hauptberuflich als gesetzlicher Vertreter der Kapitalgesellschaft tätig sein. 2. Kapitalgesellschaften mit nicht mehr als fünf Anteilseignern (einschließlich Einmanngesellschaften), wenn die Anteilseigner natürliche Personen sind und mindestens ein Anteilseigner hauptberuflich als gesetzlicher Vertreter der Kapitalgesellschaft tätig ist. Die hauptberuflich für die Gesellschaft tätigen Anteilseigner müssen mindestens 60 vom Hundert der Gesellschaft besitzen." Zu späteren ähnlichen Vorschlägen *Fleischer*, GmbHR 2008, 673 (675).

vereinbart worden sein.[297] Überdies zeichnet sich eine personalistische GmbH durch das Fehlen einer Mehrheitsbeteiligung sowie den weitgehenden Gleichrang der Gesellschafterrechte aus.[298] Im Ergebnis stellt die eigene Rechtspersönlichkeit der personalistischen GmbH lediglich den rechtstechnischen Behelf zur gemeinsamen Zweckverfolgung dar, während sich die Gesellschafter als – nicht nur an der Ausschüttung von Gesellschaftsgewinnen interessierte – Eigentümer der Gesellschaft fühlen.[299]

b) „Personalistische" Struktur erforderlich

Die Geltung eines Wettbewerbsverbots wird teilweise vom Vorliegen einer „personalistischen" Gesellschaftsstruktur abhängig gemacht.[300] Das ein Wettbewerbsverbot rechtfertigende besondere persönliche Vertrauensverhältnis bestehe bei „kapitalistisch"[301] organisierten Gesellschaften gerade nicht.[302] Wo aber keine von besonderem persönlichen Vertrauen geprägte Beziehung besteht, kann nach den Vertretern dieser Auffassung kein Wettbewerbsverbot angenommen werden. Es fehle an einer den Personenhandelsgesellschaften vergleichbaren Situation.[303]

c) Gesellschaftsstruktur nicht maßgebend

Nach anderer Auffassung ist die Gesellschaftsstruktur für die Frage nach der Geltung eines Wettbewerbsverbots nicht maßgebend.[304]

---

297 *Immenga,* a.a.O.; zur Gestaltung vgl. Münch.Hdb.GesR/*Heidenhain/Hasselmann*, IV. 2 Tz. 14.

298 Ulmer/*Ulmer*, GmbHG, Einl. A Rn. 8; Michalski/*Michalski*, GmbHG, Syst. Darst. 1 Rn. 7.

299 *Immenga*, Die personalistische Kapitalgesellschaft, S. 16.

300 Vgl. *Lutter*, AcP 180 (1980), 84 (113); allgemein zur Bedeutung der Realstruktur der Gesellschaft *ders.*, AcP 180 (1980), 84 (105 ff.); *Lutter/Timm*, NJW 1982, 409 (419); *Altmeppen*, ZIP 2008, 437 (439 f.); *Raiser*, FS Stimpel, 855 (864 f.); Baumbach/Hueck/*Zöllner/Beurskens*, GmbHG, SchlAnhKonzernR, Rn. 95; Roth/*Altmeppen*, GmbHG, § 13 Rn. 45 m.w.N.; *Liebscher*, GmbH-Konzernrecht, Rn. 253.

301 Vgl. dazu *Ivens*, Konkurrenzverbot, S. 164 f.; Kriterien zur Abgrenzung von personalistischer und kapitalistischer Gesellschaft bei *Liebscher*, GmbH-Konzernrecht, Rn. 155.

302 *Lutter/Timm*, NJW 1982, 409 (419).

303 Vgl. MünchKomm-GmbHG/*Merkt*, § 13 Rn. 219 m.w.N.: in einer personalistisch strukturierten GmbH soll jeder Gesellschafter aufgrund der Vergleichbarkeit mit den Personenhandelsgesellschaften einem Wettbewerbsverbot unterliegen und nicht nur der herrschende Gesellschafter.

304 *Armbrüster*, ZIP 1997, 1269 (1273); *Beuthien*, ZHR 142 (1978), 259 (284); Emmerich/*Habersack*, § 318 Anh. Rn. 17; Ulmer/Habersack/Winter/*Casper*, GmbHG, Anh.

Nach *Beuthien* ist allein darauf abzustellen, ob ein Schutz der Gesellschaft vor Informationsmissbrauch durch die eigenen Gesellschafter erforderlich ist, ob diese sich also laufend Einblick in die wettbewerbserheblichen Daten der Gesellschaft verschaffen können.[305] Die Gefahr der treuwidrigen Insiderkonkurrenz drohe aber auch von einem bloß kapitalistisch beteiligten Gesellschafter.

Allgemeiner wird darauf verwiesen, dass die Minderheitsgesellschafter in einer „kapitalistischen" Gesellschaftsstruktur gleichermaßen dem Einflusspotential des Mehrheitsgesellschafters ausgesetzt sind.[306]

d) Stellungnahme

Die zuletzt genannte Ansicht ist vorzugswürdig. Für die Annahme eines ungeschriebenen Wettbewerbsverbots muss es allein auf die Gefährdungslage der Gesellschaft ankommen. Die Gefährdung durch einen Mehrheitsgesellschafter besteht zum einen in der Gefahr des Informationsmissbrauchs und zum anderen in der missbräuchlichen Ausnutzung seiner Einflussmöglichkeiten. Starke Einflussmöglichkeiten eröffnen sich ihm gem. §§ 37 Abs. 1, 47 Abs. 1 GmbHG. Der Sinn und Zweck des § 112 HGB besteht gerade in der Verhinderung dieser beiden Gefahren für die Gesellschaft.[307] Zudem werden die Minderheitsgesellschafter einer „kapitalistischen" GmbH eher noch weniger zu einer effektiven Kontrolle des Mehrheitsgesellschafters in der Lage sein, da sie dem Unternehmen ferner stehen und nicht über die entsprechende Sachkenntnis verfügen.[308]

Überdies ist die Geltung der gesellschaftsrechtlichen Treupflicht mittlerweile auch für die Kapitalgesellschaften anerkannt.[309] Dem liegt der Gedanke zugrunde, dass gesellschaftsrechtlichen Einflussmöglichkeiten ein entsprechendes Maß an Verantwortung zu korrespondieren hat. Die Einflussmöglichkeiten können, sie müssen aber nicht, in der personalistischen Struktur der Gesellschaft wurzeln. Da das Wettbewerbsverbot letztlich auf die gesellschaftsrechtliche Treupflicht

---

§ 77 Rn. 62; auch der BGH geht in seinem Urteil v. 05.12.1983 Az. II ZR 242/82 (Tz. 12) – *Werbeagentur*, BGHZ 89, 162 (164) = NJW 1984, 1351 (1352) trotz entsprechenden Parteivortrags nicht auf die Realstruktur der Gesellschaft ein.

305 *Beuthien*, ZHR 142 (1978), 259 (284 f.).

306 Emmerich/*Habersack*, § 318 Anh. Rn. 17.

307 Vgl. oben: 2. Kap. A. I. 1. b).

308 *M. Winter*, Mitgliedschaftliche Treuebindungen, S. 251 f.

309 Vgl. *M. Winter*, Mitgliedschaftliche Treuebindungen, S. 75 f.; lediglich der Inhalt kann je nach Ausgestaltung der Gesellschaft variieren.

zurückgeht[310], spricht ihre Anerkennung im Recht der Kapitalgesellschaften gegen die Berücksichtigung der Gesellschaftsstruktur im Zusammenhang mit der Frage nach einem Wettbewerbsverbot zulasten des Mehrheitsgesellschafters.[311]

Letztlich spricht auch die dem Typusbegriff „personalistische Gesellschaft" ureigene Unschärfe gegen dessen Eignung als Kriterium für die (entscheidende) Frage nach dem Vorliegen eines ungeschriebenen Wettbewerbsverbots.

III. Wettbewerbsverbot bei 50 %-Beteiligung

Eine Beteiligung von 50 % an der Gesellschaft genügt nicht für die Annahme eines ungeschriebenen Wettbewerbsverbots, solange die mit den anderen 50 % an der Gesellschaft Beteiligten ein ausreichendes und den unternehmerischen Einfluss begrenzendes Gegengewicht bilden.[312] Bilden die übrigen Gesellschafter aufgrund zu großer Streuung der Gesellschaftsanteile kein hinreichendes Gegengewicht, so kann auch eine 50 %-Beteiligung für die Annahme eines Wettbewerbsverbots genügen.[313]

Letztlich geht es um die Frage, ob eine Gesellschafterbeteiligung von 50 % derartige Einflussmöglichkeiten vermittelt, dass von einer Beherrschung gesprochen werden kann. Dies kann richtigerweise im Einzelfall nur angenommen werden, wenn das Halten von 50 % der Anteile tatsächlich wie eine Mehrheitsbeteiligung wirkt.[314]

IV. Wettbewerbsverbot zulasten von Minderheitsgesellschaftern

Es ist zwischen Minderheitsgesellschaftern mit gesetzestypischer Stellung in der Gesellschaft und solchen, die mit Sonderrechten ausgestattet sind, zu unterscheiden.

---

310 Vgl. nur BGH Urteil v. 05.12.1983 Az. II ZR 242/82 (Tz. 16 f.) – *Werbeagentur*, BGHZ 89, 162 (166 f.).

311 Eine andere Frage ist die, ob *jeder* Gesellschafter in einer personalistischen GmbH einem Wettbewerbsverbot unterliegt, vgl. dazu unten 3. Kap. D. IV. 1. b).

312 OLG Karlsruhe Urteil v. 16.11.1998 Az. 15 U 179/97 (Tz. 42 f.), GmbHR 1999, 539 (540); MünchKomm-GmbHG/*Merkt*, § 13 Rn. 216.

313 MünchKomm-GmbHG/*Merkt*, § 13 Rn. 216.

314 Vgl. auch die Fälle aus dem Aktienrecht, in denen eine Minderheitsbeteiligung tatsächlich wie eine Mehrheit wirkt, bei *Hüffer*, AktG, § 17 Rn. 9 m.w.N.

1. Gesetzestypische Gesellschafterstellung

a) Begründung mit § 51a GmbHG?

Fraglich ist, ob allein das seinem Wortlaut nach unbeschränkte Informationsrecht des § 51a Abs. 1 GmbHG ein ungeschriebenes Wettbewerbsverbot zu Lasten des einfachen GmbH-Minderheitsgesellschafters zu begründen vermag. Dies wird mit Verweis auf die Möglichkeit[315] der Auskunftsverweigerung des § 51a Abs. 2 GmbHG verneint.[316] Dem Ergebnis - keine Begründung eines Wettbewerbsverbots aufgrund von § 51a Abs. 1 GmbHG - ist zuzustimmen. Der Verweis auf § 51a Abs. 2 GmbHG ist insoweit zutreffend, als die Besorgnis zweckwidriger Verwendung im Sinne dieser Vorschrift anzunehmen ist, wenn der Auskunft verlangende Gesellschafter an einem Konkurrenzunternehmen beteiligt ist und es sich um wettbewerbsrelevante Informationen (nicht etwa nur zur Büroausstattung) handelt.[317] Die Verweigerung setzt gem. § 51a Abs. 2 S. 2 GmbHG einen mit einfacher Mehrheit gefassten Gesellschafterbeschluss voraus, bei dem der Betroffene nicht stimmberechtigt ist.[318]

Überdies besteht Einigkeit darüber, dass der weit gefasste § 51a Abs. 1 GmbHG über den Verweigerungsgrund des § 51a Abs. 2 GmbHG hinaus der immanenten Begrenzung bedarf.[319] Insbesondere von *K. Schmidt* wird daher ein Informationsinteresse des die Auskunft verlangenden Gesellschafters

---

315 Liegen die Voraussetzungen des § 51a Abs. 2 GmbHG vor, *muss* die Auskunft verweigert werden. Ein Ermessen der Geschäftsführung (und der Gesellschafter) besteht dann nicht, vgl. *Grunewald,* ZHR 146 (1982), 211 (232).

316 Roth/*Altmeppen*, GmbHG, § 13 Rn. 49; *Michalski/Funke*, GmbHG, § 13 Rn. 199 u. 239; vgl. auch allgemeiner MünchKomm-GmbHG/*Merkt*, § 13 Rn. 218 u. 221; *Armbrüster,* ZIP 1997, 1269 (1273); OLG Köln Urteil v. 22.02.1991 Az. 3 U 20/91, GmbHR 1991, 366 f.

317 Vgl. nur Baumbach/Hueck/*Zöllner*, GmbHG, § 51a Rn. 34; *Grunewald,* ZHR 146 (1982), 211 (227 f.); dagegen für Einzelfallprüfung Michalski/*Römermann*, GmbHG, § 51a Rn. 205.

318 Ganz h.M.: MünchKomm-GmbHG/*Hillmann*, § 51a Rn. 68; *Roth*/Altmeppen, GmbHG, § 51a Rn. 31; Baumbach/Hueck/*Zöllner*, GmbHG, § 51a Rn. 38; **a.A.** *Grunewald,* ZHR 146 (1982), 211 (233), die aber verkennt, dass der Auskunft verlangende Gesellschafter gerade bei der sensiblen Frage, ob die Antwort auf seine Frage der Gesellschaft zum Nachteil gereicht, nicht „Richter in eigener Sache" sein darf.

319 Vgl. nur MünchKomm-GmbHG/*Hillmann*, § 51a Rn. 76 m.w.N.; Michalski/*Römermann*, GmbHG, § 51a Rn. 121 verweist auf „die ganz überwiegende Auffassung im Schrifttum", die den Wortlaut des § 51a Abs. 1 GmbHG als zu großzügig erachtet.

gefordert.[320] Der hiergegen vorgetragenen Einwand, dass dem Gesellschafter auf diese Weise die (unbillige) Darlegungs- und Beweislast für das Vorliegen des Informationsbedürfnisses auferlegt werde[321], könnte noch dadurch zu entkräften sein, dass nicht der Beweis, sondern lediglich die schlüssige Darlegung eines Informationsbedürfnisses zu fordern ist.[322] Schwerer wiegt hingegen, dass sich ein konkretes Bedürfnis der Information regelmäßig erst nach ihrer Freigabe wird feststellen lassen.[323] Daher ist auch das Erfordernis der schlüssigen Darlegung problematisch, soll dieses nicht zu einer bloßen Worthülse verkommen.

Überzeugender ist daher die von *Mertens* entwickelte funktionale Methode, wonach sich das Informationsrecht an den Befugnissen der Gesellschafter orientiert.[324] Der Gesellschafter soll nur diejenigen Informationen verlangen dürfen, die er zur sachgerechten Ausübung seiner Mitgliedschaftsrechte benötigt. Steht der Gesellschafter zu der GmbH, von der er Auskunft verlangt, in Wettbewerb, gehören hierzu jedenfalls nicht Informationen mit Wettbewerbsbezug, da sie die Gefahr der nicht sachgerechten Ausübung der Mitgliedschaftsrechte mit sich bringen. Eine Verweigerung der Auskunft durch die Geschäftsführung ist in diesem Fall ohne Gesellschafterbeschluss gem. § 51a Abs. 2 S. 2 GmbHG möglich und erforderlich.[325]

Mithin kann die Ablehnung des Wettbewerbsverbots zulasten des einfachen Minderheitsgesellschafters bereits mit der immanenten Schranke des § 51a Abs. 1 GmbHG begründet werden. Das generelle Wettbewerbsverbot ist nicht gerechtfertigt, wenn in dessen Vorfeld die sachgerechte Einschränkung des weiten Informationsrechts für ausreichend Schutz sorgt.[326]

---

320 *K. Schmidt*, Informationsrechte, S. 35 ff. u. S. 57 ff.; *K. Schmidt*, GesR, § 35 I. 4. b) aa); zustimmend Baumbach/Hueck/*Zöllner*, GmbHG, § 51a Rn. 27; Michalski/*Römermann*, GmbHG, § 51a Rn. 131; die wohl herrschende Meinung lehnt die Lehre vom Informationsinteresse allerdings ab.

321 MünchKomm-GmbHG/*Hillmann*, § 51a Rn. 78.

322 Baumbach/Hueck/*Zöllner*, GmbHG, § 51a Rn. 30.

323 *Lutter*, ZGR 1982, 1 (4).

324 *Mertens*, FS Werner, 557 (568 ff.); ähnlich *Lutter*, ZGR 1982, 1 (4 ff.) sowie Ulmer/*Hüffer*, GmbHG, § 51a Rn. 58 ff.; Überblick und weitere hier nicht zu vertiefende Vorschläge zur Begrenzung bei Michalski/*Römermann*, GmbHG, § 51a Rn. 122 ff.; MünchKomm-GmbHG/*Hillmann*, § 51a Rn. 76 ff.

325 Ulmer/*Hüffer*, GmbHG, § 51a Rn. 58; ebenso im Zusammenhang mit dem Informationsbedürfnis *K. Schmidt*, Informationsrechte, S. 60; **a.A.** *Grunewald*, ZHR 146 (1982), 211 (232).

326 Ähnlich: *M. Winter*, Mitgliedschaftliche Treuebindungen, S. 248.

b) Begründung mit „personalistischer" Struktur?

Für die Begründung eines Wettbewerbsverbots zulasten des herrschenden Gesellschafters wurde das Erfordernis einer „personalistischen" Struktur der Gesellschaft abgelehnt.[327] Es bleibt aber zu überlegen, ob nicht in einer „personalistisch" strukturierten Gesellschaft generell jeder, und somit auch der bloße Minderheitsgesellschafter, einem Wettbewerbsverbot unterworfen sein soll.[328]

Dies wird teilweise aufgrund der Ähnlichkeit zu den Personengesellschaften bejaht.[329] Wenn die GmbH als eine auf vertrauensvolle Mitarbeit angelegte Mitunternehmergemeinschaft ausgestaltet sei, unterliege auch der nicht an der Geschäftsführung beteiligte Gesellschafter entsprechend § 112 HGB einem Wettbewerbsverbot.[330]

Dem ist nicht zu folgen. Allein aufgrund der „personalistischen" Struktur einer GmbH kann kein Wettbewerbsverbot zulasten ihrer Gesellschafter angenommen werden.[331] Jedenfalls ist die Aussage, ein jeder Gesellschafter einer personalistischen GmbH unterliege einem Wettbewerbsverbot, zu pauschal. Es kann vielmehr einzig auf die konkrete Ausgestaltung der jeweiligen *Gesellschafterstellung* ankommen. Der Geschäftsführer einer GmbH unterliegt einem Wettbewerbsverbot.[332] Liegt der „personalistische" Charakter der Gesellschaft also darin begründet, dass die Gesellschafter zugleich die Funktion der Geschäftsführer wahrnehmen, unterliegen diese unproblematisch einem Wettbewerbsverbot.[333] Ist dies nicht der Fall, kann – beispielsweise trotz Vinkulierung der Gesellschaftsanteile – kein Wettbewerbsverbot zulasten der GmbH-Gesellschafter angenommen werden. Würde man der zuerst genannten Ansicht folgen, wonach sich die Frage nach einem Wettbewerbsverbot nach der „personalistischen" Realstruktur der Gesellschaft richtet, würde diesem zwangsläufig mit Unschärfe belasteten Typusbegriff[334] ein zu hoher Stellenwert eingeräumt.

---

327 Oben: 3. Kap. D. II. 2. b).

328 Diese Differenzierung wird in der Literatur leider nicht immer deutlich, was zu Missverständnissen führen kann.

329 MünchKomm-GmbHG/*Merkt*, § 13 Rn. 219; *Michalski/Funke*, GmbHG, § 13 Rn. 193; *Mertens/Cahn*, FS Heinsius, 545 (556); in dieselbe Richtung *Lutter/Timm*, NJW 1982, 409 (419) allerdings mit Einschränkung in Fn. 128.

330 *Mertens/Cahn*, FS Heinsius, 545 (556).

331 So auch *Beuthien*, ZHR 142 (1978), 259 (284); *Armbrüster*, ZIP 1997, 1269 (1273) allerdings ohne konkrete Begründung.

332 Oben: 3. Kap. D. I.

333 So auch *M. Winter*, Mitgliedschaftliche Treuebindungen, S. 252.

334 Vgl. erneut MünchKomm-GmbHG/*Fleischer*, Einl. Rn. 39 m.w.N., sowie bereits oben: 3. Kap. D. II. 2. a).

Folglich darf es für die Frage nach einem Wettbewerbsverbot zulasten des einfachen GmbH-Gesellschafters nur auf die konkreten Einflussmöglichkeiten, beziehungsweise die konkrete Ausgestaltung der Gesellschafterstellung ankommen.[335]

2. Gesellschafter mit Sonderrechten

Ob ein mit Sonderrechten[336] ausgestatteter Gesellschafter einem Wettbewerbsverbot unterliegt, ist einzelfallabhängig anhand der Gefahrenlage zu untersuchen, die durch das jeweilige Sonderrecht begründet wird. Auf die wichtigsten relevanten Sonderrechte wird im Folgenden eingegangen.

a) Recht auf Bestellung und Abberufung der Geschäftsführung

Das Recht der Bestellung und Abberufung der Geschäftsführung steht grundsätzlich gem. § 46 Nr. 5 GmbHG der Gesellschafterversammlung zu. Es ist aber zulässig, dieses Recht als Sonderrecht auf einen Gesellschafter persönlich oder den jeweiligen Inhaber eines bestimmten Gesellschafteranteils zu verlagern.[337]

Durch das Recht der Bestellung und Abberufung des (oder eines) Geschäftsführers sichert sich der Minderheitsgesellschafter den Zugang zu gesellschaftsinternen Informationen, welche ihm trotz des Informationsrechts gem. § 51a Abs. 1 GmbHG jedenfalls im Vorfeld bestimmter Entwicklungen nicht zugänglich gewesen wären.[338] Demjenigen, der nicht einmal über bestimmte Rahmendaten verfügt, nützt auch der § 51a Abs. 1 GmbHG nichts, da er keine gezielten Fragen stellen kann.[339]

Daher ist es zu Recht weitgehend anerkannt, dass der über das Sonderrecht der Bestellung und Abberufung des Geschäftsführers verfügende Gesellschafter

---

335 Damit soll nicht in Abrede gestellt werden, dass die Realstruktur der Gesellschaft für den Umfang der Treupflichtbindung an sich relevant sein kann, vgl. *Lutter,* AcP 180 (1980), 84 (105 ff.). Nur für die Begründung eines ungeschriebenen Wettbewerbsverbots als spezieller Ausprägung der Treupflicht ist die Realstruktur nach hier vertretener Auffassung nicht maßgebend.

336 Dabei handelt es sich allgemein um eine dem Mitglied durch Satzung oder Gesellschaftsvertrag eingeräumte unentziehbare Vorteilsstellung, vgl. *K. Schmidt*, GesR, § 19 III. 3. c) bb) m.w.N.

337 Vgl. statt vieler: Baumbach/Hueck/*Zöllner/Noack*, GmbHG, § 35 Rn. 7 und § 38 Rn. 51.

338 *Lutter,* ZIP 1986, 1195.

339 *Lutter,* ZIP 1986, 1195.

einem Wettbewerbsverbot unterliegt.[340] Aufgrund des hierdurch vermittelten Einflusses, besteht dieselbe Gefahrenlage für die Gesellschaft wie bei einer Mehrheitsbeteiligung eines Gesellschafters.[341]

b) Mehrfachstimmrechte

Da es im GmbH-Recht keine dem § 12 Abs. 2 AktG entsprechende Vorschrift gibt, können in der Satzung in Abweichung von der gesetzlichen Regel des § 47 Abs. 2 GmbHG Mehrfachstimmrechte geschaffen werden.[342] Diese können ebenfalls zur Begründung eines ungeschriebenen Wettbewerbsverbots führen.[343] Soweit ersichtlich wird hierfür jedoch keine nähere Begründung angeführt.

Vielmehr wird auf den Einzelfall abgestellt. Das kann nur bedeuten, dass ein Wettbewerbsverbot anzunehmen ist, wenn die Mehrfachstimmrechte auch zu einer Mehrheit der Stimmrechte in der Gesellschaftsversammlung führen. In diesem Fall greifen die im Zusammenhang mit dem Wettbewerbsverbot zulasten des Mehrheitsgesellschafters angestellten Erwägungen.[344]

V. Alleingesellschafter

Den Alleingesellschafter einer GmbH trifft nach einhelliger Auffassung kein Wettbewerbsverbot.[345] In der Einpersonen-GmbH gibt es keine Mitgesellschafter und mithin auch keine diesen gegenüber bestehende Treupflicht, sodass

---

340 MünchKomm-GmbHG/*Merkt*, § 13 Rn. 217; *Michalski/Funke*, GmbHG, § 13 Rn. 238; *Lawall*, Das ungeschriebene Wettbewerbsverbot, S. 117; im Zusammenhang mit vertraglichem Wettbewerbsverbot: BGH Urteil v. 03.05.1988 Az. KZR 17/87 (Tz. 26 ff.) – *neuform-Artikel*, BGHZ 104, 246 (252 f.) = NJW 1988, 2737 (2738).

341 *Lawall* a.a.O.

342 Vgl. Michalski/*Römermann*, GmbHG, § 47 Rn. 360; Baumbach/Hueck/*Zöllner*, GmbHG, § 47 Rn. 68; Ulmer/*Hüffer*, GmbHG, § 47 Rn. 91; OLG Frankfurt Urteil v. 18.01.1989 Az. 13 U 279/87, GmbHR 1990, 79 (80).

343 *Michalski/Funke*, GmbHG, § 13 Rn. 238; MünchKomm-GmbHG/*Merkt*, § 13 Rn. 217.

344 Oben: 3. Kap. D. II. 1.

345 *Michalski/Funke*, GmbHG, § 13 Rn. 239 m.w.N.; MünchKomm-GmbHG/*Merkt*, § 13 Rn. 220; Roth/*Altmeppen*, GmbHG, § 13 Rn. 47; *Knobbe-Keuk*, GmbHR 1992, 333 (335).

bereits der rechtliche Anknüpfungspunkt für ein aus der Treupflicht abgeleitetes Wettbewerbsverbot fehlt.[346]

Ein anderes Ergebnis ließe sich nur begründen, wenn man ein von dem Gesellschafterinteresse zu unterscheidendes Gesellschaftsinteresse anerkennt und somit auch den Alleingesellschafter einer Treubindung gegenüber seinem Verband unterwirft. *Priester* tut dies mit der Begründung, der Gesellschaft seien durch die satzungsmäßige Definition ihres Geschäftsgegenstandes die darin enthaltenen Geschäftschancen zugewiesen, was aufgrund der Sphärentrennung zwischen Gesellschafter-und Gesellschaftsvermögen eine Selbstbindung der Gesellschafter zur Folge habe.[347]

Dagegen ist einzuwenden, dass die Anerkennung eines isolierten Gesellschaftsinteresses allein den Gesellschaftsgläubigern dienen würde.[348] Das Wettbewerbsverbot dient aber jedenfalls nicht den Interessen der Gesellschaftsgläubiger, da diese umfassend durch die Kapitalerhaltungs- und aufbringungsregeln[349] sowie den Haftungsdurchgriff[350] geschützt werden.[351] Teilweise wird zwar formuliert, der *Bundesgerichtshof* lasse insoweit eine Ausnahme zu, als der Alleingesellschafter der Gesellschaft das zur Deckung des statutarischen Stammkapitals benötigte Vermögen entziehe.[352] Das ist jedoch ungenau formuliert. Es handelt sich nämlich nicht um eine Ausnahme von dem Grundsatz, dass den Einpersonen-GmbH-Gesellschafter keine Treupflicht trifft. Die Entziehung von Stammkapital ist zwar verboten. Das Verbot beruht aber nicht auf der gesellschaftsrechtlichen

346 *Armbrüster*, ZIP 1997, 1269 (1277); *Knobbe-Keuk*, GmbHR 1992, 333 (335).

347 *Priester*, ZGR 1993, 512 (531 f.); für Schutz der Gläubiger sowie das „Interesse am Bestand lebensfähiger Gesellschaftsunternehmen" *Hüffer*, FS Steindorff, 59 (71).

348 So auch *Priester*, ZGR 1993, 512 (520 f.), der als Konsequenz des Eigeninteresses das Verbot der Existenzgefährdung sowie das Gebot der Sphärentrennung nennt. Vgl. gegen Anerkennung eines Eigeninteresses der Gesellschaft auch im Zusammenhang mit einem - der Einmann-GmbH vergleichbaren – „wirtschaftlichen" Alleingesellschafter: BGH Urteil v. 28.09.1992 Az. II ZR 299/91 (Tz. 6), BGHZ 119, 257 (262) = NJW 1993, 193 (194); *Lutter*, ZHR 162 (1998), 164 (183) formuliert, dass es in der Debatte um die Treupflicht *materiell* zunächst nur um die Interessen der Gesellschafter gehe und sieht das Interesse der Gesellschaft als Metapher, solange nicht das Gesetz andere Interessen (z.B. Vermögensbindung) ins Spiel bringt.

349 Vgl. insbesondere §§ 30–34 GmbHG.

350 Vgl. dazu nur Baumbach/Hueck/*Fastrich*, GmbHG, § 13 Rn. 10 ff.

351 *Armbrüster*, ZIP 1997, 1269 (1275) m.w.N.

352 MünchKomm-GmbHG/*Merkt*, § 13 Rn. 220; *Michalski/Funke*, GmbHG, § 13 Rn. 239, beide mit Verweis auf BGH Urteil v. 10.05.1993 Az. II ZR 74/92 (Tz. 16 f.), BGHZ 122, 333 (337) = NJW 1993, 1922.

Treupflicht.[353] Vielmehr regeln die durch den *Bundesgerichtshof* angewendeten §§ 30–32 GmbHG gerade (nur) den Gläubigerschutz.[354]

Daher lässt sich zulasten des alleinigen Gesellschafters einer GmbH generell kein Wettbewerbsverbot begründen.

VI. Befreiung vom Wettbewerbsverbot

Da weder ein von den Gesellschafterinteressen gelöstes Gesellschaftsinteresse anzuerkennen ist[355], noch das Wettbewerbsverbot dem Schutz der Gesellschaftsgläubiger dient, können die Gesellschafter darüber disponieren.[356] Eine rechtlich wirksame Befreiung vom Wettbewerbsverbot ist geboten, da eine steuerrechtliche verdeckte Gewinnausschüttung (vGA) droht, falls auf die Durchsetzung von Ansprüchen wegen der Verletzung des Wettbewerbsverbots verzichtet wird.[357] Die Einzelheiten der Befreiung sind jedoch umstritten.[358]

1. *Formelle Anforderungen*

Das Wettbewerbsverbot ist, da es aus der Treupflicht abgeleitet wird, welche wiederum ihre dogmatische Grundlage im Gesellschaftsvertrag hat[359], ein materieller Satzungsbestandteil, sodass zur nachträglichen Befreiung von einem kraft Treupflicht geltenden Wettbewerbsverbot eine Satzungsänderung erforderlich ist.[360] Nach § 53 Abs. 2 GmbHG bedarf der notariell beurkundete Beschluss

---

353 Etwas anderes lässt sich auch nicht der zitierten Entscheidung des *Bundesgerichtshofs* entnehmen (vorige Fn.). Dieser wendet die §§ 30, 31 GmbHG an und lässt die Frage, ob eine Haftung des Alleingesellschafters wegen Existenzvernichtung grundsätzlich in Betracht kommt ausdrücklich offen (Tz. 10). Vgl. wie hier: Baumbach/Hueck/*Zöllner/Noack*, GmbHG, § 35 Rn. 43 im Zusammenhang mit der BFH-Rechtsprechung, die ein Wettbewerbsverbot des Alleingesellschafters ablehnt, solange der Gesellschaft nicht das zur Erhaltung des Stammkapitals erforderliche Vermögen entzogen wird, vgl. BFH Urteil v. 30.08.1995 Az. I R 155/94 (Tz. 19), BFHE 178, 371 (374 f.) = NJW 1996, 950 (951).

354 Vgl. zum Telos des § 30 GmbHG: Roth/*Altmeppen*, GmbHG, § 30 Rn. 1 m.w.N.

355 Vgl. oben mit Nachweisen zur abweichenden Meinung: 3. Kap. D. V.

356 *Armbrüster*, ZIP 1997, 1269 (1275); *Knobbe-Keuk*, GmbHR 1992, 333 (335).

357 *Michalski/Funke*, GmbHG, § 13 Rn. 253 u. 289 ff.

358 Sehr ausführliche Darstellung bei *Lawall*, Das ungeschriebene Wettbewerbsverbot, S. 126 ff.

359 So die vorherrschende Auffassung. Vgl. ausführlich zu den verschiedenen dogmatischen Ansätzen: *M. Winter*, Mitgliedschaftliche Treuebindungen, S. 43 ff.

360 Münch.Hdb.GesR/*Schiessl/Böhm*, III. § 34 Rn. 27 m.w.N.; MünchKomm-GmbHG/*Merkt*, GmbHG, § 13 Rn. 260; *Armbrüster*, ZIP 1997, 1269 (1275); *Münch*, NJW

mithin der Mehrheit von drei Vierteln der abgegebenen Stimmen und muss ins Handelsregister eingetragen werden (§ 54 GmbHG).

Bei *Armbrüster* findet sich die Aussage, die Satzung könne eine einfache Mehrheit für die Befreiung vom Wettbewerbsverbot (sog. Öffnungsklausel) vorsehen.[361] Eine Öffnungsklausel in diesem Sinne wird aber regelmäßig nur bei statutarischen Wettbewerbsverboten bei Gelegenheit des Gesellschaftsvertragsschlusses in die Satzung aufgenommen werden.[362] Würden die Gesellschafter bei Vertragsschluss an die Befreiungsmöglichkeit von einem ungeschriebenen Wettbewerbsverbot denken, liegt die Vermutung nahe, dass sie dieses Wettbewerbsverbot aus Gründen der Rechtsklarheit zumindest deklaratorisch in den Gesellschaftsvertrag aufnehmen würden.

Da es sich bei der Befreiung von dem Wettbewerbsverbot um eine Befreiung von einer aus der Satzung abzuleitenden Verbindlichkeit im Sinne des § 47 Abs. 4 S. 1 GmbHG handelt, darf der von ihr betroffene Gesellschafter bei der Beschlussfassung sein Stimmrecht nicht ausüben.[363] Das Stimmverbot gilt aufgrund der andernfalls drohenden Rechtsunsicherheit nicht für solche Gesellschafter, die dem vom Stimmrecht ausgeschlossenen Gesellschafter persönlich oder rechtlich nahestehen.[364]

Hat der Gesellschafter bereits bei Gründung der Gesellschaft eine Konkurrenztätigkeit ausgeübt, ist eine Befreiung vom Wettbewerbsverbot nicht erforderlich, da er diesem in Anwendung des Rechtsgedankens des § 112 Abs. 2 HGB erst gar nicht unterfällt.[365] Das gilt ebenso für den Fall, dass einem

---

1993, 225 (229); **a.A.** mit Hinweis auf die Möglichkeit der konkludenten Einwilligung *Knobbe-Keuk*, GmbHR 1992, 333 (335); *Priester*, ZGR 1993, 512 (532) hält einen einfachen Gesellschafterbeschluss für ausreichend.

361 *Armbrüster*, ZIP 1997, 1269 (1275).

362 Vgl. *Michalski/Funke*, GmbHG, § 13 Rn. 261: Bei einem gesetzlichen Wettbewerbsverbot fehle es *notwendigerweise* an einer vertraglichen Regelung und somit an einer Öffnungsklausel; MünchKomm-GmbHG/*Merkt*, § 13 Rn. 260: Für ein ungeschriebenes Wettbewerbsverbot *existiere* keine Öffnungsklausel.

363 *M. Winter*, Mitgliedschaftliche Treubindungen, S. 259 f.; vgl. auch BGH Urteil v. 16.02.1981 Az. II ZR 168/79 (Tz. 10), NJW 1981, 1512 (1513) (in BGHZ insoweit nicht abgedruckt)

364 BGH Urteil v. 16.02.1981 Az. II ZR 168/79 (Tz. 11), BGHZ 80, 69 (71) = NJW 1981, 1512 (1513); *Zöllner*, Schranken der Stimmrechtsmacht, S. 209; in besonders krassen Fällen der Befangenheit genügt das Anfechtungsrecht wegen Stimmrechtsmissbrauchs zum Schutz der übrigen Gesellschafter.

365 Vgl. statt vieler MünchKomm-GmbHG/*Merkt*, § 13 Rn. 263; BGH Urteil v. 09.03.1987 Az. II ZR 215/86 (Tz. 16), GmbHR 1987, 302 f.

Konkurrenten der Gesellschaft vinkulierte Geschäftsanteile übertragen werden.[366] Handelt es sich hingegen um frei übertragbare Gesellschaftsanteile[367], so fehlt ein geeigneter Anknüpfungspunkt für den auf Vertrauensschutz basierenden Gedanken des § 112 Abs. 2 HGB.

2. *Materielle Anforderungen?*

Es ist umstritten, ob der Befreiungsbeschluss eines sachlichen Rechtfertigungsgrundes bedarf. Teilweise wird der Schutz der Gesellschaft aufgrund der erforderlichen Dreiviertelmehrheit und der Möglichkeit der Missbrauchskontrolle gem. §§ 242, 826 BGB als gewährleistet angesehen, sodass es keiner materiellen Inhaltskontrolle bedürfe.[368]

Der *Bundesgerichtshof* hat in der *Süssen*-Entscheidung eine materielle Inhaltskontrolle des von einem Wettbewerbsverbot dispensierenden Gesellschafterbeschlusses für erforderlich erachtet und aufgrund der in dem zu entscheidenden Fall spezifisch hohen Gefahr der durch die Befreiung entstehenden Abhängigkeit von einem Konkurrenzunternehmen, die durch das konkrete Schädigungsverbot nicht hinreichend kompensiert werde, hohe sachliche Anforderungen an dessen Rechtfertigung gestellt.[369] Er meint, die Befreiung sei grundsätzlich rechtwidrig, falls für sie keine sachlichen Gründe im Interesse der Gesellschaft streiten, was eine Abwägung der verschiedenen Interessen sowie eine Verhältnismäßigkeitsprüfung erfordere.[370]

Dieses Urteil wird häufig von Autoren zitiert, die für die Befreiung von einem ungeschriebenen Wettbewerbsverbot einen sachlichen Grund fordern.[371] In dem durch den *Bundesgerichtshof* entschiedenen Fall ging es aber um die Befreiung von einem statutarischen Wettbewerbsverbot. Im Gesellschaftsvertrag war die Möglichkeit der Befreiung durch die Gesellschafterversammlung mit einfacher Mehrheit (§ 47 Abs. 1 GmbHG) vorgesehen.

---

366 Vgl. *M. Winter*, Mitgliedschaftliche Treuebindungen, S. 259.

367 Von diesem Fall geht das Gesetz aus, vgl. § 15 Abs. 5 GmbHG.

368 MünchKomm-GmbHG/*Merkt*, § 13 Rn. 260.

369 BGH Urteil v. 16.02.1981 Az. II ZR 168/79 (Tz. 12 ff.), BGHZ 80, 69 (71 ff.) = NJW 1981, 1512 (1513 f.).

370 BGH a.a.O.; vgl. ähnlich zu der Rechtfertigung des Bezugsrechtsausschlusses im Aktienrecht: BGH Urteil v. 13.03.1978 Az. II ZR 142/76, BGHZ 71, 40 ff. = NJW 1978, 1316 ff.; BGH Urteil v. 9.04.1982 Az. II ZR 55/81, BGHZ 83, 319 ff. = NJW 1982, 2444 ff.

371 Vgl. *Armbrüster*, ZIP 1997, 1269 (1275); *von der Osten*, GmbHR 1989, 450 (454); *M. Winter*, Mitgliedschaftliche Treuebindungen, S. 260 mit Verweis auf S. 132 f.

Nach hier vertretener Ansicht ist für die Befreiung von einem gesetzlichen Wettbewerbsverbot stets eine Mehrheit von drei Vierteln der abgegebenen Stimmen erforderlich. Eine Öffnungsklausel wird es regelmäßig nicht geben. Überdies ist der zu befreiende Gesellschafter gem. § 47 Abs. 1 S. 1 GmbHG von der Ausübung seines Stimmrechts ausgeschlossen. Unter diesen bereits sehr restriktiven formellen Voraussetzungen kann mit der zuerst genannten Auffassung auf eine materielle Inhaltskontrolle verzichtet werden. In besonders krassen Missbrauchsfällen gewähren die §§ 242, 826 BGB ausreichenden Schutz. Auf diese Weise werden keine zu hohen Hürden für eine Befreiung von dem ungeschriebenen Wettbewerbsverbot errichtet. Einer im Streitfall stets durch den Richter vorzunehmenden Verhältnismäßigkeitsprüfung ist diese Lösung allemal vorzuziehen.

E. Besondere Ausgestaltungen der GmbH & Co. KG

Sollen die Kommanditisten Einfluss auf die Leitung der GmbH & Co. KG haben, so kann die Integration der Unternehmensorganisation entweder (1.) durch Herstellung der Beteiligungsidentität in der GmbH und der KG (insbesondere: Vinkulierungsklauseln) und koordinierte Binnenorganisation (Mehrheitsklauseln[372]) oder (2.) durch die Gestaltung als Einheitsgesellschaft hergestellt werden.[373] Diese Ausgestaltungen führen zu einer Marginalisierung der Rolle des Komplementärs und einer Aufwertung der Stellung des Kommanditisten in der Gesellschaft, welche sich von der historischen Vorstellung des Gesetzgebers von der Kommanditgesellschaft gelöst hat.[374] Wird die Stellung des Kommanditisten jedoch stärker der eines OHG-Gesellschafters angenähert, so stellt sich die Frage nach der Angemessenheit der Ausnahme vom Wettbewerbsverbot gem. § 165 HGB.

---

372 Vgl. dazu grundlegend BGH Urteil v. 15.01.2007 Az. II ZR 245/05 – *OTTO*, BGHZ 170, 283 f. = NJW 2007, 1685 f.: dem bei Verabredung einer Mehrheitsklausel geltenden Bestimmtheitsgrundsatz ist genüge getan, wenn die Beschlussgegenstände jedenfalls abstrakt *bestimmbar* sind; *K. Schmidt*, JZ 2008, 425 (430 f.).

373 Vgl. *K. Schmidt* JZ 2008, 425 (426), der hierfür den Begriff „Integrationsmodell" verwendet; vgl. zu den Vor- und Nachteilen der jeweiligen Gestaltung *Binz/Sorg*, Die GmbH & Co. KG, § 8 Rn. 4 u. 5.

374 *K. Schmidt*, JZ 2008, 425 (426 f.), der Komplementär war nach der historischen Vorstellung des Gesetzgebers „Inhaber" des Unternehmens, während die Stellung des Kommanditisten eher der eines stillen Gesellschafters entsprach.

I. Beteiligungsidentische GmbH & Co. KG

Bei der beteiligungsidentischen GmbH & Co. KG sind die Gesellschafter zu gleichen Teilen sowohl als Kommanditisten an der KG als auch an der Komplementär-GmbH beteiligt. Teilweise wird in dieser Konstellation die Annahme eines generellen Wettbewerbsverbots kraft Treupflicht zulasten der Kommanditisten befürwortet.[375] Dies sei gerechtfertigt, da die Kommanditisten in diesem Fall „als die wirklichen Träger des Unternehmens fungieren".[376] Inwieweit dies zu einer das ungeschriebene Wettbewerbsverbot rechtfertigenden Gefährdungslage führt, bleibt indes unklar.

Zur Begründung einer dem § 112 HGB ähnlichen Gefährdungslage ließe sich darauf abstellen, dass ein Kommanditist, der gleichzeitig an der Komplementär-GmbH beteiligt ist, über das weitergehende Informationsrecht des § 51a Abs. 1 GmbHG verfügt und auf diese Weise an sensible gesellschaftsinterne Informationen gelangen kann.[377] Wird jedoch die Begründung eines ungeschriebenen Wettbewerbsverbots im Recht der GmbH allein aufgrund des Informationsrechts gem. § 51a GmbHG überzeugend abgelehnt[378], kann für die beteiligungsidentische GmbH & Co KG nichts anderes gelten.

Ein anderes Ergebnis kommt nur in Betracht, wenn man generell ein Wettbewerbsverbot zulasten des an einer mit „personalistischer" Realstruktur beteiligten Gesellschafters annimmt. Da die GmbH-Gesellschaftsanteile regelmäßig vinkuliert sind (vgl. § 15 Abs. 5 GmbHG), um den Gleichlauf der Beteiligungen an GmbH und KG zu gewährleisten[379], kann von einer „personalistischen"

---

375 Röhricht/Graf v. Westphalen/*Haas/Mock*, HGB, § 165 Rn. 17; Baumbach/*Hopt*, HGB, Anh. § 177a Rn. 23; vgl. auch *Werner*, GmbHR 2009, 886 f. mit Nachweisen zur Gegenauffassung; Frage offen gelassen bei BGH Beschluss v. 01.12.1981 Az. KRB 5/79 (Tz. 11) – *Baustoffhändler*, WuW/E BGH, 1901 (1903).

376 Röhricht/Graf v. Westphalen/*Haas/Mock*, HGB, § 165 Rn. 17; bereits bei BGH Urteil v. 27.06.1955 Az. II ZR 232/54, BGHZ 17, 392 (394) ist im Zusammenhang mit der einem Kommanditisten zu erteilenden Prokura davon die Rede, dass dieser „Mitinhaber des Gesellschaftsunternehmens" sei. Dies verdeutlicht die Abkehr vom historischen Leitbild des Kommanditisten als stillem Gesellschafter bereits für die „einfache" KG; interessant zu der gesellschaftsvertraglichen Machtverschiebung vom Komplementär zu den Kommanditisten in der GmbH & Co. KG auch OLG München Urteil v. 19.11.2003 Az. 7 U 4505/03, GmbHR 2004, 587 f.

377 *Werner*, GmbHR 2009, 886 (887).

378 Vgl. oben: 3. Kap. D. IV. 1. a).

379 *Binz/Sorg*, Die GmbH & Co. KG, § 6 Rn. 7; *Werner*, GmbHR 2009, 886 (887).

Gesellschaftsstruktur gesprochen werden.[380] Die besseren Gründe sprechen aber dafür, ein Wettbewerbsverbot nicht von der Realstruktur der GmbH abhängig zu machen, sondern von der Ausgestaltung der konkreten Gesellschafterstellung.[381] Daher kommt ein Wettbewerbsverbot nur in Betracht, wenn der an KG und GmbH beteiligte Gesellschafter zugleich auch Geschäftsführer der GmbH ist. Es verbietet dann auch jede Wettbewerbstätigkeit im Geschäftszweig der GmbH & Co. KG.[382]

II. Einheits-GmbH & Co. KG

Bei der Einheits-GmbH & Co. KG ist die Kommanditgesellschaft Alleingesellschafterin ihrer Komplementär-GmbH.[383] Diese Konstruktion ist handelsrechtlich zulässig und stellt die intensivste Form der gesellschaftsrechtlichen Typenmischung dar.[384] *K. Schmidt* meint, man müsse das vermeintliche „Ungetüm" der Einheits-GmbH & Co. KG nur verbandsrechtsdogmatisch richtig erfassen und hält fest, dass letztlich alle Mitgliedsfunktionen von den Kommanditisten ausgeübt werden, während die Komplementär-GmbH nur noch als Geschäftsführungsplattform fungiere.[385]

Im vorliegenden Zusammenhang ist die Frage nach der richtigen verbandrechtsdogmatischen Erfassung auf die Frage nach der Begründung eines Wettbewerbsverbots zulasten der Kommanditisten zu beschränken. Dazu ist festzustellen, dass in der Einheits-GmbH & Co. KG letztlich eine Annäherung der Kommanditistenstellung an diejenige von GmbH-Gesellschaftern stattfindet.[386]

---

380 Dazu auch oben: 3. Kap. D. II. 2. a).

381 Ausführlich oben: 3. Kap. D II. 2. d) und IV. 1. b).

382 *Werner,* GmbHR 2009, 886 (887).

383 Vgl. *K. Schmidt,* JZ 2008, 425 (435); sowie *K. Schmidt,* ZGR 2011, 108 (126 f.), der die Einheits-GmbH & Co. KG plastisch mit der Reflexion eines Jahrmarkt-Zerrspiegels vergleicht: „Blickt die unternehmensbetreibende KG nach oben und fragt „Wer leitet mich?", so erblickt sie die Komplementär-GmbH. Fragt die Kommanditgesellschaft, nach unten blickend, „Wen beherrsche ich?", so entdeckt sie die nämliche GmbH."; vgl. umfassend: *Binz/Sorg,* Die GmbH & Co. KG, § 8.

384 Vgl. nur *Binz/Sorg,* Die GmbH & Co. KG, § 8 Rn. 6 m.w.N., der Gesetzgeber geht in § 176 Abs. 6 HGB von der Zulässigkeit dieser „Gesellschaftsverzahnung" aus; vgl. ferner *K. Schmidt,* ZGR 2011, 108 (126 f.).

385 *K. Schmidt,* ZGR 2011, 108 (127).

386 Es wird daher auch von „Personengesellschaft mit beschränkter Haftung" gesprochen, vgl. *Binz/Sorg,* Die GmbH & Co. KG, § 8 Rn. 6: Durch die Einheitsgesellschaft kann auch der Alleingesellschafter die Möglichkeiten der Drittorganschaft und Kapitalansammlung sowie steuerrechtliche Vorteile nutzen.

Da aber der einfache GmbH-Gesellschafter keinem ungeschriebenen Wettbewerbsverbot unterliegt, wenn er nicht zugleich Aufgaben der Geschäftsführung wahrnimmt[387], kann für den einfachen Kommanditisten der Einheits-GmbH & Co. KG nichts anderes gelten.

Für die Verbandsrechtsdogmatik stellen sich somit jedenfalls in dieser Hinsicht keine neuen Fragen.

F. Ungeschriebenes Wettbewerbsverbot in der Aktiengesellschaft

I. Ungeschriebenes Wettbewerbsverbot zulasten des herrschenden Gesellschafters

Da die Treupflicht generell im Recht der Kapitalgesellschaften anerkannt ist, erscheint die Begründung ungeschriebener Wettbewerbsverbote in der Aktiengesellschaft jedenfalls möglich.

1. *Maßgebende konzernrechtliche Regelungen*

Für die weitere Untersuchung ist ein kurzer Überblick über die in diesem Zusammenhang relevanten Regelungen und Begriffe des Konzernrechts hilfreich.

a) Begriff des „herrschenden Gesellschafters"

Wer die Frage aufwirft, ob ein herrschender Gesellschafter einem ungeschriebenen Wettbewerbsverbot unterliegt, muss zunächst klären, wann ein Gesellschafter „beherrschend" ist.

Von einem in Mehrheitsbesitz stehenden Unternehmen wird gem. § 17 Abs. 2 AktG vermutet, dass es von dem an ihm mit Mehrheit beteiligten Unternehmen abhängig[388] ist. Es handelt sich um eine widerlegbare Vermutung.[389] Von einem abhängigen Unternehmen wird gem. § 18 Abs. 1 S. 3 AktG wiederum vermutet, dass es mit dem herrschenden Unternehmen einen Konzern bildet. Aus § 15 AktG folgt, dass der herrschende Aktionär Unternehmen i.S.d. Konzernrechts sein muss, damit die Regeln über *verbundene Unternehmen* anwendbar sind. Das

---

387 Vgl. oben: 3. Kap. D. IV.

388 Die *Abhängigkeit* ist der zentrale Begriff des Konzernrechts und stellt den Anknüpfungspunkt für fast alle Normen dar. Anders als der Name *Konzernrecht* vermuten lässt, ist also nicht das Vorliegen eines *Konzerns* (§ 18 AktG) von entscheidender Bedeutung.

389 Vgl. nur *Hüffer*, AktG, § 17 Rn. 1.

bedeutet, dass er über ein anderweitiges unternehmerisches Interesse verfügen muss, welches die Sorge begründet, dass er seinen Einfluss zum Nachteil der Gesellschaft ausüben könnte.[390]

Ein Unternehmen ist ein in Mehrheitsbesitz stehendes Unternehmen, wenn einem anderen Unternehmen die Mehrheit der Anteile daran gehört (§ 16 Abs. 1 u. 2 AktG) oder diesem die Mehrheit der Stimmrechte[391] zustehen (§ 16 Abs. 1 u. 3 AktG). Kann die Abhängigkeit nicht gem. § 17 Abs. 2 AktG vermutet werden, ist diese gem. § 17 Abs. 1 AktG positiv festzustellen.[392] Dabei genügt die bloße Möglichkeit der Ausübung beherrschenden Einflusses und es ist nicht erforderlich, dass dieser tatsächlich ausgeübt wird.[393]

Es sind vielfältige Formen der Begründung von Abhängigkeit denkbar.[394] Der folgenden Untersuchung liegt der Fall des Erwerbs einer Mehrheitsbeteiligung, welche die (doppelte) Vermutung der § 17 Abs. 2 und § 18 Abs. 1 S. 3 AktG auslöst, zugrunde.[395]

b) Gefährdungslage im Konzern

Vorab sei auf die spezifischen Gefahren der Abhängigkeit hingewiesen. In einer unabhängigen Gesellschaft ist idealerweise davon auszugehen, dass alle Gesellschafter denselben gemeinsamen Zweck verfolgen und sich dieser Gesellschaftszweck zudem mit den Gläubigerinteressen deckt.[396]

---

390 Vgl. *Emmerich/Habersack*, Konzernrecht, § 2 Rn. 3; *Hüffer*, AktG, § 15 Rn. 8 m.w.N.

391 Bei Vorzugsaktien besteht kein Stimmrecht, § 12 Abs. 1 S. 2 AktG; die Vermutung des § 17 Abs. 2 AktG greift bei Mehrheit stimmrechtsloser Vorzugsaktien gleichwohl ein, kann aber widerlegt werden vgl. *Kuhlmann/Ahnis*, Konzern- und Umwandlungsrecht, § 2 Rn. 54.

392 Dazu: *Kuhlmann/Ahnis*, Konzern- und Umwandlungsrecht, § 2 Rn. 66 ff.; eine Minderheitsbeteiligung kann für Abhängigkeit i.S.d. § 17 Abs. 1 AktG genügen, wenn diese aufgrund geringer Hauptversammlungspräsenz tatsächlich wie eine Mehrheit wirkt, vgl. *Hüffer*, AktG, § 17 Rn. 9 m.w.N.

393 Unstreitig, vgl. nur *Hüffer*, AktG, § 17 Rn. 6.

394 Vgl. zu der Frage ob Marktbeziehungen (Kredit-, Liefer- und Lizenzverträge) Abhängigkeit i.S.d. § 17 AktG begründen können: *Köhler*, NJW 1978, 2473 (2474 f.); ablehnend *Hüffer*, AktG, § 17 Rn. 8 m.w.N.

395 Viele Autoren scheinen die Diskussion im vorliegend interessierenden Zusammenhang ebenfalls auf die Beherrschung aufgrund von Mehrheitsbeteiligung zu beschränken vgl. *Henze*, FS Hüffer, 309; *Hüffer*, FS Röhricht, 251.

396 *Emmerich/Habersack*, Konzernrecht, § 1 Rn. 23; *Kuhlmann/Ahnis*, Konzern- und Umwandlungsrecht, § 4 Rn. 359; vgl. eingehend zu der gemeinsamen Zweckverfolgung in der Korporation: *Lutter*, AcP 180 (1980), 84 (89 ff.).

Dieser Interessengleichlauf kann jedoch nicht mehr angenommen werden, wenn ein Gesellschafter anderweitige unternehmerische Interessen verfolgt und gleichzeitig aufgrund seiner beherrschenden Stellung in der Gesellschaft über entsprechende Einflussmöglichkeiten verfügt.[397] Dann besteht die Gefahr der nachteiligen Einflussnahme auf die Gesellschaft zugunsten des anderweitigen unternehmerischen Interesses durch das herrschende Unternehmen.[398]

c) Ausgleichsmodell der §§ 311 ff. AktG und qualifiziert faktische Abhängigkeit

Die §§ 311 ff. AktG sollen der soeben beschriebenen Konzerngefahr bei Fehlen eines Beherrschungsvertrags begegnen.[399] Dieses Regelungskonzept kann und soll hier nicht umfassend dargestellt und erklärt werden.[400] Sein Anliegen ist der Schutz der abhängigen Gesellschaft und somit auch der Minderheitsgesellschafter und der Gesellschaftsgläubiger.[401]

Einzugehen ist nur auf den für die nachfolgende Diskussion wichtigen Aspekt der qualifizierten Nachteilszufügung. Die nachteilige Einflussnahme des herrschenden Gesellschafters ist gerechtfertigt[402], wenn er einen Nachteilsausgleich nach Maßgabe des § 311 Abs. 2 AktG vornimmt. Erfolgt kein Ausgleich, so haftet er gem. § 317 AktG auf Schadensersatz.

In den Fällen der qualifizierten Nachteilszufügung ist ein Einzelausgleich jedoch nicht möglich, weil sich die einzelne schädigende Maßnahme entweder nicht isolieren lässt[403] oder weil diese ihrer Art nach nicht ausgleichsfähig ist.[404]

---

397 *Emmerich/Habersack*, Konzernrecht, § 1 Rn. 25.

398 Vgl. nur MünchKomm-AktG/*Altmeppen*, vor § 311 Rn. 2.

399 Nur dieser Fall interessiert vorliegend. Die Konstellation, dass ein Beherrschungsvertrag geschlossen wurde, wird nicht untersucht. Dann gelten die §§ 300 ff. AktG.

400 Vgl. dazu die umfassende Kommentierung bei MünchKomm-AktG/*Altmeppen*, § 311 Rn. 1 ff.; sowie *K. Schmidt*, GesR, § 31 IV.; *Emmerich/Habersack*, Konzernrecht, § 24 ff.

401 *Emmerich/Habersack*, Konzernrecht, § 28 Rn. 6.

402 So die h.M., vgl. Emmerich/*Habersack*, § 311 Rn. 5 m.w.N. in Fn. 12, dort auch zur **a.A.**; vgl. ferner *K. Schmidt*, GesR, § 31 IV. 2. b).

403 Dies ist beispielsweise der Fall, wenn die abhängige Gesellschaft wie eine bloße Betriebsabteilung geführt wird, vgl. *K. Schmidt*, GesR, § 31 IV. 4. a).

404 *Emmerich/Habersack*, Konzernrecht, § 28 Rn. 6; *K. Schmidt*, GesR, § 31 IV. 4. a); vgl. aus der Rechtsprechung BGH Urteil v. 29.03.1993 Az. II ZR 265/91 (Tz. 23), BGHZ 122, 123 (127) = NJW 1993, 1200 (1202); der Schadensersatzanspruch gem. § 317 AktG läuft leer, wenn der Schaden auch mithilfe des § 287 ZPO nicht bestimmt werden kann, vgl. K. Schmidt/Lutter/*J. Vetter*, AktG, § 317 Rn. 47.

Dies ist der Fall, wenn die Veranlassung des Nachteils und dessen Höhe durch die außenstehenden Gesellschafter und Gläubiger aufgrund der Vielfalt oder Intensität des Eingriffs oder seiner Art nach, beziehungsweise aufgrund von Verschleierung nicht festgestellt werden kann.[405] Eine derartige Einflussnahme ist rechtswidrig.[406]

Da das Ausgleichssystem der §§ 311 ff. AktG dann nicht funktioniert, hat die Rechtsprechung zum GmbH-Recht ein alternatives Haftungskonzept entwickelt.[407]

Dieses wurde zunächst auf eine Analogie zu §§ 302, 303 AktG gestützt und allein mit der hohen Leitungsdichte im qualifiziert faktischen Konzern, also mit dessen Struktur, begründet.[408] Unter Beibehaltung der Analogie zu §§ 302, 303 AktG stellte der *Bundesgerichtshof* später nicht mehr auf die tatsächliche Struktur des Konzerns als Haftungsgrund ab, sondern auf den Missbrauch der Konzernleitungsmacht durch den herrschenden Gesellschafter und das gleichzeitige Scheitern eines Einzelausgleichs.[409]

In der *Bremer Vulkan*-Entscheidung wurde dann der konzernrechtliche Haftungsansatz gänzlich verworfen und eine allgemeine Ausfallhaftung wegen existenzvernichtenden Eingriffs etabliert[410] Diese wurde zunächst als Außenhaftung[411] und später als Innenhaftung gem. § 826 BGB konzipiert.[412] Dieser Rechtsprechung liegt der Gedanke zugrunde, dass eine kompensationslose

---

405 *Kuhlmann/Ahnis*, Konzern- und Umwandlungsrecht, § 4 Rn. 361a.

406 *K. Schmidt*, GesR, § 31 IV. 4. a); *Emmerich/Habersack*, Konzernrecht, § 28 Rn. 11; die Rechtswidrigkeit kann nur durch Abschluss eines Beherrschungsvertrags legalisiert werden.

407 Darstellung der Entwicklung in der Rechtsprechung bei *Hüffer*, AktG, § 1 Rn. 22 ff.; *Kuhlmann/Ahnis*, Konzern- und Umwandlungsrecht, § 4 Rn. 362 ff.; Konzernrecht, § 28.

408 BGH Urteil v. 16.09.1985 Az. II ZR 275/84 – *Autokran*, BGHZ 95, 330 ff. = NJW 1986, 188 ff.; BGH Urteil v. 20.02.1989 Az. II ZR 167/88 – *Tiefbau*, BGHZ 107, 7 ff. = NJW 1989, 1800 ff.; BGH Urteil v. 23.09.1991 Az. II ZR 135/90 – *Video*, BGHZ 115, 187 ff. = NJW 1991, 3142 ff.

409 BGH Urteil v. 29.03.1993 Az. II ZR 265/91, BGHZ 122, 123 ff. = NJW 1993, 1200 ff.

410 BGH Urteil v. 17.09.2001 Az. II ZR 178/99, BGHZ 149, 10 ff. = NJW 2001, 3622 ff.

411 BGH Urteil v. 24.06.2002 Az. II ZR 300/00, BGHZ 151, 181 ff. = NJW 2002, 3024 ff. dogmatisch begründet über den Verlust des Haftungsprivilegs des § 13 Abs. 2 GmbHG.

412 BGH Urteil v. 06.07.2007 Az. II ZR 3/04 – *TRIHOTEL*; BGHZ 173, 246 ff. = NJW 2007, 2689 ff.

Benachteiligung der *Einpersonen-GmbH* zulässig ist, solange nicht ihre Existenz bedroht wird.[413]

Für die AG wird teilweise die Übernahme des zum GmbH-Recht entwickelten Haftungskonzepts gefordert[414], teilweise aber auch an der entsprechenden Anwendung der §§ 302 ff. AktG festgehalten[415]. Jedenfalls kann jeder Gesellschafter der abhängigen Gesellschaft gegen konkrete, nicht ausgleichsfähige nachteilige Maßnahmen auf Unterlassung und Beseitigung klagen.[416]

Es kann im Ergebnis festgehalten werden, dass die §§ 311 ff. AktG in den Fällen der qualifizierten Nachteilszufügung nicht funktionieren und daher auf andere Ausgleichskonzepte zurückgegriffen werden muss. Diese Erkenntnis wird im Rahmen der Diskussion der Vereinbarkeit ungeschriebener Wettbewerbsverbote mit der konzernrechtlichen Gesetzeskonzeption von Bedeutung sein.[417]

2. Begrenzung der Diskussion?

a) Begrenzung auf Aufnahme der Konkurrenztätigkeit nach Mehrheitserwerb

Nach der Ansicht von *Hüffer* ist der Fall, dass bereits vor Erwerb der Mehrheitsbeteiligung eine Konkurrenzsituation besteht, „aus einer seriösen Diskussion" über ungeschriebene Wettbewerbsverbote von vornherein herauszuhalten.[418] Genau über diese Konstellation hatte der *Bundesgerichtshof* im Jahr 2008 im Rahmen einer Nichtzulassungsbeschwerde zu entscheiden.[419]

Hierbei vertrat er die Auffassung, dass ein ungeschriebenes Wettbewerbsverbot schon im Ansatz ausscheidet, wenn die Konkurrenzsituation bereits vor

413 *Emmerich/Habersack,* Konzernrecht, § 28 Rn. 8 m.w.N.

414 *Hüffer,* AktG, § 1 Rn. 26 f. will die Haftung neben 826 BGB auch auf § 117 AktG stützen; vgl. auch OLG Stuttgart Urteil v. 30.05.2007 Az. 20 U 12/06 (Tz. 44), AG 2007, 633 (636);

415 *Emmerich/Habersack,* Konzernrecht, § 28 Rn. 9; Emmerich/*Habersack,* § 317 Anh. Rn. 23; K. Schmidt/Lutter/*J. Vetter,* AktG, § 317 Rn. 52; *K. Schmidt,* GesR, § 31 IV. 4. a); *Schürnbrand,* ZHR 169 (2005), 35 (58).

416 *K. Schmidt,* GesR, § 31 IV. 4. a); Emmerich/*Habersack,* § 317 Anh. Rn. 27 m.w.N.; dies gilt insbesondere für konzernintegrative Maßnahmen, vgl. *Emmerich/Habersack,* Konzernrecht, § 28 Rn. 10.

417 Unten: 3. Kap. F. I. 3. a) und 4. a) aa).

418 *Hüffer,* FS Röhricht, 251 (252).

419 BGH Beschluss v. 25.06.2008 Az. II ZR 133/07, ZIP 2008, 1872 = NJW-RR 2008, 1722; vorhergehend OLG Stuttgart Urteil v. 30.05.2007 Az. 20 U 12/06.

dem Erwerb der Mehrheitsbeteiligung bestanden hat.[420] Zur Begründung wurde auf die grundsätzliche Konzernoffenheit des Aktiengesetzes verwiesen, welches in der Abhängigkeit von Gesellschaften und der faktischen Konzernierung eine zulässige Form der Unternehmensverbindung sieht und den damit verbundenen Gefahren nicht mit einer präventiven, sondern einer verhaltensorientierten Kontrolle gem. §§ 311 ff. AktG begegnet.[421] Zudem spreche die Weisungsfreiheit des Vorstands (§ 76 AktG) gegen ein umfassendes „konzernverhinderndes" Wettbewerbsverbot und auch mit Hilfe der Treupflicht lasse sich kein anderes Ergebnis herleiten, da die bloße Aufrechterhaltung der bereits vor dem Mehrheitserwerb bestehenden Konkurrenztätigkeit insoweit wertneutral sei.[422]

Der *Bundesgerichtshof* vermeidet mit diesem Beschluss eine grundsätzliche Auseinandersetzung mit der Frage nach einem ungeschriebenen Wettbewerbsverbot zulasten des Mehrheitsgesellschafters einer Aktiengesellschaft und lässt die Frage offen, ob ein solches in Betracht kommt, wenn eine Konkurrenztätigkeit erst nach dem Mehrheitserwerb aufgenommen wird.

b) Argumente gegen die Begrenzung der Diskussion

Die Beschränkung der Diskussion um Wettbewerbsverbote auf Fälle, in denen die Konkurrenztätigkeit erst nach Mehrheitserwerb aufgenommen wurde, könnte sich mit Blick auf den in § 112 Abs. 2 HGB aufgestellten allgemeinen Grundsatz erklären: Die Einwilligung zur Teilnahme an einer anderen Gesellschaft gilt gem. § 112 Abs. 2 HGB als erteilt, wenn den übrigen Gesellschaftern bei Eingehung der Gesellschaft bekannt ist, dass der Gesellschafter an einer anderen Gesellschaft als persönlich haftender Gesellschafter teilnimmt, und gleichwohl die Aufgabe dieser Beteiligung nicht ausdrücklich bedungen wird. Dieser unwiderleglichen Vermutung liegt der Gedanke zugrunde, dass der Gesellschafter auf die Fortsetzung seiner bisherigen Tätigkeit vertrauen darf, soweit deren Aufgabe von den anderen Gesellschaftern trotz Kenntnis nicht ausdrücklich verlangt wird.[423]

Möglicherweise meint der *Bundesgerichtshof* diesen Gedanken, wenn er formuliert, dass die Aufrechterhaltung des „status quo ante" wertneutral sei und

420 BGH Beschluss v. 25.06.2008 Az. II ZR 133/07 (Tz. 16), ZIP 2008, 1872 (1874) = NJW-RR 2008, 1722 (1723 f.).

421 BGH Beschluss v. 25.06.2008 Az. II ZR 133/07 (Tz. 17), ZIP 2008, 1872 (1874) = NJW-RR 2008, 1722 (1724).

422 BGH a.a.O.

423 Vgl. dazu oben: 2. Kap. A. I. 4. c).

es dem „neuen" herrschenden Unternehmen nicht zugemutet werden könne, sich von seinen angestammten Tätigkeitsfeldern zurückzuziehen.[424]

Der in § 112 Abs. 2 HGB zum Ausdruck kommende Gedanke eines schutzwürdigen Vertrauens kann für die Aktiengesellschaft allerdings nur im Fall der vinkulierten Namensaktien (§ 68 Abs. 2 AktG) Geltung beanspruchen. In der Personenhandelsgesellschaft ist die Zustimmung der Mitgesellschafter oder die ausdrückliche Zulassung im Gesellschaftsvertrag für die Übertragung der Mitgliedschaft erforderlich.[425] Die Aktie ist aber – außer in den Fällen des § 68 Abs. 2 AktG - frei übertragbar. Da die Aktionäre dem Anteilserwerb eines Konkurrenten somit nicht zustimmen müssen, fehlt ein geeigneter Anknüpfungspunkt, der einen Vertrauensschutz des Erwerbers und damit die Verneinung eines Wettbewerbsverbots a priori rechtfertigen könnte.[426]

Im Recht der GmbH wird für den Fall, dass der Erwerber der Mehrheitsbeteiligung bereits zuvor als Konkurrent der Gesellschaft tätig war, ein Widerspruch gegen diese Tätigkeit durch die Minderheitsgesellschafter für erforderlich gehalten, damit ein Wettbewerbsverbot greift.[427] Ein GmbH-Anteil ist, ebenso wie die Aktie, grundsätzlich ohne Zustimmung der anderen Gesellschafter übertragbar.[428]

Das Erfordernis eines Widerspruchs überzeugt aber nicht und lässt sich nicht nachvollziehbar dogmatisch begründen. Der Erwerber unterliegt ab dem Moment des Mehrheitserwerbs der gesellschaftsrechtlichen Treupflicht. Will er die Fortsetzung seiner konkurrierenden Tätigkeit absichern (das Eingreifen eines Wettbewerbsverbots unterstellt), so muss er sich bereits im Vorfeld um die Befreiung von

---

424 BGH Beschluss v. 25.06.2008 Az. II ZR 133/07 (Tz. 17), ZIP 2008, 1872 (1874) = NJW-RR 2008, 1722 (1724); dabei verweist der BGH auf *Wiedemann/Hirte,* ZGR 1986, 163 (171 f.) bei denen es heißt, es bestehe in diesem Fall kein schutzwürdiges Vertrauen der anderen Gesellschafter; für ein etwas anderes Verständnis wohl *Henze,* FS Hüffer, 309 (325).

425 *K. Schmidt*, GesR, § 19 IV 2. a), es handelt sich um eine Rechtsübertragung i.S.d. § 413 BGB.

426 **A.A.** *Hüffer,* FS Röhricht, 251 (252) der die Diskussion auf den nachträglichen Erwerb der *Unternehmenseigenschaft* begrenzt wissen will. Auf die Unternehmenseigenschaft kommt es aber in diesem Zusammenhang nicht an. Maßgebend ist vielmehr – wie noch zu zeigen sein wird – die Aufnahme einer *Konkurrenztätigkeit* (die freilich auch die Annahme der Unternehmenseigenschaft bedeutet); kritisch zu der Begrenzung auch *Henze,* FS Hüffer, 309 (325).

427 *Wiedemann/Hirte*, ZGR 1986, 163 (172); *Lutter/Timm*, NJW 1982, 409 (419 f.); *Mertens/Cahn*, FS Heinsius, 1991, 545 (560 f.); *Henze*, FS Hüffer, 309 (311).

428 Die Ausnahme bildet § 15 Abs. 5 GmbHG.

dem Wettbewerbsverbot durch die (späteren) Minderheitsgesellschafter[429] bemühen. Auch der *Bundesgerichtshof* liefert keine nachvollziehbare Begründung, warum die Aufrechterhaltung des „status quo ante" wertneutral sein soll und warum dies gegen die Ableitung eines Wettbewerbsverbots aus der gesellschaftsrechtlichen Treupflicht spricht.[430]

Wertungsmäßig ist auch kein Unterschied zu dem Verbot der Aufnahme einer Konkurrenztätigkeit nach Mehrheitserwerb erkennbar. Es ist nämlich nicht so, dass dem Mehrheitsgesellschafter in diesem Fall nichts genommen würde, während er in der anderen Konstellation seine Konkurrenztätigkeit aufgeben musste. Vielmehr verliert er die *Möglichkeit* eine Wettbewerbstätigkeit aufzunehmen, und dies ist qualitativ ebenso als Einschnitt zu bewerten, wie die Aufgabe einer vor Mehrheitserwerb ausgeübten Wettbewerbstätigkeit.

Das Bestehen einer Konkurrenzsituation bei Erwerb der Mehrheitsbeteiligung ist folglich nicht aus der Diskussion um ungeschriebene Wettbewerbsverbote auszunehmen. Vielmehr stellt sich generell die Frage nach deren Vereinbarkeit mit dem geltenden Aktienrecht.

3. Überblick über den Meinungsstand

Die Frage, ob der Mehrheitsgesellschafter einer AG einem ungeschriebenen Wettbewerbsverbot unterliegt, ist bislang ungeklärt.[431]

a) Vereinbarkeit mit den Regelungen des Konzernrechts

aa) Die konzernrechtliche Problematik

Gegen ein ungeschriebenes Wettbewerbsverbot in der Aktiengesellschaft wird die Konzernoffenheit[432] dieser Gesellschaftsform angeführt.[433] Die §§ 17, 18

---

429 Vgl. zur Befreiungsmöglichkeit unten: 3. Kap. F. I. 5.

430 BGH Beschluss v. 25.06.2008 Az. II ZR 133/07 (Tz. 17), ZIP 2008, 1872 (1874) = NJW-RR 2008, 1722 (1724); dazu auch kritisch: *Henze,* FS Hüffer, 309 (325); *Henze,* ZHR 175 (2011), 1 (8).

431 Dafür: *Henze,* FS Hüffer, 309 ff.; *Burgard,* FS Lutter, 1033 ff.; *Armbrüster,* ZIP 1997, 1269 (1271); Emmerich/*Habersack,* vor § 311 Rn. 7; *Geiger,* Wettbewerbsverbote im Konzernrecht, S. 64 ff.; dagegen: *Hüffer,* FS Röhricht, 251 ff.; *Immenga,* JZ 1984, 578 (579); *Hüffer,* AktG, § 311 Rn. 2; MünchKomm-AktG/*Altmeppen,* vor § 311 Rn. 49 ff.; KK-AktG/*Koppensteiner,* Anh. § 318 Rn. 8; K. Schmidt/Lutter-AktG/*J. Vetter,* § 311 Rn. 137.

432 Dazu: MünchKomm-AktG/*Altmeppen,* vor § 311 Rn. 33; *K. Schmidt,* GesR, § 17 IV. 1; Emmerich/*Habersack,* vor § 311 Rn. 1.

433 *Hüffer,* FS Röhricht 251 (257 ff.); BGH Beschluss v. 25.06.2008 Az. II ZR 133/07 (Tz. 17), ZIP 2008, 1872 (1874) = NJW-RR 2008, 1722 (1724).

AktG zeigten, dass die Einbindung einer Gesellschaft in ein Beherrschungsverhältnis zulässig ist, und um den aus der Konzernsituation resultierenden Gefahren zu begegnen, habe der Gesetzgeber die verhaltensorientierten Regeln der §§ 311 ff. AktG vorgesehen.[434] Ein Wettbewerbsverbot entfaltet aber präventive Wirkung[435] und würde entgegen der gesetzlichen Konzeption zu einer Konzerneingangskontrolle[436] führen.[437]

Der entscheidenden Frage ist damit der Weg bereitet: Handelt es sich bei den §§ 311 ff. AktG um eine abschließende Regelung oder ist daneben noch Raum für ein aus der gesellschaftlichen Treupflicht abgeleitetes Wettbewerbsverbot?

bb) Entgegenstehendes Regelungskonzept der §§ 311 ff. AktG

Die §§ 311 ff. AktG können nach überwiegender Ansicht nicht durch die gesellschaftsrechtliche Treupflicht derogiert oder im Hinblick auf ihre wesentlichen Aussagen modifiziert werden.[438] Ein aus der Treupflicht abgeleitetes Wettbewerbsverbot wirkt präventiv und würde das verhaltensorientierte Ausgleichsmodell der §§ 311 ff. AktG vollständig leer laufen lassen.

Der Gesetzgeber habe die Problematik einer aufgrund von Konkurrenz gesteigerten abhängigkeitsbedingten Gefährdungslage durchaus erkannt und insoweit die §§ 311 ff. AktG für ausreichend gehalten.[439] Danach sind die genannten Vorschriften zwar durch den Treupflichtgedanken ergänzungsfähig, nicht aber vollständig abdingbar.[440] Ein ungeschriebenes Wettbewerbsverbot scheitert nach dieser Auffassung an der Spezialität der abschließenden Regelungen über den außervertraglichen Aktienrechtskonzern.[441]

434 *Hüffer*, FS Röhricht 251 (257 f.); vgl. auch Emmerich/*Habersack*, Einl. Rn. 11.

435 *Immenga*, JZ 1984, 578 (579) „kaum mit der Struktur des § 311 AktG vereinbar".

436 Vgl. *Geiger*, Wettbewerbsverbote im Konzernrecht, S. 104 ff.

437 K. Schmidt/Lutter/*J. Vetter*, § 311 Rn. 137.

438 *Hüffer*, FS Röhricht 251 (259); vgl. auch MünchKomm-AktG/*Altmeppen*, vor § 311 Rn. 51 ff.; KK-AktG/*Koppensteiner*, Anh. § 318 Rn. 8; *Zöllner*, ZHR 162 (1998), 235 (241).

439 *Hüffer*, FS Röhricht 251 (260) mit dem Hinweis, dass die Gegenansicht keine Stütze in den Gesetzesmaterialien findet; MünchKomm-AktG/*Altmeppen*, vor § 311 Rn. 51 bezeichnet die Tätigkeit von herrschendem und abhängigem Unternehmen als Grundfall des Konzerns i.S.d. „horizontalen Integration".

440 *Hüffer*, FS Röhricht, 251 (259) m.w.N.

441 Vgl. auch *Lutter*, ZHR 162 (1998), 164 (173); *Immenga*, JZ 1984, 578 (579); Hommelhoff/Hopt/v. Werder/*Röhricht*, Hdb. Corporate Governance (2003) 513 (530).

cc) Die §§ 311 ff. AktG stehen einem Wettbewerbsverbot nicht entgegen

Es wird die Ansicht vertreten, dass die Regelungen über den faktischen Aktienkonzern keineswegs konzernoffen gestaltet seien und sie daher auch keine ein Wettbewerbsverbot verhindernde abschließende Wirkung haben könnten.[442] Der Gesetzgeber sei insoweit einer Fehleinschätzung unterlegen gewesen, als er geglaubt habe, sämtliche von der Begründung der Abhängigkeit ausgehenden Interessengefährdungen bei Schaffung der §§ 311 ff. AktG berücksichtigt zu haben, und er von der Vorstellung ausgegangen sei, dass dieses Ausgleichssystem nur in Ausnahmefällen zur Anwendung komme, da regelmäßig ein Beherrschungsvertrag[443] abgeschlossen werde.[444] Der Erkenntnis, dass § 311 AktG dem herrschenden Gesellschafter lediglich eine *kompensationslose* Benachteiligung verbietet und die von der Begründung der Abhängigkeit ausgehende Interessengefährdung anscheinend hinnimmt[445], kommt danach nur ein begrenzter Aussagewert zu.

Zwar kann in den §§ 311 ff. AktG insoweit eine Privilegierung gesehen werden, als das Verbot der nachteiligen Einflussnahme außer Kraft gesetzt wird und die allgemeinen Haftungstatbestände[446] verdrängt werden, wenn das herrschende Unternehmen einen Nachteilsausgleich leistet.[447] Solange die Vermögensinteressen der abhängigen Gesellschaft gewahrt werden, darf diese in das Geschäftskonzept des herrschenden Gesellschafters eingebunden werden.

Die Privilegierung des herrschenden Unternehmens könnte mithin einem Wettbewerbsverbot zu seinen Lasten entgegenstehen. Dagegen wird zum einen geltend gemacht, dass regelmäßig gerade kein wirksamer Interessenausgleich für den Fall der Konkurrenztätigkeit des herrschenden Gesellschafters zustande kommt.[448] Vielmehr liege die Chance, die das Halten einer Mehrheitsbeteiligung an einem

442 *Burgard,* FS Lutter, 1033 (1043 ff.); *Henze,* FS Hüffer, 309 (319).

443 Dieser bedarf der Zustimmung der Hauptversammlung mit ¾-Mehrheit des bei der Beschlussfassung vertretenen Grundkapitals, § 293 Abs. 1 AktG.

444 *Burgard,* FS Lutter, 1033 (1043) m.w.N.; das Verständnis der §§ 311 ff. AktG als Druckmittel zugunsten des Vertragskonzerns war der Ansatz für rechtspolitische Kritik vgl. *Hüffer*, AktG, § 311 Rn. 9 m.w.N.

445 *Burgard,* FS Lutter, 1033 (1043).

446 Insbesondere § 117 AktG, vgl. zu dem Verhältnis dieser Norm zu §§ 311 ff. AktG: Emmerich/*Habersack*, § 311 Rn. 88; auch der Vorstand und der Aufsichtsrat der abhängigen Gesellschaft haften in diesem Fall nicht gem. §§ 93, 116 AktG, vgl. dazu Emmerich/*Habersack*, § 311 Rn. 78 ff.

447 *Emmerich/Habersack*, Konzernrecht, § 24 Rn. 12 f.

448 *Burgard,* FS Lutter, 1033 (1044).

Wettbewerber bietet, in der Durchführung konzernintegrativer Maßnahmen, die regelmäßig mangels Quantifizierbarkeit dem Einzelausgleich gem. § 311 Abs. 2 AktG nicht zugänglich sind.[449] Die Veranlassung zu einem nicht quantifizierbaren Nachteil ist rechtswidrig, sodass die zum „qualifiziert faktischen Konzern" entwickelten Grundsätze zur Anwendung kommen.[450]

Zum anderen kann die Privilegierungs*wirkung* der §§ 311 ff. AktG zwar nicht geleugnet werden, eine Privilegierungs*funktion* kommt diesen aber nicht zu.[451] Die Regelungen entstanden zu einer Zeit, in der eine gesellschaftsrechtliche Treupflicht des Aktionärs noch nicht anerkannt wurde.[452] Sie waren eine Reaktion auf § 101 Abs. 3 AktG 1937, wonach die gem. § 101 Abs. 1 AktG 1937[453] angeordnete Ersatzplicht bei Einflussnahme zur Erlangung von Vorteilen entfiel. Der Absatz 3 der Vorschrift lautete:

„Die Ersatzplicht tritt nicht ein, wenn der Einfluss benutzt wird, um einen Vorteil zu erlangen, der schutzwürdigen Belangen dient".[454]

Als derart „schutzwürdige Belange" wurde die Verfolgung von Konzerninteressen anerkannt.[455] Somit war unter dem AktG 1937 eine *kompensationslose* Einflussnahme auf die Tochtergesellschaft durch die herrschende Muttergesellschaft möglich. Dies wollte der Gesetzgeber mit den §§ 311 ff. AktG ändern, sodass mit dieser Regelung tatsächlich eher eine Privilegierung eingeschränkt, als eine solche geschaffen werden sollte.[456]

b) Ausschluss dauerhafter Nebenverpflichtungen, § 55 AktG

Ist die Übertragung der Aktien an die Zustimmung der Gesellschaft gebunden (§ 68 Abs. 2 AktG), so kann die Satzung Aktionären die Verpflichtung zur Erbringung nicht in Geld bestehender wiederkehrender Leistungen auferlegen,

449 Vgl. *Burgard,* FS Lutter, 1033 (1044 f.) nennt die Ausrichtung der Geschäftstätigkeit auf die Interessen des herrschenden Unternehmens als Beispiel; Emmerich/*Habersack*, vor § 311 Rn. 7.

450 *Emmerich/Habersack*, Konzernrecht, § 25 Rn. 17.

451 *Burgard,* FS Lutter, 1033 (1044), Fn. 49.

452 *Zöllner,* ZHR 162 (1998), 235 (237).

453 Der § 101 Abs. 1 AktG 1937 entspricht dem § 117 Abs. 1 AktG 1965, vgl. *Henze,* FS Hüffer, 309 (320), Fn. 74; Emmerich/*Habersack*, Einl. Rn. 17.

454 RGBl. I 1937, S. 125.

455 Begründung RegE bei *Kropff,* Aktiengesetz, S. 407; *Burgard,* FS Lutter, 1033 (1044); *Henze,* FS Hüffer, 309 (315).

456 *Burgard,* FS Lutter, 1033 (1044); *Henze,* FS Hüffer, 309 (321).

§ 55 Abs. 1 S. 1 AktG.[457] Ein Wettbewerbsverbot stellt eine auf Dauer angelegte Unterlassungspflicht dar und kann, da es sich um keine *wiederkehrende* Leistung handelt, nicht in der Satzung vereinbart werden.[458]

Daraus wird im Wege eines *Erst-recht-Schlusses* gefolgert: Wenn ein Wettbewerbsverbot zulasten von Aktionären nicht einmal statutarisch vereinbart werden kann, dann kann es erst recht kein in der gesellschaftsrechtlichen Treupflicht wurzelndes ungeschriebenes Wettbewerbsverbot geben.[459]

Gegen diesen *Erst-recht-Schluss* wird eingewandt, dass der § 55 AktG nur für den Fall der statutarischen Vereinbarung gegen Wettbewerbsverbote streitet und daher keine Aussage im Hinblick auf gesetzliche Wettbewerbsverbote trifft.[460]

c) Rückschluss aus den Regelungen des WpÜG

Als Argument gegen ein ungeschriebenes Wettbewerbsverbot wird auf die Regelungen des Wertpapiererwerbs- und Übernahmegesetzes (WpÜG) verwiesen. Derjenige, der unmittelbar oder mittelbar die Kontrolle[461] über eine Zielgesellschaft erlangt, muss dies gem. § 35 Abs. 1 WpÜG i.V.m. § 10 Abs. 3 S. 1 und 2 WpÜG veröffentlichen und gem. § 35 Abs. 2 WpÜG i.V.m. § 14 Abs. 2 S. 1 WpÜG ein öffentliches Aktienerwerbsangebot[462] abgeben. Das Pflichtangebot gem. § 35 Abs. 2 WpÜG soll den Schutz von Minderheitsaktionären bezwecken.[463] Die

457 Diese Ausnahme zu § 54 AktG wurde im Interesse der Rübenzuckerindustrie in das AktG aufgenommen, damit den Zuckerrübenanbauern mitgliedschaftliche Lieferpflichten auferlegt werden konnten, vgl. *Hüffer*, AktG, § 55 Rn. 1.

458 *Hüffer*, AktG, § 55 Rn. 4, Vorbild für eine *wiederkehrende* Lieferpflicht ist die Rübenlieferverpflichtung; MünchKomm-AktG/*Bungeroth*, § 55 Rn. 17; KK-AktG/*Lutter*, § 55 Rn. 6.

459 *Hüffer*, FS Röhricht, 251 (262).

460 *Geiger*, Wettbewerbsverbote im Konzernrecht, S. 63; *Burgard*, FS Lutter, 1033 (1046) m.w.N. in Fn. 58; vgl. auch Emmerich/*Habersack*, vor § 311 Rn. 8 m.w.N. in Fn. 33.

461 Vgl. § 29 Abs. 2 WpÜG: „Kontrolle ist das Halten von mindestens 30 Prozent der Stimmrechte an der Zielgesellschaft".

462 § 35 Abs. 2 WpÜG verpflichtet den Erwerber zur Übermittlung der Angebotsunterlage an die BaFin. Erst die Veröffentlichung dieser Angebotsunterlage stellt ein bindendes Erwerbsangebot i.S.d. § 145 BGB dar, vgl. nur *Steinmeyer*/Häger, WpÜG, § 35 Rn. 90.

463 Assmann/Pötzsch/Uwe H. Schneider/*Krause/Pötzsch*, WpÜG, § 35 Rn. 8; *Steinmeyer*/Häger, WpÜG, § 35 Rn. 7 m.w.N.

übrigen Aktionäre können bei einem Kontrollwechsel auf diese Weise ihre Aktien zu angemessenen Konditionen veräußern.[464]

In dieser Regelung zeige sich, dass der Gesetzgeber die von einem Mehrheitsaktionär ausgehende Gefahr für die Minderheit erkannt habe und insoweit die Möglichkeit der Minderheit zur Veräußerung der Anteile zu fairen Bedingungen als Schutz für ausreichend gehalten habe.[465] Hieraus könne entnommen werden, dass die konzernrechtlichen Regelungen der §§ 311 ff. AktG abschließend seien.[466] Dies müsse jedenfalls für die börsennotierte Aktiengesellschaft gelten.[467]

Gegen diese Art der Argumentation wird vorgebracht, dass es nicht der Konzeption des Gesetzes entspreche, einen Gesellschafter auf die Möglichkeit zur Veräußerung seiner Anteile zu verweisen. Vielmehr sei ein „squeeze out“[468] nur unter eng umrissenen Voraussetzungen möglich.[469] Das Übernahmeangebot stelle lediglich eine Ausstiegs*möglichkeit* dar und könne keine wirksame Konzerneingangskontrolle ersetzen, zumal die Annahme des Pflichtangebots keinesfalls die Zustimmung der Minderheit zu der Konzernierung bedeute, sondern umgekehrt als deren Ablehnung verstanden werden müsse.[470]

d) Keine „faktische Geschäftsführung“ in der Aktiengesellschaft

aa) Ausgangslage

Die *Werbeagentur*-Entscheidung des *Bundesgerichtshofs* wurde bereits dargestellt.[471] Dort lässt es der *BGH* dahinstehen, ob für die Annahme eines Wettbewerbsverbots die bloße Möglichkeit eines beherrschenden Einflusses genügt und nimmt im Wege einer nach der Lebenserfahrung begründeten tatsächlichen Vermutung an, dass die Beherrschung im Sinne der § 17 Abs. 2, § 18

---

464 Begr. RegE, BT-Drucks. 14/7034, S. 30; Assmann/Pötzsch/Uwe H. Schneider/*Krause/Pötzsch*, WpÜG, § 35 Rn. 8; *Steinmeyer*/Häger, WpÜG, § 35 Rn. 7.

465 *Hüffer*, FS Röhricht, 251 (261).

466 *Hüffer*, FS Röhricht, 251 (261); MünchKomm-AktG/*Altmeppen*, vor § 311 Rn. 54.

467 Emmerich/*Habersack*, vor § 311 Rn. 7 aE, für nicht börsennotierte Gesellschaften kann jedenfalls argumentativ nicht auf das WpÜG zurückgegriffen werden, da insoweit kein Pflichtangebot abzugeben ist.

468 §§ 327a ff. AktG sowie das sog. übernahmerechtliche Ausschlussverfahren gem. § 39a ff. WpÜG; vgl. zu dem Verhältnis der beiden Institute zueinander: MünchKomm-AktG/*Grunewald*, vor § 327a Rn. 14.

469 *Burgard*, FS Lutter, 1033 (1045).

470 *Burgard*, FS Lutter, 1033 (1045).

471 Oben: 3. Kap. C. III. 1.

Abs. 1 S. 3 AktG zu einer tatsächlichen Einflussnahme führt.[472] Dass der *Bundesgerichtshof* insoweit faktische Geschäftsführung für die Annahme eines Wettbewerbsverbots voraussetzt und diese lediglich aufgrund der konzernrechtlichen Beherrschung vermutet, wurde bereits ausgeführt.[473]

Die *Werbeagentur*-Entscheidung ist zu einer GmbH & Co. KG ergangen. Es stellt sich die Frage, ob das Erfordernis der faktischen Geschäftsführung durch einen Gesellschafter in einer Aktiengesellschaft überhaupt erfüllt sein kann.

bb) Strukturunterschiede zwischen GmbH und AG

(1) Rechtliche Möglichkeiten der Einflussnahme

Der Geschäftsführer der GmbH unterliegt gem. § 37 Abs. 1 GmbHG den Weisungen der Gesellschafterversammlung.[474] Auf diese Weise kann der Mehrheitsgesellschafter seine Interessen auf direktem Wege durchsetzen. Die Gesellschafterbeschlüsse können auch in konkreten Angelegenheiten einzelne Geschäftsführungsentscheidungen vorsehen.[475]

Eine vergleichbare rechtlich verbindliche Möglichkeit der Einflussnahme sieht das Aktienrecht nicht vor. Der Vorstand leitet die Gesellschaft gem. § 76 AktG in eigener Verantwortung. Die Leitung unter „eigener Verantwortung" bedeutet Weisungsfreiheit. Er ist weder an die Weisungen anderer Gesellschaftsorgane noch an solche eines Großaktionärs rechtlich gebunden.[476] Die Hauptversammlung kann gem. § 119 Abs. 2 AktG über Fragen der Geschäftsführung nur entscheiden, wenn der Vorstand es verlangt.[477]

Für die Überwachung des Vorstands ist der Aufsichtsrat gem. § 111 Abs. 1 AktG zuständig, während die Überwachung des Geschäftsführers in der GmbH

---

472 BGH Urteil v. 05.12.1983 Az. II ZR 242/82 (Tz. 20 ff.) – *Werbeagentur*, BGHZ 89, 162 (167).

473 Oben 3. Kap. C. III. 2 und 3; *Hüffer*, FS Röhricht, 251 (263 f.).

474 Vgl. dazu *Mennicke*, NZG 2000, 622 ff.

475 Baumbach/Hueck/*Zöllner/Noack*, GmbHG, § 37 Rn. 20.

476 MünchKomm-AktG/*Spindler*, § 76 Rn. 22; *Hüffer*, AktG, § 76 Rn. 10; KK-AktG/*Mertens*, § 76 Rn. 42.

477 Vgl. zu den eine Vorlagepflicht an die Hauptversammlung durch Ermessensreduzierung des § 119 Abs. 2 AktG bewirkenden Fällen: BGH Urteil v. 25.02.1982 Az. II ZR 174/80 – *Holzmüller*, BGHZ 83, 122 = NJW 1982, 1703; vgl. dazu nur *Fleischer*, NJW 2004, 2335; *Hüffer*, AktG, § 119 Rn. 16 m.w.N.; zu der methodischen Kritik an der *Holzmüller*-Entscheidung vgl. *K. Schmidt*, Gesellschaftsrecht, § 28 V 2. b); vgl. ferner BGH Urteil v. 26.04.2004 Az. II ZR 155/02 – *Gelatine I*, BGHZ 159, 30 = NJW 2004, 1860.

den Gesellschaftern gem. § 46 Nr. 6 GmbHG obliegt. Der Aufsichtsrat entscheidet zudem über Berufung und Abberufung der Vorstandsmitglieder (§ 84 AktG). Lediglich die nicht von der Arbeitnehmervertretung gewählten oder entsandten Aufsichtsratsmitglieder werden gem. §§ 101, 102 AktG von der Hauptversammlung gewählt. In der GmbH ist hingegen gem. § 46 Nr. 5 GmbHG die Gesellschaftsversammlung für die Bestellung und Abberufung der Geschäftsführer zuständig.

(2) Informationsrechte

Dem Aktionär steht das Auskunftsrecht gem. § 131 AktG zu. Dieses ermöglicht eine Auskunft in der Hauptversammlung jedoch nur, soweit diese zur Beurteilung des Gegenstands der Tagesordnung erforderlich ist.[478] Da die Hauptversammlung aber nur beschränkte Zuständigkeiten hat (§ 119 AktG)[479] und sie regelmäßig nur einmal im Jahr stattfindet, handelt es sich um ein eher schwaches Informationsrecht.[480] Die gesetzgeberische Konzeption geht im Aktienrecht vorrangig von dem kollektiven Informationsrecht des Aufsichtsrats aus.[481]

Das GmbH-Recht kennt dagegen mit § 51a Abs. 1 GmbHG ein umfassendes Auskunfts- und Einsichtsrecht.[482] Danach haben die Geschäftsführer jedem Gesellschafter auf Verlangen unverzüglich Auskunft über die Angelegenheiten der Gesellschaft zu geben und die Einsicht in die Bücher und Schriften zu gestatten. Dies bedeutet ein wesentlich weitreichenderes Informationsrecht als in der Aktiengesellschaft, welches durch das höhere Risiko der Beteiligung an einer GmbH gerechtfertigt wird.[483] Dieses weite Auskunfts- und Einsichtsrecht wird über § 51a Abs. 2 GmbHG sowie durch seine immanenten Schranken begrenzt.[484]

---

478 Vgl. zu Gegenstand und Umfang des Auskunftsrechts MünchKomm-AktG/*Kubis*, § 131 Rn. 33.

479 Gerade in Fragen der Geschäftsführung bestehen kaum Zuständigkeiten, vgl. auch *Hüffer*, FS Röhricht, 251 (265).

480 Vgl. auch *Henze*, ZHR 175 (2011), 1 (7); *Hüffer*, FS Röhricht, 251 (265).

481 *K. Schmidt*, Informationsrechte, S. 49.

482 Zur Kritik an dieser Regelung vgl. *K. Schmidt*, Informationsrechte, S. 57 ff.

483 Baumbach/Hueck/*Zöllner*, GmbHG, § 51a Rn. 10.

484 Vgl. zu den Grenzen des Informationsrechts: Baumbach/Hueck/*Zöllner*, GmbHG, § 51a Rn. 27 ff.; vgl. auch bereits oben: 3. Kap. D. IV. 1. a).

cc) Bedeutung der Strukturunterschiede für die Annahme eines Wettbewerbsverbots

Im vertragslosen Aktienrechtskonzern bleibt die Eigenverantwortlichkeit des Vorstands (§ 76 AktG) der abhängigen Gesellschaft gewahrt.[485] Die §§ 311 ff. AktG begründen keine Leitungsmacht der herrschenden Gesellschaft, welche die Durchsetzung des Konzerninteresses gegen die Interessen der abhängigen Gesellschaft gestattet.[486] Die einzige Möglichkeit der Ausübung von Beherrschungsmacht liegt in der Aktiengesellschaft in der Einflussnahme auf die personelle Zusammensetzung des Aufsichtsrates (§ 84 AktG).[487]

Daher verneint *Hüffer* für die Aktiengesellschaft eine tatsächliche Vermutung faktischer Geschäftsführung, wie sie der *Bundesgerichtshof* im *Werbeagentur*-Urteil angenommen hat.[488] Zwar sei anzuerkennen, dass es aufgrund der Personalkompetenz des herrschenden Gesellschafters bei der Besetzung des Aufsichtsrates zu einer Verschiebung der Machtbalance in der Korporation komme und der Vorstand dessen Willen daher häufig Folge leisten werde; dies führe aber nicht zu der Vermutung faktischer Geschäftsführung, sondern begründe lediglich eine Veranlassungsvermutung[489] im Sinne einer Beweiserleichterung bei der Durchsetzung der Ansprüche aus §§ 311 ff. AktG.[490] Das Gesetz gehe von einem Einzelausgleich aus und stehe damit der Annahme faktischer Geschäftsführung und dem damit verbundenen präventiven Wettbewerbsverbot entgegen. Aus denselben Gründen könne für die Annahme eines Wettbewerbsverbots nicht die bloße Möglichkeit der Einflussnahme genügen.[491]

Gegen die Ansicht *Hüffers* wird vorgebracht, dass die gesetzliche Konzeption in der Realität erfahrungsgemäß weder von den Organwaltern, noch von dem Mehrheitsgesellschafter respektiert werde.[492] Dass der Gesetzgeber diese

---

485 Ganz h.M.: *Hüffer*, AktG, § 311 Rn. 8; Emmerich/*Habersack*, § 311 Rn. 10; MünchKomm-AktG/*Altmeppen*, § 311 Rn. 401; K.Schmidt/Lutter/*J. Vetter*, AktG, § 311 Rn. 117; **a.A.** *Luchterhandt*, ZHR 133 (1970), 1 (8 ff.).

486 Emmerich/*Habersack*, § 311 Rn. 10 und 77; MünchKomm-AktG/*Altmeppen*, § 311 Rn. 10.

487 *Hüffer*, FS Röhricht, 251 (265).

488 *Hüffer*, FS Röhricht, 251 (265).

489 Vgl. dazu: *Hüffer*, AktG, § 311 Rn. 20 f. m.w.N.

490 *Hüffer*, FS Röhricht, 251 (265).

491 Für Kommanditgesellschaft und GmbH sei dies aber durchaus diskutabel, vgl. *Hüffer*, FS Röhricht, 251 (266) und bereits oben: 3. Kap. C. III. 3.

492 *Henze*, FS Hüffer, 309 (323); *Burgard*, FS Lutter, 1033 (1043); Emmerich/*Habersack*, vor § 311 Rn. 7.

Realität akzeptiere, zeige sich gerade in den Regelungen der §§ 15 ff., §§ 311 ff. AktG.[493]

Eine große Gefahr der Beeinträchtigung der abhängigen Gesellschaft liege in der Informationsbeschaffung des Mehrheitsgesellschafters unter Umgehung des § 131 AktG über aus seinem Unternehmen stammende Mitglieder des Aufsichtsrates, welche er im Wettbewerb zu seinen eigenen Gunsten verwende.[494] Über die ihm gewogenen Organmitglieder könne der herrschende Gesellschafter in nicht ausgleichsfähiger Weise (§ 311 Abs. 2 AktG) jeglichen Wettbewerb der abhängigen Gesellschaft unterbinden.[495]

4. *Stellungnahme*

a) Vereinbarkeit eines Wettbewerbsverbots mit den §§ 311 ff. AktG

Die „Konzernoffenheit" der Aktiengesellschaft ist das zentrale Argument der Gegner eines ungeschriebenen Wettbewerbsverbots in der Aktiengesellschaft. Der Antwort auf die Frage, ob die §§ 311 ff. AktG eine abschließende Regelung darstellen oder ob daneben Raum für ein *de facto* zu einer Konzerneingangskontrolle führendes Wettbewerbsverbot bleibt, ist von entscheidender Bedeutung.

aa) Treupflicht und konzernrechtliches Ausgleichsmodell

Mit Blick auf die Gesetzesmaterialien lässt sich weder behaupten, dass der Gesetzgeber die gesteigerte abhängigkeitsbedingte Gefährdungslage erkannt und insoweit die §§ 311 ff. AktG für ausreichend gehalten hat[496], noch dass dies ausdrücklich nicht der Fall ist. Die Materialien sind insoweit nicht hilfreich.[497]

Die Aussage, wonach das aus der Treupflicht abgeleitete präventiv wirkende Wettbewerbsverbot zum „Leerlaufen" der §§ 311 ff. AktG führen würde und daher in der Aktiengesellschaft nicht zulässig sein könne[498], deutet zudem auf

493 *Burgard*, FS Lutter, 1033 (1043) mit Hinweis auf die in § 17 Abs. 2, § 18 Abs. 1 S. 3 AktG normierte Vermutung, welche die faktischen Einflussmöglichkeiten des Mehrheitsgesellschafters zum Ausdruck bringt.

494 *Henze*, FS Hüffer, 309 (324).

495 *Henze*, FS Hüffer, 309 (324).

496 So aber *Hüffer*, FS Röhricht, 251 (260).

497 Vgl. Begründung RegE bei *Kropff*, Aktiengesetz, S. 407 ff.

498 Vgl. oben: 3. Kap. F. I. 3. a) bb).

eine Fehlvorstellung über das Verhältnis von Treupflicht und konzernrechtlichem Ausgleichsmodell[499] hin.

Die Geltung der gesellschaftsrechtlichen Treupflicht ist auch für die Aktiengesellschaft mittlerweile anerkannt.[500] Die Regeln über die Verantwortlichkeit bei Fehlen eines Beherrschungsvertrags stammen aus einer Zeit, in der dies noch nicht in demselben Maß der Fall war.[501] Es ist im Aktienrecht schon öfter vorgekommen, dass explizite gesetzliche Schranken durch allgemeine Grundsätze überholt wurden, sodass sich aus der Treupflicht durchaus materielle Konzernschranken ergeben können.[502]

Es muss nunmehr gelten: Mit dem Erwerb der Mitgliedschaft entsteht auch die gesellschaftsrechtliche Treupflicht. Das notwendige Korrelat zu umfangreichen Einflussmöglichkeiten ist die sich im Einzelfall[503] zu einem Wettbewerbsverbot verdichtende Rücksichtnahmepflicht gegenüber der Gesellschaft und den Mitgesellschaftern.[504] Da diese Verantwortung aufgrund der Treupflicht mit Erwerb der Mitgliedschaft entsteht, muss die Frage im Hinblick auf das Regelungssystem der §§ 311 ff. AktG lauten, ob insoweit eine *Ausnahme* von der Geltung des an sich bestehenden Wettbewerbsverbots begründet werden kann. Eine solche Ausnahme von dem kraft Treupflicht begründeten Wettbewerbsverbot ist anzunehmen, wenn das Ausgleichssystem der §§ 311 ff. AktG auch tatsächlich funktioniert.[505]

---

499 Vgl. zu dem Verhältnis der §§ 311 ff. AktG zu allgemeinen aktienrechtlichen Vorschriften (§§ 93, 116 AktG; § 117 AktG und §§ 57, 62 AktG): *Ulmer,* FS Hüffer, 999 ff.

500 Vgl. oben: 3. Kap. A. I. 3.

501 Das Konzernrecht wurde 1965 kodifiziert, vgl. BGBl. I 1965, S. 1089 ff., der Geltung der gesellschaftsrechtlichen Treupflicht der Gesellschafter untereinander wurde hingegen erst ab 1988 durch den *Bundesgerichtshof* zum Durchbruch verholfen, vgl. oben: 3. Kap. A. I. 3. b) bb); vgl. auch *Henze,* FS Hüffer 309 (322); *Zöllner,* ZHR 162 (1998), 235 (237).

502 *Zöllner,* ZHR 162 (1998), 235 (241 f.) nennt u.a. die Anerkennung des weiterreichenden Gleichbehandlungsgebotes, welcher das in §§ 101, 197 Abs. 2 AktG 1937 verankerte Verbot vorsätzlicher Verfolgung gesellschaftsfremder Sondervorteile nicht entgegen stand.

503 Dies gilt für den Fall des Mehrheitsgesellschafters regelmäßig, vgl. zur GmbH oben: 3. Kap. D. II. 1.

504 Vgl. zu dem Zusammenhang von Einfluss und Rücksichtnahme: *Lutter,* AcP 180 (1980), 84 (114) m.w.N.; *Habersack*, Die Mitgliedschaft, S. 95.

505 Vgl. allgemeiner Großkomm-AktG/*Henze/Notz,* § 53a Rn. 157; im Ergebnis auch *Henze,* FS Hüffer, 309 (323); ähnliche Argumentation in anderem Zusammenhang

Anders gewendet: Solange das konzernrechtliche Ausgleichssystem funktioniert, ist auch der mit starken Einflussmöglichkeiten korrespondierenden Treupflicht Genüge getan. Dann kann dem sich in den §§ 311 ff. AktG manifestierenden gesetzgeberischem Willen durch eine Ausnahme von dem präventiven ungeschriebenen Wettbewerbsverbot zur Geltung verholfen werden.

Anders ist dies aber in den Fällen der qualifizierten, also nicht quantifizierbaren, Nachteilszufügung. Dann versagt das konzernrechtliche Ausgleichssystem und Rechtsprechung und Lehre entwickelten Alternativen, sei es über die analoge Anwendung der §§ 302 ff. AktG oder bei Existenzvernichtung über eine Haftung gem. § 826 BGB.[506] Wenn aber das gesetzliche Ausgleichssystem ohnehin versagt, kann dieses System jedenfalls nicht als Argument gegen ein ungeschriebenes Wettbewerbsverbot ins Feld geführt werden. Es bleibt vielmehr bei der Begründung eines ungeschriebenen Wettbewerbsverbots im Zeitpunkt des Mehrheitserwerbs, von dem dann eben keine Ausnahme gemacht werden kann.

Die entscheidende Frage muss daher lauten: Besteht eine *Vermutung*, dass es im Fall des Mehrheitserwerbs an einer in demselben Handelszweig tätigen Aktiengesellschaft zu einer dauerhaften und nicht ausgleichsfähigen Einflussnahme durch die herrschende Gesellschaft kommt, sodass der präventive Schutz der abhängigen Gesellschaft durch ein ungeschriebenes Wettbewerbsverbot nicht durch das konzernrechtliche Ausgleichssystem verdrängt wird, da dieses nicht funktioniert?[507]

Unrichtig ist zudem die Aussage, dass bei Annahme eines ungeschriebenen Wettbewerbsverbots die verhaltensorientierten Ausgleichsregelungen der §§ 311 ff. AktG *vollständig* leer laufen.[508] Dies gilt nämlich nur für solche Mutter- und Tochtergesellschaften, die überhaupt in demselben Handelszweig[509] tätig sind. Das ist eigentlich eine Selbstverständlichkeit, die aber in der Diskussion nicht hinreichend beachtet wird, wenn - jedenfalls ungenau – formuliert wird, dass bei Annahme eines Wettbewerbsverbots die §§ 311 ff. AktG *vollständig* leer liefen. Dies impliziert nämlich, dass für die Regelungen über den konzernrechtlichen Ausgleich generell kein Anwendungsraum mehr verbleibt.

---

bei *Köhler*, NJW 1978, 2473 (2480): ein gesellschaftsrechtlicher Ausnahmebereich vom Kartellverbot lasse sich nicht begründen, wenn das Ziel des § 311 AktG (Herbeiführung eines Ausgleichs) unerreichbar sei.

506 Dazu oben: 3. Kap. F. I. 1. c) m.w.N.

507 Dazu sogleich.

508 In diesem Sinne lassen sich aber die Aussagen der Gegner eines Wettbewerbsverbots verstehen; vgl. oben: 3. Kap. F. I. 3. a) bb).

509 Vgl. zur Abgrenzung des Handelszweigs oben: 2. Kap. A. I. 3.

Auch im Fall derselben Handelszweigzugehörigkeit von Mutter- und Tochtergesellschaft und der damit verbundenen Annahme eines Wettbewerbsverbots läuft das konzernrechtliche Ausgleichsmodell nicht zwingend leer. Vielmehr können die Minderheitsgesellschafter das herrschende Unternehmen von dem Wettbewerbsverbot befreien.[510] Dann bleibt es ebenfalls bei der Anwendbarkeit der §§ 311 ff. AktG und – im Fall der qualifizierten faktischen Einflussnahme – bei den hierzu alternativ entwickelten Haftungskonzepten.

bb) Vermutung der nicht ausgleichsfähigen Einflussnahme

Entscheidend ist, ob aufgrund der gesteigerten abhängigkeitsbedingten Gefährdungslage die Vermutung gerechtfertigt ist, dass es zu einer dauerhaften nicht ausgleichsfähigen Einflussnahme auf die abhängige Gesellschaft kommt. Dies ist zu bejahen.

Auf die besondere Gefährdungslage im Fall des unternehmerisch tätigen herrschenden Gesellschafters hat der *Bundesgerichtshof* in seiner *Werbeagentur*-Entscheidung hingewiesen.[511] Diese folge daraus, dass „einerseits von der durch die Abhängigkeit begründeten Herrschaftsmöglichkeit jederzeit zum Nachteil der Gesellschaft Gebrauch gemacht werden kann und andererseits in vielen Fällen der objektive Maßstab für die jeweils sachgerechte Maßnahme und damit die Frage einer Benachteiligung und deren Ausgleich fehlt".[512]

Diese Aussage ist dahingehend zu präzisieren, dass es nicht nur um einen anderweitig unternehmerisch tätigen herrschenden Gesellschafter geht, sondern um einen solchen, der in dem Handelszweig der abhängigen Gesellschaft tätig ist[513], was die besondere Gefahrenlage unterstreicht.

Der *Bundesgerichtshof* spricht also einen Teil des Konzernkonflikts[514] und insbesondere den regelmäßig fehlenden objektiven Maßstab für die Beurteilung der jeweils sachgerechten Maßnahme an und begründet damit ein ungeschriebenes

---

510 Dazu unten: 3. Kap. F. I. 5.

511 Vgl. dazu bereits oben: 3. Kap. C. III. 1.

512 BGH Urteil v. 05.12.1983 Az. II ZR 242/82 (Tz. 17) – *Werbeagentur*, BGHZ 89, 162 (166) m.w.N.

513 Bzw. solche Gesellschafter, die dort tätig werden wollen; vgl. zu der Notwendigkeit, die *hypothetische* Wettbewerbssituation bei der Beurteilung von Wettbewerbsverboten zugrunde zu legen oben: 3. Kap. C. III. 3.

514 Vgl. zur Beschreibung des Konzernkonflikts: KK-AktG/*Koppensteiner*, Vorb. § 291 Rn. 5 ff., allerdings dient das Wettbewerbsverbot nicht dem Gläubigerschutz, während die §§ 311 ff. AktG sowohl dem Minderheiten- als auch dem Gläubigerschutz dienen, vgl. *Tröger/Dangelmayer* ZGR 2011, 558 (578) m.w.N.

Wettbewerbsverbot. Hierzu merkt *Immenga* an, dass die Erstreckung des präventiven Wettbewerbsverbots auf Unternehmensverbindungen anderer[515] Gesellschaftsformen daher nahe liege.[516] Er weist darauf hin, dass sich dogmatische Konsistenz erreichen lasse, wenn man die unternehmerische Konkurrenz des herrschenden Gesellschafters als zu Ersatz- oder Unterlassungsansprüchen führende Nachteilszufügung beurteilen würde, was im Ergebnis aber insbesondere im Hinblick auf §§ 311 ff. AktG abzulehnen sei.[517]

Überzeugender ist es, nicht bereits in der unternehmerischen Konkurrenz eine tatsächliche Nachteilszufügung zu sehen, sondern im Rahmen einer *Vermutung* von einer nicht ausgleichsfähigen nachteiligen Einflussnahme zulasten der abhängigen Gesellschaft auszugehen.[518]

Die Chance, die das Halten einer Mehrheitsbeteiligung an einem Wettbewerber bietet, liegt gerade in der Durchführung solcher konzernintegrativer Maßnahmen, die regelmäßig mangels Quantifizierbarkeit dem Einzelausgleich gem. § 311 Abs. 2 AktG nicht zugänglich sind.[519] *Burgard* nennt als Beispiel die Ausrichtung der Geschäftstätigkeit auf die Interessen des herrschenden Unternehmens.[520] Nicht quantifizierbare Nachteile liegen zudem grundsätzlich in der Aufgabe zentraler Unternehmensteile, deren Übertragung auf das herrschende Unternehmen oder in ähnlichen einschneidenden strukturellen Änderungen sowie in der Rücksichtnahme auf von der herrschenden Gesellschaft erwünschte arbeitsteilige Zusammenarbeit durch Einstellung oder Neuaufnahme bestimmter Produktionsteile.[521] Der herrschende Gesellschafter könnte mit Hilfe einer nicht in einzelne Nachteilszufügungen auflösbaren Gesamtstrategie die abhängige Gesellschaft als Wettbewerber ausschalten.[522] Der *Bundesgerichtshof* nennt

---

515 Das *Werbeagentur*-Urteil erging zu einer GmbH & Co. KG.

516 *Immenga*, JZ 1984, 578 (579).

517 *Immenga*, JZ 1984, 578 (579).

518 Ähnliche Argumente wurden bereits von der ein Wettbewerbsverbot ablehnenden Meinung vorgetragen, vgl. oben: 3. Kap. F. 3. a); dass es sich dabei letztlich um eine Vermutung nicht quantifizierbarer Einflussnahme handelt, wurde allerdings wohl verkannt.

519 Vgl. *Burgard*, FS Lutter, 1033 (1044 f.); der Anspruch aus § 317 AktG wird regelmäßig – auch unter Zuhilfenahme des § 287 ZPO – scheitern.

520 *Burgard*, FS Lutter, 1033 (1044); in diesem Sinne wohl auch Emmerich/*Habersack*, § 317 Anh. Rn. 14; **a.A.** MünchKomm-AktG/*Altmeppen*, Anh. § 317 Rn. 43 ff.

521 *Ulmer*, FS Hüffer, 999 (1003).

522 Vgl. *M. Winter*, Mitgliedschaftliche Treuebindungen, S. 249; ähnlich *Emmerich*, FS Stimpel, 743 (747): Ab einem gewissen Punkt werde es bei jeder Unternehmensverbindung unmöglich einzelne schädigende Maßnahmen zu isolieren. Der Mechanismus

ebenfalls ein Beispiel für den in der Konkurrenzsituation fehlenden objektiven Maßstab für die Frage nach einer Benachteiligung und deren Ausgleich. So sei nicht zweifelsfrei zu beurteilen, ob und wann die Produktion zur Erhaltung der Wettbewerbsfähigkeit umgestellt oder rationalisiert werden müsse und ein unabhängiges Unternehmen sei in dieser Situation eher bereit, ein Risiko einzugehen, als ein solches, das von einem, über eine anderweitige Beteiligung das Konkurrenzprodukt vertreibenden Gesellschafter abhängig ist.[523]

Sind herrschendes und abhängiges Unternehmen in demselben Geschäftszweig tätig, so ist die Annahme derartiger nicht ausgleichsfähiger Nachteilszufügungen sehr naheliegend.[524] Der Sinn und Zweck einer Mehrheitsbeteiligung an einem Konkurrenten wird regelmäßig gerade in der Optimierung der arbeitsteiligen Zusammenarbeit liegen. Es ist zudem zu bedenken, dass die gleichzeitige Herrschaft über zwei Konkurrenzunternehmen zu einer entsprechenden Treupflichtbindung des Gesellschafters gegenüber beiden Unternehmen führt, sodass er gegenüber beiden zur Zweckförderung verpflichtet ist. In der Zuweisung einer Geschäftschance an das eine Unternehmen liegt daher immer auch die pflichtwidrige Benachteiligung der anderen Gesellschaft.[525]

Überdies kommt der Informationsmissbrauch als nicht ausgleichsfähige Nachteilszufügung in Betracht. Die Erlangung wettbewerbsrelevanter Informationen ist besonders sensibel, wenn das herrschende Unternehmen zu der Tochter in Wettbewerb steht.[526] Auch der *Bundesgerichtshof* weist ausdrücklich auf die bestandsgefährdende Möglichkeit der Ausbeutung gesellschaftsinterner Informationen hin.[527] Die besondere Gefahr liegt insoweit darin begründet, dass der Missbrauch von wettbewerbsrelevanten Insiderinformationen regelmäßig erst in einem Moment offenbar wird, in dem die abhängige Gesellschaft bereits irreparable Nachteile erlitten hat, und der Nachweis eines kausalen Schadens nicht möglich sein wird.[528]

---

von Schadensersatzpflicht und Treupflichtverletzung laufe dann „notwendigerweise" leer; vgl. auch *Raiser*, FS Stimpel, 855 (859).

523 BGH Urteil v. 16.02.1981 Az. II ZR 168/79 (Tz. 16), BGHZ 80, 69 (74) = NJW 1981, 1512 (1514).

524 *Burgard*, FS Lutter, 1033 (1045) spricht davon, dass derartige Maßnahmen „nahezu unausbleiblich" seien.

525 *Raiser*, FS Stimpel, 855 (859) m.w.N.

526 Vgl. *Geiger*, Wettbewerbsverbote im Konzernrecht, S. 82.

527 BGH Urteil v. 05.12.1983 Az. II ZR 242/82 (Tz. 17) – *Werbeagentur*, BGHZ 89, 162 (166).

528 Vgl. zur „Geschäftschancenlehre" oben: 3. Kap. B.

Die Weitergabe wettbewerbsrelevanter Informationen durch die Organe der abhängigen Gesellschaft an den herrschenden Gesellschafter auf informellem Wege ist ebenso wahrscheinlich wie deren Verwendung durch Letzteren.

Die Vermutung nicht quantifizierbarer Nachteilszufügung ist somit angebracht. Sie ist auch interessengerecht[529]. Letztlich handelt es sich bei der Annahme eines Wettbewerbsverbots um ein Instrument des Minderheitenschutzes.[530] Die Minderheitsgesellschafter können selber darüber entscheiden, ob sie sich den Gefahren der Konkurrenztätigkeit des herrschenden Gesellschafters aussetzen wollen oder nicht. Wollen sie dies, so können sie das herrschende Unternehmen vom Wettbewerbsverbot befreien.[531] Die Vermutung nicht ausgleichsfähiger Einflussnahme ermöglicht diese Entscheidung durch die Minderheit. Sie ist daher nicht nur Ausdruck der Lebenswirklichkeit, sondern führt gleichzeitig zu einem interessengerechten Ergebnis.

cc) Vorzüge des Wettbewerbsverbots

Die abhängige Gesellschaft kann von dem herrschenden Unternehmen bereits präventiv die Unterlassung nicht quantifizierbarer und damit rechtswidriger nachteiliger Einflussnahme verlangen.[532] Bis auf die Frage nach der Rechtsgrundlage des Unterlassungsanspruchs[533] ist dieser unabhängig von dem Bestehen eines ungeschriebenen Wettbewerbsverbots anerkannt und kann von jedem Aktionär geltend gemacht werden (§ 317 Abs. 4 i.V.m. § 309 Abs. 4 S. 1 AktG)[534].

Gleichwohl erreicht dieser präventive Unterlassungsanspruch kein dem Wettbewerbsverbot vergleichbares Schutzniveau. Der Unterlassungsanspruch

529 Vgl. allgemein zu „Interessen- und Wertungsjurisprudenz": *Larenz*, Methodenlehre, S. 119 ff.

530 Vgl. auch *Henze*, FS Hüffer, 309 (323); *Raiser*, FS Stimpel, 855 ff.

531 Dazu unten: 3. Kap. F. I. 5.

532 *Hüffer*, AktG, § 317 Rn. 10; *K. Schmidt*, GesR, § 31 IV. 4. a); Großkomm-AktG/*Henze/Notz*, § 53a Rn. 157; Emmerich/*Habersack*, § 317 Anh. Rn. 27.

533 Teilweise wird der Anspruch aus § 317 AktG hergeleitet, teilweise wird auf die §§ 1004, 823 Abs. 2 BGB i.V.m. § 311 AktG als Schutzgesetz oder auch auf die Treupflicht abgestellt, vgl. die Nachweise bei *Hüffer*, AktG, § 317 Rn. 10; Großkomm-AktG/*Henze/Notz*, § 53a Rn. 157 m.w.N. in Fn. 472.

534 MünchKomm-AktG/*Altmeppen*, § 317 Rn. 50; Emmerich/*Habersack*, § 317 Anh. Rn. 28.

kann sich nur gegen eine konkret drohende, nicht ausgleichsfähige nachteilige Einflussnahme richten.[535] Bei gerichtlicher Geltendmachung ist diese gem. § 253 Abs. 2 Nr. 2 ZPO konkret zu benennen.[536] Gerade der Informationsmissbrauch wird sich auf informellen Wegen vollziehen und erst in einem Moment offenkundig werden, in dem es für einen präventiven Unterlassungsanspruch zu spät ist.[537] Zudem muss überhaupt feststehen, dass es sich bei der geplanten Einzelmaßnahme um eine solche mit *nachteiliger* Wirkung handelt. Auch dies wird sich bei geplanten Strukturmaßnahmen mangels objektiven Maßstabs *ex ante*[538] nicht hinreichend sicher feststellen lassen, wie auch der *Bundesgerichtshof* betont[539].

Hinzu kommen die hohen Anforderungen an die Darlegungs- und Beweislast, die dem Minderheitsgesellschafter bei der Geltendmachung eines vorbeugenden Unterlassungsanspruchs aufgebürdet werden. Dieser muss nämlich die Nachteiligkeit einer Maßnahme darlegen und beweisen.[540]

Der präventive Unterlassungsanspruch wird aufgrund der eben genannten Gründe regelmäßig ein „stumpfes Schwert“ bleiben. Dies verdeutlicht die Überlegenheit der Annahme eines ungeschriebenen Wettbewerbsverbots. Hierdurch wird die Tätigkeit des herrschenden Gesellschafters in demselben Geschäftszweig des abhängigen Unternehmens verhindert, sodass es erst gar nicht zu der beschriebenen gesteigerten Gefahr der nicht quantifizierbaren Einflussnahme

535 Vgl. MünchKomm-AktG/*Altmeppen*, § 317 Rn. 50, Untersagung „bestimmter Rechtsgeschäfte oder Maßnahmen“; so ausdrücklich auch Emmerich/*Habersack*, § 317 Anh. Rn. 27.

536 Vgl. dazu MünchKomm-ZPO/*Becker-Eberhard*, § 253 Rn. 133 ff.

537 Es bleibt dann – soweit möglich – die Geltendmachung eines Beseitigungsanspruchs.

538 Für die Beurteilung der Frage, ob eine Maßnahme nachteilig ist, ist die *ex ante*-Sicht maßgebend, vgl. Emmerich/*Habersack*, § 317 Anh. Rn. 15.

539 BGH Urteil v. 05.12.1983 Az. II ZR 242/82 (Tz. 17) – *Werbeagentur*, BGHZ 89, 162 (166) m.w.N.

540 Das Bestreiten der vom Unternehmen vorgetragenen Vorteile einer Maßnahme mit Nichtwissen ist nicht möglich, vgl. OLG Stuttgart Urteil v. 30.05.2007 Az. 20 U 12/06 (Tz. 54), AG 2007, 633 (638); vgl. ferner auch OLG Köln Urteil v. 15.01.2009 Az. 18 U 205/07 (Tz. 122 ff.), AG 2009, 416 (419); vgl. zu Erleichterungen bei der Substantiierungslast: BGH Urteil v. 29.03.1993 Az. II ZR 265/91 (Tz. 34), BGHZ 122, 123 (132 f.) = NJW 1993, 1200 (1203), die sich allerdings auf die Haftung analog §§ 302, 303 AktG beziehen und nicht auf einen präventiven Unterlassungsanspruch; dagegen soll die Substantiierungserleichterung nicht einem „Insider“ mit einer Beteiligungsquote von 42,7 % zugute kommen, BGH Beschluss v. 25.06.2008 Az. II ZR 133/07 (Tz. 6), AG 2008, 779 (780).

kommen kann. Ein wirksamer *präventiver*[541] Schutz der abhängigen Gesellschaft lässt sich nur durch die Annahme eines Wettbewerbsverbots erreichen.

dd) Zwischenergebnis

Der Grundsatz ist die mit dem Erwerb der Mehrheitsbeteiligung entstehende erhöhte Treubindung, die sich zu einem ungeschriebenen Wettbewerbsverbot verdichtet. Die Suspendierung des Wettbewerbsverbots ist die begründungsbedürftige Ausnahme. Diese lässt sich im Hinblick auf die §§ 311 ff. AktG begründen, wenn das Ausgleichssystem funktioniert.

Da im Fall der Tätigkeit von Mutter- und Tochtergesellschaft in demselben Geschäftszweig eine Vermutung dafür spricht, dass es zu nicht ausgleichsfähigen nachteiligen Einflussnahmen kommen wird, steht die Annahme eines Wettbewerbsverbots nicht im Widerspruch zu dem konzernrechtlichen Ausgleichssystem.

Die Annahme eines Wettbewerbsverbots ist somit nicht nur mit den §§ 311 ff. AktG vereinbar; vielmehr lässt sich keine Ausnahme von dem bestehenden Wettbewerbsverbot begründen.

b) „Faktische Geschäftsführung" in der Aktiengesellschaft

Gegen die Ansicht *Hüffers*, dass in der Aktiengesellschaft aufgrund ihrer rechtlichen Strukturen keine „faktische Geschäftsführung" möglich sei, spricht die Lebenswirklichkeit. Die gesetzliche Konzeption der AG wird von einem Mehrheitsgesellschafter und insbesondere von dem Vorstand der abhängigen Gesellschaft regelmäßig nicht beachtet werden.[542] Vielmehr wird der Vorstand der abhängigen Gesellschaft aus Angst vor entsprechender Einflussnahme des Mehrheitsgesellschafters über den Aufsichtsrat auf seine personelle Zusammensetzung geneigt sein, dessen Wünschen Folge zu leisten.[543]

---

541 Ein *repressiver* Schutz der abhängigen Gesellschaft über §§ 117, 93 AktG, § 823 Abs. 2 i.V.m. § 266 StGB, § 400 Abs. 1 Nr. 1 AktG kann nicht als gleich effektiv bezeichnet werden. Es stellen sich jeweils schwierige Beweisprobleme, die einer effektiven Rechtsverfolgung entgegenstehen.

542 *Henze*, FS Hüffer, 309 (323); *Burgard*, FS Lutter, 1033 (1043); Emmerich/*Habersack*, vor § 311 Rn. 7; gleichwohl ist ein Handeln des Vorstands der abhängigen Gesellschaft gegen die Interessen des Hauptaktionärs zulässig (§ 93 AktG), solange es im Interesse des abhängigen Unternehmens ist, vgl. OLG Frankfurt Urteil v. 17.08.2011 Az. 13 U 100/10 (Tz. 27), ZIP 2011, 2008 (2009).

543 Vgl. auch das Beispiel zur faktischen Aufhebung der Gewaltenteilung zwischen Vorstand und Aufsichtsrat im VW-Konzern im Hinblick auf den Großaktionär Piëch. Dieser bekleidet eine Doppelrolle als Chefkontrolleur von VW und MAN,

Diese Gefahr wird im Hinblick auf den Missbrauch wettbewerbsrelevanter Informationen besonders deutlich. Der Mehrheitsgesellschafter wird keine Probleme haben, die gewünschten Informationen zu erlangen, sei es über informelle Kanäle direkt von den Vorstandsmitgliedern, sei es über die von ihm in den Aufsichtsrat entsandten Mitglieder.[544]

Es ist daher überzeugend, die Möglichkeit faktischer Geschäftsführung auch für die Aktiengesellschaft anzuerkennen, auch wenn dies mit der rechtlichen Konzeption unvereinbar ist. Wie der Begriff „faktisch" bereits andeutet, geht es gerade nicht um die *rechtlich* vermittelte Möglichkeit der Geschäftsführung, sondern um die *tatsächlichen* Möglichkeiten der Einflussnahme.

c) Berücksichtigung anderer gesetzlicher Wertungen

Die entscheidenden Argumente wurden bereits im Zusammenhang mit der Zulässigkeit des Wettbewerbsverbots im Hinblick auf das konzernrechtliche Ausgleichssystem ausgetauscht. Die folgenden gesetzlichen Wertungen wurden allenfalls als flankierende Argumente gegen ein Wettbewerbsverbot vorgetragen. Gleichwohl sind diese zu widerlegen.

aa) Rückschluss aus § 55 AktG

Der Schluss, dass wegen der satzungsmäßigen Unzulässigkeit eines Wettbewerbsverbots (§ 55 AktG) ein solches erst recht nicht ungeschrieben kraft Treupflicht bestehen könne, ist nicht zulässig.[545] Das Verbot einer statutarischen Vereinbarung lässt keinen Rückschluss auf die gesellschaftsrechtliche Treupflicht zu.

Überdies besteht der § 55 AktG seit 1965 unverändert.[546] Wie bereits ausgeführt, war die gesellschaftsrechtliche Treupflicht zu diesem Zeitpunkt für die Aktiengesellschaft noch nicht anerkannt. Dasselbe gilt folglich auch für das Wettbewerbsverbot. Schon deshalb verbietet sich der genannte *Erst-recht*-Schluss.

---

was bei der Übernahme von MAN durch VW zu Interessenkonflikten führte, *Ritter* in F.A.Z. v. 14.05.2011, S. 15.

544 Vgl. auch *Henze*, FS Hüffer, 309 (324).

545 Vgl. *Geiger*, Wettbewerbsverbote im Konzernrecht, S. 63; *Burgard*, FS Lutter, 1033 (1046) m.w.N. in Fn. 58; vgl. auch Emmerich/*Habersack*, vor § 311 Rn. 8 m.w.N. in Fn. 33.

546 Bis auf den neuen Abs. 1 S. 2 stimmt die Norm zudem wörtlich mit § 50 AktG 1937 überein, vgl. Großkomm-AktG/*Henze*, § 55 Rn. 1.

bb) Rückschluss aus den Regelungen des WpÜG

Ein Argument gegen das Wettbewerbsverbot lautet, dass die Regelung über das Pflichtangebot im WpÜG zeige, dass der Gesetzgeber die von einem Mehrheitsgesellschafter für die Minderheit ausgehende Gefahr erkannt habe und die getroffenen gesetzlichen Regelungen (Pflichtangebot und Konzernrecht) für ausreichend erachtet habe.[547]

Teilweise wird eine konzernrechtliche Einordnung[548] der Pflichtangebotsregeln vorgenommen, mit welcher sich die genannte Argumentation gegen ein ungeschriebenes Wettbewerbsverbot begründen ließe. Danach stellt das Pflichtangebot eine präventive Konzerneingangskontrolle zugunsten des Minderheitsaktionärs dar.[549]

Die besseren Gründe sprechen aber für eine dem kapitalmarktrechtlichen Funktionenschutz dienende Einordnung des Pflichtangebots, da ein Pflichtangebot nur bei Erwerb einer börsenzugelassenen Zielgesellschaft abzugeben ist (§§ 1, 2 Abs. 3 WpÜG).[550] Dient das Pflichtangebot aber vorrangig dem Vertrauen der Anleger in den Markt und der Schaffung von Investitionsanreizen[551], so kann aus dieser Regelung jedenfalls nicht gefolgert werden, dass der Gesetzgeber die Gefahr für die Minderheitsgesellschafter erkannt und das Konzernrecht insoweit für abschließend erachtet hat.

cc) Rückschluss aus kartellrechtlichen Regelungen

(1) Fusionskontrolle

Aus den §§ 35 ff. GWB wird teilweise gefolgert, dass der Zusammenschluss konkurrierender Unternehmen vom deutschen Gesetzgeber als eine „Realität des Wirtschaftslebens“ anerkannt worden sei.[552]

---

547 *Hüffer*, FS Röhricht, 251 (261); vgl. auch MünchKomm-AktG/*Altmeppen*, Vor § 311 Rn. 54.

548 Vgl. KK-WpÜG/*v. Bülow*, § 35 Rn. 4 mit Hinweis auf Begr. RegE BT-Drucks. 14/7034 S. 30; *Hopt*, ZHR 166 (2002), 383 (386); *Altmeppen*, ZIP 2001, 1073 (1082 f.) mit Kritik; Überblick über den Streitstand bei Assmann/Pötzsch/Uwe H. Schneider/*Krause/Pötzsch*, WpÜG, § 35 Rn. 31 m.w.N. in Fn. 5.

549 Vgl. Assmann/Pötzsch/Uwe H. Schneider/*Krause/Pötzsch*, WpÜG, § 35 Rn. 31.

550 Assmann/Pötzsch/Uwe H. Schneider/*Krause/Pötzsch*, WpÜG, § 35 Rn. 32; Emmerich/*Habersack*, Vor § 311 Rn. 25 m.w.N.; *Steinmeyer*/Häger, WpÜG, § 35 Rn. 8.

551 Assmann/Pötzsch/Uwe H. Schneider/*Krause/Pötzsch*, WpÜG, § 35 Rn. 32.

552 MünchKomm-AktG/*Altmeppen*, Vor § 311 Rn. 54; soweit ersichtlich, findet sich die kartellrechtliche Argumentation nur a.a.O.

Nach § 36 Abs. 1 GWB ist ein Zusammenschluss zu untersagen, von dem zu erwarten ist, dass er eine marktbeherrschende Stellung begründet oder verstärkt, es sei denn die nachweislich durch den Zusammenschluss eintretenden Verbesserungen der Wettbewerbsbedingungen überwiegen die Nachteile der Marktbeherrschung. Eine strukturelle Verschlechterung kommt bereits durch Addition der Marktanteile in Betracht, wenn sich zwei auf demselben Markt tätige Unternehmen zusammenschließen.[553] Sinn und Zweck der Fusionskontrolle ist der Schutz der Marktstruktur vor Verschlechterung.[554]

Es lässt sich nicht in Abrede stellen, dass der Gesetzgeber bei Schaffung der Regelungen über die Fusionskontrolle die Realität des Zusammenschlusses von konkurrierenden Unternehmen akzeptiert hat. Dies allein stellt aber kein gewichtiges Gegenargument gegen die Annahme eines Wettbewerbsverbots dar. Auch hier gilt, dass die Fusionskontrolle vor Anerkennung der gesellschaftsrechtlichen Treupflicht im Kapitalgesellschaftsrecht eingeführt wurde[555] und somit keine Aussage zu dem aus der Treupflicht abzuleitenden Wettbewerbsverbot treffen kann.

Überdies kann sich die übernehmende Gesellschaft vorab von dem Wettbewerbsverbot befreien lassen, sodass eine Überprüfung des Zusammenschlusses insoweit noch im Hinblick auf den Schutz der Marktstruktur sinnvoll bleibt.

(2) Geltung des Kartellverbotstatbestands im faktischen Konzern

Es wird vertreten, dass dem Kartellverbotstatbestand im Fall der faktischen Konzernierung in der Aktiengesellschaft Geltung zukommen soll, wenn eine Einflussnahme von vornherein zu nicht ausgleichsfähigen Nachteilen führt.[556]

---

553 Langen/Bunte/*Kallfaß*, Bd. 1, § 36 Rn. 63 m.w.N.; vgl. zum Erwerb eines potenziellen Wettbewerbers auch Loewenheim/Meessen/Riesenkampff/*Kahlenberg/Peter*, § 36 GWB Rn. 91.

554 I/M/*Mestmäcker/Veelken*, GWB, Vor § 35 Rn. 28, dem Merkmal der Marktbeherrschung kommt bei der Fusionskontrolle eine qualitativ andere Bedeutung zu als bei der Missbrauchsaufsicht.

555 Die Fusionskontrolle wurde 1973 in das GWB eingeführt; vgl. zu der geschichtlichen Entwicklung: I/M/*Mestmäcker/Veelken*, GWB, Vor § 35 Rn. 10 ff.; die Treupflicht wurde ab 1988 für die AG anerkannt, vgl. dazu oben: 3. Kap. A. I. 3.

556 I/M/*Zimmer*, GWB, § 1 Rn. 138; *Köhler*, NJW 1978, 2473 (2478 ff.) zur Missbrauchskontrolle; **a.A.** Loewenheim/Meessen/Riesenkampff/*Nordemann*, § 1 GWB Rn. 95, wonach das Scheitern der §§ 311 ff. AktG nicht über § 1 GWB ausgeglichen werden könne; für den vertraglichen Unterordnungskonzern (und wegen § 37 Abs. 1 GmbHG für den GmbH-Konzern) ist die Ausnahme von § 1 GWB dagegen weitgehend anerkannt, vgl. Loewenheim/Meessen/Riesenkampff/*Nordemann*, § 1 GWB

Daraus wird gefolgert, dass sich konzernangehörige Unternehmen sogar Wettbewerb machen müssten, was auch gegen die Annahme eines Wettbewerbsverbots spreche.[557]

Selbst die (zweifelhafte) Annahme der Geltung des § 1 GWB im faktischen Aktienkonzern spricht jedoch nicht gegen ein Wettbewerbsverbot zulasten des herrschenden Unternehmens. Der Aussage, dass konzernangehörige Unternehmen sich sogar Wettbewerb machen müssten, kann in diesem Zusammenhang nicht gefolgt werden.[558]

Der Kartellverbotstatbestand verbietet gerade solche Wettbewerbsverbote nicht, die zur Erreichung eines kartellrechtsneutralen Hauptzwecks erforderlich sind.[559] Da dies bei einem aus der gesellschaftsrechtlichen Treupflicht abgeleiteten Wettbewerbsverbot zulasten des Mehrheitsgesellschafters der Fall ist, kann die vermeintliche Geltung des § 1 GWB im faktischen Aktienkonzern nicht als Argument gegen eben jenes ungeschriebene Wettbewerbsverbot angeführt werden.

5. *Befreiungsmöglichkeit*

Die abhängige Gesellschaft kann den Mehrheitsgesellschafter von dem ungeschriebenen Wettbewerbsverbot befreien (§ 23 Abs. 5 S. 2 AktG).[560] Dies erfordert eine Satzungsänderung mit drei Viertel des bei der Beschlussfassung

---

Rn. 95 m.w.N; I/M/*Zimmer*, GWB, § 1 Rn. 135; teilweise wurde die Unternehmenseigenschaft der Konzerngesellschaften in Frage gestellt vgl. dazu *Ulmer*, WuW 1960, 163 (171 f.) m.w.N.; vgl. umfangreiche Nachweise zu dem Streit bei *Altmeppen*, ZHR 171 (2007), 320 (338) Fn. 91; eingehend zu konzerninternen Wettbewerbsbeschränkungen: Wiedemann/*Schroeder*, Hdb. Kartellrecht, § 8 Rn. 1 ff.; *Potrafke*, Kartellrechtswidrigkeit konzerninterner Vereinbarungen, S. 72 ff. **a.A.** jedoch *Gansweid*, Gemeinsame Tochtergesellschaften, S. 244, der die Auswirkungen einer Maßnahme auf Dritte betont; vgl. auch noch unten: 5. Kap. D. IV. 2. a) bb) (2).

557 MünchKomm-AktG/*Altmeppen*, Vor. § 311 Rn. 54; *Altmeppen* selber ist ohnehin der Ansicht, dass § 1 GWB im faktischen Konzern nicht zur Anwendung kommt, vgl. *Altmeppen*, ZHR 171 (2007), 320 (338).

558 So aber mit Verweis auf „das kartellrechtliche Schrifttum" MünchKomm-AktG/*Altmeppen*, Vor. § 311 Rn. 54 m.w.N. in Fn. 109; dagegen heißt es beispielsweise bei *Ulmer*, WuW 1960, 163 (173), der (GWB-) Gesetzgeber unterstelle, dass zwischen Konzernunternehmen grundsätzlich kein Wettbewerb stattfindet.

559 Vgl. zur „Immanenztheorie" unten: 4. Kap. A. II. 1. b).

560 Emmerich/*Habersack*, Vor § 311 Rn. 8; *Geiger*, Wettbewerbsverbote im Konzernrecht, S. 146 ff.; *Burgard*, FS Lutter, 1033 (1050 f.).

vertretenen Grundkapitals (§ 179 Abs. 2 S. 1 AktG).[561] Dabei ist der von dem Wettbewerbsverbot zu befreiende Gesellschafter – anders als bei Abschluss eines Beherrschungsvertrags (§ 293 AktG)[562] – von dem Stimmrecht gem. § 136 Abs. 1 S. 1 Fall 2 AktG ausgeschlossen.[563]

Nach hier vertretener Auffassung ist unter diesen Voraussetzungen auf einen materiellen Befreiungsgrund zu verzichten.[564]

II. Ergebnis

Die Ausführungen haben gezeigt, dass die besseren Gründe für die Annahme eines ungeschriebenen Wettbewerbsverbots zulasten des Mehrheitsgesellschafters in der Aktiengesellschaft sprechen. Die somit *de facto* etablierte Konzerneingangskontrolle bezieht sich nur auf Unternehmen, die in demselben Geschäftszweig tätig sind. Eine Befreiung durch die Minderheitsgesellschafter ist möglich.

Besteht die Konkurrenzsituation vor dem Mehrheitserwerb, so muss sich das die Mehrheit erwerbende Unternehmen um eine antizipierte Befreiung vom Wettbewerbsverbot bemühen.

---

561 Eine Alternative hierzu stellt der Abschluss eines Beherrschungsvertrags dar, vgl. *Burgard,* FS Lutter 1033 (1051).

562 Vgl. nur *Hüffer*, AktG, § 293 Rn. 9; ein Ausschlusstatbestand des § 136 Abs. 1 AktG greift nicht ein.

563 *Burgard,* FS Lutter, 1033 (1050); Emmericht/*Habersack*, Vor § 311 Rn. 8; vgl. ferner, wenn auch das Wettbewerbsverbot ablehnend: K. Schmidt/Lutter/*J. Vetter*, AktG, § 311 Rn. 137.

564 Vgl. oben zur GmbH: 3. Kap. D. VI. 2.

4. Kapitel: Gesellschaftsrechtliches Wettbewerbsverbot und Kartellverbot

Es besteht schon seit langer Zeit Ungewissheit über die Anwendung des Kartellverbots auf Wettbewerbsverbote.[565] Die hiermit zusammenhängenden Probleme wurden nicht erst seit der Einführung des GWB 1958 relevant.[566] Bereits das Reichsgericht hatte sich mit der Frage zu beschäftigen, inwieweit ein Wettbewerbsverbot rechtlich Bestand hat.[567] Dieses hat ein grundsätzliches Interesse an der Vereinbarung eines Konkurrenzverbots aufgrund der Gefahr der unredlichen Ausnutzung von erworbenen Geschäftskenntnissen und persönlichen Kundenbeziehungen durch den Handlungsgehilfen anerkannt, dessen rechtliche Zulässigkeit aber davon abhängig gemacht, dass der Handlungsgehilfe nicht übermäßig in seiner persönlichen Freiheit und Erwerbsfähigkeit eingeschränkt wird.[568]

Schon zu Zeiten des Reichsgerichtes wurde also – wenn auch nicht im Zusammenhang mit gesellschaftsvertraglichen Wettbewerbsverboten - der Versuch unternommen, das anerkennenswerte Interesse einer Partei an der Vereinbarung eines Wettbewerbsverbotes mit dem aus der persönlichen Handlungsfreiheit abgeleiteten Interesse der anderen Partei an einer wettbewerblichen Tätigkeit in Einklang zu bringen.

Dieser Grundkonflikt besteht bis heute fort und stellt sowohl die vertragsgestaltenden Parteien, als auch die Gerichte und die Wissenschaft vor schwierige Abgrenzungsfragen.

Seit der *Bonbonnière*-Entscheidung[569] des *Bundesgerichtshofs* hat sich die Diskussion um den Konflikt zwischen Wettbewerbsverbot und Kartellverbot weitgehend auf die Frage der Gesetzeskonkurrenz zwischen § 112 HGB und § 1 GWB verengt.[570] Für die weitere Darstellung ist zwischen Wettbewerbsverboten,

565 Vgl. schon *Bechtold,* NJW 1984, 145 ff.; *K. Schmidt,* ZHR 149 (1985), 1 (2).

566 BGBl. I 1957, S. 1081.

567 Vgl. RG Urteil v. 19.05.1893 Az. III 48/93, RGZ 31, 97 ff.

568 RG Urteil v. 19.05.1893 Az. III 48/93, RGZ 31, 97 (99).

569 BGH Urteil v. 06.12.1963 Az. KZR 4/62 – *Bonbonnière,* BGHZ 38, 306 ff. = WM 1963, 245 ff.; häufig wird entgegen dem offiziellen Entscheidungsnamen auch von der „Kino“-Entscheidung gesprochen; vgl. zu der BGH-Entscheidung ausführlich unten: 4. Kap. A. II. 1. b) bb).

570 Grundlegend: *Beuthien,* ZHR 142 (1978), 259 ff.; kritisch im Hinblick auf diese Verengung der Perspektive: *K. Schmidt,* ZHR 149 (1985), 1 (4 f.).

bei denen ein möglicherweise ausdrücklich in den Gesellschaftsvertrag aufgenommenes Wettbewerbsverbot lediglich eine deklaratorische Wiederholung des § 112 HGB darstellt und solchen Gesellschaften, auf die § 112 HGB keine Anwendung findet, sondern sich ein Wettbewerbsverbot nach den dargestellten Grundsätzen[571] aus der gesellschaftsrechtlichen Treupflicht ergibt, zu unterscheiden.

A. Unmittelbare Anwendbarkeit des § 112 HGB

Bei der OHG findet die dispositive Norm des § 112 HGB Anwendung, soweit nicht ein anderes durch den Gesellschaftsvertrag bestimmt ist (vgl. § 109 HS. 2 HGB). Nach § 161 Abs. 2 HGB gilt der § 112 HGB auch für den Komplementär einer Kommanditgesellschaft, nicht hingegen für den Kommanditisten (§ 165 HGB).

Für diese Fälle der unmittelbaren Anwendbarkeit des § 112 HGB verdichtet sich die Frage nach der Zulässigkeit des gesellschaftsrechtlichen Wettbewerbsverbots also tatsächlich auf die Frage nach der Lösung des Normenkonflikts zwischen § 112 HGB und dem Kartellverbotstatbestand. Das Spannungsverhältnis lässt sich verkürzt dahingehend beschreiben, dass § 112 HGB eine Wettbewerbsbeschränkung gebietet, die das Kartellverbot (§ 1 GWB/Art. 101 AUEV) grundsätzlich verbietet.[572]

I. Spannungsverhältnis zwischen Gesellschaftsrecht und Kartellverbot

1. Historische Entwicklung des GWB

Für das bessere Verständnis[573] der Entwicklung der Diskussion um das Verhältnis von § 112 HGB zu dem Kartellverbotstatbestand ist eine kurze Darstellung der historischen Rechtsentwicklung von Interesse.

Nach dem GWB waren ursprünglich horizontale Wettbewerbsbeschränkungen per-se verboten (§ 1 GWB 1958[574]), während vertikale Wettbewerbsbeschränkungen lediglich einer Missbrauchskontrolle (§§ 14 ff. GWB 1958) unterlagen.[575]

---

571 Vgl. oben: 3. Kap.

572 Ähnlich: Münch.Hdb.GesR/*Mattfeld*, I. § 59 Rn. 58.

573 Viele der zitierten Beiträge nehmen noch auf das Tatbestandsmerkmal „gemeinsamer Zweck" des § 1 GWB a.F. Bezug. Die entsprechenden Überlegungen lassen sich aber unproblematisch auf § 1 GWB n.F. übertragen.

574 BGBl. 1957/I, S. 1081 ff.; das GWB ist zum 01.01.1958 in Kraft getreten.

575 *Bechtold*, GWB, Einführung, Rn. 7 ff.; vgl. zur Geschichte des deutschen Kartellrechts: *Mestmäcker*, WuW 2008, 6 ff., insbesondere S. 16/17 zu der vorliegenden Thematik; *Emmerich*, Kartellrecht, § 21 Rn. 11 ff.: Preis-und Konditionenbindungen für Zweit-oder Folgeverträge waren jedoch auch generell verboten (§ 14 GWB 1958).

Der auf die sich organisationsrechtlich verstehende Kartellformenlehre[576] zurückgehende § 1 GWB 1958 setzte eine Vereinbarung „zu einem gemeinsamen Zweck" voraus. Dies war das entscheidende Tatbestandsmerkmal, anhand dessen zwischen vertikalen und horizontalen Wettbewerbsbeschränkungen abgegrenzt wurde. Nach der organisationsrechtlichen Sichtweise stellte ein Kartellvertrag i.S.d. § 1 GWB 1958 stets auch einen Gesellschaftsvertrag i.S.d. § 705 BGB dar.[577] Die kartellrechtliche Beurteilung von Wettbewerbsverboten unterschied sich danach, ob dieses individualvertraglich (dann §§ 14 ff. GWB 1958) oder gesellschaftsvertraglich (dann § 1 GWB 1958) vereinbart wurde.[578]

Das gesellschaftsrechtliche Verständnis des § 1 GWB 1958 ist jedoch bald zugunsten einer spezifisch kartellrechtlichen, an der auf wettbewerbliche Freiheit gerichteten Zielsetzung des GWB orientierten, eigenständigen Auslegung gewichen, wonach die Verfolgung gleichgerichteter Interessen durch die Beteiligten zur Erfüllung des Kartellverbotstatbestandes genügen sollte.[579] Dieses gleichgerichtete Interesse erforderte nicht, dass die gebundene Partei von dem Vorteil des begünstigten Vertragspartners profitiert.[580]

Das Tatbestandsmerkmal der Vereinbarung „zu einem gemeinsamen Zweck" wurde durch die 6. GWB-Novelle 1998[581] gestrichen und durch das Erfordernis einer Vereinbarung „zwischen miteinander im Wettbewerb stehenden Unternehmen" ersetzt.[582] Im Jahr 2005 erfolgte mit der 7. GWB-Novelle[583] die endgültige Anpassung des GWB an das europäische Recht, mit der die im europäischen Kartellrecht schon immer unbekannte Differenzierung zwischen horizontalen und vertikalen Wettbewerbsbeschränkungen aufgegeben

576 Vgl. *K. Schmidt*, Kartellverfahrensrecht, S. 21 ff.

577 *K. Schmidt*, Kartellverfahrensrecht, S. 25.

578 *K. Schmidt*, Kartellverfahrensrecht, S. 26 f.; vgl. zu der Orientierung des GWB-Gesetzgebers an der Kartellpraxis des 20. Jahrhunderts, in der Kartelle üblicherweise gesellschaftsrechtlich organisiert waren: *Möschel*, Recht der Wettbewerbsbeschränkungen, Rn. 169 ff.

579 BGH Urteil v. 14.10.1976 Az. KZR 36/75 – *Fertigbeton I*, BGHZ 68, 6 ff. = NJW 1977, 804; *Möschel*, Recht der Wettbewerbsbeschränkungen, Rn. 169; zu dem Wandel in der Auslegung: *K. Schmidt*, ZHR 149 (1985), 1 (14 f.).

580 Anders letztmals: BGH Urteil v. 29.05.1984 Az. KZR 28/83 (Tz. 22) – *Stadler-Kessel*, GRUR 1984, 753; *Bornkamm*, FS Geiss, 539 (546).

581 BGBl. 1998/I, S. 2546.

582 Eingehend zu der BGH-Rechtsprechung im Hinblick auf die Abgrenzung von horizontalen und vertikalen Vereinbarungen vor und nach der 6. GWB-Novelle: *Bornkamm*, FS Geiss, 539 ff.

583 BGBl. 2005/I, S. 1954 ff.

wurde. Der § 1 GWB erfasst seitdem sowohl horizontale, als auch vertikale Wettbewerbsbeschränkungen.[584]

2. *Zweifel am Bestehen eines Normkonflikts*

Teilweise wird der Versuch unternommen einen Konflikt zwischen § 112 HGB und dem Kartellverbotstatbestand[585] zu leugnen. Hierzu bieten sich unterschiedliche Ansatzpunkte an:

a) Unternehmenseigenschaft des Gesellschafters i.S.d. Kartellverbotstatbestands

Die Voraussetzungen des Unternehmensbegriffs müssen in der Person des von dem Wettbewerbsverbot betroffenen Gesellschafters vorliegen, sodass dieser selbst potentiell oder aktuell am geschäftlichen Verkehr teilnehmen muss.[586] Die von einem Wettbewerbsverbot betroffenen Gesellschafter werden jedenfalls als potentielle Unternehmen angesehen, welche von der Aufnahme einer unternehmerischen Tätigkeit abgehalten werden sollen.[587] Die vertragliche Vereinbarung eines Wettbewerbsverbots zeigt, dass der davon betroffene Gesellschafter jedenfalls als potentielles Unternehmen angesehen wird.[588] Dieselbe Wertung ist dem § 112 HGB zu entnehmen.

Das Wettbewerbsverbot ist daher nicht schon mangels Unternehmenseigenschaft der von ihm betroffenen Gesellschafter aus dem Anwendungsbereich des Kartellverbotstatbestands ausgenommen.

---

584 *Bechtold,* GWB, Einführung, Rn. 18; die Unterscheidung zwischen horizontalen und vertikalen Wettbewerbsbeschränkungen ist jedoch noch relevant für die §§ 3 Abs. 1, 20 Abs. 1, 28 Abs. 2 und 30 Abs. 1 S. 1 GWB; vgl. *Emmerich*, Kartellrecht, § 21 Rn. 14 m.w.N.

585 Die im Folgenden dargestellte Rechtsprechung und Literatur behandelte immer nur den Konflikt des Wettbewerbsverbots mit § 1 GWB. Die folgenden Ausführungen gelten im Wesentlichen aber ebenso im Hinblick auf Art. 101 AEUV.

586 Langen/Bunte/*Krauß,* Bd. 1, § 1 Rn. 38; I/M/*Zimmer,* GWB, § 1 Rn. 52; Loewenheim/Meessen/Riesenkampff/*Nordemann*, § 1 GWB Rn. 24; der Unternehmensbegriff im deutschen Recht entspricht im Wesentlichen dem des europäischen Rechts, vgl. *Emmerich*, Kartellrecht, § 20 Rn. 5.

587 I/M//*Zimmer*, GWB, § 1 Rn. 53 f.

588 I/M/*Zimmer*, GWB, § 1 Rn. 54; OLG Frankfurt Urteil v. 17.03.2009 Az. 11 U 61/08 (Tz. 30), NZG 2009, 903 (904) zu einem vereinbarten Wettbewerbsverbot zulasten eines Kommanditisten.

b) Das Vorliegen einer Vereinbarung i.S.d. Kartellverbotstatbestands

Das Tatbestandsmerkmal der *Vereinbarung* i.S.d. § 1 GWB[589] könnte fraglich sein, wenn sich das Wettbewerbsverbot nur aus § 112 Abs. 1 HGB ergibt, ohne dass eine ausdrückliche oder konkludente Vereinbarung der Parteien diesbezüglich vorliegt.

Der § 1 GWB verbietet *Vereinbarungen* zwischen Unternehmen [...], die eine Verhinderung, Einschränkung oder Verfälschung des Wettbewerbs bezwecken oder bewirken. Das Wettbewerbsverbot des § 112 Abs. 1 HGB wird streng genommen aber nicht vereinbart, sondern ergibt sich aus dem *Gesetz.*[590] Es stellt sich daher die Frage, ob das sich allein aus der dispositiven (vgl. § 109 HS. 2 HGB) Bestimmung des § 112 Abs. 1 HGB ergebende Wettbewerbsverbot überhaupt an § 1 GWB zu messen ist.

Kardaras vertritt die Ansicht, bei dem Wettbewerbsverbot aus § 112 Abs. 1 HGB handele es sich um kraft Gesetzes geltendes Recht, welches mangels *Vereinbarung* nicht von dem Tatbestand des § 1 GWB erfasst wird.[591] Er sieht den Kern der Problematik in dem Verhältnis zwischen den dispositiven Gesetzesvorschriften des Vertragsrechts einerseits und dem Vertragsinhalt andererseits.[592] Die dispositiven Normen gehörten mangels eines entsprechenden Parteiwillens nicht zum Inhalt des Vertrages, sondern sie stünden neben dem Vertragsinhalt.[593]

Das von *Kardaras* gefundene Ergebnis (Nichtanwendung des § 1 GWB im Hinblick auf aus § 112 Abs. 1 HGB folgende Wettbewerbsverbote) läuft jedoch dem Schutzzweck des § 1 GWB zuwider.[594] Das Kartellverbot verbietet wettbewebsbeschränkende Vereinbarungen, die *bezwecken* und *bewirken.* Die Bezugnahme des Gesetzes auf die wettbewerbsbeschränkende Wirkung zeigt, dass auch und gerade objektive Beschränkungen des Wettbewerbs von § 1 GWB erfasst werden sollen. Zudem wird auch bei der Auslegung des „Bezweckens" i.R.d.

---

589 Nichts anderes gilt für Art. 101 AEUV.

590 Wobei es natürlich auch ausdrücklich vereinbarte Wettbewerbsverbote in Gesellschaftsverträgen gibt; in diesen Fällen, auch wenn die Vereinbarung wegen § 112 HGB nur deklaratorischen Charakter hat, lässt sich jedenfalls an dem Tatbestandsmerkmal der Vereinbarung nicht zweifeln; vgl. insoweit auch *Kardaras,* Das Wettbewerbsverbot, S. 132 ff.

591 *Kardaras,* Das Wettbewerbsverbot, S. 133.

592 *Kardaras,* Das Wettbewerbsverbot, S. 132.

593 *Kardaras,* Das Wettbewerbsverbot, S. 133.

594 *Beuthien,* ZHR 142 (1978), 259 (264) Fn. 10.

§ 1 GWB überwiegend auf die objektiv wettbewerbsbeschränkende Tendenz einer Maßnahme abgestellt.[595]

Der *BGH* sieht im Fall des § 112 Abs. 1 HGB die Grundlage der „wettbewerblichen Bindung“ in dem Gesellschaftsvertrag.[596] Somit wird der § 112 Abs. 1 HGB als ergänzendes Gesetzesrecht jeweils auch Gesellschaftsvertragsinhalt.[597] Der Regelung des dispositiven § 112 Abs. 1 HGB kommt nur dann eine verbindliche Wirkung zu, wenn ein privatautonom vereinbarter Gesellschaftsvertrag vorliegt.[598] Sie enthält daher keine Rechtsfolge, die allein kraft Gesetzes eintreten kann.[599] Der *BGH* betont, dass es im Hinblick auf § 1 GWB keinen Unterschied mache, ob die Wettbewerbsbeschränkung ausdrücklich in den Gesellschaftsvertrag aufgenommen wurde, oder ob sie ohne eine solche gesellschaftsvertragliche Aufnahme Geltung beansprucht.[600]

Zwar schränkt der *BGH* ein, dass der § 112 Abs. 1 HGB nur wirksam Inhalt des Gesellschaftsvertrages werden kann, wenn dieser von dem „gemeinsamen Willen“ der Vertragsschließenden getragen wird.[601] Dies ist jedoch nicht richtig. Bei § 112 Abs. 1 HGB handelt es sich um typisiertes Vertragsrecht, welches unabhängig von der konkreten Kenntnis und Billigung durch die Gesellschafter Inhalt des Gesellschaftsvertrages wird.[602] Als dispositives Gesetzesrecht steht der § 112 Abs. 1 HGB eben zur Disposition der Parteien, was bedeutet, dass die Norm gilt, sofern sie nicht ausgeschlossen wurde, und dies gerade unabhängig von dem Willen der Vertragsschließenden.[603]

Unabhängig von der Kenntnis oder Billigung der Parteien wird der § 112 Abs. 1 HGB mit Abschluss des Gesellschaftsvertrages „ins Spiel bringbarer Vertragsinhalt“,[604] sodass dem Gesellschaftsvertrag somit jedenfalls eine objektiv wettbewerbsbeschränkende Tendenz zukommen kann.

---

595 Vgl. nur I/M/*Zimmer,* GWB, § 1 Rn. 157.

596 BGH Urteil v. 06.12.1963 Az. KZR 4/62 (Tz. 28) – *Bonbonnière,* BGHZ 38, 306 (311) = WM 1963, 245 (246).

597 *Beuthien,* ZHR 142 (1978), 259 (264) m.w.N. in Fn. 10.

598 *Lieberknecht/Gnauk,* BB 1963, 1067 (1072); *Voges,* DB 1977, 2081 (2084).

599 Vgl. *Beuthien,* ZHR 142 (1978), 259 (264) Fn. 10.

600 BGH Urteil v. 06.12.1963 Az. KZR 4/62 (Tz. 28) – *Bonbonnière,* BGHZ 38, 306 (316) = WM 1963, 245 (347).

601 BGH Urteil v. 06.12.1963 Az. KZR 4/62 (Tz. 28) – *Bonbonnière,* BGHZ 38, 306 (316) = WM 1963, 245 (247).

602 *Gärtner,* BB 1970, 946 (948); ebenso *Beuthien,* ZHR 142 (1978), 259 (264).

603 *Lieberknecht/Gnauk,* BB 1963, 1067 (1072) m.w.N.

604 So die Formulierung bei *Beuthien,* ZHR 142 (1978), 259 (264) Fn. 10.

Im Ergebnis ist dem *BGH* daher zuzustimmen, dass es sich bei dem Wettbewerbsverbot des § 112 Abs. 1 HGB zumindest insoweit immer auch um ein vertragliches Wettbewerbsverbot handelt, als die für die Anwendung des § 1 GWB erforderliche Vereinbarung vorliegt.[605] Jedenfalls ist im Hinblick auf den Schutzzweck des § 1 GWB, welcher auch und gerade objektive Wettbewerbsbeschränkungen erfassen soll, eine sachlich gleichartige Behandlung des aus § 112 Abs. 1 HGB folgenden Wettbewerbsverbots mit einem ausdrücklich vereinbarten Wettbewerbsverbot geboten. Der § 1 GWB erfasst den gesamten Inhalt eines Vertrages unabhängig davon, ob dessen Inhalt in einer ausdrücklichen Vereinbarung oder dem dispositiven Gesetzesrecht wurzelt.[606]

Zu betonen ist, dass der *BGH* diese Gleichsetzung von gesetzlicher und vertraglicher Rechtsgrundlage des Wettbewerbsverbots richtigerweise allein im Hinblick auf die Anwendung des § 1 GWB angenommen hat.[607]

Die Anwendung des Kartellverbots auf § 112 Abs. 1 HGB scheitert daher nicht an dem Fehlen der Tatbestandsvoraussetzung der Vereinbarung i.S.d. § 1 GWB.[608]

c) Fehlender wettbewerbsbeschränkender Charakter des § 112 HGB

Würdinger vertritt die Auffassung, der § 112 Abs. 1 HGB stelle schon gar kein Verbot des Wettbewerbs dar, sodass es aus diesem Grund zu keinem Normenkonflikt mit § 1 GWB kommt.[609] Er meint, nach § 1 GWB beurteile sich die Frage, ob ein von Unternehmen geschlossener Vertrag verbindlich sei oder nicht. Für den Fall, dass die gesellschaftsrechtliche Verpflichtung zur Tätigkeit für gemeinsame Rechnung aber bereits wirksam entstanden sei, bestehe auch die Verpflichtung aus § 112 Abs. 1 HGB. Diese diene ausschließlich dazu sicherzustellen, dass die für gemeinsame Rechnung zu schließenden Geschäfte auch tatsächlich für gemeinsame Rechnung geschlossen würden. Der Wortlaut des § 112 Abs. 1 HGB spreche nicht von Wettbewerb, und insbesondere das Verbot der Beteiligung an einem anderen Unternehmen lasse den Gesichtspunkt des Wettbewerbs zwischen

605 So die ähnliche Formulierung bei BGH Urteil v. 06.12.1963 Az. KZR 4/62 (Tz. 28) – *Bonbonnière*, BGHZ 38, 306 (316) = WM 1963, 245 (347).

606 *Schmidt-Diemitz*, GRUR 1980, 18 (20).

607 Vgl. *Salfeld*, Wettbewerbsverbote, S. 65.

608 Zu der mangelnden Relevanz des Streits um die Gegenstands- und Folgetheorie in diesem Zusammenhang vgl. *Gärtner*, BB 1970, 946 (947); überdies hat sich der Gesetzgeber mit der Neufassung des § 1 GWB der Folgetheorie angeschlossen; vgl. dazu: *Bechtold*, BB 1997, 1853 (1854).

609 *Würdinger*, WuW 1969, 143 (147).

den Gesellschaften außer Betracht.[610] Maßgeblich sei vielmehr ausschließlich, dass es sich um eine „gleichartige Handelsgesellschaft“ handele.

Nach *Würdinger* sind daher die verbleibenden Probleme ausschließlich bei der Frage nach der Anwendbarkeit des § 112 Abs. 1 HGB in bestimmten Konstellationen anzusiedeln.[611]

Die von *Würdinger* angenommene Trennung zwischen dem Entstehen der gesellschaftsrechtlichen Förderpflicht durch den Gesellschaftsvertragsschluss einerseits und dem Bestehen der Verpflichtung aus § 112 Abs. 1 HGB wirkt künstlich und widerspricht dem oben Gesagten[612]. Durch den Gesellschaftsvertragsschluss wird eben auch die dispositive Regelung des § 112 Abs. 1 HGB Vertragsinhalt.[613]

Dass der Schutzzweck des § 112 Abs. 1 HGB nicht darin liegt, der Gesellschaft die Arbeitskraft des Gesellschafters zu erhalten, wurde bereits dargelegt.[614] *Würdinger* sieht den Schutzzweck des § 112 Abs. 1 HGB darin sicherzustellen, dass die für gemeinsame Rechnung zu schließenden Geschäfte auch tatsächlich für gemeinsame Rechnung geschlossen werden und meint gleichzeitig, die Norm enthalte keinen Wettbewerbsbezug. Hiergegen ist einzuwenden, dass der genannte Schutzzweck gerade auch erfordert, dass die Gesellschaft in der Lage gewesen wäre, den entsprechenden Gewinn selbst zu erzielen.[615] Genau dies setzt aber voraus, dass die Gesellschaft und der Gesellschafterunternehmer bzw. die Gesellschaft, an welcher der Gesellschafter beteiligt ist, zueinander im Wettbewerb stehen. Jedenfalls schützt § 1 GWB auch den potentiellen Wettbewerb[616] und der § 112 Abs. 1 HGB verhindert das Vordringen des Gesellschafters in eine Wettbewerbsbeziehung zu der OHG.

Es lässt sich somit keineswegs sagen, dass dem § 112 Abs. 1 HGB der wettbewerbsbeschränkende Charakter fehlt. Daher scheidet die Anwendbarkeit des § 1 GWB nicht bereits aus diesem Grund aus.

---

610 *Würdinger*, WuW 1969, 143 (145).

611 *Würdinger*, WuW 1969, 143 (147 f.) mit entsprechendem Beispiel.

612 Oben: 4. Kap. A. I. 2. b).

613 *Beuthien*, ZHR 142 (1978), 259 (272) Fn. 36 sieht in dieser Argumentation Berührungspunkte mit der Unterscheidung zwischen Haupt- und Nebenwirkungen eines *Austauschvertrages* und dem Versuch Letztere bei kartellrechtsneutralem Hauptzweck ebenfalls nicht unter § 1 GWB zu fassen.

614 Vgl. oben: 2. Kap. A. I. 1. b).

615 *Beuthien*, ZHR 142, 259 (271); anders allerdings in Bezug auf die Rechtsfolge des § 113 HGB, bei dem es nicht darauf ankommen soll, ob die Gesellschaft den Gewinn selber hätte erzielen können; vgl. oben: 2. Kap. A. II. 1.

616 Vgl. nur I/M/*Zimmer*, GWB, § 1 Rn. 116.

d) Unanwendbarkeit des Kartellverbotstatbestands auf unlauteren Wettbewerb

Der unlautere Wettbewerb ist nicht durch den Kartellverbotstatbestand geschützt.[617] Verträge über die Unterlassung unlauteren Wettbewerbs sind folglich unbedenklich. Würde jeder Verstoß, dem § 112 Abs. 1 HGB vorbeugen soll, immer auch den Tatbestand des § 17 UWG erfüllen, wäre das Wettbewerbsverbot, das dieses unlautere Verhalten unterbindent, kartellrechtlich unproblematisch.

Der § 17 UWG wird jedoch regelmäßig nicht verwirklicht sein, sodass der § 112 Abs. 1 HGB gerade Fälle erfasst, die keinen unlauteren Wettbewerb darstellen und dieser sich folglich an dem Kartellverbot messen lassen muss.[618] Der § 17 Abs. 1 UWG setzt die Mitteilung eines Geschäftsgeheimnisses an einen Dritten voraus. In den von § 112 Abs. 1 HGB zu verhindernden Fällen wird der Gesellschafter jedoch geschäftsintern erlangte Informationen selber nutzen wollen.[619] Auch ein unbefugtes Verschaffen i.S.d. § 17 Abs. 2 UWG kann bei einem Gesellschafter(-geschäftsführer), der lediglich seine gesellschaftsrechtlichen Informationsrechte wahrnimmt, nicht angenommen werden.[620]

Da der § 17 UWG also regelmäßig nicht einschlägig sein wird, bleibt der Normenkonflikt zwischen § 112 HGB und dem Kartellverbotstatbestand grundsätzlich bestehen.[621]

e) Zwischenergebnis

Von dem grundsätzlichen Bestehen eines Normenkonfliktes ist auszugehen. Voraussetzung ist natürlich, dass die weiteren Voraussetzungen des Kartellverbotstatbestandes, wie insbesondere die Spürbarkeit der Wettbewerbsbeschränkung, vorliegen.

II. Auflösung des Spannungsverhältnisses

Nachdem das generelle Bestehen des Normenkonflikts herausgearbeitet wurde, ist der Frage nachzugehen, wie sich das Spannungsverhältnis zwischen Kartellverbot

---

617 BGH Urteil v. 26.10.1961 Az. KZR 3/61 (Tz. 45) – *Speditionswerbung*, BGHZ 36, 105 (111) = NJW 1962, 196; I/M/*Zimmer*, GWB, § 1 Rn. 141; *Emmerich*, Kartellrecht, § 21 Rn. 29.

618 So auch: *Beuthien*, ZHR 142 (1978), 259 (278).

619 *Polley*, Wettbewerbsverbot und Geschäftschancenlehre, S. 98 f.

620 *Polley*, a.a.O.

621 Auf das durchaus problematische Verhältnis von nationalem Lauterkeitsrecht und europäischem Kartellrecht ist in diesem Zusammenhand also nicht einzugehen; vgl. insoweit *Emmerich*, Kartellrecht, § 4 Rn. 58 ff.

und Wettbewerbsverbot lösen lässt. Die Darstellung unterscheidet dabei im Folgenden nach der Lösung des Konflikts zugunsten des Wettbewerbsverbots (1.) und der Lösung des Konflikts zulasten des Wettbewerbsverbots (2.).

1. Lösung zugunsten des Wettbewerbsverbots

Die Lösung des Normenkonfliktes zugunsten des Wettbewerbsverbots bedeutet ein Zurücktreten des Kartellverbotstatbestandes. Dies muss methodisch nachvollziehbar begründet werden.

a) Vertretene Ansätze

aa) Genereller Vorrang des Gesellschaftsrechts vor dem Kartellrecht
Für bestimmte gesetzlich zugelassene Gesellschaftsformen (insbesondere die Einkaufsgenossenschaft, vgl. § 1 GenG) wird ein begrenzter Vorrang des Gesellschaftsrechts vor dem Kartellrecht behauptet.[622]

Gegen einen solchen auch nur begrenzten Vorrang des Gesellschaftsrechts spricht aber, dass es häufig zu der Eigenart von Kartellen gehört, gesellschaftsrechtlich verfasst zu sein, sodass der § 1 GWB andernfalls leer zu laufen droht.[623] Zwar hat sich die Erkenntnis durchgesetzt, dass sich jede Vertragsform zu Kartellzwecken eignet;[624] gleichwohl bleiben gesellschaftsrechtlich verfasste Kartelle ein wichtiger Anwendungsfall, der nicht *a priori* aus dem Anwendungsbereich des § 1 GWB herausgenommen werden kann.

Der *Bundesgerichtshof* hat im Hinblick auf die Genossenschaften festgehalten, dass die Herausnahme derselben aus dem Kartellbegriff dazu führte, dass durch die Wahl einer bestimmten Organisationsform der § 1 GWB umgangen werden könnte, sodass es keinen Vorrang des Gesellschaftsrechts vor dem Kartellrecht geben könne.[625]

---

622 Vgl. *Beuthien,* ZHR 142 (1978), 259 (263 ff.).

623 *Beuthien,* ZHR 142 (1978), 259 (260) mit dem Hinweis, dass Kartelle niedriger Ordnung untereinander eine GbR bilden und der Kartellgesellschaft (oft GmbH) bei Kartellen höherer Ordnung Unternehmenscharakter zukommt, sodass diese selbst dem Kartellverbot unterfällt; vgl. auch BGH Beschluss v. 01.12.1981 Az. KRB 5/79 (Tz. 15) – *Baustoffhändler,* BGHZ 82, 332 = NJW 1982, 938 (939).

624 *Belke,* ZHR 143 (1979), 74 (75); vgl. zu dem gesellschaftsrechtlichen Verständnis des § 1 GWB in der Kartellformenlehre: *K. Schmid,* Kartellverbot, S. 3 ff.; vgl. oben: 4. Kap. A. I. 1.

625 BGH Urteil v. 17.05.1972 Az. KZR 2/72 (Tz. 14), BB 1974, 1221 (1222); BGH Beschl. v. 28.06.1977 Az. KVR 2/77 (Tz. 15), WM 1977, 1257 (1258).

Zu berücksichtigen ist ferner, dass das Gesellschaftsrecht Unternehmensorganisationsrecht ist, und es sich bei dem Kartellrecht um Unternehmensverhaltensrecht handelt. Weder dem Kartellrecht, noch dem Gesellschaftsrecht, kommt ein Vorrang aufgrund höherer Normqualität zu; gleichwohl ist im Hinblick auf das Kartellrecht in Bezug auf die Betätigungsfreiheit der Unternehmen am Markt ein Vorrang der Regelungszuständigkeit anzunehmen.[626] Dies spricht eher umgekehrt für einen Vorrang des Kartellrechts gegenüber dem Gesellschaftsrecht[627] und jedenfalls gegen einen generellen Vorrang des Gesellschaftsrechts.

Die Grenze zwischen Kartellrecht und Gesellschaftsrecht kann nicht von der Rechtsform der jeweiligen Gesellschaft abhängen, sodass es auch aus diesem Grund kraft Gesellschaftsrechts keine generell kartellverbotsfreien Gesellschaftsformen geben kann.[628]

Die kartellrechtliche Privilegierung einzelner Gesellschaftsformen würde überdies dem Sinn der gesellschaftsrechtlichen Typenwahlfreiheit widersprechen, wonach die Beteiligten in der Lage sein solle, die für ihr Vorhaben organisatorisch zweckmäßigste Gesellschaftsform zu wählen und nicht diejenige wählen müssen, welche im Hinblick auf das Kartellrecht am sinnvollsten erscheint.[629]

Ein genereller Vorrang des Gesellschaftsrechts vor dem Kartellrecht lässt sich auch nicht durch eine verfassungskonforme Auslegung[630] des Kartellrechts erreichen.[631] Der Art. 9 GG enthält keine Institutsgarantie, sodass der einfache Gesetzgeber nicht an einen bestimmten Kernbestand von Normen des Gesellschaftsrechts gebunden ist.[632]

Aus den genannten Gründen kann es also keinen allgemeinen Vorrang des Gesellschaftsrechts – auch nur in Bezug auf einige Gesellschaftsformen - vor dem Kartellrecht geben.[633]

---

626 *Beuthien*, ZHR 142 (1978), 259 (261); *K. Schmidt*, ZHR 149 (1985), 1 (11) formuliert: „Was kartellrechtlich verboten ist, kann zivilrechtlich weder erlaubt, noch geboten sein" und bringt hiermit ebenfalls den Vorrang des Kartellrechts zum Ausdruck.

627 Dazu unten: 4. Kap. A. II. 2. a) aa).

628 *Beuthien*, ZHR 142 (1978), 259 (262).

629 *Beuthien*, ZHR 142 (1978), 259 (262) m.w.N.

630 Dazu allgemein: *Larenz/Canaris*, Methodenlehre, S. 159 f.

631 Vgl. *Schwarz*, Kartellvertrag, S. 33.

632 *Schwarz*, a.a.O.; v. Mangoldt/Klein/Starck/*Kemper*, GG I, Art. 9 Rn. 11 m.w.N.

633 Ebenso, mit dem allgemeinen Hinweis auf die funktionale Zuordnung von Privatrecht und Wettbewerbsrecht, die keinen Vorrang des zuerst Genannten erlaube: *Möschel*, Recht der Wettbewerbsbeschränkungen, Rn. 3.

bb) Konkreter Vorrang des § 112 HGB vor § 1 GWB

Von der Frage nach einem generellen Vorrang des Gesellschaftsrecht vor dem Kartellrecht ist die Frage zu unterscheiden, ob jedenfalls der konkrete § 112 Abs. 1 HGB dem § 1 GWB gegenüber Vorrang genießt.

Dies wurde unter Hinweis auf den § 109 Abs. 2 GWB 1958[634] vertreten.[635] Die in dieser Norm aufgezählten wettbewerbsbeschränkenden Vorschriften wurden förmlich außer Kraft gesetzt. Der § 112 Abs. 1 HGB zählte nicht dazu, sodass aus dieser Nichterwähnung gefolgert wurde, der § 112 Abs. 1 HGB sei von § 1 GWB unberührt geblieben und genieße diesem gegenüber einen entsprechenden Vorrang.

Eine förmliche Aufhebung des § 112 Abs. 1 HGB war jedoch bereits deshalb nicht angezeigt, weil der Norm jedenfalls für den Fall, dass die Wettbewerbsbeschränkung nicht spürbar ist, ein eigener Anwendungsbereich verbleibt.[636]

Beuthien weist darauf hin, dass § 1 GWB keinen Unterschied macht zwischen unmittelbar auf den Parteiwillen zurückgehenden Wettbewerbsbeschränkungen und solchen, die sich aus ergänzendem Gesetzesrecht wie § 112 Abs. 1 HGB ergeben.[637] Die Derogation einer Rechtsnorm erfordere keine ausdrückliche Aufhebung derselben und § 1 GWB setze nur die Rechtsfolge des § 112 Abs. 1 HGB außer Kraft, sodass kein Eingriff in die bestehende gesellschaftsrechtliche Ordnung vorliege, welcher eine Erwähnung in § 109 Abs. 2 GWB 1958 erforderlich werden ließ.

Gegen die Tauglichkeit des Hinweises auf § 109 Abs. 2 GWB a.F. im Hinblick auf die Klärung des Verhältnisses von § 112 Abs. 1 HGB und § 1 GWB spricht insbesondere, dass die Vorschrift sich überhaupt nicht mit dem Verhältnis von Gesellschafts- und Kartellrecht befasst, da sie ausschließlich wettbewerbsrechtliche Vorschriften enthält, die mit dem Erlass des GWB hinfällig wurden.[638]

Folglich kann aus der Nichterwähnung des § 112 Abs. 1 HGB in § 109 Abs. 2 GWB 1958 kein Rückschluss auf einen etwaigen Vorrang des § 112 Abs. 1 HGB vor dem § 1 GWB gezogen werden. Ein solcher Vorrang lässt sich daher nicht begründen. Dies gilt erst Recht im Hinblick auf das europäische Kartellverbot.

---

634 BGBl. 1957/I, 1081 (1102); mittlerweile wurde auch der § 109 GWB 1958 aufgehoben.

635 *Magen,* NJW 1961, 147 (149).

636 *Beuthien,* ZHR 142 (1978), 259 (270).

637 *Beuthien,* a.a.O.

638 *Beuthien,* ZHR 142 (1978), 259 (271) mit dem Hinweis, dass es sich um die kartellrechtliche Vorschriften der Weimarer Republik, der nationalsozialistischen Wirtschaftslenkung und der alliierten Militärregierung handelte.

cc) § 1 GWB als kartellrechtlicher Typus

Gärtner vertritt die Ansicht, dass § 1 GWB keinen kartellrechtlichen Tatbestand, sondern einen kartellrechtlichen Typus beschreibe, sodass Wettbewerbsklauseln in Verträgen, mit denen ein marktneutraler Zweck verfolgt werde, nicht dem Kartellverbot unterfielen, da sie nicht der Regelung des Wettbewerbs dienten.[639] Die Tatbestandsmerkmale des § 1 GWB sind nach diesem Normverständnis nicht zu definieren; vielmehr handelt es sich bei den dort genannten Merkmalen lediglich um „Indizien", die in ihrem „Gesamtbild" auf den vom Kartellverbot zu erfassenden Sachverhalt hindeuten sollen.[640]

Da das Wettbewerbsverbot des § 112 Abs. 1 HGB im Hinblick auf die Anwendbarkeit des Kartellverbotstatbestandes als vertragliches Wettbewerbsverbot anzusehen ist,[641] lässt sich dieser Gedanke grundsätzlich auch auf den Normenkonflikt zwischen § 112 HGB und § 1 GWB anwenden.

Jedoch ist dieser Ansatz aus methodischen Gründen zu verwerfen. Der § 1 GWB ist als subsumtionsfähiger Tatbestand ausgestaltet und zudem bußgeldbewehrt (§ 81 Abs. 2 GWB), sodass sich bereits aus dem Rechtsstaatsprinzip das Gebot der möglichst vorhersehbaren und nachvollziehbaren Rechtsfindung ergibt.[642] Bei allen Schwierigkeiten und Ungenauigkeiten der Anwendung des § 1 GWB im Einzelfall, sollte jedenfalls nicht generell zu einer reinen Rechtsanwendung auf Grund von Wertungen übergegangen werden.

dd) Weitere Lösungsvorschläge

Das Wettbewerbsverbot des § 112 Abs. 1 HGB wird teilweise als Ausfluss des zwingenden Gebots von Treu und Glauben (§ 242 BGB) verstanden.[643] Ein Verstoß gegen § 1 GWB soll demnach nicht vorliegen, wenn die Gesellschafter nur das vereinbaren, was ihnen die Treupflicht ohnehin gebietet.

Gegen diesen Ansatz spricht jedoch, dass § 112 Abs. 1 HGB dispositives Gesetzesrecht darstellt (vgl. § 109 HS. 2 HGB). Da die Vorschrift abdingbar ist, beinhaltet § 112 Abs. 1 HGB gerade keinen zwingenden Teil der Treupflicht und muss daher durch § 1 GWB einschränkbar sein.[644]

---

639 *Gärtner*, Wandlungen in der Interpretation des § 1 GWB, S. 187 ff. m.w.N.

640 *Gärtner*, Wandlungen in der Interpretation des § 1 GWB, S. 191.

641 Vgl. oben: 4. Kap. A. I. 2. b).

642 *K. Schmidt*, ZHR 149 (1985), 1 (3 f.), mit dem Hinweis, dass sich der Gesetzgeber, will er auf subsumtionsfähige Tatbestände verzichten, des Missbrauchs- und nicht des Verbotsprinzips bedient.

643 *Ivens*, Konkurrenzverbot, S. 198 f. m.w.N.; *Beuthien*, ZHR 142 (1978), 259 (274 f.).

644 *Beuthien*, ZHR 142 (1978), 259 (275).

Zudem kommt auch § 242 BGB kein höherer Rang zu und ist folglich innerhalb der Gesamtrechtsordnung und innerhalb der Wettbewerbsordnung zu sehen. Ein Vorrang des § 112 Abs. 1 HGB lässt sich also nicht allein durch die Herleitung des Wettbewerbsverbots aus dem Grundsatz von Treu und Glauben legitimieren.

Einen anderen Ansatz verfolgt *Beuthien,* der dem § 112 Abs. 1 HGB einen gesellschaftsrechtlichen und einen wettbewerbsrechtlichen Gehalt zumisst.[645] Gesellschaftsrechtlich führe die Vorschrift dazu, dass ein Wettbewerbsverbot des Gesellschafters gegenüber der OHG entsteht.

Der wettbewerbliche Gehalt der Norm liege in der Tatsache begründet, dass die Gesellschaftsform der OHG zur Offenhaltung des Marktes beiträgt, indem sie es selbständigen Unternehmern ermöglicht, sich zusammen zu schließen und am Markt tätig zu werden.

In § 112 Abs. 1 HGB sei daher eine Teilbefreiung der OHG vom Kartellverbot des § 1 GWB zu sehen, die insoweit funktionsnotwendig sei, als die Gesellschaft für ihre Existenz auf das Wettbewerbsverbot als Schutz vor Insiderkonkurrenz angewiesen ist.

Die Annahme einer „Teilbefreiung" von dem Kartellverbot des § 1 GWB, die in § 112 Abs. 1 HGB liegen soll, ist jedoch methodisch nicht nachvollziehbar. Eine solche wäre allenfalls durch eine höherrangige Norm möglich, welche in § 112 Abs. 1 HGB gerade nicht vorliegt. Gleichwohl sind in der Argumentation von *Beuthien* bereits die Aspekte der Offenhaltung der Märkte mithilfe der Gesellschaftsform OHG sowie die Funktionsnotwendigkeit des Wettbewerbsverbots enthalten.

Ferner wurde bereits 1971 eine restriktive Interpretation des Merkmals „Wettbewerbsbeschränkung" i.S.d. § 1 GWB vorgeschlagen.[646] Zur Begründung dieses Ansatzes wurde vorgebracht, dass Wettbewerbsverbote die unternehmerische Handlungsfreiheit nur dann konstitutiv begrenzen, wenn diese von der gesellschaftlichen Treupflicht nicht gedeckt und für den Bestand der Gesellschaft nicht funktionsnotwendig sind.

Hiergegen wurde eingewendet, dass die gesamtwirtschaftliche Günstigkeit einer individuellen Wettbewerbsbeschränkung i.R.d. § 1 GWB nicht berücksichtigt werden könne, da es im deutschen Recht keine *rule of reason* gebe.[647]

---

645 *Beuthien,* ZHR 142 (1978), 259 (279 ff.).

646 *Schütte,* Wettbewerbsverbote der Personalhandelsgesellschafter, S. 98 f.; diese Ansicht kommt der wettbewerbsrechtlich begründeten Immanenztheorie wohl schon am nächsten; dazu sogleich.

647 *Beuthien,* ZHR 142 (1978), 259 (277).

ee) Zwischenergebnis

Die dargestellten Ansätze verfolgen das Ziel, dem erforderlichen Wettbewerbsverbot gegenüber dem Kartellverbot zur Geltung zu verhelfen. Dabei können die vorgebrachten Begründungen methodisch nicht überzeugen.

b) Immanenztheorie

Als überzeugende Begründung für eine Einschränkung des Kartellverbotstatbestandes hat sich der Immanenzgedanke durchgesetzt.

aa) Entwicklung in der Literatur

Die Immanenztheorie wurde grundlegend von *Steindorff* entwickelt.[648] Sie besagt, dass Wettbewerbsverbote, die in erlaubten Privatrechtsverhältnissen notwendig enthalten sind, nicht gegen das Kartellverbot verstoßen.[649]

Zunächst war die Immanenztheorie als zivilrechtliche Einschränkung des Kartellverbots begründet worden.[650] Im Zusammenhang mit ihr wurde der verkürzende Satz gebraucht, dass kartellrechtlich nicht verboten sein könne, was zivilrechtlich erlaubt sei. Die zivilrechtlichen Wertungen wurden im Zusammenhang mit der Zulässigkeit von Wettbewerbsverboten aus Treu und Glauben und der gesellschaftsrechtlichen Treupflicht hergeleitet.[651]

Letztlich hat sich die Ansicht durchgesetzt, welche die Nichtanwendung des § 1 GWB mit wettbewerbsrechtlichen Erwägungen begründet.[652] Es ist grundsätzlich nach den Auswirkungen einer Wettbewerbsbeschränkung auf den Wettbewerb insgesamt zu fragen und eine Saldierung der positiven und negativen Aspekte einer Maßnahme vorzunehmen, wobei ein Verbot nach dem Sinn und Zweck des Wettbewerbsrechts nur dann in Betracht kommt, wenn die negativen Aspekte überwiegen.[653] Die Abwägung erfolgt allerdings nicht unbegrenzt. Sie hat vielmehr das Ziel, nur solche Wettbewerbsbeschränkungen zuzulassen, die erforderlich sind.[654]

---

648 *Steindorff,* BB 1977, 569 ff.; die Bezeichnung „Immanenztheorie" findet sich erstmals bei *Rittner,* ZHR 135 (1971), 289 (294).

649 Grundlegend: *Steindorff,* BB 1977, 569 (571); sich ihm anschließend *Belke,* ZHR 143 (1979), 90; *Möschel,* Recht der Wettbewerbsbeschränkungen, Rn. 204 ff.; I/M/*Zimmer,* GWB, § 1 Rn. 175 ff.; *Emmerich,* Kartellrecht, § 21, Rn. 41.

650 I/M/*Zimmer*, GWB, § 1 Rn. 175.

651 I/M/*Immenga*, GWB, 1. Auflage 1981, § 1 Rn. 170.

652 I/M/*Zimmer*, GWB, § 1 Rn. 176; Loewenheim/Meessen/Riesenkampff/*Nordemann*, § 1 GWB Rn. 148; *Schmitz,* WuW 2002, 6 (14); *Fuchs,* BB 1993, 1893 (1895).

653 *Schmitz*, WuW 2002, 6 (14).

654 *Schmitz*, WuW 2002, 6 (14).

bb) Anwendung durch die deutsche Rechtsprechung

Der *Bundesgerichtshof* hat sich erstmals im Jahr 1962 grundlegend zu dem Verhältnis von gesellschaftsrechtlichen Wettbewerbsverboten und § 1 GWB geäußert.[655] Damals ließ er eine gewisse Sympathie für die Ansicht erkennen, dass die gesetzliche Anerkennung der volkswirtschaftlich erwünschten Unternehmensform OHG es im Regelfall mit sich bringe, dass die Gesellschafter sich ausschließlich der Erfüllung ihrer gesellschaftsvertraglichen Verpflichtungen zu widmen haben, sodass der § 1 GWB zugunsten des § 112 HGB einzuschränken sei.[656] Die Besonderheiten des zu entscheidenden Falles erlaubten es dem *BGH* jedoch, eine abschließende Stellungnahme zu vermeiden.[657]

Diese holte er im Zusammenhang mit der kartellrechtlichen Beurteilung eines Wettbewerbsverbotes zulasten des Komplementärs einer dem gesetzlichen Leitbild entsprechenden Kommanditgesellschaft nach.[658] Der *Bundesgerichtshof* entschied, das Wettbewerbsverbot diene allein dem Bestand und der Erhaltung der Gesellschaft, indem es die Aushöhlung von innen heraus verhindere, und dass die Gesellschaft und die Mitgesellschafter auf das Wettbewerbsverbot angewiesen seien.[659] Das Wettbewerbsverbot gehe nicht über das Maß hinaus, welches von der Treupflicht gefordert wird und zum Schutz der Gesellschaft notwendig ist.[660]

In der Folge betonte der *BGH* immer wieder, dass Wettbewerbsbeschränkungen, die für den Erhalt einer kartellrechtsneutralen Gesellschaft in ihrem Bestand und ihrer Funktionsfähigkeit notwendig sind, nicht unter § 1 GWB fallen.[661] Die

---

655 BGH Urteil v. 06.12.1963 Az. KZR 4/62 – *Bonbonnière*, BGHZ 38, 306 ff. = WM 1963, 245 ff.; häufig wird auch von der „Kino"-Entscheidung gesprochen.

656 BGH a.a.O. (Tz. 21).

657 Der Gesellschaftsvertrag entsprach nicht dem gesetzlichen Leitbild einer umfassenden Arbeits- und Haftungsgemeinschaft, da der Gesellschafter lediglich die persönliche Haftung übernahm und sich zur Leistung einer Geldeinlage verpflichtete.

658 BGH Urteil v. 21.02.1978 Az. KZR 6/77 – *Gabelstaplervermietung*, BGHZ 70, 331 = NJW 1978, 1001.

659 BGH a.a.O. (Tz. 23); vgl. auch BGH Urteil v. 05.12.1983 Az. II ZR 242/82 (Tz. 26) – *Werbeagentur*, BGHZ 89, 162 (169).

660 BGH a.a.O. (Tz. 20).

661 BGH Urteil v. 03.05.1988 Az. KZR 17/87 (Tz. 26) – *neuform-Artikel*, BGHZ 104, 246 (251) = NJW 1988, 2737 (2738); BGH Beschluss v. 10.11.1992 Az. KVR 26/91 – *Taxigenossenschaft II* (Tz. 32), BGHZ 120, 161 = NJW 1993, 1710, der BGH spricht insoweit von der „Genossenschaftsimmanenz" einer Wettbewerbsbeschränkung; zuletzt: BGH Urteil v. 23.06.2009 Az. KZR 58/07 – *Gratiszeitung Hallo* (Tz. 17), NJW-RR 2010, 615.

Gefahr der inneren Aushöhlung wurde für den Fall des maßgeblichen Einflusses auf die Geschäftsführung angenommen, da in diesem Fall beispielsweise zur Erhaltung der Konkurrenzfähigkeit erforderliche Geschäftsführungsmaßnahmen unterlassen werden könnten und zudem die Möglichkeit der Ausbeutung gesellschaftsinterner Informationen bestehe.[662]

Überdies hat der *Bundesgerichtshof* die Vereinbarung eines Wettbewerbsverbots zwischen den Gesellschaftern einer Kapitalgesellschaft gebilligt, deren Geschäftsbetrieb zwischen der Gesellschaft und einem ausscheidenden Gesellschafter aufgeteilt werden musste.[663] Hierbei hat er formuliert, dass solche Vereinbarungen von der Anwendung des § 1 GWB ausgenommen seien, „wenn sie als Nebenbestimmung im übrigen kartellrechtsneutraler Verträge erforderlich sind, um deren Zwecke zu erreichen und zu gewährleisten".[664] Es handele sich um diesen Geschäften immanente und im Hinblick auf das GWB unbedenkliche Folgen des im Übrigen kartellrechtsneutralen Vertrages. Dies gelte für solche Wettbewerbsbeschränkungen, die eine sich ohnehin aus Treu und Glauben oder der Verkehrssitte ergebende Verpflichtung lediglich aufgriffen oder konkretisierten.[665]

Die Rechtsprechung des *Bundesgerichtshofs* zeigt, dass der Grundgedanke der Immanenztheorie aufgegriffen wurde und – wenn auch nicht ausdrücklich – angewendet wird. Dabei steht weniger eine umfassende Abwägung von wettbewerblichen Vor- und Nachteilen im Vordergrund, als die Beurteilung der Abrede als „funktionsnotwendig" für die Durchführung eines kartellrechtlich gebilligten Vertragstyps.[666] Die Verwendung der von der Rechtsordnung zur Verfügung gestellten Gesellschaftsformen ist, sofern durch diese selbst kein kartellrechtswidriger Zweck verfolgt wird, *per se* als wettbewerbsfördernd anzusehen. Es bleibt daher allein die Frage nach der Funktionsnotwendigkeit der Wettbewerbsbeschränkung zu beantworten. Im Fall des Wettbewerbsverbots kommt es

---

662 BGH Urteil v. 03.05.1988 Az. KZR 17/87 – *neuform-Artikel* (Tz. 26), BGHZ 104, 246 (251).

663 BGH Urteil v. 19.10.1993 Az. KZR 3/92 – *Ausscheidender Gesellschafter*, NJW 1994, 384 f.

664 BGH a.a.O. (Tz. 14).

665 BGH a.a.O. (Tz. 15).

666 Vgl. Loewenheim/Meessen/Riesenkampff/*Nordemann*, § 1 GWB Rn. 149, unterteilt die BGH-Rechtsprechung zur Immanenztheorie in 2 Kategorien: (1.) Die Beurteilung im Hinblick auf die Funktionsnotwendigkeit der Wettbewerbsbeschränkung und (2.) Die umfassende Würdigung der wettbewerblichen Situation.

insoweit auf die Frage an, ob sich ein solches auch ohne ausdrückliche Vereinbarung bereits aus der gesellschaftsrechtlichen Treupflicht ergeben würde.[667]

cc) Methodische Begründung im deutschen Recht

Teilweise wurde die Immanenztheorie als „ungeschriebene Verbotsfreistellung" bezeichnet.[668] Diese Formulierung deutet auf ein Verständnis als eigenständige Prüfungskategorie, die aus sich selbst heraus die Nichtanwendung des Kartellverbots rechtfertigt.[669]

Dagegen lässt sich die Immanenztheorie methodisch besser als teleologische Restriktion[670] des Tatbestandsmerkmals „Wettbewerbsbeschränkung" einordnen.[671] Im Unterschied zu der teleologischen Reduktion[672] wird bei einer Restriktion einer gesetzlichen Regelung nicht ein einschränkender Satz hinzugefügt, sondern die Regel selbst enger als der Gesetzeswortlaut gefasst.[673] Eine solche teleologische Gesetzeskorrektur erfordert, dass der Gesetzeszweck eindeutig ermittelt ist, und dieser ohne eine Korrektur derart verfehlt würde, dass es zu schwerwiegenden Ungerechtigkeiten kommt.[674]

Diese Voraussetzungen sind vorliegend erfüllt. Das Kartellrecht dient dem Schutz der Privatautonomie, indem es die Ebenbürtigkeit der sich der Vertragsfreiheit bedienenden Parteien gewährleistet und vor endogenen Missbräuchen schützt.[675] Es darf daher nicht den Gebrauch solcher zivilrechtlicher Organisationsformen

667 Loewenheim/Meessen/Riesenkampff/*Nordemann*, § 1 GWB Rn. 170.

668 *K. Schmidt*, Kartellverbot, S. 79 ff.

669 In diese Richtung bereits: *Beuthien*, ZHR 142 (1978), 259 (279 ff.).

670 Vgl. dazu allgemein: *Larenz/Canaris*, Methodenlehre, S. 216 ff.

671 Vgl. *Möschel*, Recht der Wettbewerbsbeschränkungen, Rn. 204; in diese Richtung wohl auch *Belke*, ZHR 143 (1979), 74 (90); *Fuchs*, BB 1993, 1893 (1894); Langen/Bunte/*Krauß*, Bd. 1, § 1 Rn. 147; dagegen hat die Rechtsprechung ursprünglich am Tatbestandsmerkmal des „gemeinsamen Zwecks" des § 1 GWB 1957 angesetzt, um die Zulässigkeit gesellschaftsvertraglicher Wettbewerbsverbote zu begründen; diese wurde aber bereits damals als verfehlt angesehen, vgl. *Möschel* a.a.O.; vgl. allgemein zur teleologischen Reduktion im Kartellrecht: *Reymann*, Immanente Schranken des europäischen Kartellverbots, S. 256 ff.

672 Vgl. *Larenz/Canaris*, Methodenlehre, S. 210 ff.

673 Vgl. *Larenz/Canaris*, Methodenlehre, S. 218, dort zum Beispiel der teleologischen Restriktion des § 107 BGB für den Fall des „indifferenten" Geschäfts eines Minderjährigen.

674 *Larenz/Canaris*, Methodenlehre, S. 219/220.

675 Vgl. eingehend zu dem Zusammenhang von Kartellrecht und Privatautonomie: *Möschel*, Recht der Wettbewerbsbeschränkungen, Rn. 2 ff.

verhindern, derer sich die Marktteilnehmer bedienen müssen, um am Wettbewerb zu partizipieren.[676] Würde den Marktteilnehmern durch die kompromisslose wortlautgetreue Anwendung des Kartellverbots im Hinblick auf funktionsnotwendige gesellschaftsvertragliche Wettbewerbsverbote die Verwendung der jeweiligen Gesellschaftsform unmöglich gemacht, so bedeutete dies einen schwerwiegenden Wertungswiderspruch in Bezug auf das eigentlich mit dem GWB verfolgte Ziel. Die mit dem Normzweck des GWB verbundene Frage nach dessen Schutzobjekt[677] braucht in diesem Zusammenhang nicht entschieden zu werden. Sowohl für den Wettbewerb als Institution, als auch für den Schutz der Handlungsfreiheit der einzelnen Vertragsbeteiligten oder Dritter wäre die angesprochene strikte Anwendung des Kartellverbots in höchstem Maße schädlich.

Im Hinblick auf den Wettbewerb als Institution und den Schutz Dritter auf der Marktgegenseite ergibt sich diese Schädlichkeit aus der Verringerung der am Markt auftretenden Organisationen, welche regelmäßig eine Erlahmung des Wettbewerbs zur Folge haben wird. Den Gesellschaftsvertragsschließenden selbst würde die Möglichkeit genommen in Form einer Gesellschaft am Markt aufzutreten, was dem Schutz ihrer Handlungsfreiheit durch das Kartellverbot ebenfalls entgegensteht. In dem Abschluss eines Gesellschaftsvertrages mit dem entsprechenden *funktionsnotwendigen* Wettbewerbsverbot liegt gerade keine Einschränkung der Handlungsmöglichkeiten der Gesellschafter, sondern im Ergebnis eine Erweiterung.

Der Kartellverbotstatbestand ist daher aufgrund der genannten wettbewerblichen Wertungen im Wege der teleologischen Restriktion auf ein vernünftiges Maß zu beschränken.[678] Für den Normenkonflikt mit § 112 Abs. 1 HGB bedeutet dies, dass der Kartellverbotstatbestand im Wege der teleologischen Restriktion auf der Normanwendungsebene zurücktritt soweit das Wettbewerbsverbot für die Gesellschaft funktionsnotwendig[679] ist. Der § 1 GWB ist so zu lesen, als würde er lauten: „*Für einen kartellrechtsneutralen Hauptzweck nicht funktionsnotwendige* Vereinbarungen zwischen Unternehmen [...] sind verboten."

dd) Begründung im europäischen Recht

Im europäischen Recht fällt es schwer, von einer „methodischen Begründung" der Tatbestandsreduktion des Art. 101 AEUV zu sprechen. Die aus dem

676 *Fuchs,* BB 1993, 1893 (1895).

677 Vgl. I/M/*Zimmer,* GWB, § 1 Rn. 14 ff.

678 Im Ergebnis ebenso: *Fuchs,* BB 1993, 1893 (1894 f.).

679 Zu der Frage, wann Funktionsnotwendigkeit anzunehmen ist: unten: 4. Kap. C.

US-amerikanischen Antitrust-Recht entlehnte *rule of reason*-Doktrin[680] wird überwiegend mit Hinweis auf die Struktur des Art. 101 AEUV abgelehnt: Wettbewerbsfördernde Effekte einer an sich wettbewerbsbeschränkenden Vereinbarung sind danach erst im Rahmen der Freistellungsmöglichkeit des Art. 101 Abs. 3 AEUV zu berücksichtigen und nicht bereits auf Tatbestandsebene.[681] Diese Ablehnung bezieht sich allerdings nur auf das Verständnis der *rule of reason* im Sinne einer im Einzelfall umfassenden Analyse der Vor-und Nachteile einer Wettbewerbsbeschränkung.[682] Für möglich erachtet wird jedoch ein hinter einer vollständigen wettbewerblichen Würdigung zurückbleibendes, gleichwohl gewisse Elemente daraus entnehmendes, restriktives Verständnis der Wettbewerbsbeschränkung.[683]

In diesem Sinne werden unter dem Schlagwort „Nebenabreden-Doktrin" (*ancillary restraints*) solche Nebenabreden als kartellrechtlich unbedenklich beurteilt, die im Interesse des Wettbewerbs positiv zu bewerten sind.[684] Dabei ist allein danach zu fragen, ob die Nebenabrede für die kartellrechtlich unbedenkliche Hauptmaßnahme objektiv erforderlich ist. Das ist der Fall, wenn der Hauptvertrag ohne die Beschränkung nicht oder nur schwer verwirklicht werden kann.[685]

Der *EuGH* hat für ein im Zusammenhang mit einem Unternehmenskaufvertrag vereinbartes Wettbewerbsverbot entschieden, dass dieses nicht unter Art. 85 Abs. 1 EWG-Vertrag (= Art. 101 Abs. 1 AEUV) fällt, wenn es erforderlich ist, um die Unternehmensübertragung überhaupt zu realisieren.[686] Dabei komme es maßgeblich auf die Frage an, wie sich der Wettbewerb gestalten würde, wenn ein Wettbewerbsverbot fehlen würde. Trage das Wettbewerbsverbot zu einer

680 Vgl. dazu: *Reymann*, Immanente Schranken des europäischen Kartellverbots, S. 217 ff.

681 EuG Urteil v. 23.10.2003 Az. T-65/98 (Tz. 106 f.) – *Van den Bergh Foods/Komm.*, Slg. 2003 II-4662 (4701); EuG Urteil v. 18.09.2001 Az. T-112/99 (Tz. 72) – *M 6 u.a./Komm.*, Slg. 2001 II-2459 (2487); jedoch kann man EuGH Urteil v. 19.02.2002 Az. C-309/99 (Tz. 86 ff.) – *Wouters u.a.*, Slg. 2002 I-1653 (1685 ff.) durchaus als Anwendung der *rule of reason* durch den EuGH verstehen; vgl. zum Ganzen: Loewenheim/Meessen/Riesenkampff/*Gonzales Diaz*, Art. 81 Abs. 1 Rn. 135 ff.

682 FK/*Roth/Ackermann*, Art. 81 Abs. 1 EG Rn. 353 (Stand: Mai 2009).

683 FK/*Roth/Ackermann*, a.a.O.

684 I/M/*Emmerich*, Bd. 1/Teil 1, Art. 101 Abs. 1 AEUV Rn. 138.

685 EuG Urteil v. 18.09.2001 Az. T-112/99 (Tz. 109) – *M 6 u.a./Komm.*, Slg. 2001 II-2459 (2498).

686 EuGH Urteil v. 11.07.1985 Az. C-42/84 (Tz. 18 ff.) – *Remia BV*, Slg. 1985, 2545 (2571).

Stärkung des Wettbewerbs bei, indem sich die Zahl der auf dem relevanten Markt tätigen Unternehmen durch den Unternehmenskauf erhöhe, so sei dieses zulässig, soweit es für die Übertragung des Unternehmens erforderlich sei.[687] Ferner hat der *EuGH* ein Wettbewerbsverbot in Bezugsgenossenschaften als nicht von Art. 85 Abs. 1 EWG-Vertrag (=Art 101 Abs. 1 AEUV) erfasst angesehen, soweit dieses für das ordnungsgemäße Funktionieren der Genossenschaft notwendig ist.[688]

Zwischen deutschem und europäischem Recht ist im Hinblick auf die Immanenztheorie kein inhaltlicher Unterschied zu erkennen.[689] Eine methodisch nachvollziehbare Begründung der Einschränkung des Art. 101 Abs. 1 AEUV im Hinblick auf den Immanenzgedanken fehlt jedoch regelmäßig. Stattdessen wird auf die „Doktrin" der Nebenabreden verwiesen.

Akzeptiert man aufgrund der kontinentaleuropäischen Wurzeln der Unionsmethodik die teleologische Reduktion als Methode zur Schließung von Lücken im Wege der Rechtsfortbildung im europäischen Kartellrecht[690], kann im Hinblick auf die hier vertretene teleologische Restriktion nichts anderes gelten. Da das Unionsrecht die nationalen Gesellschaftsrechtskonzepte zu respektieren hat[691], ergibt sich aufgrund der bereits genannten Argumente die teleologische Restriktion des Art. 101 Abs. 1 AEUV für den Fall der funktionsnotwendigen Wettbewerbsverbote.

Ohne an dieser Stelle vertieft in die europäische Methodendiskussion einsteigen zu wollen, kann festgehalten werden, dass ein klares Bekenntnis zu einer methodengerechten Einschränkung des Art. 101 AEUV dem allgemeinen Verweis auf eine „Doktrin" vorzuziehen ist. Wann ein Wettbewerbsverbot für eine bestimmte Gesellschaftsform funktionsnotwendig ist, kann sich nur nach dem jeweiligen nationalen Recht richten.

ee) Zwischenergebnis

Die Einschränkung des Kartellverbotstatbestandes ist sowohl im deutschen als auch im europäischen Recht aufgrund des Immanenzgedankens anerkannt.

---

687 EuGH Urteil v. 11.07.1985 Az. C-42/84 (Tz. 20) – *Remia BV*, Slg. 1985, 2545 (2571).

688 EuGH Urteil v. 15.12.1994 Az. C-250/92 (Tz. 35) – *Gøttrup-Klim*, Slg. 1994 I-5641 (5687); EuGH Urteil v. 12.12.1995 Az. C-399/93 (Tz. 14) – *Oude Luttikhuis*, Slg. 1995 I-4515 (4525).

689 So auch Loewenheim/Meessen/Riesenkampff/*Nordemann*, § 1 GWB Rn. 151; vgl. ferner FK/*Roth/Ackermann*, Art. 81 Abs. 1 EG Rn. 325 (Stand: Mai 2009).

690 *Reymann*, Immanente Schranken des europäischen Kartellverbots, S. 254 ff. m.w.N.; vgl. allgemein zur Rechtsfortbildung im Unionsrecht: Riesenhuber/*Pechstein/Drechsler*, Europäische Methodenlehre, § 8 Rn. 55 ff.

691 *Reymann*, Immanente Schranken des europäischen Kartellverbots, S. 275 f.

Im Hinblick auf die kartellrechtliche Beurteilung gesellschaftsrechtlicher Wettbewerbsverbote kommt es maßgebend auf die Erforderlichkeit desselben für den Bestand der Gesellschaft an (Funktionsnotwendigkeit). Dieses Erfordernis korreliert inhaltlich mit der gesellschaftsrechtlichen Treupflicht. Das bedeutet keinen wirklichen Vorrang zivilrechtlicher Wertungen im engeren Sinne. Es bedeutet nur, dass für die Begründung eines ungeschriebenen Wettbewerbsverbots dieselben Überlegungen maßgebend sind, wie für die Beurteilung eines Wettbewerbsverbots als für den Bestand der Gesellschaft funktionsnotwendig.

2. *Lösung zulasten des Wettbewerbsverbots*

Für den Fall, dass das Wettbewerbsverbot des § 112 HGB nicht für den Bestand der Gesellschaft als funktionsnotwendig erachtet werden kann, stellt sich die Frage nach dem Zurücktreten des Wettbewerbsverbots. Der Kartellverbotstatbestand setzt sich durch und bestimmt die Nichtigkeit (§ 134 BGB i.V.m. § 1 GWB; Art. 101 Abs. 2 AEUV) der entgegenstehenden wettbewerbsbeschränkenden Vereinbarung. Diese Nichtigkeitsfolge greift unproblematisch bei vertraglich vereinbarten Wettbewerbsverboten in Gesellschaftsverträgen, die nicht lediglich den § 112 HGB deklaratorisch wiedergeben.[692]

Beruht das Wettbewerbsverbot aber auf der gesetzlichen Regelung des § 112 HGB, so stellt sich erneut das Problem der Normenkollision mit dem Kartellverbotstatbestand. Es ist eine methodisch nachvollziehbare Begründung für das Zurücktreten des *gleichrangigen* § 112 HGB erforderlich. Die Lösung kann nicht darin gesehen werden, dass das Wettbewerbsverbot des § 112 HGB als „vereinbart“ i.S.d. Kartellverbotstatbestandes angesehen wird.[693] Diese Gleichstellung des gesetzlichen mit dem vertraglichen Wettbewerbsverbot erfolgt ausschließlich im Hinblick auf das Vorliegen der Tatbestandsvoraussetzung „Vereinbarung“ im Sinne des Kartellverbots.[694] Eine weitergehende Gleichstellung dergestalt, dass sich die Nichtigkeitsfolge des Kartellverbots auch auf das *gesetzliche* Wettbewerbsverbot bezieht, lässt sich nicht überzeugend begründen.

a) Deutsche Ebene, § 1 GWB

Auf der deutschen Ebene stehen sich § 112 HGB und § 1 GWB als grundsätzlich unvereinbare Regelungen gegenüber.

---

692 Es stellt sich dann lediglich die Frage nach der Aufrechterhaltung des restlichen Gesellschaftsvertrags, § 139 BGB; dazu: 4. Kap. C. VI. 1.

693 Vgl. dazu oben: 4. Kap. A. I. 2. b).

694 Vgl. *Salfeld*, Wettbewerbsverbote, S. 65 f.

aa) Genereller Vorrang des GWB

Es wurde die vorrangige Anwendung des § 1 GWB nach dem *lex posterior derogat legi priori*-Grundsatz behauptet.[695] Dagegen wurde jedoch überzeugend eingewendet, dass ein allgemeines jüngeres Gesetz nicht eine ältere spezielle Regelung verdrängen könne.[696]

Ein Vorrang des Kartellverbots ergibt sich auch nicht aus der Qualifizierung des GWB als „Grundgesetz der Wirtschaft".[697] Das GWB ist eine einfachgesetzliche Regelung.

Es wurde darauf hingewiesen, dass dem Kartellrecht in Bezug auf die Betätigungsfreiheit der Unternehmen am Markt ein Vorrang der Regelungszuständigkeit zukommt.[698] Gleichwohl bedeutet dies keinen generellen Vorrang des Kartellrechts vor dem gesellschaftsrechtlichen Wettbewerbsverbot.

bb) Lösungsvorschläge in Rechtsprechung und Literatur

Nach der Ansicht von *Beuthien* setzt der § 1 GWB nur die Rechtsfolge des § 112 HGB außer Kraft, sodass kein Eingriff in die gesellschaftsrechtliche Ordnung vorliegt.[699]

Teilweise wird in der Literatur darauf hingewiesen, dass der *Bundesgerichtshof* das gesellschaftsrechtliche Wettbewerbsverbot selber im Hinblick auf seine Regelungsfunktion einer teleologischen Restriktion unterwerfe.[700] Der durch das Kartellverbot eröffnete Freiheitsraum setze sich gegenüber dem Wettbewerbsverbot des § 112 HGB durch.

Auch in der Literatur selber wird der Ansatz vertreten, dass sich der Einfluss des § 1 GWB bereits bei der Auslegung und Anwendung des § 112 HGB manifestieren müsse.[701] Dieser Einfluss könne zu einer Einschränkung des Anwendungsbereichs des § 112 HGB führen.[702]

---

695 *Klaue,* WuW 1961, 323 (325); vgl. allgemein dazu: *Larenz/Canaris,* Methodenlehre, S. 87 f.

696 *Klaue,* a.a.O.; *Voges,* DB 1977, 2081 (2085).

697 *Voges,* DB 1977, 2081 (2086) mit Hinweisen auf die **a.A.** in Fn. 58.

698 *Beuthien,* ZHR 142 (1978), 259 (261).

699 *Beuthien,* ZHR 142 (1978), 259 (270).

700 *Keßler,* WRP 2009, 1208 (1209); *Armbrüster,* ZIP 1997, 261 (265); beide unter Verweis auf BGH Urteil v. 06.12.1963 Az. KZR 4/62 – *Bonbonnière,* BGHZ 38, 306 (314).

701 Großkomm-HGB/*Schäfer,* § 112 Rn. 5.

702 Großkomm-HGB/*Schäfer,* § 112 Rn. 42.

cc) Auswertung der Lösungsvorschläge

Die Ansicht von *Beuthien*, wonach das Kartellverbot lediglich die Rechtsfolge des § 112 HGB außer Kraft setzen soll, überzeugt nicht. Die Rechtsfolge – Bestehen eines Wettbewerbsverbots – ist die wesentliche Aussage der Norm, welche gerade die gesellschaftsrechtliche Ordnung ausmacht. Es kann also nicht davon gesprochen werden, dass kein Eingriff in die gesellschaftsrechtliche Ordnung vorliege.[703]

Dies kann auch im Hinblick auf den dispositiven Charakter des § 112 HGB nicht anders gesehen werden. Dispositive Normen enthalten typisierte Gerechtigkeits- und Ordnungsvorstellungen.[704] Zwar können diese kraft Parteivereinbarung abbedungen werden. Wird aber keine Regelung getroffen, so gilt die dispositive Norm und bringt die gesetzgeberische Vorstellung von der Gestaltung eines bestimmten Rechtsverhältnisses zum Ausdruck.[705] Die gegenüber anderslautenden privatautonomen Vereinbarungen zweitrangige Rolle der dispositiven Vorschrift tut ihrem Gerechtigkeitsgehalt keinen Abbruch.[706] Es ist also keineswegs so, dass der § 112 HGB aufgrund seines dispositiven Charakters durch eine gleichrangige Norm (§ 1 GWB) in bestimmten Fällen für nichtig erklärt werden könnte – auch und gerade nicht begrenzt auf die (das Wesen der Norm ausmachende) Rechtsfolge. Die Geltung einer Norm zeigt sich gerade in der Anerkennung ihrer Rechtsfolge.

Wenn in der Literatur darauf verwiesen wird, dass der *Bundesgerichtshof* den Tatbestand des § 112 HGB in seiner *Bonbonnière*-Entscheidung im Hinblick auf § 1 GWB restriktiv ausgelegt habe, so ist festzuhalten, dass sich diese Aussage dem genannten Urteil nicht entnehmen lässt.

Der *BGH* deutet an, dass „sich wohl die Ansicht vertreten ließe, dass die gesetzliche Anerkennung der Unternehmensform der offenen Handelsgesellschaft [...] es notwendig in sich schließt, dass im gesetzlichen Regelfall die einzelnen Gesellschafter ihre gesellschaftsvertraglich übernommene Verpflichtung zur tätigen Mitarbeit bei der Führung des Unternehmens gesellschaftstreu zu erfüllen und demgemäß ihre geschäftliche und unternehmerische Tätigkeit im Zweifel allein dem gemeinsamen Unternehmen zu widmen haben."[707] Diese

---

703 Vgl. auch *Ivens*, Konkurrenzverbot, S. 199 m.w.N.: „§ 1 GWB enthält einen klaren Eingriff in die gesellschaftsrechtliche Ordnung, die vor dem Erlass des Gesetzes bestand".

704 *H.P. Westermann*, Vertragsfreiheit und Typengesetzlichkeit, S. 45.

705 *H.P. Westermann*, a.a.O.

706 *H.P. Westermann*, a.a.O.

707 BGH Urteil v. 06.12.1963 Az. KZR 4/62 (Tz. 21) – *Bonbonnière*, BGHZ 38, 306 (312 f.) = WM 1963, 245 (247).

Argumentation zielt auf ein Zurücktreten des Kartellverbots hinter das gesellschaftsrechtliche Wettbewerbsverbot. Der *Bundesgerichtshof* hatte dies nicht abschließend zu entscheiden, da der fragliche Gesellschaftsvertrag atypisch (kapitalistisch) ausgestaltet war und ein im Wesentlichen kapitalistisch beteiligter Gesellschafter nach dem gesetzlichen Leitbild nicht einem Wettbewerbsverbot zugunsten seiner Gesellschaft unterliege.[708] Er führt im Folgenden aus, dass ein Wettbewerbsverbot unter den gegebenen Voraussetzungen für den Bestand der Gesellschaft nicht erforderlich sei. Hieraus ergibt sich, warum der § 1 GWB keiner teleologischen Restriktion unterliegt.[709] Dagegen lässt sich dem Urteil keine Aussage zu einer restriktiven Auslegung des § 112 HGB entnehmen. Die rechtsdogmatische Frage, warum der § 112 HGB hinter § 1 GWB zurücktreten muss, lässt der *BGH* offen.

Er meint vielmehr nur, dass unter den besonderen Voraussetzungen des Falles dem gesetzgeberischen Grundgedanken des § 1 GWB Geltung zu verschaffen sei und hält im letzten – nicht in BGHZ abgedruckten[710] - Absatz der Entscheidung fest, dass ein von den Parteien gewolltes Wettbewerbsverbot *keinen rechtlichen Bestand* haben könne, soweit die weiteren Tatbestandsvoraussetzungen des § 1 GWB erfüllt seien.[711] Mit dieser Formulierung deutet der *Bundesgerichtshof* an, dass einem an sich gegebenen Wettbewerbsverbot wegen § 1 GWB keine Wirkung zukommen soll. Für die Ansicht, dass dem Wettbewerbsverbot schon aufgrund einer teleologischen Restriktion des § 112 HGB keine Geltung zukommen soll, lässt sich dem Urteil nichts entnehmen.

Der *Bundesgerichtshof* unterwirft das gesetzliche gesellschaftsrechtliche Wettbewerbsverbot somit nicht im Hinblick auf das Kartellverbot einer teleologischen Restriktion. Entsprechende Behauptungen in der Literatur unter Bezugnahme auf das genannte Urteil sind verfehlt.

dd) Eigener Ansatz

(1) Ausgangsüberlegung

Der Verweis der Literatur auf die Rechtsprechung des *BGH* geht also fehl. Gleichwohl wird die Ansicht vertreten, dass der § 1 GWB bei der Auslegung des

---

708 BGH Urteil v. 06.12.1963 Az. KZR 4/62 (Tz. 24) – *Bonbonnière*, BGHZ 38, 306 (314) = WM 1963, 245 (247).

709 Vgl. dazu oben: 4. Kap. A. II. 1. b) cc).

710 Daher vielleicht die z.T. missverständlichen Deutungen der Entscheidung.

711 BGH Urteil v. 06.12.1963 Az. KZR 4/62 (Tz. 30) – *Bonbonnière*, WM 1963, 245 (247).

§ 112 HGB zu berücksichtigen sei und dessen Anwendungsbereich einschränken könne.[712] In den Fällen, in denen ein Wettbewerbsverbot für den Bestand der Gesellschaft nicht funktionsnotwendig ist und der § 1 GWB folglich nicht im Wege der Tatbestandsrestriktion zurücktritt, muss der § 112 HGB aber vollständig zurücktreten. Dies hat mit einer Auslegung des Tatbestands nichts mehr zu tun, sondern bedeutet die Nichtanwendung (Derogation) des § 112 HGB. Da hierbei die Wortlautgrenze des § 112 HGB überschritten wird, handelt es sich nicht mehr um Auslegung, sondern um Rechtsfortbildung[713].

(2) Teleologische Reduktion des § 112 HGB

Die Lösung des Normenkonflikts zulasten des Wettbewerbsverbots ist in der teleologischen Reduktion des § 112 HGB vor dem Hintergrund des § 1 GWB zu suchen.

(a) Methodische Voraussetzungen

Die teleologische Reduktion einer Norm erfordert die Feststellung einer verdeckten Regelungslücke.[714] Ihre Rechtfertigung liegt in dem Gebot der Gerechtigkeit, die der Wertung nach erforderlichen Differenzierungen vorzunehmen und Ungleiches ungleich zu behandeln.[715] Demnach müsste der § 112 HGB in der Weise lückenhaft sein, dass eine nach seinem Schutzzweck erforderliche Ausnahmeregelung fehlt. Vorrangig ist dabei an eine Lösung über die gesetzesimmanente Rechtsfortbildung zu denken.[716] Dass die isolierte Betrachtung der Teleologie des § 112 HGB eine (gesetzesimmanente) teleologische Reduktion nicht zu rechtfertigen vermag, wurde bereits nachgewiesen.[717]

Die planwidrige Unvollständigkeit des Gesetzes muss sich jedoch nicht zwingend aus der Teleologie des einzuschränkenden Gesetzes selber ergeben. Vielmehr kann sich eine gesetzesübersteigende Rechtsfortbildung auch durch einen hierüber hinausgreifenden Rechtsgedanken legitimieren.[718] Die für die gesetzesübersteigende Rechtsfortbildung erforderliche Regelungslücke ist anzunehmen, wenn das Fehlen einer rechtlichen (Ausnahme-)Regelung zwar nicht im Hinblick auf den Plan des Gesetzes selber, wohl aber in Bezug auf die

---

712 Großkomm-HGB/*Schäfer*, § 112 Rn. 5/42.
713 Vgl. allgemein *Larenz*, Methodenlehre, S. 350 ff.
714 *Larenz/Canaris*, Methodenlehre, S. 198.
715 *Larenz/Canaris*, Methodenlehre, S. 211.
716 *Larenz/Canaris*, Methodenlehre, S. 232/233, sowie S. 245/246.
717 Vgl. oben: 2. Kap. A. I. 6. a).
718 *Larenz/Canaris*, Methodenlehre, S. 232.

Erfordernisse der Gesamtrechtsordnung als behebungsbedürftige Unvollständigkeit erscheint.[719]

Das Vorliegen einer ergänzungsbedürftigen Unvollständigkeit ist positiv zu begründen, wobei eine Legitimation insbesondere durch allgemeine Rechtsprinzipien und Werte möglich ist.[720] Insoweit kommt die Rechtsfortbildung mit Rücksicht auf ein rechtsethisches Prinzip in Betracht.[721] Dabei handelt es sich um solche rechtlichen Normierungen, die aufgrund ihres materiellen Gerechtigkeitsgehalts und der ihnen eigenen Überzeugungskraft rechtliche Entscheidungen rechtfertigen können.[722]

(b) Wettbewerbsfreiheit als rechtsethisches Prinzip

Ein solches rechtsethisches Prinzip hat der Gesetzgeber in § 1 GWB mit dem Gedanken der Wettbewerbsfreiheit zum Ausdruck gebracht. Dass dem gesetzgeberischen Grundgedanken des § 1 GWB – der Wettbewerbsfreiheit – in dem Fall Geltung zu verschaffen ist, in dem ein Wettbewerbsverbot für den Bestand der Gesellschaft nicht funktionsnotwendig ist, wird weder in Rechtsprechung, noch in der Literatur in Zweifel gezogen.[723] Es handelt sich also insoweit um eine Regelung, deren vorrangiger Zweck ohne eine teleologische Reduktion des § 112 Abs. 1 HGB nicht erreicht würde.

Dem Wettbewerbsprinzip kann spätestens seit seiner Etablierung in Deutschland nach dem Zweiten Weltkrieg[724] ein materieller Gerechtigkeitsgehalt nicht abgesprochen werden, welcher kraft eigener Überzeugungskraft rechtliche Entscheidungen zu legitimieren vermag.[725]

Folglich stellt das Prinzip der Wettbewerbsfreiheit ein rechtsethisches Prinzip dar, welches eine teleologische Reduktion des § 112 HGB im Wege der

---

719 *Larenz/Canaris*, Methodenlehre, S. 246.

720 *Larenz/Canaris*, a.a.O.

721 Vgl. dazu: *Larenz/Canaris*, Methodenlehre, S. 240 f.

722 *Larenz/Canaris*, Methodenlehre, S. 240.

723 Vgl. nur BGH Urteil v. 06.12.1963 Az. KZR 4/62 (Tz. 26) – *Bonbonnière*, BGHZ 38, 306 (315) = WM 1963, 245 (247); sowie die Nachweise oben: 4. Kap. A. II. 1.

724 Vgl. dazu: *Möschel*, Recht der Wettbewerbsbeschränkungen, Rn. 27.

725 Die Wettbewerbsfreiheit ist seit dem Inkrafttreten des Grundgesetzes am 23.05.1949 auch durch Art. 2 I GG als Teil der Wirtschaftsfreiheit geschützt, vgl. v. Mangoldt/Klein/*Starck*, GG, Art. 2 Abs. 1 Rn. 136; nach BVerwG Urteil v. 23.03.1982 Az. 1 C 157/79 (Tz. 34), BVerwGE 65, 167 (174) bedeutet Wettbewerbsfreiheit die Möglichkeit sich als verantwortlicher Unternehmer wirtschaftlich zu betätigen; auch *Armbrüster*, ZIP 1997, 261 (267) bezeichnet das Prinzip der Wettbewerbsfreiheit als „für unsere Wirtschaftsordnung konstitutiv".

gesetzesübersteigenden Rechtsfortbildung zu legitimieren vermag. Dies gilt jedoch nur insoweit, als die Tatbestandsvoraussetzungen des § 1 GWB – also insbesondere die Spürbarkeit der Wettbewerbsbeschränkung – auch vorliegen. Der Gesetzgeber hat durch das Aufstellen von Tatbestandsvoraussetzungen im Kartellverbotstatbestand festgelegt, in welchen Fällen das Prinzip der Wettbewerbsfreiheit mit der Folge Geltung erlangt, dass entgegenstehende Vereinbarungen unwirksam sind.

(c) Nachträgliches Entstehen der ergänzungsbedürftigen Unvollständigkeit

Es liegt eine *nachtägliche* ergänzungsbedürftige Unvollständigkeit vor, welche mit Inkrafttreten des GWB zum 01.01.1958[726] entstanden ist. Das HGB stammt vom 10.05.1897 und enthielt bereits in seiner ursprünglichen Fassung den der heutigen Regelung wortgleichen § 112 HGB.[727]

Zu der Zeit der Entstehung des HGB konnte von einem „rechtsethischen Prinzip" der Wettbewerbsfreiheit keinesfalls die Rede sein. Vielmehr setzte die Kartellierung der Märkte ab Mitte der siebziger Jahre des 19. Jahrhunderts unter der Billigung der Gerichte ein, was zur Folge hatte, dass Deutschland zum „klassischen Land der Kartelle" wurde.[728] Besonders eklatante Wettbewerbsverstöße wurden lediglich über die zivilrechtlichen Generalklauseln der §§ 138, 826 BGB und § 1 UWG geahndet.[729]

Durch die Einführung des GWB wurde dem Prinzip der Wettbewerbsfreiheit Geltung verschafft. Von diesem Zeitpunkt an kollidierte dieses Prinzip mit dem Wettbewerbsverbot. Bei Schaffung des § 112 HGB konnte der Gesetzgeber nicht mit der späteren Existenz eines Kartellverbotstatbestandes rechnen, sodass insoweit eine Ausnahme von dem gesetzlich angeordneten Wettbewerbsverbot nachträglich erforderlich wurde.

(d) Zwischenergebnis

Dem § 112 HGB fehlt also eine im Hinblick auf das in § 1 GWB zum Ausdruck kommende rechtsethische Prinzip der Wettbewerbsfreiheit erforderliche Ausnahmeregelung dergestalt, dass die Regelung des § 112 HGB nicht gilt, soweit

---

726 BGBl. 1957/I, S. 1081 ff.

727 Vgl. RGBl. 1897, 219 (242); vgl. zur Entstehungsgeschichte oben: 2. Kap. A. I. 1. a).

728 *Emmerich,* Kartellrecht, § 2 Rn. 5; *Möschel,* Recht der Wettbewerbsbeschränkungen, Rn. 21 f.

729 So insbesondere im „Benrather Tankstellen-Fall": vgl. RG Urteil v. 18.12.1931 Az. II 514/30 = RGZ 134, 342 f.; vgl. ferner: *Möschel,* Recht der Wettbewerbsbeschränkungen, Rn. 24.

diese nicht für den Bestand der Gesellschaft funktionsnotwendig ist und somit dem Prinzip der Wettbewerbsfreiheit Geltung zu verschaffen ist.

Da eine verdeckte Regelungslücke vorliegt, kann der § 112 HGB insoweit im Wege der gesetzesübersteigenden Rechtsfortbildung teleologisch reduziert werden.[730] Das Wettbewerbsverbot gilt daher nur dann, wenn dieses für den Bestand der Gesellschaft funktionsnotwendig ist.[731]

b) Europäische Ebene, Art. 101 AEUV

Das Kartellverbot des Art. 101 AEUV stellt unmittelbar anwendbares europäisches Primärrecht dar.[732] Der Konflikt mit einer dem europäischen Kartellverbot widersprechenden nationalen Norm könnte im Wege des Anwendungsvorrangs des Unionsrechts[733] zu lösen sein. Danach führt ein Verstoß gegen unmittelbar wirkendes Unionsrecht lediglich zur Unanwendbarkeit der nationalen Vorschrift im Geltungsbereich des Gemeinschaftsrechts.[734] Dieser bereits vor dem Erlass der VO 1/2003[735] anerkannte Vorrang des europäischen vor dem nationalen Kartellrecht hat in Art. 3 VO 1 /2003 noch eine Erweiterung erfahren, sodass sich das europäische Kartellrecht letztlich immer durchsetzt.[736] Bei § 112 HGB handelt es sich aber nicht um nationales Kartellrecht. Somit bleibt es bei der Frage nach der Lösung des Normenkonfliktes im Wege des allgemeinen Anwendungsvorrangs.

Vorrangig gegenüber der Unanwendbarkeitserklärung einer Norm ist unionsrechtskonforme (vor Inkrafttreten des AEUV: gemeinschaftsrechtskonforme)

---

730 I.E. ebenso: *Armbrüster,* ZIP 1997, 261 (267), der auch eine teleologische Reduktion des § 112 HGB auf die gesetzestypische Beteiligung und damit auf das zur Sicherung der Funktionsfähigkeit der OHG erforderliche Maß vertritt; dies jedoch ohne Ausführungen zu der erforderlichen verdeckten Regelungslücke und in enger Anlehnung an die dem Gesetzestypus entsprechende Ausgestaltung der Gesellschaft (insbes. § 114 Abs. 1 HGB); die Begründung der Regelungslücke mit § 1 GWB wird dort jedenfalls nicht deutlich. Vielmehr scheint *Armbrüster* von einer gesetzesimmanenten Rechtsfortbildung auszugehen.

731 Dazu unten: 4. Kap. C.

732 Vgl. nur I/M/*Immenga/Mestmäcker,* Bd. 1/Teil 1, Einl EU B Rn. 80.

733 Vgl. nur: EuGH Urteil v. 13.02.1969 Az. C-14/68 (Tz. 4 f.), Slg. 1969, 1 (13 f.) – *Walt Wilhelm;* I/M/*Immenga/Mestmäcker,* Bd. 1/Teil 1, Einl EU B Rn. 82.

734 Vgl. nur EuGH Urteil v. 09.03.1978 Az. C-106/77 – *Simmenthal,* Slg. 1978, 629 (Tz. 17 f.); *Großfeld,* AG 1992, 336 (338).

735 ABl. L 1 v. 04.01.2003.

736 *Wiedemann,* Hdb. Kartellrecht, § 6 Rn. 4.

Auslegung des nationalen Rechts.[737] Dies gilt auch im Hinblick auf unmittelbar geltendes Unionsrecht, da eine systemkonforme Auslegung von verschiedenen Normen im Über- und Unterordnungsverhältnis nach bestrittener Ansicht möglich sein soll.[738] Die Möglichkeit der unionsrechtskonformen Auslegung besteht auch im Hinblick auf nationale Normen, die älter sind als das maßgebliche Unionsrecht, da auch der Anwendungsvorrang insoweit nicht differenziert.[739]

Voraussetzung für eine unionsrechtskonforme Auslegung ist jedoch, dass das nationale Recht entsprechende Auslegungsspielräume eröffnet. Die unionsrechtskonforme Auslegung kann kein Ergebnis herbeiführen, welches nach nationalem Recht nicht im Wege der Auslegung zu erreichen gewesen wäre.[740]

Wie im Zusammenhang mit § 1 GWB bereits dargelegt, ist der § 112 HGB keiner Auslegung mehr zugänglich, sondern auf nationaler Ebene im Wege der gesetzesübersteigenden Rechtsfortbildung teleologisch zu reduzieren. Da das nationale Recht also keine entsprechenden Auslegungsspielräume eröffnet, ist eine unionsrechtskonforme Auslegung nicht möglich.

Das Zurücktreten des § 112 HGB im Hinblick auf das europäische Kartellverbot lässt sich zwar ebenso wie in Bezug auf § 1 GWB mit einer teleologischen Reduktion im Wege der gesetzesübersteigenden Rechtsfortbildung begründen.[741]

Der einzige Unterschied ist darin zu sehen, dass das rechtsethische Prinzip der Wettbewerbsfreiheit seinen Niederschlag im ebenfalls am 01.01.1958 in Kraft getretenen europäischen Primärrecht (damals: Art. 85 EWG-Vertrag[742]) gefunden hat. Zur Begründung der teleologischen Reduktion des § 112 HGB mit dem sich im europäischen Kartellverbotstatbestand manifestierenden Prinzip der Wettbewerbsfreiheit ist es wiederum erforderlich, dass dessen Tatbestandsvoraussetzungen – insbesondere der zwischenstaatliche Bezug der spürbaren Wettbewerbsbeschränkung[743] – erfüllt sind.

---

737 *Höpfner*, Die systemkonforme Auslegung, S. 231.

738 *Höpfner*, Die systemkonforme Auslegung, S. 231/232 mit Nachweisen der **a.A.** in Fn. 486; der Vorteil dieser Methode liegt in dem schonenderen Umgang mit den nationalen Rechtsordnungen.

739 *Höpfner*, Die systemkonforme Auslegung, S. 245.

740 *Höpfner*, Die systemkonforme Auslegung, S. 234.

741 Vgl. zur „richtlinienkonformen Rechtsfortbildung“: BGH Urteil v. 26.11.2008 Az. VIII ZR 200/05 Tz. 20 ff., BGHZ 179, 27 ff. = NJW 2009, 427 ff.

742 BGBl. 1957 II, 766; vgl. zu der geschichtlichen Entwicklung: *Möschel*, Recht der Wettbewerbsbeschränkungen, Rn. 34 f.

743 Dabei ist die *de-minimis*-Bekanntmachung zu berücksichtigen (ABl. Nr. C 368/13), vgl. *Emmerich*, Kartellrecht, § 4 Rn. 50 f.

Jedoch bedarf es dieses Lösungsweges nicht. Es ist daher auch nicht näher darauf einzugehen, ob sich eine nationale gesetzesübersteigende Rechtsfortbildung durch ein im europäischen Primärrecht verankertes rechtsethisches Prinzip begründen lässt.

Da eine Auslegung der nationalen Norm nicht möglich ist, handelt es sich vielmehr um einen Fall des europarechtlichen Anwendungsvorrangs. Der § 112 HGB bleibt daher im Fall der Kollision mit Art. 101 AEUV unangewendet.

3. *Ergebnis*

Die vorstehenden Ausführungen zeigen, dass der Normenkonflikt zwischen § 112 HGB und § 1 GWB sowohl zugunsten des Wettbewerbsverbots, als auch zugunsten des Kartellverbots gelöst werden kann. Ausschlaggebendes Kriterium ist insoweit die Funktionsnotwendigkeit des Wettbewerbsverbots für den Bestand der Gesellschaft.

Ist ein Wettbewerbsverbot für die Gesellschaft funktionsnotwendig, so tritt der Kartellverbotstatbestand im Wege der teleologischen Restriktion zurück. Im umgekehrten Fall führt eine teleologische Reduktion des § 112 HGB zu dessen Unanwendbarkeit und verhilft somit dem Prinzip der Wettbewerbsfreiheit zur Geltung. Im Kollisionsfall mit dem europäischen Kartellverbot wird dasselbe Ergebnis über den Anwendungsvorrang erzielt.

B. Keine unmittelbare Anwendbarkeit des § 112 Abs. 1 HGB

Ergibt sich ein Wettbewerbsverbot nicht aus der unmittelbaren Anwendung des § 112 Abs. 1 HGB, sondern aus der gesellschaftsrechtlichen Treupflicht[744], so besteht kein Spannungsverhältnis zwischen Gesellschafts- und Kartellrecht, dessen Auflösung weitere methodische Schwierigkeiten bereitet. Ein Wettbewerbsverbot, welches sich aus der gesellschaftsrechtlichen Treupflicht ergibt, ist immer auch für den Bestand der Gesellschaft funktionsnotwendig und somit kartellrechtsimmanent. Andernfalls würde die Treupflicht ein Wettbewerbsverbot gerade nicht erfordern. Insofern gilt das bereits zur Immanenztheorie Gesagte.[745]

Wird hingegen ein Wettbewerbsverbot gesellschaftsvertraglich vereinbart, ohne dass dieses zugleich von der gesellschaftsrechtlichen Treupflicht gefordert wird, liegt – die Spürbarkeit der Wettbewerbsbeschränkung unterstellt – ein

---

744 Vgl. dazu oben: 3. Kap.

745 4. Kap. A. II. 1. b).

Verstoß gegen den Kartellverbotstatbestand vor.[746] Da es aber um eine gesellschaftsvertragliche Vereinbarung der Beteiligten geht, setzt sich die Nichtigkeitsfolge des Kartellverbotstatbestandes (§ 1 GWB i.V.m. § 134 BGB; Art. 101 Abs. 2 AEUV) unproblematisch durch.[747] Es kollidieren gerade nicht zwei gleichrangige Normen, wie im Fall des Konflikts von § 112 Abs. 1 HGB mit § 1 GWB.

Es lässt sich festhalten: Liegen die Voraussetzungen für ein ungeschriebenes Wettbewerbsverbot vor, so ist dieses auch kartellrechtlich zulässig, da für beide Fragen dieselben Wertungen Maß geben.[748] Ein vereinbartes Wettbewerbsverbot, welches nicht bereits kraft gesellschaftsrechtlicher Treupflicht bestehen würde, ist folglich nur dann wirksam wenn es an der Spürbarkeit der Wettbewerbsbeschränkung fehlt.

Gleichwohl ist eine Aufnahme des Wettbewerbsverbots in den Gesellschaftsvertrag nicht sinnlos. Wer sich auf eine ausdrückliche Vereinbarung berufen kann, befindet sich in einer deutlich besseren Position, als wenn er sich auf die gesetzliche Rechtslage berufen müsste, da sich sowohl der Vertragspartner als auch der Richter in diesem Fall einfacher von dem Bestehen eines Wettbewerbsverbots überzeugen lassen werden.[749] Überdies kann ein ausdrücklich vereinbartes Wettbewerbsverbot das aufgrund der Treupflicht bestehende Wettbewerbsverbot zeitlich, gegenständlich und räumlich konkretisieren, wodurch eine präventive Wirkung auf den davon Betroffenen ausgehen kann.[750]

---

746 So auch ausdrücklich: Roth/*Altmeppen*, GmbHG, Anh. § 13 Rn. 124.

747 Es stellt sich dann möglicherweise nur die Frage nach der Anwendung der Grundsätze über die fehlerhafte Gesellschaft; vgl. dazu unten 4. Kap. C. VI. 2.

748 Vgl. Loewenheim/Meessen/Riesenkampff/*Nordemann*, § 1 GWB Rn. 170; MünchKomm-HGB/*Grunewald*, § 165 Rn. 18; *Ulmer*, WuW 1979, 433 (442); fragwürdig sind hingegen die Ausführungen einiger Oberlandesgerichte, die, nachdem die Nichtigkeit eines vertraglichen Wettbewerbsverbots bejaht wurde, noch prüfen, ob sich ein gesetzliches Wettbewerbsverbot analog § 112 Abs. 1 HGB ergibt. Dies wird zwar im Ergebnis verneint. Dies könnte aber mit dem Hinweis auf den für die beiden Fragen geltenden einheitlichen Maßstab prägnanter und kürzer begründet werden; vgl. OLG Frankfurt Urteil v. 17.03.2009 Az. 11 U 61/08, NZG 2009, 903 ff.; OLG Düsseldorf Urteil v. 15.08.2007 Az. VI-U (Kart) 11/07 (Tz. 57), WuW/E DE-R 2166 (2170).

749 *Hirte*, ZHR 154 (1990), 443 (456).

750 *Hommelhoff*, ZHR 150 (1986), 254 (262).

C. Kartellrechtliche Zulässigkeit gesellschaftsrechtlicher Wettbewerbsverbote

Aus dem bisher Gesagten wird deutlich: Es besteht ein grundsätzlicher Konflikt zwischen dem durch das Kartellverbot geschützten Wettbewerbsprinzip und dem gesellschaftsrechtlichen Wettbewerbsverbot. Dieser lässt sich methodisch überzeugend zugunsten des einen oder des anderen Prinzips lösen.

Entscheidend ist aber die Frage, nach welchen materiellen Kriterien sich die Lösung des Konflikts zugunsten des Wettbewerbsverbots oder der Wettbewerbsfreiheit richtet.

Für den Fall einer Kollision zweier gleichrangiger Rechtsgüter ist grundsätzlich im Wege einer „praktischen Konkordanz" eine Güterabwägung vorzunehmen, welche jedes der konfligierenden Rechtsgüter im bestmöglichen Maße zur Geltung bringt.[751] In diesem Sinne bedarf es verhältnismäßiger Kriterien, nach denen sich die kartellrechtliche Beurteilung gesellschaftsrechtlicher Wettbewerbsverbote richtet.

Als gesichert gilt insoweit die Erkenntnis, dass nur ein *funktionsnotwendiges* Wettbewerbsverbot zur Sicherung einer *kartellrechtsneutralen* Gesellschaft vor dem Kartellverbot Bestand haben kann.[752] Dabei muss das Wettbewerbsverbot erforderlich sein, um die Aushöhlung oder Zerstörung der Gesellschaft durch einen Gesellschafter von innen heraus zu verhindern (sog. „Aushöhlungsgedanke").[753]

---

751 Vgl. allgemein *Larenz/Canaris,* Methodenlehre, S. 223 ff.; *Voges,* DB 1977, 2081 (2086).

752 BGH Urteil v. 21.02.1978 Az. KZR 6/77 (Tz. 22 f.) – *Gabelstaplervermietung*, BGHZ 70, 331 (334) = NJW 1978, 1001 (1002); BGH Urteil v. 03.05.1988 Az. KZR 17/87 (Tz. 26) – *neuform Artikel*, BGHZ 104, 246 (251) = NJW 1988, 2737 (2738); BGH Urteil v. 23.06.2009 Az. KZR 58/07 (Tz. 17) – *Gratiszeitung Hallo*, GRUR 2010, 84 (85) = JuS 2010, 547 (548); Loewenheim/Meessen/Riesenkampff/*Nordemann*, § 1 GWB Rn. 149; MünchKomm-GWB/*Säcker*, § 1 Rn. 23 f.; *Bechtold*, GWB, § 1 Rn. 55; FK/*Roth/Ackermann*, § 1 GWB Rn. 101 (Stand: Januar 2011); die wettbewerbsfördernde Wirkung betonend: I/M/*Zimmer*, GWB, § 1 Rn. 177; *Emmerich*, Kartellrecht, § 21 Rn. 46; *Ivens,* Konkurrenzverbot, S. 203; derselbe Grundsatz ist auch im Unionsrecht anerkannt: EuGH Urteil v. 15.12.1994 Az. C-250/92 (Tz. 34) – *Gøttrup-Klim*, Slg. 1994 I-5641 (5687) = WuW 1995, 298 (300); I/M/*Emmerich*, Bd. 1/Teil 1, Art. 101 Abs. 1 AEUV Rn. 138 f.; Langen/Bunte/*Hengst*, Bd. 2, Art. 101 AEUV Rn. 344 ff.

753 Vgl. nur BGH Urteil v. 23.06.2009 Az. KZR 58/07 (Tz. 17) – *Gratiszeitung Hallo*, GRUR 2010, 84 (85) m.w.N.

I. Kartellrechtsneutrale Gesellschaft

Die durch das Wettbewerbsverbot zu schützende Gesellschaft muss als solche kartellrechtsneutral sein. Besteht der Zweck oder Unternehmensgegenstand einer Gesellschaft in der Behinderung, Einschränkung oder Verfälschung des Wettbewerbs, so verstößt diese als solche gegen den Kartellverbotstatbestand.[754] Dies muss allein schon deshalb gelten, weil das Kartellverbot andernfalls durch die Einkleidung eines Kartells in der Form einer Gesellschaft umgangen werden könnte.[755]

II. Funktionsnotwendigkeit in der Personenhandelsgesellschaft

1. Gesetzestypische Ausgestaltung

Für den gesetzestypischen, persönlich haftenden Gesellschafter einer Personenhandelsgesellschaft ist das gesetzliche Wettbewerbsverbot (§§ 112 Abs. 1, 161 Abs. 2 HGB) unproblematisch funktionsnotwendig und somit kartellrechtlich unbedenklich.[756] In diesem Fall verwirklichen sich die Erwägungen zu Sinn und Zweck des Wettbewerbsverbots vollumfänglich.[757] Solange es sich um den Regelfall einer „umfassenden Arbeits- und Haftungsgemeinschaft" handelt, hält auch der *Bundesgerichtshof* das Wettbewerbsverbot für kartellrechtlich zulässig, da andernfalls die gesellschaftstreue Mitarbeit in der Gesellschaft in Frage stehe, sodass die Grundlage „dieser volkswirtschaftlich erwünschten Unternehmensform" erschüttert werden könne.[758]

2. Von der Geschäftsführung ausgeschlossene OHG-Gesellschafter

Eine teleologische Reduktion des § 112 HGB im Fall des von der Geschäftsführung ausgeschlossenen OHG-Gesellschafters wurde bei isolierter Betrachtung der gesellschaftsrechtlichen Regelungen mangels planwidriger (Ausnahme-) Regelungslücke

754 Vgl. BGH Beschluss v. 01.12.1981 Az. KRB 5/79 (Tz. 11) – *Baustoffhändler*, BGHZ 82, 332 = NJW 1982, 938 (939); *Gansweid*, Gemeinsame Tochtergesellschaften, S. 239; vgl. zu den Rechtsfolgen der kartellrechtswidrigen Gesellschaft, insbesondere zu der Frage nach der Anwendung der Grundsätze über die fehlerhafte Gesellschaft, unten: 4. Kap. C. VI. 2.

755 *Emmerich*, Kartellrecht, § 21 Rn. 47 m.w.N. in Fn. 57.

756 *Emmerich*, Kartellrecht, § 21 Rn. 47.

757 Vgl. dazu oben: 2. Kap. A. I. 1. b).

758 BGH Urteil v. 06.12.1962 Az. KZR 4/62 (Tz. 21) – *Bonbonnière*, BGHZ 38, 306 (312); im Anschluss daran: BGH Urteil v. 21.02.1978 Az. KZR 6/77 (Tz. 22) – *Gabelstaplervermietung*, BGHZ 70, 331 (335).

abgelehnt.[759] Jedoch wurde die teleologische Reduktion des § 112 HGB im Hinblick auf das rechtsethische Prinzip der Wettbewerbsfreiheit, welches sich in § 1 GWB manifestiert, befürwortet.[760] Voraussetzung dafür ist die fehlende Funktionsnotwendigkeit des Wettbewerbsverbots für den Bestand der Gesellschaft.

Es ist mithin nun die Frage zu beantworten, ob das Wettbewerbsverbot des § 112 HGB funktionsnotwendig ist, wenn der von ihm betroffene Gesellschafter gesellschaftsvertraglich von der Geschäftsführung ausgeschlossen ist. Anders gewendet stellt sich in die Frage, ob allein das dem von der Geschäftsführung ausgeschlossenen Gesellschafter verbleibende Informationsrecht des § 118 HGB für die Annahme der Funktionsnotwendigkeit eines Wettbewerbsverbots genügt.

Diese Frage ist zu verneinen. Es wurde bereits dargelegt, dass die Gesellschaft über Auskunfts- und Einsichtsverweigerungsrechte ausreichend geschützt ist.[761] Das Wettbewerbsverbot zulasten des von der Geschäftsführung ausgeschlossenen Gesellschafters ist folglich nicht für den Bestand der Gesellschaft funktionsnotwendig.

III. Funktionsnotwendigkeit in der GmbH

Ein gesellschaftsrechtliches Wettbewerbsverbot ist für den Bestand der Gesellschaft funktionsnotwendig, wenn anderenfalls die Aushöhlung und Zerstörung durch die Gesellschafter von innen heraus droht. Das ist regelmäßig anzunehmen, wenn ein Gesellschafter maßgeblichen Einfluss auf die Geschäftsführung hat, da in diesem Fall die Gefahr besteht, dass er seinen eigenen Nutzen verfolgt und nicht stets im Interesse der Gesellschaft handelt.[762] Ein beherrschender Gesellschafter kann einerseits von seiner Möglichkeit der Einflussnahme in einer Weise Gebrauch machen, die mangels objektiven Maßstabs zu nicht ausgleichfähigen Nachteilen für die Gesellschaft führt, und zum anderen kann er gesellschaftsinterne Insiderinformationen für eigene Zwecke missbrauchen, ohne dass die Verweigerungsmöglichkeit des § 51a Abs. 2 GmbHG besteht.[763]

---

759 Oben: 2. Kap. A. I. 6. a).

760 Oben: 4. Kap. A. II. 2. a) dd).

761 Oben: 3. Kap. C. II. 3. und D. IV. 1. a).

762 BGH Urteil v. 03.05.1988 Az. KZR 17/87 (Tz. 26) – *neuform-Artikel*, BGHZ 104, 246 (251) = NJW 1988, 2737 (2738).

763 BGH Urteil v. 03.05.1988 Az. KZR 17/87 (Tz. 26) – *neuform-Artikel*, BGHZ 104, 246 (251) = NJW 1988, 2737 (2738) nennt als Beispiele die Verhinderung der zur Erhaltung der Wettbewerbsfähigkeit erforderliche Rationalisierung der Produktion sowie der Ergänzung des Angebots um neu entwickelte Produkte oder das Unterlassen der Ausnutzung von Marktchancen.

Es stellt sich somit die Frage, welche Beteiligungshöhe oder welche Einflussmöglichkeiten einem Gesellschafter zustehen müssen, damit die beschriebene Gefahrenlage vorliegt.

1. *Mehrheitsgesellschafter*

Zulasten des Mehrheitsgesellschafters in der GmbH ergibt sich ein ungeschriebenes Wettbewerbsverbot aus der gesellschaftsrechtlichen Treupflicht. Insoweit kann auf die Ausführungen im 3. Kapitel verwiesen werden.[764] Nach hier vertretener Ansicht kommt es dabei nicht auf die Realstruktur der Gesellschaft an.

Da ein Wettbewerbsverbot, wenn es sich aus der Treupflicht ergibt, jedenfalls kartellrechtsimmanent ist[765], erübrigen sich an dieser Stelle weitere Überlegungen. Die materiell-rechtliche Frage nach dessen Funktionsnotwendigkeit für den Bestand der Gesellschaft wurde somit bereits im Zusammenhang mit der Herleitung aus der gesellschaftsrechtlichen Treupflicht beantwortet.

2. *Minderheitsgesellschafter*

Problematischer ist die kartellrechtliche Beurteilung von Wettbewerbsverboten zulasten von Minderheitsgesellschaftern. Insoweit kann in der Darstellung nicht vollumfänglich auf die Ausführungen zur Begründung ungeschriebener Wettbewerbsverbote kraft gesellschaftsrechtlicher Treupflicht verwiesen werden. Im Hinblick auf die kartellrechtliche Zulässigkeit gesellschaftsrechtlicher Wettbewerbsverbote werden nämlich auch solche Konstellationen diskutiert, die im Zusammenhang mit der Begründung kraft Treupflicht keine Rolle spielen. Diese Divergenz lässt sich wohl darauf zurückführen, dass die kartellrechtliche Rechtsprechung sich mit anderen gesellschaftsrechtlichen Konstellationen zu beschäftigen hat als die gesellschaftsrechtliche Rechtsprechung. So ist beim *Bundesgerichtshof* der *II. Zivilsenat* für das Gesellschaftsrecht zuständig, während das Kartellrecht in den Zuständigkeitsbereich des *Kartellsenats* fällt. Es mag wohl auch leichter fallen, ein im Gesellschaftsvertrag vereinbartes Wettbewerbsverbot nicht nach dem Kartellverbotstatbestand für unwirksam zu erklären und somit zu *erhalten*, als ein nicht vereinbartes Wettbewerbsverbot positiv zu *begründen*.

Die hier gewählte Darstellung zeichnet die Unterscheidung in Rechtsprechung und Literatur zwischen Begründung ungeschriebener gesellschaftsrechtlicher

764 Vgl. oben: 3. Kap. D. II.

765 BGH Urteil v. 19.10.1993 Az. KZR 3/92 (Tz. 15) – *Ausscheidender Gesellschafter*, NJW 1994, 384 f.; Loewenheim/Meessen/Riesenkampff/*Nordemann*, § 1 GWB Rn. 170.

Wettbewerbsverbote und der kartellrechtlichen Überprüfung ausdrücklich vereinbarter Wettbewerbsverbote nach.

a) Minderheitsgesellschafter mit Blockademöglichkeit

Besonders problematisch ist die Frage nach der Funktionsnotwendigkeit eines Wettbewerbsverbots zulasten eines Minderheitsgesellschafters mit der Möglichkeit, strategisch wichtige Unternehmensentscheidungen zu blockieren.

aa) Auffassung der Oberlandesgerichte

Das *Oberlandesgericht Frankfurt*[766] hat ebenso wie das *Oberlandesgericht Düsseldorf*[767] die Ansicht vertreten, dass die Stellung als Minderheitsgesellschafter, auch wenn diese mit der Blockademöglichkeit strategischer Unternehmensentscheidungen verbunden ist, nicht für die Annahme der Funktionsnotwendigkeit eines Wettbewerbsverbots genügt, sodass ein solches gegen das Kartellverbot verstößt.[768]

Es wird maßgebend darauf abgestellt, dass der Minderheitsgesellschafter mit einem Geschäftsanteil von 1/3 keinen bestimmenden Einfluss auf die Geschäftsführung der Gesellschaft hat und auch über keine gesellschaftsvertraglichen Sonderrechte verfügt, die ihm einen solchen Einfluss verschaffen könnten.[769] Das aus einem gesellschaftsvertraglichen Einstimmigkeitserfordernis resultierende Vetorecht im Hinblick auf grundlegende Unternehmensentscheidungen verleihe dem Minderheitsgesellschafter keine zu einer besonderen Gefahrenlage führende Herrschaftsmöglichkeit über die Gesellschaft, da ihm in der Gesellschaftsversammlung Grenzen durch die anderen Gesellschafter gesetzt würden.[770] Selbst wenn man einen maßgeblichen Einfluss auf die Gesellschaft kraft Vetorechts bejahe, sei das Wettbewerbsverbot jedenfalls kartellrechtswidrig, weil

---

766 OLG Frankfurt Urteil v. 17.03.2009 Az. 11 U 61/08, WuW/E DE-R 2603 f. = NZG 2009, 903 f.

767 OLG Düsseldorf Urteil v. 15.08.2007 Az. VI-U (Kart) 11/07, WuW/E DE-R 2166 f.; OLG Düsseldorf Urteil v. 15.08.2007 Az. VI-U (Kart) 12/02; OLG Düsseldorf Urteil v. 26.06.2008 Az. VI-U (Kart) 26/07; die Entscheidungen haben Gesellschafterbeschlüsse derselben GmbH bei verschiedenen Gesellschafterversammlungen zum Gegenstand; vgl. auch *Kapp/Schumacher,* WuW 2010, 481 (482).

768 In den genannten Urteilen ging es immer um *Gemeinschaftsunternehmen.* Die hier besprochene Problematik hat jedoch keine GU-spezifischen Probleme zum Gegenstand. Vgl. dazu unten: 5. Kap. D. und E.

769 OLG Düsseldorf Urteil v. 15.08.2007 Az. VI-U (Kart) 12/02 (Tz. 42); OLG Düsseldorf Urteil v. 26.06.2008 Az. VI-U (Kart) 26/07 (Tz. 77 f.).

770 OLG Düsseldorf Urteil v. 26.06.2008 Az. VI-U (Kart) 26/07 (Tz. 82).

in der Gesellschafterversammlung nur gelegentlich zur Entscheidung anstehende grundlegende Beschlüsse blockiert werden könnten und dem Vetorecht keine Angelegenheiten des Tagesgeschäfts oder der Geschäftsführung unterfielen.[771] Der Gefahr einer illoyalen Ausnutzung des Stimmrechts in der Gesellschafterversammlung werde – sofern eine Stimmrechtsausübung nicht bereits an § 47 Abs. 4 GmbHG scheitert – über die gesellschaftsrechtliche Treupflicht begegnet, wonach eine treupflichtwidrige Stimmabgabe nichtig sei.[772]

bb) Auffassung des Bundesgerichtshofs

Der *Bundesgerichtshof* nimmt im Hinblick auf die Frage nach dem Vorliegen eines maßgeblichen Einflusses auf die Geschäftsführung eine „Gesamtwürdigung aller für das konkrete Gesellschaftsverhältnis wirksamen Umstände" vor und meint, dabei komme es insbesondere auf die Möglichkeit des Gesellschafters an, strategisch wichtige Entscheidungen der Gesellschaft zu blockieren.[773] Er sieht sich in seiner Auslegung des § 1 GWB in Übereinstimmung mit der Rechtsprechung des *EuGH*[774] zur Zulässigkeit von (genossenschaftlichen) Wettbewerbsverboten, der als Auslegungshilfe dienenden Bekanntmachung der Kommission über Einschränkungen des Wettbewerbs, die mit der Durchführung von Unternehmenszusammenschlüssen unmittelbar verbunden und für diese notwendig sind[775] sowie der Rechtsprechung des *EuG*[776] zur Fusionskontrollverordnung (FKVO), wonach die Blockademöglichkeit des strategischen Wirtschaftsverhaltens des Unternehmens zu gemeinsamer Kontrolle im Sinne des Art. 3 FKVO führt.[777] Da bei einem Minderheitsgesellschafter, der aufgrund eines gesellschaftsvertraglichen Einstimmigkeitserfordernisses strategische Unternehmensentscheidungen blockieren kann, die Gefahr bestehe, dass einerseits die Anpassung des Geschäftskonzepts an geänderte Marktbedingungen

771 OLG Düsseldorf Urteil v. 26.06.2008 Az. VI-U (Kart) 26/07 (Tz. 83).

772 OLG Düsseldorf Urteil v. 26.06.2008 Az. VI-U (Kart) 26/07 (Tz. 83/84).

773 BGH Urteil v. 23.06.2009 Az. KZR 58/07 (Tz. 18) – *Gratiszeitung Hallo*, GRUR 2010, 84 (85); in diese Richtung auch schon Loewenheim/Meessen/Riesenkampff/*Nordemann*, § 1 GWB Rn. 170 (Fn. 873), der „wegen der Blockademöglichkeit" an dem Urteil der Vorinstanz zweifelt, welches ein Wettbewerbsverbot für unzulässig hielt.

774 Der BGH verweist hier insbesondere auf EuGH Urteil v. 15.12.1994 Az. C-250/92 – *Gøttrup-Klim*, Slg. 1994 I-5641 ff. = EuZW 1995, 244 ff.

775 ABl. C 56/24.

776 Vgl. EuG Urteil v. 23.02.2006 Az. T-282/02, Slg. 2006, II-319.

777 BGH Urteil v. 23.06.2009 Az. KZR 58/07 (Tz. 19–22) – *Gratiszeitung Hallo*, GRUR 2010, 84 (85/86).

verhindert werde, und andererseits der Missbrauch von gesellschaftsrechtlich erlangten Insiderinformationen drohe, schränke ein diese Gefahren ausschließendes Wettbewerbsverbot den Wettbewerb nicht ein, sondern schütze ihn.[778]

cc) Stellungnahme

Es bedarf einer gründlichen Auseinandersetzung mit den Argumenten des *Bundesgerichtshofs*.

(1) Was sind „strategisch wichtige Unternehmensentscheidungen"?

Der *Bundesgerichtshof* lässt nicht jede Blockademöglichkeit in einem Unternehmen für die Annahme eines funktionsnotwendigen Wettbewerbsverbots genügen, sondern nur solche, die sich auf „strategisch wichtige Unternehmensentscheidungen" beziehen. Es stellt sich mithin die Frage, wann ein gesellschaftsvertragliches Einstimmigkeitserfordernis derart strategisch wichtige Unternehmensentscheidungen betrifft.

Für den vom *Bundesgerichtshof* entschiedenen Fall lässt sich aus den Urteilsgründen der Vorinstanz die entsprechende gesellschaftsvertragliche Regelung entnehmen. Das Einstimmigkeitserfordernis betrifft unter anderem die Änderung des Gesellschaftsvertrages, das Hinzunehmen weiterer Gesellschaftszwecke, die Errichtung von Zweigniederlassungen, die Änderung des Verbreitungsgebiets und die Herausgabe neuer Objekte und Teilausgaben[779] sowie die Bestellung und Abberufung der Geschäftsführer.[780] Es handelt sich um Entscheidungen, welche die langfristige Ausrichtung des Unternehmens betreffen. Generell sind die strategischen Unternehmensentscheidungen von den Angelegenheiten des Tagesgeschäfts und der Geschäftsführung dadurch abzugrenzen, dass die grundlegenden Entscheidungen nur gelegentlich zur Entscheidung anstehen.[781]

Die *Europäische Kommission* führt aus, dass es für die Annahme gemeinsamer Kontrolle im Sinne der FKVO aufgrund von Vetorechten entscheidend darauf ankomme, dass besagte Vetorechte ausreichend seien, um das

---

778 BGH Urteil v. 23.06.2009 Az. KZR 58/07 (Tz. 24/25) – *Gratiszeitung Hallo*, GRUR 2010, 84 (86).

779 Es handelte sich um eine Verlagsgesellschaft.

780 Vgl. OLG Düsseldorf Urteil v. 26.06.2008 Az. VI-U (Kart) 26/07 (Tz. 27–38); Gesellschaftsverträge werden in der Praxis häufig so ausgestaltet sein, dass wesentliche strategische Entscheidungen der Zustimmung der Gesellschafterversammlung bedürfen, vgl. zu diesem Befund: *Wilde*, NZG 2010, 252 (253).

781 Vgl. auch OLG Düsseldorf Urteil v. 26.06.2008 Az. VI-U (Kart) 26/07 (Tz. 83).

strategische Wirtschaftsverhalten der Tochtergesellschaft zu beeinflussen.[782] In diesem Zusammenhang werden Entscheidungen über das Budget, den Geschäftsplan, größere Investitionen und die Besetzung der Unternehmensleitung genannt.

(2) Kriterien zur Bestimmung eines „maßgeblichen Einflusses"

Es ist zu überlegen, inwieweit sich für die Frage nach dem Vorliegen eines „maßgeblichen Einflusses" auf die Geschäftsführung Erkenntnisse aus dem Konzern- oder Fusionskontrollrecht gewinnen lassen. Es ist insbesondere zu prüfen, ob für die Frage der konzernrechtlichen Beherrschung und die der fusionskontrollrechtlichen Kontrolle eine Blockademöglichkeit für ausreichend erachtet wird, und inwiefern die hierzu gefundenen Ergebnisse für die Beurteilung der kartellrechtlichen Zulässigkeit gesellschaftsrechtlicher Wettbewerbsverbote maßgebend sein können.

(a) Beherrschung im Konzernrecht

Der § 17 Abs. 1 AktG umschreibt den konzernrechtlichen Abhängigkeitstatbestand, wobei in Absatz 2 der Norm vermutet wird, dass ein in Mehrheitsbesitz stehendes Unternehmen von dem an ihm mit Mehrheit beteiligten Unternehmen abhängig ist.

Der beherrschende Einfluss setzt die Möglichkeit positiver Einflussnahme voraus, sodass insoweit nach ganz herrschender Auffassung weder die bloße Blockademöglichkeit im Hinblick auf strategische Unternehmensentscheidungen, noch eine weitergehende Sperrminorität in Bezug auf gewöhnliche Beschlüsse, die einfache Mehrheiten erfordern, genügt.[783] In diesem Fall besteht mangels Möglichkeit der Einflussnahme auf die Zusammensetzung der Gesellschaftsorgane nicht die Gefahr der (nachteiligen) Einflussnahme auf die Unternehmensleitung.[784]

---

782 Konsolidierte Mitteilung der Kommission zu Zuständigkeitsfragen v. 21.02.2009 (Tz. 67), ABl. C 43/27.

783 *Hüffer*, AktG, § 17 Rn. 10; MünchKomm-AktG/*Bayer*, § 17 Rn. 42; *Emmerich*/Habersack, § 17 Rn. 25; K. Schmidt/Lutter/*J. Vetter*, AktG, § 17 Rn. 9; KK-AktG/*Koppensteiner*, § 17 Rn. 24; **a.A.** *Peters/Werner*, AG 1978, 297 (299) mit (fragwürdigem) Verweis auf andernfalls drohende Umgehungsmöglichkeiten, welche für eine extensive Auslegung spreche.

784 Vgl. nur MünchKomm-AktG/*Bayer*, § 17 Rn. 42; es besteht also gerade nicht der typische „Konzernkonflikt", vgl. dazu bereits oben: 3. Kap. F. I. 1. b); noch ungeklärt ist allerdings die Frage, ob etwas anders bei einer Sperrminorität im Hinblick auf die Bestellung der Verwaltungsmitglieder gilt, da die Unternehmensleitung in

Überdies relativiert die Geltung der gesellschaftsrechtlichen Treupflicht bei der Ausübung der Sperrminorität die Gefahr der Schädigung der Gesellschaft.[785]

(b) Kontrollbegriff in der Fusionskontrolle

Für den Kontrollerwerb i.S.d. § 37 Abs. 1 Nr. 2 GWB muss die Beherrschungsmöglichkeit über ein anderes Unternehmen gegeben sein.[786] Insoweit wird – anders als im Konzernrecht - das Erlangen von Vetorechten in Bezug auf strategische Unternehmensentscheidungen für ausreichend gehalten.[787] Dasselbe gilt im Rahmen der Verbundklausel des § 36 Abs. 2 GWB.[788]

Auch im europäischen Fusionskontrollrecht wird die negative Einflussmöglichkeit über Vetorechte hinsichtlich strategischer Unternehmensentscheidungen für die Annahme gemeinsamer Kontrolle im Sinne des Art. 3 Abs. 1 lit. b FKVO als ausreichend angesehen.[789] Die *Kommission* führt dazu aus, dass nicht jedes einem Minderheitsgesellschafter eingeräumte Vetorecht geeignet sei, gemeinsame Kontrolle zu begründen, sondern nur solche, die über die einem Minderheitsgesellschafter üblicherweise eingeräumten Vetorechte hinausgingen, wie

---

diesem Fall möglicherweise doch dazu geneigt sein wird, dem Willen des Minderheitsgesellschafters Folge zu leisten; vgl. MünchKomm-AktG/*Bayer*, § 17 Rn. 43; Beherrschung bejahend: K. Schmidt/Lutter/*J. Vetter*, AktG, § 17 Rn. 9.

785 MünchKomm-AktG/*Bayer*, § 17 Rn. 42 mit Verweis auf BGH Urteil v. 20.03.1995 Az. II ZR 205/94, BGHZ 129, 136 = NJW 1995, 1739; vgl. dazu unten: 4. Kap. C. III. 2. a) cc) (3) (a).

786 Langen/Bunte/*Kallfaß*, Bd. 1, § 37 Rn. 28; zwar wurde der § 37 Abs. 1 Nr. 2 GWB in Anlehnung an Art. 3 Abs. 1 lit. b FKVO geschaffen; gleichwohl handelt es sich um einen Bereich des nicht harmonisierten Wirtschaftsrechts, sodass weder eine Bindung an die europäische Verwaltungs- und Rechtsprechungspraxis noch eine europarechtskonforme Auslegung geboten ist, vgl. FK/*Paschke*, § 37 GWB Rn. 26 m.w.N (Stand: Januar 2011).

787 Loewenheim/Meessen/*Riesenkampff/Lehr*, § 37 GWB Rn. 12; FK/*Paschke*, § 37 GWB Rn. 30 (Stand: Januar 2011); BKartA Beschluss v. 30.09.1994, WuW 1995, 223 (227 f.) – *Stadtwerke Garbsen;* BKartA Beschluss v. 14.05.1990, WuW/E BKartA 2497 – *Springer/Lezinsky* = AG 1990, 505 f. (beide zu § 23 Abs. 2 Nr. 2 GWB a.F.); vgl. ferner *Emmerich*, Kartellrecht, § 33 Rn. 18 ff.

788 Loewenheim/Meessen/Riesenkampff/*Bauer*, § 36 GWB Rn. 188.

789 Vgl. Mitteilung der Kommission über den Begriff des Zusammenschlusses der FKVO v. 02.03.1998 (Tz. 21 ff.), ABl. C 66/9; EuG Urteil v. 23.02.2006 (Tz. 42) – *Cementbouw*, Slg. 2006, II-331 (356) = WuW/E EuR 1005 (1006 f.); I/M/*Körber*, Bd. 1/Teil 2, Art. 3 FKVO Rn. 33; FK/*Schröer*, Art. 3 FKVO Rn. 79 (Stand: März 2012).

beispielsweise die Besetzung der Unternehmensleitung sowie Entscheidungen über den Geschäftsplan und das Budget.[790]

Auch ein einzelner Gesellschafter kann nach Ansicht der *Kommission* auf der Grundlage von Vetorechten ausnahmsweise die alleinige Kontrolle über ein Unternehmen erlangen.[791] Dies sei der Fall, wenn der Minderheitsgesellschafter die Annahme einer strategischen Entscheidung aufgrund eines vorgesehenen Einstimmigkeitserfordernisses blockieren kann.[792]

(c) Bedeutung für die kartellrechtliche Zulässigkeit von Wettbewerbsverboten

Im Konzernrecht genügt allein die Blockademöglichkeit für die Annahme „negativer" Beherrschung im Sinne des § 17 AktG nicht, während die Möglichkeit der Blockade strategischer Unternehmensentscheidungen im Fusionskontrollrecht einen Zusammenschluss begründet.

Der *Bundesgerichtshof* verweist darauf, dass seine Auslegung – wonach es für die Anwendung des § 1 GWB auf gesellschaftsrechtliche Wettbewerbsverbote insbesondere darauf ankomme, ob dem Gesellschafter ein Vetorecht hinsichtlich strategisch wichtiger Entscheidungen zustehe – mit der Rechtsprechung des *EuG* zur Fusionskontrollverordnung übereinstimme.[793] Er scheint also die Nähe zu den Grundsätzen der Fusionskontrolle zu suchen und zu meinen, diese auch für die kartellrechtliche Beurteilung gesellschaftsrechtlicher Wettbewerbsverbote heranziehen zu können.[794]

790 Konsolidierte Mitteilung der Kommission zu Zuständigkeitsfragen v. 21.02.2009 (Tz. 67), ABl. C 43/27.

791 Konsolidierte Mitteilung der Kommission zu Zuständigkeitsfragen v. 21.02.2009 (Tz. 58), ABl. C 43/25.

792 Konsolidierte Mitteilung der Kommission a.a.O. mit Verweis auf die Entscheidung der Kommission v. 25.09.1992 im Fall IV/M.258, *CCIE/GTE*, ABL. C 265 v. 14.10.1992.

793 BGH Urteil v. 23.06.2009 Az. KZR 58/07 (Tz. 22) – *Gratiszeitung Hallo*, GRUR 2010, 84 (86).

794 Dabei handelt es sich zwar wohl nicht um das tragende Argument des BGH, da er lediglich auf die „Übereinstimmung in der Auslegung" hinweist; gleichwohl werden die Überlegungen zur Fusionskontrolle herangezogen und nicht die zum Konzernrecht. Auf den Kontrollbegriff stellt im vorliegenden Zusammenhang auch Mäger/*Mäger*, Europäisches Kartellrecht, Kap. 9 Rn. 57 ausdrücklich ab. Ebenso setzen *Linsmeier/Lichtenegger*, BB 2011, 328 (331) Beherrschungsmacht im Sinne der Nebenabredenbekanntmachung mit dem fusionskontrollrechtlichen Kontrollbegriff gleich.

Dabei ist zu hinterfragen, ob für die Bestimmung eines „maßgeblichen Einflusses“ auf eine Gesellschaft wirklich auf die fusionskontrollrechtlichen Grundsätze abzustellen ist, und nicht vielmehr das Konzernrecht als Orientierung dienen sollte. Es ist mithin zu überlegen, ob entweder das Konzernrecht oder das Fusionskontrollrecht eine solche Gefahrenlage regelt, die der bei der Beurteilung der kartellrechtlichen Zulässigkeit gesellschaftsrechtlicher Wettbewerbsverbote bestehenden Konfliktlage entspricht.

Das Konzernrecht dient dem Schutz der abhängigen Gesellschaft sowie ihrer Gesellschafter und Gläubiger[795], während das Ziel der Regelungen der Fusionskontrolle die Aufrechterhaltung des Wettbewerbs zwischen den Unternehmen ist.[796] Die Abweichung vom Beherrschungsbegriff des § 17 AktG in der Fusionskontrolle ist das Ergebnis einer spezifisch kartellrechtlichen Auslegung.[797] Anders als im Konzernrecht besteht der Sinn und Zweck des Aufgreifkriteriums Kontrollerwerb in der Erfassung des Marktbezugs der Einflussnahmemöglichkeiten.[798]

Bei der Beurteilung gesellschaftsrechtlicher Wettbewerbsverbote anhand des Kartellverbotstatbestandes geht es nicht um die Verhinderung von übermäßiger Unternehmenskonzentration, welche die Aufgabe der Fusionskontrolle darstellt. Es ist vielmehr zu fragen, ob das Wettbewerbsverbot für den Bestand der Gesellschaft funktionsnotwendig ist, um eine Aushöhlung von innen heraus zu verhindern.[799] Eine solche Aushöhlungsgefahr setzt besondere Möglichkeiten der Einflussnahme voraus. Im Zusammenhang mit der Begründung eines ungeschriebenen Wettbewerbsverbots verweist der *Bundesgerichtshof* auf die besondere Gefährdungslage aufgrund der die Abhängigkeit verursachenden Herrschaftsmöglichkeit. Er sieht einerseits die Gefahr, dass es jederzeit zu negativen Einflussnahmen auf die Gesellschaft kommen kann, ohne dass ein objektiver Maßstab für die Beurteilung einer Maßnahme als Benachteiligung und somit auch der Frage nach deren Ausgleich besteht, und andererseits die Gefahr des Missbrauchs von Insiderinformationen.[800] Die nahezu identische

795 Vgl. *Lutter*, NJW 1973, 113 (117); *Altmeppen*, ZHR 171 (2007), 320 (338) mit Hinweis auf die Gesetzesmaterialien bei *Kropff*, AktG 1965, S. 373 ff., 406 ff.

796 Vgl. Langen/Bunte/*Kallfaß*, Bd. 1, § 37 Rn. 29.

797 Langen/Bunte/*Kallfaß*, Bd. 1, § 37 Rn. 29; gegen diese spezifische Auslegung: *Säcker*, NJW 1980, 801 (802).

798 FK/*Paschke*, § 37 GWB Rn. 28 (Stand: Januar 2011).

799 Dann handelt es sich um eine kartellrechtsimmanente Wettbewerbsbeschränkung; vgl. dazu oben: 4. Kap. A. II. 1. b)

800 BGH Urteil v. 05.12.1983 Az. II ZR 242/82 (Tz. 17) – *Werbeagentur*, BGHZ 89, 162 (166); vgl. dazu bereits ausführlich oben: 3. Kap. C. III. 1.

Argumentation findet sich in der *neuform-Artikel*-Entscheidung, in der es um die kartellrechtliche Zulässigkeit eines satzungsmäßigen Wettbewerbsverbots ging.[801]

In diesen Entscheidungen zeigt der *Bundesgerichtshof*, dass er sowohl bei der Begründung ungeschriebener Wettbewerbsverbote, als auch bei der kartellrechtlichen Beurteilung satzungsmäßiger Wettbewerbsverbote denselben Maßstab heranzieht, und dieser sich an den Gefahren des Konzernrechts orientiert. Letztlich handelt es sich um dieselben Erwägungen, wie sie zu Sinn und Zweck des § 112 HGB angestellt wurden.[802] Folglich kann jedenfalls aus dem fusionskontrollrechtlichen Begriff der Kontrolle, die auch über Vetorechte ausgeübt werden kann, nichts für die hier interessierende Frage hergeleitet werden. Vielmehr spricht im Gegenteil die Tatsache, dass eine negative Beherrschung in der konzernrechtlichen Literatur nahezu einhellig abgelehnt wird, gegen die Funktionsnotwendigkeit eines Wettbewerbsverbots zulasten eines Minderheitsgesellschafters mit strategischer Blockademöglichkeit.

In der *Gratiszeitung Hallo*-Entscheidung wäre es also überzeugender gewesen, wenn der *Bundesgerichtshof* eine Parallele zum Konzernrecht und nicht zum Fusionskontrollrecht gezogen hätte. Er hätte dann feststellen müssen, dass seine Auslegung des § 1 GWB, wonach insbesondere die Frage nach einem Vetorecht eines Gesellschafters hinsichtlich strategisch wichtiger Unternehmensentscheidungen von Bedeutung ist, diesem widerspricht.

Die Ausführungen des *Bundesgerichtshofs* sind noch aus einem weiteren Grund nicht überzeugend. Es ist widersprüchlich, wenn der *BGH* einerseits die Übereinstimmung seiner Überlegungen zu der *gemeinsamen* Beherrschung und zur *gemeinsamen* Kontrolle durch *mehrere* Unternehmen im europäischen Fusionskontrollrecht betont, während er die kartellrechtliche Zulässigkeit des Wettbewerbsverbots zulasten der GU-Mütter andererseits maßgebend mit der von der Blockademöglichkeit *einzelner* Gesellschafter ausgehenden Gefahr der Zerstörung des Unternehmens begründet.[803]

Das satzungsmäßig vereinbarte Wettbewerbsverbot wirkt jeweils nur im Verhältnis Gesellschaft – Gesellschafter. Für die Beurteilung der Funktionsnotwendigkeit kann es daher auch immer nur auf die von dem jeweils *einzelnen* Gesellschafter ausgehende Aushöhlungsgefahr ankommen. Die

801 BGH Urteil v. 03.05.1988 Az. KZR 17/87 (Tz. 26) – *neuform-Artikel*, BGHZ 104, 246 (251) = NJW 1988, 2737 (2738).

802 Vgl. oben 2. Kap. A. I. 1. b).

803 Vgl. BGH Urteil v. 23.06.2009 Az. KZR 58/07 (Tz. 21–25) – *Gratiszeitung Hallo*, GRUR 2010, 84 (86 f.).

gemeinsame Beherrschung oder Kontrolle der Gesellschafter vermag möglicherweise zu der generellen Unanwendbarkeit des Kartellverbotstatbestands führen (Konzernprivileg).[804] Das ist aber ein komplett anderer dogmatischer Ansatz, der durch den *Bundesgerichtshof* nicht ausgeführt und wohl auch gar nicht erkannt wird.

(3) Argumente gegen Beherrschung durch Blockademöglichkeit

Es lassen sich weitere gewichtige Argumente gegen die Annahme der Beherrschung einer Gesellschaft aufgrund der Blockademöglichkeit strategischer Unternehmensentscheidungen anführen.

(a) Treupflicht bei der Stimmabgabe als „milderes Mittel"

Das gesellschaftsrechtliche Wettbewerbsverbot steht in natürlichem Widerspruch zum Kartellverbotstatbestand. Es kollidiert das Bedürfnis der Gesellschaft nach Schutz vor von ihren Gesellschaftern ausgehenden Gefahren mit dem Prinzip der Wettbewerbsfreiheit. Für den Fall, dass sich der Schutz der Gesellschaft mit einem milderen Mittel als einem Wettbewerbsverbot gleich effektiv erreichen lässt, muss sich das Prinzip der Wettbewerbsfreiheit durchsetzen und die Unwirksamkeit des Wettbewerbsverbots herbeiführen.

Ein milderes, aber gleich wirksames Mittel zum Schutz der Gesellschaft stellt die Treupflicht bei der Ausübung des Stimmrechts in der Gesellschafterversammlung dar.[805] Der Gesellschafter unterliegt bei der Ausübung seines Stimmrechts beweglichen Schranken, also der Bindung an die guten Sitten, dem Grundsatz der Gleichbehandlung, der Bindung an den Gesellschaftszweck sowie der Bindung kraft gesellschaftsrechtlicher Treupflicht, welche das stimmrechtliche Ermessen hinsichtlich der Bejahung, Verneinung oder

804 Vgl. dazu unten: 5. Kap. D. IV. 4.

805 Vgl. auch OLG Düsseldorf Urteil v. 26.06.2008 Az. VI-U (Kart) 26/07 (Tz. 83 ff.). Erstaunlich ist, dass – soweit ersichtlich – in der Auseinandersetzung der Literatur mit dem BGH-Urteil *Gratiszeitung Hallo* nicht auf diese überzeugende Stelle des OLG-Urteils eingegangen wird. Bei *Kapp/Schumacher,* WuW 2010, 481 (484) heißt es sogar: „Die OLG-Entscheidungen erörtern auch nicht den im späteren Urteil des BGH aufgegriffenen Ansatz, dass auch ein Minderheitsgesellschafter ohne Sonderrechte [...] ein GU faktisch dadurch zu eigenen Gunsten „aushöhlen" kann, indem er wichtige Gesellschafterbeschlüsse blockiert und infolge dessen die Handlungsfähigkeit des GU einschränkt und damit sogar ggf. eine Mitbeherrschung entsteht." Der genannte Ansatz wird vom OLG a.a.O. sehr wohl ausführlich (ablehnend) erörtert.

Stimmenthaltung bindet und kontrolliert.[806] Der Grundsatz, dass die Bindung und Verantwortlichkeit der Mehrheit aus dem Mehrheitsprinzip – also der Möglichkeit, der Minderheit den Willen aufzuzwingen – folgt, gilt ebenso für die Vereitelung von Entscheidungen durch Sperrminoritäten.[807] Während die illoyale Stimmrechtsausübung zur Nichtigkeit der Stimme führt[808], kann sich die Treupflicht im Einzelfall für einen Gesellschafter auch zu einer positiven Stimmpflicht verdichten.[809] Diese positive Stimmpflicht bildet das Korrelat zu der aufgrund von Vetorechten vermittelten Einflussmöglichkeit.[810] Sie ergibt sich, wenn eine bestimmte Stimmenabgabe im Hinblick auf das Gesellschaftsverhältnis oder die Rechtsbeziehungen unter den Gesellschaftern dringend erforderlich ist und ihr keine schützenswerten Belange des einzelnen Gesellschafters entgegenstehen.[811]

Der *Bundesgerichtshof* hat beispielsweise die Zustimmung zu einem von der Gesellschaftermehrheit zur Überwindung einer Krise für unerlässlich erachteten Kapitalherabsetzungsbeschluss kraft Treupflicht für geboten erachtet.[812] Überdies kann aufgrund der Verpflichtung auf das Gesellschaftsinteresse die (erforderliche) Zustimmung zu Geschäftsführungsmaßnahmen geboten sein, die dringend erforderlich sind, um die Wettbewerbsfähigkeit und Ertragskraft

---

806 Vgl. grundlegend: *Zöllner*, Schranken der Stimmrechtsmacht, S. 287 ff.

807 *K. Schmidt*, GesR, § 21 II. 3. b); *Hennrichs*, AcP 195 (1995), 221 (230, 240 f.) (zur AG).

808 So die ganz h.M., vgl. Baumbach/Hueck/*Zöllner*, GmbHG, § 47 Rn. 107 f. m.w.N.; BGH Urteil v. 19.11.1990 Az. II ZR 88/89 (Tz. 8), NJW 1991, 846 = ZIP 1991, 23 (24); OLG Düsseldorf Urteil v. 26.06.2008 Az. VI-U (Kart) 26/07 (Tz. 84); die **a.A.** hält den Grundgedanken des § 243 Abs. 2 AktG für maßgebend und geht nur von der Anfechtbarkeit der treuwidrigen Stimmabgabe aus, vgl. MünchKomm-GmbHG/*Merkt*, § 13 Rn. 189 ff. m.w.N.

809 Vgl. *K. Schmidt*, GesR, § 21 II. 3. c) m.w.N.; *Zöllner*, Schranken der Stimmrechtsmacht, S. 353 f.; ausführlich: *M. Winter*, Mitgliedschaftliche Treuebindungen, S. 167 ff.; *Hüffer*, FS Steindorff, 59 (62) m.w.N.; vgl. ferner BGH Urteil v. 25.09.1986 Az. II ZR 262/85, BGHZ 98, 276 = NJW 1987, 189.

810 *Zöllner*, Schranken der Stimmrechtsmacht, S. 355.

811 BGH Urteil v. 19.10.2009 Az. II ZR 249/08 (Tz. 23) – *Sanieren oder Ausscheiden*, BGHZ 183, 1 (8) = NJW 2010, 65 (67); *M. Winter*, Mitgliedschaftliche Treuebindungen, S. 172.

812 BGH Urteil v. 20.03.1995 Az. II ZR 205/94 (Tz. 18 ff.), BGHZ 129, 136 (142 ff.) = NJW 1995, 1739 (1741 f); ähnlich auch BGH Urteil v. 19.10.2009 Az. II ZR 249/08 (Tz. 23) – *Sanieren oder Ausscheiden*, BGHZ 183, 1 (8) = NJW 2010, 65 (67); weitere Beispiele bei Roth/*Altmeppen*, GmbHG, § 13 Rn. 53.

der Gesellschaft zu erhalten, wenn deren voraussichtlicher Nutzen mögliche Risiken deutlich überwiegt.[813]

Dem Gesellschafter ist es untersagt, sein Stimmrecht zum Nachteil der Gesellschaft und zur Verfolgung persönlicher Vorteile einzusetzen. Die gesellschaftsrechtliche Treupflicht schützt die Gesellschaft mithin vor der missbräuchlichen Ausübung von Vetorechten. Folglich kann allein wegen der Blockademöglichkeit eines Minderheitsgesellschafters hinsichtlich strategischer Unternehmensentscheidungen keine „Beherrschungsmacht" über die Gesellschaft angenommen werden, welche die Funktionsnotwendigkeit eines Wettbewerbsverbots zu begründen vermag.

Verfügt ein Gesellschafter über einen beherrschenden Einfluss auf die Gesellschaft, sei es aufgrund einer Mehrheitsbeteiligung, sei es aufgrund bestimmter Sonderrechte, so besteht eine besondere Gefahrenlage. Diese besteht in der Erlangung und möglichen Verwertung von Insiderinformationen sowie der negativen, nicht ausgleichfähigen, Einflussnahme auf die Unternehmensleitung. Die genannten Gefahren bestehen aber nur, wenn die Unternehmensleitung in einem gewissen Abhängigkeitsverhältnis zu dem herrschenden Gesellschafter steht, sodass ein entsprechender informeller Informationsfluss ebenso wahrscheinlich ist wie die Befolgung des unternehmerischen Willens des Gesellschafters. Das ist der Fall, wenn der Gesellschafter Einfluss auf die Besetzung der Unternehmensorgane hat.

Bei einem Minderheitsgesellschafter mit Blockademöglichkeit hinsichtlich strategischer Unternehmensentscheidungen bestehen diese Gefahren mangels (positiven) Einflusses auf die Besetzung von Unternehmensorganen nicht. Auch die insoweit bestehende Blockademöglichkeit eines Gesellschafters genügt nicht zur Begründung entsprechender Gefahren. Es bleiben stets als Korrektiv die anderen Gesellschafter, auf welche die Unternehmensleitung ebenfalls Rücksicht nehmen muss. Wollte ein Geschäftsführer der drohenden Blockade seiner Bestellung entgegenwirken, indem er sich „in den Dienst" eines Minderheitsgesellschafters stellt, so führte dies zwangsläufig zur Ablehnung durch die übrigen Gesellschafter.

Auch die Gefahr der Behinderung der Gesellschaft aufgrund der Blockade notwendiger Anpassungen an geänderte Marktbedingungen besteht nicht.[814] Das Blockieren entsprechender Beschlüsse ist regelmäßig treuwidrig, sodass die übrigen Gesellschafter gerichtliche Maßnahmen ergreifen können.

---

813 *M. Winter,* Mitgliedschaftliche Treuebindungen, S. 173.

814 So aber: BGH Urteil v. 23.06.2009 Az. KZR 58/07 (Tz. 25) – *Gratiszeitung Hallo,* GRUR 2010, 84 (86).

Gegen die drohende treupflichtwidrige Stimmabgabe oder gegen die Ausführung aufgrund missbräuchlicher Stimmabgabe zustande gekommener Beschlüsse kann mit Hilfe der einstweiligen Anordnung vorbeugender Rechtsschutz erlangt werden.[815] Die Pflicht zur positiven Stimmabgabe kann mit der Leistungsklage auf Erfüllung gerichtlich durchgesetzt werden und die Abstimmungserklärung (nicht aber der Gesellschafterbeschluss) wird, da es sich bei ihr um eine Willenserklärung handelt, über die Fiktion des § 894 ZPO ersetzt.[816] Ist die Rechtslage eindeutig und besteht ein überragendes Schutzbedürfnis der Stimmabgabe, so ist auch die Durchsetzung im einstweiligen Rechtsschutz möglich, soweit die Abgabe der Stimme auch zumutbar erscheint.[817] Da § 894 ZPO entgegen seinem Wortlaut nicht auf Urteile im engeren Sinne beschränkt ist und sein Normzweck jede rechtskräftige gerichtliche Entscheidung genügen lässt[818], führt auch die Beschlussverfügung gem. § 937 Abs. 2 ZPO zur Fiktion der Abstimmungserklärung.[819] Auf diesem Wege kann eine Lähmung der Gesellschaft vermieden werden.

(b) Anforderungen an die Begründung eines ungeschriebenen Wettbewerbsverbots

Es wurde bereits herausgearbeitet, dass für die Begründung ungeschriebener Wettbewerbsverbote und die kartellrechtliche Beurteilung gesellschaftsvertraglicher

---

815 MünchKomm-GmbHG/*Merkt*, § 13 Rn. 192; vgl. ausführlich auch *Michalski*, GmbHR 1991, 12 ff.; beide gehen zwar von der bloßen Anfechtbarkeit – und nicht der Nichtigkeit - einer treuwidrigen Stimmabgabe aus. Das ändert aber nichts an dem grundsätzlichen Bedürfnis der Verhinderung mangelhafter Beschlussfassung oder der Durchführung mangelhafter Beschlüsse. Vgl. aber kritisch im Hinblick auf richterliche Eingriffe in die gesellschaftliche Willensbildung aufgrund lediglich summarischer Prüfung: Baumbach/Hueck/*Zöllner*, GmbHG, Anh. § 47 Rn. 202 ff.

816 Vgl. BGH Urteil v. 29.05.1967 Az. II ZR 105/66 (Tz. 29 ff.), BGHZ 48, 163 (169 ff.) = WM 1967, 925 (926 f.) (im Zusammenhang mit der Durchsetzung eines Abstimmungsvertrags); MünchKomm-GmbHG/*Merkt*, § 13 Rn. 193; noch aufgrund der Unvereinbarkeit mit der Willensbildung in der Gesellschafterversammlung ablehnend: RG Urteil v. 20.11.1925 Az. II 576/24, 273 (279 f.); vgl. ferner *Peters*, AcP 156 (1957), 311 (320 ff.).

817 MünchKomm-GmbHG/*Merkt*, § 13 Rn. 193; OLG Hamburg Urteil v. 28.06.1991 Az. 11 U 65/91, NJW 1992, 186 f. = ZIP 1991, 1428 f.; zustimmende Anmerkung: *K. Schmidt*, GmbHR 1991, 469 f.; ablehnend hingegen: OLG Koblenz Urteil v. 25.10.1990 Az. 6 U 238/90, NJW 1991, 1119 f. = GmbHR 1991, 21 ff.

818 Ganz h.M., vgl. nur MünchKomm-ZPO/*Gruber*, § 894 Rn. 5 ff.

819 *V. Gerkan*, ZGR 1985, 167 (182); *Zutt*, ZHR 155 (1991), 190 (202); sympathisierend: *K. Schmidt*, GmbHR 1991, 469 f.

Wettbewerbsverbote derselbe Maßstab gilt.[820] Dabei wurde deutlich, dass ein dem Gesellschaftsverhältnis immanentes Wettbewerbsverbot nicht vereinbart werden muss. Ein der Gesellschaft nicht immanentes Wettbewerbsverbot hat jedoch kartellrechtlich keinen Bestand.[821] Maßgebend ist insoweit allein die Frage, ob die innere Aushöhlung der Gesellschaft droht.

Bei der Frage nach einem ungeschriebenen Wettbewerbsverbot wird auf die positiven Möglichkeiten der Einflussnahme auf die Geschäftsführung und die damit verbundene Vergleichbarkeit der Interessenlage zu §§ 112, 113 HGB abgestellt.[822] Soweit ersichtlich, wird in diesem Zusammenhang nicht einmal diskutiert, ob die Blockademöglichkeit eines Minderheitsgesellschafters eine Aushöhlungsgefahr begründende Einflussmöglichkeit auf die Geschäftsführung darstellt. Vielmehr wird sogar eine Gesellschaftsbeteiligung von 50 % als nicht zur Rechtfertigung eines Wettbewerbsverbots genügend angesehen, soweit die unternehmerische Macht durch die anderen 50 % begrenzt wird.[823] Das *Oberlandesgericht Karlsruhe* urteilte in dem Fall eines mit 50 % am Stammkapital einer GmbH beteiligten Gesellschafters, dass allein die erforderliche Zustimmung des Gesellschafters zu wesentlichen Entscheidungen nicht dazu führe, dass er deren Geschicke ausschlaggebend bestimme, sodass ihm diese Stellung keine derartige Herrschaftsmöglichkeit verleihe, die für den Fall der unternehmerischen Tätigkeit außerhalb der Gesellschaft eine besondere Gefahrenlage für diese begründe.[824]

Es ließe sich zwar erwägen, ob nicht – dem neuen Ansatz des *Bundesgerichtshofs* folgend – die Blockademöglichkeit strategischer Unternehmensentscheidungen ein ungeschriebenes Wettbewerbsverbot zulasten des Minderheitsgesellschafters begründen sollte. Das wäre aus Sicht des *Bundesgerichtshofs* jedenfalls konsequent. Letztlich bedeutet dies aber eine nicht unerhebliche Ausdehnung des Schutzes der Gesellschaft zulasten der Wettbewerbsfreiheit der Gesellschafter. Diese ist aus den bereits angeführten Gründen jedoch abzulehnen. Anders als in den bereits beschriebenen Konstellationen, in denen ein mit Sonderrechten ausgestatteter Minderheitsgesellschafter einem Wettbewerbsverbot unterliegt, ist bei einem lediglich mit Vetorechten ausgestatteten Minderheitsgesellschafter

---

820 Vgl. oben: 4. Kap. B.

821 Die Spürbarkeit der Wettbewerbsbeschränkung unterstellt.

822 Vgl. nur MünchKomm-GmbH/*Merkt*, § 13 Rn. 213.

823 MünchKomm-GmbHG/*Merkt*, § 13 Rn. 216 mit dem Hinweis, dass dies anders gesehen werden kann, wenn sich die anderen 50 % in Streubesitz befinden, sodass faktisch kein Gegengewicht besteht.

824 OLG Karlsruhe Urteil v. 06.11.1998 Az. 15 U 179/97 (Tz. 43), GmbHR 1999, 539 f.

nicht davon auszugehen, dass dieser auf informellem Wege an gesellschaftsinterne Informationen zu gelangen vermag. Zwar mag ein Geschäftsführer, dessen Bestellung an dem Veto eines Minderheitsgesellschafters zu scheitern droht, geneigt sein, diesen für sich zu gewinnen. Würde er aber einen Gesellschafter einseitig bevorzugen, so müsste er damit rechnen, die Unterstützung der übrigen Gesellschafter zu verlieren. Auf diese ist er aber angewiesen. Mithin ist das Vetorecht nicht mit dem Recht auf Bestellung und Abberufung der Geschäftsführung vergleichbar.

Da für die Beurteilung der kartellrechtlichen Zulässigkeit gesellschaftsrechtlicher Wettbewerbsverbote und deren ungeschriebene Begründung derselbe Maßstab gilt, verdeutlicht die Übertragung der Argumentation des *Bundesgerichtshofs* auf die Begründung ungeschriebener Wettbewerbsverbote deren generelle Untauglichkeit zur Herbeiführung eines interessengerechten Ergebnisses.

(4) Ergebnis

Die besseren Gründe sprechen gegen die Annahme, dass ein dem mit strategischen Blockademöglichkeiten ausgestatteten Minderheitsgesellschafter auferlegtes Wettbewerbsverbot für den Schutz der Gesellschaft vor innerer Aushöhlung funktionsnotwendig ist. Sieht man dies – wie der *Bundesgerichtshof* – anders, so müsste auch ein ungeschriebenes Wettbewerbsverbot zulasten eines Minderheitsgesellschafters mit Vetorechten bejaht werden.

Es wurde herausgearbeitet, dass der Kontrollbegriff aus der Fusionskontrolle für die vorliegende Fragestellung irrelevant ist, und eine Orientierung vielmehr an dem Begriff der Beherrschung des Konzernrechts stattfinden sollte. Es mag für den *Kartellsenat* des *Bundesgerichtshofs* naheliegend gewesen sein, für seine Argumentation eine Anleihe bei dem ihm vertrauten Fusionskontrollrecht zu suchen; in der Sache überzeugt dies aber nicht.

Als im Verhältnis zu einem Wettbewerbsverbot milderes Mittel zum Schutz der Gesellschaft stehen überdies die beweglichen Stimmrechtsschranken zur Verfügung.

b) Minderheitsgesellschafter mit „wettbewerblich erheblichem“ Einfluss

Es wird vorgeschlagen, die kartellrechtliche Zulässigkeit von Wettbewerbsverboten als „Kehrseite“ des fusionskontrollrechtlichen Zusammenschlusstatbestandes anzunehmen, wenn ein „wettbewerblich erheblicher Einfluss“ im Sinne des § 37 Abs. 1 Nr. 4 GWB vorliegt.[825]

825 *Linsmeier/Lichtenegger*, BB 2011, 328 (331 f.).

Es wurde jedoch gerade dargelegt, dass nicht der Kontrollbegriff der Fusionskontrolle, sondern die Beherrschung im Sinne des Konzernrechts für die kartellrechtliche Beurteilung gesellschaftsvertraglicher Wettbewerbsverbote maßgebend sein sollte. Folglich kann durch den Rekurs auf den im Recht der Fusionskontrolle subsidiären Auffangtatbestand des § 37 Abs. 1 Nr. 4 GWB nichts gewonnen werden. Der Anwendungsbereich des § 37 Abs. 1 Nr. 4 GWB ist überdies an sich bereits unklar, sodass die Vorschrift unterschiedlich angewendet wird.[826]

Richtig ist zwar, dass bestimmte Sonderrechte zu der Annahme eines ungeschriebenen Wettbewerbsverbots und somit auch zu dessen kartellrechtlicher Unbedenklichkeit führen können.[827] Die Orientierung an einem an sich unbestimmten Auffangtatbestand des Fusionskontrollrechts ist in keinem Fall hilfreich und daher abzulehnen.

c) Minderheitsgesellschafter ohne Sonderrechte oder sonstige Einflussmöglichkeit

Ein Wettbewerbsverbot zulasten eines Minderheitsgesellschafters ohne Sonderrechte oder sonstige Einflussmöglichkeiten ist grundsätzlich nicht funktionsnotwendig. Das ist allgemeine Meinung und bedarf keiner weiteren Erörterung.[828]

Da es für die Begründung eines ungeschriebenen Wettbewerbsverbots nach hier vertretener Auffassung nicht auf die personalistische Ausgestaltung der Gesellschaft als solche, sondern lediglich auf die konkrete Ausgestaltung der Gesellschafterstellung ankommt[829], kann insoweit für die Frage der kartellrechtlichen Zulässigkeit gesellschaftsvertraglich vereinbarter Wettbewerbsverbote nichts anderes gelten.

Im Falle der personalistischen Ausgestaltung der Minderheitsgesellschafterstellung unterliegt ein Wettbewerbsverbot mithin keinen kartellrechtlichen Bedenken.

IV. Funktionsnotwendigkeit in der Aktiengesellschaft

In der Aktiengesellschaft kann sich die Frage nach der kartellrechtlichen Zulässigkeit eines satzungsmäßig vereinbarten Wettbewerbsverbots nicht stellen. Ein

826 Vgl. dazu ausführlich *Kuhn*, ZweR 2011, 258 ff., der aufgrund der Unbestimmtheit des § 37 Abs. 1 Nr. 4 GWB von einer Übernahme dieser Regelung in das europäische Recht abrät.

827 Vgl. oben: 3. Kap. D. IV. 2.

828 Vgl. *Linsmeier/Lichtenegger*, BB 2011, 328 (332 f.); MünchKomm-GmbHG/*Merkt*, § 13 Rn. 218 (zur ungeschriebenen Begründung).

829 Vgl. oben: 3. Kap. D. IV. 1. b).

Wettbewerbsverbot stellt eine Verpflichtung zur dauerhaften Unterlassung dar und kann wegen § 55 Abs. 1 S. 1 AktG nicht wirksam in der Satzung vereinbart werden.[830]

Möglich wäre daher nur die Vereinbarung des Wettbewerbsverbots als schuldrechtliche Nebenleistungspflicht zwischen Aktionär und Verband. Die inhaltlichen Beschränkungen des § 55 Abs. 1 S. 1 AktG gelten für schuldrechtliche Abreden jedenfalls nicht.[831] Ein schuldrechtliches Wettbewerbsverbot kann nach hier vertretener Auffassung jedoch nur kartellrechtlich wirksam vereinbart werden, wenn es das ohnehin zulasten des Mehrheitsgesellschafters kraft Treupflicht bestehende Wettbewerbsverbot deklaratorisch wiedergibt. Dagegen verstößt eine Wettbewerbsverbotsvereinbarung zulasten des nicht herrschenden Gesellschafters – die Spürbarkeit der Wettbewerbsbeschränkung unterstellt – gegen den Kartellverbotstatbestand und ist somit nichtig.

V. Spürbarkeit der Wettbewerbsbeschränkung

1. Allgemeine Grundsätze

Bei dem Erfordernis der Spürbarkeit handelt es sich um ein ungeschriebenes Tatbestandsmerkmal sowohl des Art. 101 AEUV[832] als auch des § 1 GWB.[833] Die Eignung zur Marktbeeinflussung muss aufgrund konkreter Tatsachen nahe liegen.[834] Dabei kommt der Zahl der Beteiligten sowie deren Marktanteil indizielle Bedeutung zu.[835] Die Wettbewerbsbeschränkung ist um so eher spürbar, je schwerwiegender sie ist.[836]

Letztlich bedarf es für die Feststellung der Spürbarkeit stets der sachlichen und räumlichen Marktabgrenzung und einer umfassenden Einzelfallprüfung unter „sorgfältiger Abwägung aller in Betracht kommenden Umstände".[837] Die *Europäische Kommission* hat in ihrer Bagatellbekanntmachung von 2001

---

830 Vgl. nur MünchKomm-AktG/*Bungeroth*, § 55 Rn. 17 m.w.N.

831 MünchKomm-AktG/*Bungeroth/Doralt/Winner*, § 55 Rn. 50; Großkomm-AktG/*Henze*, § 56 Rn. 64.

832 Der europäische Kartellverbotstatbestand setzt überdies die Eignung zur spürbaren Beeinträchtigung des Handels zwischen den EU-Mitgliedsstaaten voraus.

833 Vgl. nur I/M/*Zimmer*, GWB, § 1 Rn. 165 m.w.N.; *Bechtold*, GWB, § 1 Rn. 42.

834 BGH Urteil v. 14.10.1976 Az. KZR 36/75 – *Fertigbeton* (Tz. 21), BGHZ 68, 6 (11) = NJW 1977, 804 (805).

835 *Emmerich*, Kartellrecht, § 21 Rn. 32.

836 *Bechtold*, GWB, § 1 Rn. 43.

837 BGH Urteil v. 14.10.1976 Az. KZR 36/75 – *Fertigbeton* (Tz. 24), BGHZ 68, 6 (11) = NJW 1977, 804 (805).

horizontale Vereinbarungen von der Anwendung des Art. 101 AEUV ausgenommen, sofern die an ihr beteiligten Unternehmen zusammen auf dem relevanten Markt einen Marktanteil von 10 % nicht überschreiten und es sich um keine Kernbeschränkung handelt.[838] Eine gleichlautende Regelung sieht das *Bundeskartellamt* in seiner Bekanntmachung von 2007 vor.[839]

2. Bedeutung für die kartellrechtliche Beurteilung von Wettbewerbsverboten

Die Wettbewerbsbeschränkung, welche durch das gesellschaftsvertragliche Wettbewerbsverbot bezweckt oder bewirkt wird, muss also auf dem relevanten Markt spürbar sein. Ein gesellschaftsrechtliches Wettbewerbsverbot stellt eine horizontale Wettbewerbsbeschränkung zwischen jedenfalls potentiellen Wettbewerbern dar.[840] Bei der Berechnung der Marktanteile ist für den Fall, dass der Gesellschafter das Wettbewerbsverbot beachtet, auf dessen *potentiellen* Marktanteil abzustellen.[841]

Da insoweit eine von den Umständen des Einzelfalles abhängige Prüfung vorzunehmen ist, lässt sich hierzu keine allgemeine Aussage formulieren. Gleichwohl ist auf einige Punkte hinzuweisen. Die Relevanz der kartellrechtlichen Beurteilung von gesellschaftsrechtlichen Wettbewerbsverboten wird nämlich teilweise mit dem Hinweis in Frage gestellt, dass die Spürbarkeit der Wettbewerbsbeschränkung bei mittelständischen Unternehmen mit unwesentlichen Marktanteilen regelmäßig fehle.[842] Diese Aussage erscheint zumindest zweifelhaft, auch wenn sie nicht mit konkreten Zahlen widerlegt werden kann. Schließlich ist auf den jeweils potentiell relevanten sachlichen und räumlichen Markt abzustellen, auf dem auch

838 Bekanntmachung der Kommission über Vereinbarungen von geringer Bedeutung, die den Wettbewerb gem. Art. 81 Abs. 1 EGV nicht spürbar beschränken (*de minimis*) v. 22.12.2001, ABl. C 368/13, Ziffer 7 lit. a.

839 Bekanntmachung Nr. 18/2007 des Bundeskartellamtes vom 13.03.2007 Rn. 7 ff. Allerdings heißt es in Rn. 2, dass die Bekanntmachung nicht ausschließt, dass gleichwohl ein Verstoß gegen § 1 GWB oder Art. 101 AEUV gegeben ist.

840 Loewenheim/Meessen/Riesenkampff/*Nordemann*, § 1 GWB Rn. 169.

841 Der Gesellschafter ist dann gerade nicht auf dem Markt der Gesellschaft tätig. Ein potentielles Wettbewerbsverhältnis ist anzunehmen, wenn ein Marktzutritt des Gesellschafters hinreichend wahrscheinlich ist, was sich nach den objektiven Marktzutrittsschranken beurteilt, vgl. dazu Loewenheim/Meessen/Riesenkampff/*Nordemann*, § 1 GWB Rn. 82 m.w.N.

842 *Binz/Sorg*, Die GmbH & Co. KG, § 5 Rn. 144, dort heißt es, das Erfordernis der Spürbarkeit für die Anwendung des § 1 GWB werde „oft übersehen".

mittelständische Unternehmen durchaus (zusammen!) über einen Marktanteil von über 10 % verfügen können.

Überdies handelt es sich bei horizontalen Wettbewerbsverboten um Kernbeschränkungen, sodass die Bagatellbekanntmachungen von *Kommission* und *Bundeskartellamt* überhaupt nicht anzuwenden und somit noch geringere Anforderungen an die Spürbarkeit zu stellen sind.[843] Die *De-minimis*-Bekanntmachung ist für die nationalen Wettbewerbsbehörden und Gerichte ohnehin nicht verbindlich und bei einer *bezweckten* Wettbewerbsbeschränkung ist nach Auffassung des *EuGH* stets auch die Spürbarkeit zu bejahen.[844]

Danach erscheint es jedenfalls nicht gerechtfertigt, die Relevanz der kartellrechtlichen Beurteilung gesellschaftsrechtlicher Wettbewerbsverbote aufgrund regelmäßig fehlender Spürbarkeit *a priori* in Abrede zu stellen.

VI. Rechtsfolgen bei Kartellrechtswidrigkeit

Für den Fall der Kartellrechtswidrigkeit eines gesellschaftsvertraglich vereinbarten Wettbewerbsverbots ist einerseits zu untersuchen, welche Auswirkungen die Nichtigkeit dieser einzelnen Satzungsbestimmung auf den gesamten Gesellschaftsvertrag hat, und andererseits der Frage nachzugehen, inwieweit der Gesellschaftsvertrag an sich von der Rechtsfolge der Nichtigkeit betroffen sein kann.

1. Nichtigkeit des Wettbewerbsverbots und Anwendung des § 139 BGB

Für den Fall, dass ein gesellschaftsvertraglich vereinbartes Wettbewerbsverbot nicht für den Schutz der Gesellschaft funktionsnotwendig ist, stellt sich die Frage nach den konkreten Rechtsfolgen des Kartellverstoßes. Das deutsche Recht bestimmt gem. § 1 GWB i.V.m. § 134 BGB[845] die Nichtigkeit kartellrechtswidriger

---

843 Loewenheim/Meessen/Riesenkampff/*Nordemann*, § 1 GWB Rn. 134; vgl. Ziff. 11.1. der *de minimis*-Bekanntmachung der *Kommission* (ABl. C 368/13): dort werden als Kernbeschränkungen insbesondere die Beschränkung der Produktion oder des Absatzes (b) und die Aufteilung von Märkten oder Kunden (c) genannt. Da einer dieser Aspekte bei denkbaren horizontalen Wettbewerbsbeschränkungen regelmäßig betroffen ist, bleibt für die Bagatellbekanntmachung generell nur ein sehr geringer Anwendungsbereich; vgl. dazu: Wiedemann/*Lübbig*, Hdb. KartR, § 7 Rn. 44.

844 EuGH Urteil v. 13.12.2012 Az. C-226/11 – *Expedia*, BeckRS 2012, 82643; vgl. dazu: *Mäsch*, GRUR-Prax 2013, 51.

845 So die h.M., vgl. *Emmerich*, Kartellrecht, § 21 Rn. 68; Mäsch/*Altemöller*, PK-KartellR, § 1 GWB Rn. 40; **a.A.** I/M/*Zimmer*, GWB, § 1 Rn. 212, der für eine

Vereinbarungen und Beschlüsse. Dasselbe folgt im europäischen Recht unmittelbar aus Art. 101 Abs. 2 AEUV.

Die Nichtigkeitsfolge tritt nur insoweit ein, als ein Vertrag oder Beschluss die Voraussetzungen des Kartellverbotstatbestandes erfüllt.[846] Folglich ist jedenfalls der das Wettbewerbsverbot enthaltende Satzungsbestandteil nichtig.[847] Es ist allein fraglich, ob § 139 BGB auf den übrigen Gesellschaftsvertrag anzuwenden ist.[848] Der § 139 BGB enthält eine Vermutung der Gesamtnichtigkeit des Rechtsgeschäfts, wenn sich aus dem hypothetischen Parteiwillen nicht ein anderes ergibt.

Es findet sich häufig die Aussage, der § 139 BGB sei im Kapitalgesellschaftsrecht durch die spezielleren Regelungen des § 75 GmbHG und § 275 AktG ausgeschlossen.[849] Dem kann insoweit gefolgt werden, als es um die Rechtsfolge der Nichtigkeit geht. Die Gesellschaft ist nicht etwa mit *ex tunc*-Wirkung nichtig, sondern sie kann erst durch Gestaltungsklage der Gesellschafter für die Zukunft vernichtet werden.[850] Der Sinn und Zweck des Kartellverbots steht dem kapitalgesellschaftsrechtlichen Prinzip des Bestands- und Vertrauensschutzes nicht entgegen.[851] Gleichwohl kann die *Vermutungsregel* des § 139 BGB auch bei Kapitalgesellschaften zur Anwendung kommen, sodass zunächst einmal die *Vernichtbarkeit* des gesamten Gesellschaftsvertrags zu vermuten ist.

Sowohl für Personengesellschaften als auch für Kapitalgesellschaften gilt, dass nicht der gesamte Gesellschaftsvertrag von der Nichtigkeit (bzw. Vernichtbarkeit) betroffen ist, solange die kartellrechtswidrige Bestimmung nicht für die Vertragsdurchführung notwendig ist.[852] Für Erstere ergibt sich dies regelmäßig aus dem hypothetischen Gesellschafterwillen und für Letztere aus der objektiven

---

Herleitung der Nichtigkeitsfolge aus dem Sinn und Zweck des Verbots der Kartellvereinbarung plädiert.

846 Vgl. BGH Urteil v. 22.07.1999 Az. KZR 48/97 (Tz. 27) – *Beschränkte Ausschreibung*, GRUR 2000, 160 (163) = NJW-RR 2000, 90 (92); Langen/Bunte/*Krauß*, Bd. 1, § 1 Rn. 320; explizit auch für das europäische Recht, welches die Frage nach der Gesamtnichtigkeit dem jeweiligen nationalen Recht überlasse: *Roth*, FS Hopt, 2881 (2887) m.w.N.

847 Vgl. auch *K. Schmidt*, AG 1987, 333 (338).

848 Vgl. allgemein zur Teilnichtigkeit im Kartellrecht: *Helm*, GRUR 1976, 496 ff.

849 OLG Stuttgart Urteil v. 23.04.1982 Az. 2 U 148/81 – *Ziegelvertrieb*, WuW/E OLG 2790 (2794); MünchKomm-BGB/*Busche*, § 139 Rn. 3; vgl. auch Ulmer/*Paura*, GmbHG, § 75 Rn. 14; I/M/*Zimmer*, GWB, § 1 Rn. 224.

850 Vgl. dazu ausführlich sogleich.

851 I/M/*Zimmer*, GWB, § 1 Rn. 224.

852 Vgl. nur I/M/*Zimmer*, GWB, § 1 Rn. 253 m.w.N.

Interessenlage. Bei der Ermittlung des hypothetischen Parteiwillens juristischer Personen kommt es, da sich diese mit ihrer Gründung von den Personen ihrer Gründer lösen, allein auf die objektive Interessenlage an.[853]

2. *Nichtigkeit des gesamten Verbands*

Sollte es für die Personenhandelsgesellschaft im Einzelfall bei der Regel des § 139 BGB bleiben[854], stellt sich die Frage nach der Anwendung des Kartellverbotstatbestandes auf den gesamten Gesellschaftsvertrag und damit nach der Wirksamkeit des Verbands. Dieselben Probleme stellen sich, wenn die Gesellschaft einen kartellrechtswidrigen Zweck oder Unternehmensgegenstand verfolgt.[855] Hiermit ist insbesondere die Frage nach der Anwendung der Grundsätze über die fehlerhafte Gesellschaft angesprochen. Es ist zwischen Kapitalgesellschaften und Personengesellschaften zu differenzieren.

a) Kapitalgesellschaften

Für die Entstehung von Kapitalgesellschaften ist die Registereintragung konstitutiv.[856] Ihre Existenz endet erst mit ihrer vollständigen Abwicklung.[857] Bei Vorliegen eines Nichtigkeitsgrundes können die Gesellschafter der GmbH gem. § 75 GmbHG und die der AG gem. § 275 AktG Nichtigkeitsklage erheben.[858]

---

853 MünchKomm-BGB/*Busche*, § 139 Rn. 15; *Nassall*, BB 1988, 1264 (1266).

854 Es ist allerdings sehr zweifelhaft, ob solch ein Fall denkbar ist. Schließlich ist ein Wettbewerbsverbot nur dann kartellrechtswidrig, wenn es nicht für die Gesellschaft funktionsnotwendig ist. Nach dem soeben Gesagten ist dann aber gerade nicht der gesamte Gesellschaftsvertrag von der Nichtigkeit betroffen.

855 Vgl. *K. Schmidt*, AG 1987, 333 (338) spricht von „konstitutioneller Kartellrechtswidrigkeit" der Gesellschaft; vgl. zu den insoweit relevanten kooperativen Gemeinschaftsunternehmen unten: 5. Kap. C.

856 Vgl. § 11 Abs. 1 GmbHG und § 41 Abs. 1 S. 1 AktG.

857 Vgl. nur *K. Schmidt*, AcP 186 (1986), 421 (448) m.w.N.

858 Ein stattgebendes Urteil bewirkt die Auflösung der Gesellschaft (§ 77 GmbHG, § 277 AktG); so die ganz herrschende Meinung, vgl. nur Ulmer/*Paura*, GmbHG, § 75 Rn. 34; **a.A.:** Baumbach/Hueck/*Haas*, GmbHG, § 75 Rn. 29 (Urteil bewirkt mit Rechtskraft Nichtigkeit). Der Unternehmensgegenstand i.S.d. § 275 AktG ist an dem „öffentlichen Interesse" des § 241 Nr. 3 AktG zu messen, wozu auch § 1 GWB gehört, vgl. *Wiedemann*, Gemeinschaftsunternehmen, S. 200 f. Ein Verstoß gegen das Kartellverbot hat die Nichtigkeit des GmbH-Unternehmensgegenstandes gem. § 134 BGB zur Folge, vgl. *Ulmer*, WuW 1979, 433 (446).

Überdies besteht gem. § 397 FamFG die Möglichkeit der Amtslöschung, die ebenfalls zur Auflösung des fehlerhaften Verbands führt.[859]

In den genannten Vorschriften wurden die zuerst für Kapitalgesellschaften entwickelten Grundsätze[860] der fehlerhaften Gesellschaft gesetzlich verankert, da deren große wirtschaftliche Bedeutung ein Bedürfnis nach Beschränkung der *ex-tunc*-Nichtigkeitsfolge geweckt hat.[861] Auf diese Weise wird das Vertrauen des Rechtsverkehrs in den Bestand eingetragener juristischer Personen gewährleistet.[862] Dem steht der Sinn und Zweck des Kartellverbots nicht entgegen.[863] Die Existenz juristischer Personen trotz fehlerhaften Organisationsstatuts ist somit gesetzlich anerkannt. Auch ein Verstoß gegen den öffentlichen Interessen dienenden Kartellverbotstatbestand vermag für diese keine *ex-tunc*-Nichtigkeit zu begründen.[864]

b) Personenhandelsgesellschaften

Anders als bei den Kapitalgesellschaften gibt es für die Personenhandelsgesellschaften keine dem § 75 GmbHG oder § 275 AktG entsprechenden gesetzlichen Bestandsschutzregelungen. Es ist daher nach der Anwendung des allgemeinen verbandsrechtlichen Instituts der fehlerhaften Gesellschaft zu fragen.[865] Nach

---

859 *Benner*, Kartellrechtliche Unwirksamkeit bei verfassten Verbänden, S. 93; *Wiedemann*, Gemeinschaftsunternehmen, S. 201; I/M/*Zimmer*, GWB, § 1 Rn. 224; *Ulmer*, WuW 1979, 433 (446) mit dem Hinweis, dass vielen Registergerichten wohl die nötige kartellrechtliche Kenntnis fehlen wird.

860 *Saenger*, GesR, § 3 Rn. 79.

861 *Wiedemann*, Gemeinschaftsunternehmen, S. 200.

862 *Benner*, Kartellrechtliche Unwirksamkeit bei verfassten Verbänden, S. 93.

863 *Benner*, Kartellrechtliche Unwirksamkeit bei verfassten Verbänden, S. 79 ff.; so im Hinblick auf das Unionsrecht im Ergebnis auch: *Roth*, FS Hopt, 2881 (2884 ff.), der hierfür eine „Absicherung im Unionsrecht" für erforderlich hält und auf Art. 11 der Publizitätsrichtlinie 68/151/EWG hinweist.

864 So die ganz h.M.: I/M/*Zimmer*, GWB, § 1 Rn. 224; Loewenheim/Meessen/Riesenkampff/*Nordemann*, § 1 GWB Rn. 254; *K. Schmidt*, AcP 186 (1986), 421 (448); **a.A.** *Paschke*, ZHR 155 (1991), 1 (18 ff.), der den Bestandsschutz von Kapitalgesellschaften beschränken will, soweit keine Verkehrsschutzinteressen berührt sind. Dagegen mit berechtigter Kritik, insbesondere an der von *Paschke* vorgenommenen Differenzierung zwischen der Anerkennung der fehlerhaften Korporation im Innen- und Außenverhältnis: *Benner*, Kartellrechtliche Unwirksamkeit bei verfassten Verbänden, S. 94 ff.

865 Vgl. dazu allgemein: *K. Schmidt*, AcP 186 (1986), 421 ff.; *Ulmer*, FS Flume II, 301 ff.; *K. Schmidt*, GesR, § 6; *Saenger*, GesR, § 3 Rn. 79.

diesem „Musterbeispiel richterlicher Rechtsfortbildung“[866] ist dogmatisch an der rechtsgeschäftlichen Grundlage des Verbandes festzuhalten, jedoch wird den Nichtigkeitsgründen die Anerkennung versagt, da sie mit den Belangen der Verbandsordnung unvereinbar sind.[867] Die Gesellschaft ist nicht von Beginn an unwirksam, sondern sie kann nur mit *ex-nunc*-Wirkung zur Auflösung gebracht werden.[868] Das ist grundsätzlich angemessen, weil die Gesellschafter während des tatsächlichen Vollzugs der Gemeinschaft Beiträge erbracht, Gewinnchancen genutzt sowie Risiken getragen haben und eine rückwirkende Abwicklung zu unangemessenen Schwierigkeiten führen würde.[869] Voraussetzung für die Anwendung der Grundsätze über die fehlerhafte Gesellschaft ist neben dem Vorliegen eines fehlerhaften Gesellschaftsvertrags und einer in Vollzug gesetzten Gesellschaft, dass der rechtlichen Anerkennung der Gesellschaft keine gewichtigen Interessen der Allgemeinheit entgegenstehen.[870]

Es ist vorliegend die umstrittene Frage zu beantworten, ob ein Verstoß gegen den Kartellverbotstatbestand die Anwendung der Grundsätze über die fehlerhafte Gesellschaft aufgrund entgegenstehender Allgemeininteressen ausschließt.

In diesem Sinne hat das *Oberlandesgericht Hamm* einer GmbH & Co. KG die Anerkennung der Parteifähigkeit versagt.[871] Dabei beruft es sich auf die wirtschafts- und gesellschaftspolitische Zielsetzung des GWB, welche in der Gewährleistung wirtschaftlicher und persönlicher Freiheit der Marktteilnehmer auf allen Ebenen der wirtschaftlichen Betätigung liege.[872] Bei Anwendung der Grundsätze über die fehlerhafte Gesellschaft auf gegen § 1 GWB verstoßende

866 *Wiedemann*, GesR, Bd. I (1980), S. 151; vgl. ferner BGH Urteil v. 29.06.1970 Az. II ZR 158/69 (Tz. 38), BGHZ 55, 5 (8) = NJW 1971, 375 (377), wo die Grundsätze der fehlerhaften Gesellschaft als „gesicherter Bestandteil des Gesellschaftsrechtsrecht“ bezeichnet werden.

867 *K. Schmidt*, GesR, § 6 I. 2. b), dort auch unter a) zu der Doktrin vom faktischen Vertragsverhältnis.

868 *Saenger*, GesR, § 3 Rn. 79.

869 BGH Urteil v. 29.06.1970 Az. II ZR 158/69 (Tz. 38), BGHZ 55, 5 (8) = NJW 1971, 375 (377); Wiedemann/*Topel*, Hdb. KartR, § 50 Rn. 43.

870 *Saenger*, a.a.O.; *K. Schmidt*, GesR, § 6 III. 1.; BGH Urteil v. 29.06.1970 Az. II ZR 158/69 (Tz. 39), BGHZ 55, 5 (8) = NJW 1971, 375 (377).

871 OLG Hamm Beschluss v. 13.03.1986 Az. 4 W 43/86 (Tz. 6 ff.), WuW/E OLG 3748 (3749) = NJW-RR 1986, 1487 (1488); nicht einmal diskutiert werden die Grundsätze über die fehlerhafte Gesellschaft bei OLG Düsseldorf Beschluss v. 20.06.2007 Az. VI-Kart 14/06 (V) (Tz. 34), WuW/E DE-R 2146 (2152 f.).

872 OLG Hamm Beschluss v. 13.03.1986 Az. 4 W 43/86 (Tz. 8), WuW/E OLG 3748 (3749) = NJW-RR 1986, 1487 (1488).

Gesellschaften werde die genannte Zielsetzung unterlaufen.[873] Überdies wird gegen die rechtliche Anerkennung der Gesellschaft geltend gemacht, dass die Rechtfolge der *ex-tunc*-Nichtigkeit aus Gründen der Generalprävention erforderlich sei, um den Gesellschaftern keinen Anreiz zur Verletzung des Kartellverbots zu geben.[874] Anders als im Recht der Kapitalgesellschaften könnten auch keine Gründe des Verkehrsschutzes für die rechtliche Anerkennung des Verbandes streiten, da die Gesellschafter einer Personengesellschaft jedenfalls nach Rechtsscheingrundsätzen haften würden.[875]

Die genannte Auffassung nimmt insbesondere auch auf die Rechtsprechung des *Bundesgerichtshofs*[876] Bezug und wird als „wohl"[877] oder „bisher"[878] herrschende Ansicht bezeichnet.

Die Rechtsprechung des *Bundesgerichtshofs* lässt sich jedoch nicht gegen die Anwendung der Grundsätze der fehlerhaften Gesellschaft anführen, da sich seine in diesem Zusammenhang zitierten (ablehnenden) Entscheidungen lediglich auf Innengesellschaften beziehen.[879] Vielmehr hält der *Bundesgerichtshof* die rechtliche Anerkennung einer gegen ein Verbotsgesetz verstoßenden Außengesellschaft „nicht in jedem Fall für ausgeschlossen".[880]

Die besseren Gründe sprechen für die Anwendung der Grundsätze über die fehlerhafte Gesellschaft, auch auf gegen den Kartellverbotstatbestand verstoßende Personenhandelsgesellschaften. Auf diese Weise können die Interessen der Gesellschaftsgläubiger im Rahmen eines geordneten Beendigungsverfahrens gewahrt werden.[881] Andernfalls könnte auch keine Haftung des eintretenden

---

873 OLG Hamm, a.a.O.

874 Vgl. I/M/*Zimmer*, GWB, § 1 Rn. 225; *Emmerich*, ZHR 139 (1975), 501 (513).

875 Wiedemann/*Topel*, Hdb. KartR, § 50 Rn. 45.

876 BGH Urteil v. 25.03.1974 Az. II ZR 63/72 (Tz. 51), BGHZ 62, 234 (241) = WM 1974, 519 (521); BGH Urteil v. 24.09.1979 Az. II ZR 95/78 (Tz. 21), BGHZ 75, 214 (217) = NJW 1980, 638 (639); BGH Urteil v. 13.11. 1990 Az. KZR 2/89 (Tz. 11), ZIP 1991, 402 (404) = GRUR 1991, 396 (398)

877 *Benner*, Kartellrechtliche Unwirksamkeit bei verfassten Verbänden, S. 105.

878 I/M/*Zimmer*, GWB, § 1 Rn. 225.

879 *K. Schmidt*, AcP 186 (1986), 421 (447).

880 BGH Urteil v. 24.04. 1954 Az. II ZR 35/53 (2. Leitsatz), BB 1954, 456.

881 *Benner*, Kartellrechtliche Unwirksamkeit bei verfassten Verbänden, S. 112: Aus den §§ 135, 105 Abs. 2 HGB, § 733 Abs. 1 S. 1 BGB ergibt sich für den Fall der Auseinandersetzung der Gesellschaft nach Kündigung durch Privatgläubiger im Wege der Zwangsvollstreckung die vorrangige Befriedigung von Gesellschafts- vor Privatgläubigern, welche aber die Entstehung von Gesamthandsvermögen voraussetze; vgl. ohne Argumentation in der Sache in dieselbe Richtung: I/M/*Zimmer*, GWB, § 1 Rn. 226.

Gesellschafters gegenüber dem redlichen Gesellschaftsgläubiger für vor seinem Eintritt begründete Verbindlichkeiten gem. § 130 HGB begründet werden.[882] Mithin besteht ein Interesse des Rechtsverkehrs an der rechtlichen Anerkennung der gegen § 1 GWB/Art. 101 AEUV verstoßenden Gesellschaft. Allein die persönliche Haftung der Personengesellschafter nach allgemeinen Rechtsscheingrundsätzen bedeutet keinen ausreichenden Gläubigerschutz.[883]

Auch der Sinn und Zweck des Kartellverbotstatbestandes fordert keine *ex-tunc*-Nichtigkeit des Gesellschaftsvertrags, da Wettbewerb nicht rückwirkend geschaffen werden kann.[884] Der Hinweis der anderen Auffassung auf Gründe der Generalprävention vermag ebenfalls nicht zu überzeugen. Eine entsprechende Präventionswirkung ergibt sich bereits aus der drohenden Möglichkeit eines Bußgeldes gem. § 81 Abs. 1 Nr. 1 oder Abs. 2 Nr. 1 GWB sowie der möglichen Schadensersatzverpflichtung gegenüber Dritten gem. § 33 GWB.[885]

Als weiteres Argument kann auf den Übergang von der kartellbehördlichen Präventivkontrolle zum Prinzip der Selbsteinschätzung hinsichtlich der Freistellung vom Kartellverbot im deutschen und europäischen Recht (§§ 2, 3 GWB; Art. 101 Abs. 3 AEUV i.V.m. Art. 1 Abs. 2 VO 1/2003)[886] hingewiesen werden. Soweit ersichtlich, wurde diese Entwicklung im vorliegenden Zusammenhang noch nicht diskutiert. Die Einführung des Prinzips der Legalausnahmen hat zur Folge, dass Unternehmen selbst einschätzen müssen, ob die Voraussetzungen der Freistellung erfüllt sind. Sie tragen daher auch das nicht unerhebliche Risiko einer Fehlbewertung.[887] Zwar lassen sich die Risiken im Hinblick auf

---

882 *Benner*, Kartellrechtliche Unwirksamkeit bei verfassten Verbänden, S. 114.

883 Das wird auch bei Wiedemann/*Topel*, Hdb. KartR, § 50 Rn. 45 zugestanden: Dieser „verkürzte Schutz" wird gleichwohl für ausreichend erachtet.

884 *Wiedemann*, Gemeinschaftsunternehmen, S. 204; vgl. ohne nähere Begründung auch: I/M/*Zimmer*, GWB, § 1 Rn. 226; *K. Schmidt*, AcP 186 (1986), 421 (450): Das Kartellrecht „will nicht ganze Verbände für inexistent erklären".

885 I/M/*Zimmer*, GWB, § 1 Rn. 226; *Roth*, FS Hopt, 2881 (2894), zudem besteht die Möglichkeit der Verfügung gem. § 32 GWB, bzw. Art. 7 Abs. 1 VO 1/2003.

886 Ursprünglich konnte nur die *Kommission* vom europäischen Kartellverbot befreien (vgl. Art. 9 VO 17/62, ABl. 13 v. 21.02.1962). Der Übergang zum System der Legalausnahmen erfolgte mit Wirkung ab dem 01.05.2004 durch Art 1 VO 1/2003; vgl. zu der Entwicklung: Loewenheim/Meessen/Riesenkampff/*Weiß*, Art. 1 VerfVO Rn. 4 ff.; *K. Schmidt*, ZweR 2010, 15 (24 f.). Das deutsche Recht wurde im Rahmen der 7. GWB-Novelle von 2005 durch Einführung des § 2 GWB an das europäische Prinzip der Legalausnahmen angepasst (vgl. insoweit die §§ 9 – 13 GWB a.F.).

887 Vgl. nur Loewenheim/Meessen/Riesenkampff/*Nordemann*, § 2 GWB Rn. 198.

Schadensersatzhaftung und Bußgeldpflichten durch kartellrechtliche *Compliance* minimieren.[888] Das gilt aber nicht im Hinblick auf die Nichtigkeitsfolge. Für den Fall einer von den Gesellschaftern unter die Legalausnahme subsumierten Gesellschaftsgründung[889] wäre die *ex-tunc*-Nichtigkeitsfolge einer Fehleinschätzung jedenfalls eine unangemessene Rechtsfolge. Das gilt umso mehr, als nicht nur die Gesellschafter hiervon negativ betroffen wären, sondern – wie gezeigt – auch der Rechtsverkehr.

888 Vgl. dazu Loewenheim/Meessen/Riesenkampff/*Nordemann*, § 2 GWB Rn. 201 f.

889 Das ist insbesondere bei Gemeinschaftsunternehmen relevant, vgl. zur „Legalisierung" von GU: *Wiedemann*, Gemeinschaftsunternehmen, S. 206 ff. (allerdings zur alten Rechtslage, in der noch ein kartellbehördliches Verfahren erforderlich war).

5. Kapitel: Wettbewerbsverbot und Gemeinschaftsunternehmen (GU)

Die kartellrechtliche Behandlung von Gemeinschaftsunternehmen[890] weist einige Besonderheiten - nicht nur im Hinblick auf die Beurteilung von Wettbewerbsverboten - auf. Neben den rechtlichen Eigenheiten rechtfertigt auch die hohe wirtschaftliche Bedeutung von Gemeinschaftsunternehmen[891] eine gesonderte Darstellung.

A. Einführung

I. Begriff und Charakterisierung des Gemeinschaftsunternehmens

Ein Gemeinschaftsunternehmen ist ein Unternehmen beliebiger Rechtsform, welches mehreren unabhängigen Muttergesellschaften der gemeinsamen Zweckverfolgung dient.[892] Es ist ein Instrument zur Bündelung und Verwirklichung der verschiedenen Interessen seiner Mitglieder und kann damit nicht einem bestimmten Konzerninteresse zugeordnet werden.[893] Hierin unterscheidet sich das Gemeinschaftsunternehmen von typischen Konzernsachverhalten. Es kann sowohl der Kooperation bei einzelnen Unternehmensfunktionen, als auch bei der Erschließung neuer unternehmerischer Tätigkeiten dienen.[894]

---

890 *Emmerich*, Kartellrecht, § 17 Rn. 1 weist auf den synonym verwendeten neudeutschen Begriff *joint venture companies* hin. Abzugrenzen ist das GU von dem Begriff des bloßen *joint ventures*, der auch für eine lockere Kooperation verwendet wird, die sich nicht in Form einer Gesellschaft vollzieht, vgl. Loewenheim/Meessen/Riesenkampff/*Lindemann*, GU Rn. 1.

891 Vgl. 18. Hauptgutachten der Monopolkommission 2008/2009 v. 22.07.2010, Kap. II, Tz. 277 ff., BT-Drucks. 17/2600, S. 166 ff.; mit dem Hinweis, dass knapp die Hälfte der von der Kommission durchgeführten Fusionskontrollverfahren Gemeinschaftsunternehmen betrifft: *Emmerich,* Kartellrecht, § 17 Rn. 1 m.w.N.; vgl zu den Vorteilen der Kooperation über ein GU gegenüber anderen Formen *Meessen,* WuW 1993, 901 ff. m.w.N.

892 *Gansweid*, Gemeinsame Tochtergesellschaften, S. 21 f.; *Wiedemann*, Gemeinschaftsunternehmen, S. 40 f.

893 *Mestmäcker*, Recht und ökonomisches Gesetz, S. 345/346.

894 Loewenheim/Meessen/Riesenkampff/*Lindemann*, Anh. zu § 1 GWB Rn. 1 aE.; vgl. z.B. F.A.Z. v. 01.10.2010 S. 18: Der Keramikhersteller *Villeroy & Boch* gründet mit dem Beratungsunternehmen *Rödl & Partner* ein GU, um IT-Dienstleistungen

Die Muttergesellschafter müssen jedenfalls die Möglichkeit haben, auf das GU Einfluss auszuüben.[895] Sie werden regelmäßig die Grundfragen ihrer Zusammenarbeit in einer sog. Grundvereinbarung regeln, welche insbesondere die Ausübung der Stimmrechte festlegt.[896] Die Grundvereinbarung zwischen den Muttergesellschaften stellt in der Regel eine auf Bildung und Durchführung eines gemeinsamen Beherrschungswillens gerichtete Gesellschaft bürgerlichen Rechts (GbR) dar.[897]

Die Auswirkungen eines GU auf den Wettbewerb können vielfältig sein. Bei dauerhaftem Auftreten des Gemeinschaftsunternehmens am Markt ist einerseits eine Änderung der Marktstruktur möglich.[898] Andererseits kann es infolge des sog. Gruppeneffekts (oder auch „*spillover effect*") dazu kommen, dass die Muttergesellschaften auch auf nicht zum Gegenstand der gemeinschaftlichen Aktivitäten gehörenden Märkten[899] aufeinander Rücksicht nehmen und eine Erlahmung des Wettbewerbs eintritt.[900] Eine einheitliche kartellrechtliche Einordnung von Gemeinschaftsunternehmen ist aufgrund ihrer vielfältigen Erscheinungsformen nicht möglich.[901] Jedes GU ist – unabhängig von seiner

---

für den Mittelstand anzubieten. *Villeroy & Boch* will damit sein Wissen und seine IT-Kenntnisse im Kundennetzwerk von *Rödl & Partner* kapitalisieren. Ein weiteres Beispiel ist das von Nokia und Siemens gegründete GU („Nokia Siemens Networks"), in welches die beiden Unternehmen ihre über ein breites Portfolio an Mobilfunk- und Festnetz-Infrastruktur verfügenden wenig ertragreichen Netzwerkaktivitäten einbrachten, vgl. F.A.Z. v. 28.11.2011 S. 17.

895 *Gansweid*, Gemeinsame Tochtergesellschaften, S. 24.

896 Ausführlich: *Gansweid,* Gemeinsame Tochtergesellschaften, S. 60 ff.; *Mestmäcker*, Recht und ökonomisches Gesetz, S. 418; *Wiedemann*, Gemeinschaftsunternehmen, S. 86 f. Die Rechte und Pflichten im Zusammenhang mit der Durchführung der Zusammenarbeit – insbesondere ein Wettbewerbsverbot – kann auch im Gesellschaftsvertrag verankert sein, sofern die jeweilige Rechtsform die zulässt (also nicht in der AG).

897 *Gansweid*, Gemeinsame Tochtergesellschaften, S. 64 m.w.N.; *Wiedemann*, Gemeinschaftsunternehmen, S. 87.

898 Vgl. nur Loewenheim/Meessen/Riesenkampff/*Lindemann*, Anh. § 1 GWB Rn. 2.

899 Sog. „*Candidate Markets*"; vgl. dazu Mäger/*Mäger*, Europäisches Kartellrecht, Kap. 9 Rn. 33 f.

900 I/M/*Zimmer*, GWB, § 1 Rn. 315; *Emmerich*, Kartellrecht, § 17 Rn. 2/3; es genügt, dass sich die Mütter auf irgendeinem Markt auch nur *potentiell* als Konkurrenten gegenüberstehen, vgl. FK/*Heithecker/Schneider*, Fallgruppen II.9.GU Art. 101 Abs. 1, 3 Rn. 16 (Stand: Mai 2010).

901 Zu den wettbewerblichen Auswirkungen einzelner GU-Formen vgl. die folgenden Ausführungen.

Einordnung in eine bestimmte Fallgruppe – immer im Hinblick auf den Kartell- und den Fusionsaspekt hin zu untersuchen.[902]

II. Typen von Gemeinschaftsunternehmen

Für die Zusammenarbeit über ein Gemeinschaftsunternehmen kommt jede Rechtsform in Betracht, wobei der GmbH in diesem Zusammenhang die größte Bedeutung zukommt.[903] Gemeinschaftsunternehmen lassen sich sehr vielfältig und für fast alle Funktionen von Wirtschaftseinheiten einsetzen. Zu unterscheiden sind Teilfunktions- und Vollfunktions-Gemeinschaftsunternehmen.[904] Ein GU mit Teilfunktionen zeichnet sich dadurch aus, dass es einzig zur Unterstützung der GU-Mütter dient und – da es beispielsweise keine eigene Leistung auf dem Markt erbringen soll – als solches nicht lebensfähig ist.[905] Beispielhaft genannt seien an dieser Stelle die unternehmerischen Teilfunktionen Einkauf, Produktion und Absatz („Hauptfunktionen") sowie Forschung und Entwicklung, Werbung und Transport- und Lagergemeinschaften („Hilfsfunktionen").[906]

Ein Vollfunktions-GU tritt hingegen als eigenständige Einheit am Markt auf und kann auf diese Weise der Ausgliederung kompletter Unternehmensbereiche oder der sachlichen oder geographischen Markterweiterung der Gründungsgesellschafter dienen.[907]

III. Eingrenzung des Untersuchungsgegenstandes

Der vielschichtigen Problematik der Gemeinschaftsunternehmen kann und soll hier nur begrenzt nachgegangen werden.[908] Es wird daher ausschließlich auf für

902 Mäger/*Mäger*, Europäisches Kartellrecht, Kap. 9 Rn. 3 f.

903 Vgl. 18. Hauptgutachten der Monopolkommission 2008/2009 v. 22.07.2010, Kap. II, Tz. 286., BT-Drucks. 17/2600, S. 169/170: 74 % (oder in absoluten Zahlen: 35) der unter den 20 größten deutschen Unternehmen bestehenden Gemeinschaftsunternehmen sind GmbHs.

904 Vgl. auch zu der Abgrenzung: Konsolidierte Mitteilung der Kommission zu Zuständigkeitsfragen gemäß der FKVO, ABl. C 95/1 v. 16.04.2008 Tz. 91 ff.

905 *Wiedemann*, Gemeinschaftsunternehmen, S. 50.

906 *Wiedemann*, Gemeinschaftsunternehmen, S. 51 ff. mit ausführlichen Rechtstatsachen.

907 Ausführlich: *Wiedemann*, Gemeinschaftsunternehmen, S. 62 ff.; I/M/*Zimmer*, GWB, § 1 Rn. 322.

908 Vgl. ausführlich z.B. *Wiedemann*, Gemeinschaftsunternehmen; *Gansweid*, Gemeinsame Tochtergesellschaften im; *Kuhn*, Kooperative Aspekte von Gemeinschaftsunternehmen; *Lüder*, Konzentrative und kooperative Gemeinschaftsunternehmen.

die Beurteilung der Zulässigkeit von Wettbewerbsverboten bei Gemeinschaftsunternehmen wichtige Aspekte eingegangen. Dazu gehört die Frage nach dem Verhältnis von Kartellverbotstatbestand und Fusionskontrolle, da insoweit die generelle Anwendung des Kartellverbots in Frage steht. Überdies ist die Abgrenzung von konzentrativen und kooperativen Gemeinschaftsunternehmen für das Vorliegen einer kartellrechtsneutralen Gesellschaft als Grundvoraussetzung für die Zulässigkeit von gesellschaftsrechtlichen Wettbewerbsverboten von Bedeutung.

Da der GmbH die größte Bedeutung bei der Zusammenarbeit von Unternehmen in gemeinsamen Tochtergesellschaften zukommt, beschränken sich die folgenden Ausführungen auf diese Rechtsform. Im Vordergrund steht dabei die Betrachtung solcher Gemeinschaftsunternehmens, an denen die Muttergesellschafter zu je gleichen Teilen beteiligt sind (sog. paritätisches GU[909]).

B. Anwendbarkeit des Kartellverbots neben der Fusionskontrolle

Da die Gründung eines GU sowohl zur Veränderung der Marktstruktur als auch zu einer Verhaltenskoordinierung der Muttergesellschaften führen kann, stellt sich die Frage nach dem Verhältnis von Fusionskontrolle und Kartellverbot.

I. Regelungen der Fusionskontrolle

Die nationalen und die europäischen Regelungen zur Fusionskontrolle unterscheiden sich und es gibt – anders als im Regelungsbereich der Artt. 101, 102 AEUV (vgl. Art. 3 VO 1/2003) – keinen Konflikt zwischen den Rechtsordnungen. Es findet vielmehr entweder das europäische oder das nationale Fusionskontrollrecht Anwendung (*one-stop-shop*-Prinzip, vgl. Art. 21 Abs. 3 FKVO). Die Unterschiede im Hinblick auf die Behandlung von Gemeinschaftsunternehmen sind daher kurz darzustellen.

1. *Europäisches Recht*

Die europäische Fusionskontrolle richtet sich nach der Ratsverordnung Nr. 139/2004 vom 20.01.2004 (FKVO).[910] Damit diese Anwendung findet, muss ein Zusammenschluss von gemeinschaftsweiter Bedeutung i.S.d. Art. 1 Abs. 2

909 Vgl. Langen/Bunte/*Krauß*, Bd. 1, § 1 Rn. 291.
910 ABl. L 24/1 v. 29.01.2004.

oder Abs. 3 FKVO[911] vorliegen. Die von den Unternehmen angemeldeten (Art. 4 Abs. 1 FKVO) Zusammenschlussvorhaben werden von der Kommission nach den Verfahrensvorgaben der FKVO[912] auf ihre Vereinbarkeit mit dem Gemeinsamen Markt hin überprüft (Art. 2 Abs. 2 und Abs. 3 FKVO).

Ein Zusammenschluss liegt gem. Art. 3 Abs. 1 lit. b) und Abs. 2 FKVO insbesondere vor, wenn mehrere Unternehmen zusammen durch den Erwerb von Anteilsrechten oder Vermögenswerten die unmittelbare oder mittelbare Kontrolle über ein anderes Unternehmen erwerben. In diesem Sinne stellt gem. Art. 3 Abs. 4 FKVO die Gründung eines Gemeinschaftsunternehmens, das auf Dauer alle Funktionen einer selbständigen wirtschaftlichen Einheit erfüllt, einen Zusammenschluss dar.

Gemeinsame Kontrolle durch die Muttergesellschaften ist anzunehmen, wenn diese im Hinblick auf alle wichtigen Entscheidungen des Gemeinschaftsunternehmens Übereinstimmung erzielen müssen, wobei die Möglichkeit, strategisches Wirtschaftsverhalten des GU zu blockieren, genügt.[913] Daher üben die Partner eines paritätischen GU (mit 50:50-Beteiligungen) ebenso gemeinsame Kontrolle über die Tochtergesellschaft aus, wie die eines GU mit ungleicher Beteiligung, solange die Minderheitsgesellschafter mit einem Vetorecht hinsichtlich strategischer Unternehmensentscheidungen ausgestattet sind.[914]

---

911 Vgl. dazu allgemein Loewenheim/Meessen/Riesenkampff/*Simon*, Art. 1 FKVO Rn. 17 ff.

912 Die Verfahrensvorgaben sind weitgehend an die der VO 1/2003 (ABl. L 1/1 v. 04.01.2003) angelehnt; vgl. aber insbesondere die kürzeren Fristen (Art. 10 FKVO) und die Erlaubnisfiktion (Art. 10 Abs. 6 FKVO) sowie das Vollzugsverbot (Art. 7 FKVO).

913 Konsolidierte Mitteilung der Kommission zu Zuständigkeitsfragen nach der FKVO, ABl. C 95/1 (Tz. 62); EuG Urteil v. 23.02.2006 (Tz. 43, 52, 67) – *Cementbouw*, Slg. 2006, II-331 (356) = WuW/E EuR 1005 (1006 ff.); vgl. zum Begriff der gemeinsamen Kontrolle ferner Loewenheim/Meessen/Riesenkampff/*Lindemann*, Art. 3 FKVO Rn. 45 mit dem Hinweis, dass eine 25 %-Beteiligung der Mütter ohne dass mindestens zwei der Muttergesellschaften über „wesentliche Kontrollrechte" verfügen, nicht unter die EU-Fusionskontrolle fällt.

914 Konsolidierte Mitteilung der Kommission zu Zuständigkeitsfragen nach der FKVO, ABl. C 95/1 (Tz. 65 ff.) gemeint sind insbesondere Vetorechte hinsichtlich der Entscheidung über das Budget, den Geschäftsplan oder die Besetzung der Unternehmensleitung (Tz. 67).

Der Art. 3 Abs. 4 FKVO bezieht sich nur auf Vollfunktionsgemeinschaftsunternehmen[915], da nur diese „auf Dauer alle Funktionen einer selbständigen wirtschaftlichen Einheit" erfüllen.[916] Abgrenzungsmaßstab zu Gemeinschaftsunternehmen mit Teilfunktion ist insoweit die Funktion der anderen auf dem Markt des GU tätigen Unternehmen und die Frage, ob das GU im Hinblick auf seine Ressourcen, Funktionen und Tätigkeiten mit diesen in einer Art und Weise vergleichbar ist, dass zwischen ihnen selbständiger Wettbewerb entsteht.[917] In keinem Fall ist zu fordern, dass das GU auch strategische Entscheidungen selbständig treffen können muss, da ein gemeinsam beherrschtes Unternehmen in diesem Fall niemals als Vollfunktionsgemeinschaftsunternehmen im Sinne des Art. 3 Abs. 4 FKVO angesehen werden könnte.[918]

Für die Behandlung von Gemeinschaftsunternehmen nach der europäischen Fusionskontrolle kommt es also insbesondere darauf an, dass die Schwellenwerte des Art. 1 Abs. 2 oder Abs. 3 FKVO[919] überschritten sind und ein Vollfunktionsgemeinschaftsunternehmen im Sinne des Art. 3 Abs. 4 FKVO vorliegt.[920]

2. *Deutsches Recht*

Die deutsche Zusammenschlusskontrolle ist in den §§ 35 – 43 GWB geregelt.[921] Ein Zusammenschluss, von dem zu erwarten ist, dass er eine marktbeherrschende Stellung begründet oder verstärkt, ist gem. § 36 Abs. 1 GWB vom Bundeskartellamt zu untersagen, es sei denn die Vorteile des Zusammenschlusses überwiegen

---

915 Ursprünglich war Voraussetzung für die Anwendung der europäischen Fusionskontrolle, dass mit der GU-Gründung keine Koordinierung des Wettbewerbsverhaltens der Muttergesellschaften bezweckt oder bewirkt wurde. Es wurde daher zwischen „konzentrativen" und „kooperativen" GU unterschieden, wobei letztere allein unter das Kartellverbot fielen. Mit der Schaffung des heutigen Art. 3 Abs. 4 FKVO fallen auch „kooperative Vollfunktionsgemeinschaftsunternehmen" unter die FKVO. Vgl. zur historischen Entwicklung *Emmerich*, Kartellrecht, § 17 Rn. 7 ff.

916 Vgl. Konsolidierte Mitteilung der Kommission zu Zuständigkeitsfragen nach der FKVO, ABl. C 95/1 (Tz. 91 ff.).

917 *Emmerich*, Kartellrecht, § 17 Rn. 16.

918 Konsolidierte Mitteilung der Kommission zu Zuständigkeitsfragen nach der FKVO, ABl. C 95/1 (Tz. 93); EuG Urteil v. 23.02.2006 (Tz. 62) – *Cementbouw*, Slg. 2006, II-331 (355).

919 Das innerstaatliche Wettbewerbsrecht der Mitgliedsstaaten ist dann nicht anwendbar (Art. 21 Abs. 3 FKVO).

920 Vgl. auch *Emmerich*, Kartellrecht, § 17 Rn. 14.

921 Den nationalen Regelungen kommt weiter hohe Bedeutung zu, da die Schwellenwerte des Art. 1 FKVO recht hoch sind, so *Emmerich*, Kartellrecht, § 31 Rn. 1.

dessen Nachteile. In Übereinstimmung mit dem europäischen Recht stellt der gemeinsame Kontrollerwerb durch mehrere Unternehmen gem. § 37 Abs. 1 Nr. 2 GWB[922] einen Zusammenschluss dar. Ferner kann ein GU unter § 37 Abs. 1 Nr. 4 GWB zu fassen sein. Darüber hinaus bestimmt § 37 Abs. 1 Nr. 3 S. 3 GWB eine auf den Markt des Gemeinschaftsunternehmens beschränkte Fiktion der Teilfusion der Mütter, wenn diese gleichzeitig oder nacheinander Anteile in Höhe von 50 % oder 25 % an einem anderen Unternehmen erwerben. Da § 37 Abs. 1 Nr. 3 S. 1 GWB den Erwerb von Anteilen an einem anderen Unternehmen unabhängig von der Beteiligung weiterer Unternehmen an dem anderen Unternehmen als Zusammenschluss erfasst, soll durch die genannte Fiktion den Auswirkungen auf den Wettbewerb zwischen den Muttergesellschaften (Gruppeneffekt) Rechnung getragen werden.[923] Anders als in der europäischen Fusionskontrolle, die stets einen (gemeinsamen) Kontrollerwerb voraussetzt, kann gem. § 37 Abs. 1 Nr. 3 S. 1 GWB auch eine bloße Kapitalbeteiligung i.H.v. 25 % der Muttergesellschaften an dem GU für die Annahme eines Zusammenschlusses genügen.[924]

Zudem fordert das deutsche Recht – anderes als das europäische – nicht das Vorliegen eines Vollfunktionsgemeinschaftsunternehmens.[925] Vielmehr werden grundsätzlich alle Gemeinschaftsunternehmen von der deutschen Zusammenschlusskontrolle erfasst.

II. Verhältnis von Kartellverbot zur Fusionskontrolle

1. Europäisches Recht

Im europäischen Kartellrecht gilt grundsätzlich das Trennungsprinzip[926]. Danach ist ein Gemeinschaftsunternehmen entweder an den Regelungen der Fusionskontrolle und somit dem Verfahren der FKVO zu messen, oder es unterliegt

---

922 Für die Auslegung des § 37 Abs. 1 Nr. 2 GWB gelten dieselben Grundsätze wie für Art. 3 Abs. 1 lit. b) FKVO, vgl. dazu I/M/*Mestmäcker/Veelken*, GWB, § 37 Rn. 23 ff.

923 Vgl. nur I/M/*Mestmäcker/Veelken*, GWB, § 37 Rn. 67.

924 Vgl. Loewenheim/Meessen/Riesenkampff/*Lindemann*, Art. 3 FKVO Rn. 45. Der Gesetzgeber ging davon aus, dass bereits eine Minderheitsbeteiligung von 25 % typischerweise besonderen gesellschaftsrechtlichen Einfluss vermittelt, vgl. Begr. RegE, BT-Drs. 13 1998/9720, S. 43. Ein solcher Zusammenschluss unterliegt in jedem Fall der Anmeldepflicht gem. § 39 Abs. 1 GWB; für die materielle Fusionskontrolle des § 36 Abs. 1 GWB werden jedoch überwiegend über den bloßen Anteilserwerb hinausgehende Umstände gefordert, vgl. dazu *Emmerich*, Kartellrecht, § 33 Rn. 24 m.w.N.

925 Loewenheim/Meessen/Riesenkampff/*Bauer*, § 37 GWB Rn. 51.

926 Vgl. hierzu ausführlich *Wiedemann*, Gemeinschaftsunternehmen, S. 120 ff.

dem Kartellverbotstatbestand und ist damit dem Verfahren nach der VO 1/2003 unterworfen.[927]

Ein Gemeinschaftsunternehmen, welches nur einzelne unternehmerische Funktionen für seine Mütter ausübt[928], unterliegt mangels Marktstrukturveränderung nicht der europäischen Fusionskontrolle, sondern ist allein unter dem Gesichtspunkt der Verhaltenskoordinierung nach dem Kartellverbotstatbestand (Art. 101 AEUV) und dem Verfahren der VO 1/2003 zu beurteilen.[929] Diese werden wie jede andere Form der horizontalen Zusammenarbeit behandelt, sodass auf sie sowohl die *de minimis*-Bekanntmachung[930] als auch die Gruppenfreistellungsverordnungen[931] und die Horizontalleitlinien[932] anwendbar sind. Ein Beispiel für ein GU mit kooperativen Effekten auf die Muttergesellschaften bildet die Gründung einer Tochtergesellschaft zur gemeinsamen Forschung und Entwicklung (F&E), da die Mütter durch das GU im F&E-Bereich über eine einheitliche Kostenstruktur verfügen und sich in diesem Bereich keine Konkurrenz mehr machen, was eine generelle Verminderung der Neigung, zueinander in Wettbewerb zu treten, zur Folge haben kann.[933]

---

927 I/M/*Zimmer*, Bd. 1/Teil 1, Art. 101 Abs. 1 AEUV Rn. 307; Loewenheim/Meessen/Riesenkampff/*Lindemann*, GU Rn. 3.

928 In diesem Zusammenhang ist häufig von „kooperativen Gemeinschaftsunternehmen“ die Rede.

929 Loewenheim/Meessen/Riesenkampff/*Lindemann*, Art. 3 FKVO Rn. 43.

930 Bekanntmachung der Kommission über Vereinbarungen von geringer Bedeutung, die den Wettbewerb gem. Art. 81 Abs. 1 EGV nicht spürbar beschränken (de minimis) v. 22.12.2001, ABl. C 368/13.

931 Vgl. insbesondere die VO 1218/2010 der Kommission v. 14.12.2010 über die Anwendung von Art. 101 Abs. 3 AEUV auf bestimmte Gruppen von Spezialisierungsvereinbarungen, ABl. L 335/43; sowie die VO 1217/2010 der Kommission v. 14.12.2010 über die Anwendung von Art. 101 Abs. 3 AEUV auf bestimmte Gruppen von Vereinbarungen über Forschung und Entwicklung, ABl. L 335/36. Bei den beiden GVO (in Kraft getreten am 01.01.2011) handelt es sich nun um sog. Schirmfreistellungen, wonach sämtliche Klauseln zulässig sind, soweit keine Kernbeschränkungen vereinbart werden und bestimmte Marktanteilsschwellen nicht überschritten werden; vgl. dazu *Gehring/Mäger*, DB 2011, 398 (399).

932 Leitlinien zur Anwendung des Art. 101 AEUV auf Vereinbarungen über horizontale Zusammenarbeit v. 14.01.2011, ABl. C 11/1; vgl. dazu *Gehring/Mäger*, DB 2011, 398.

933 *Schroeder*, WuW 2004, 893 (894); es besteht aber die Möglichkeit der Gruppenfreistellung (s.o.).

Ein konzentratives Gemeinschaftsunternehmen ist hingegen ein solches, das auf Dauer sämtliche Funktionen einer selbständigen wirtschaftlichen Einheit erfüllt (vgl. Art. 3 Abs. 4 FKVO) und dessen Gründung im Verhältnis der Mütter keine Koordinierung des Wettbewerbsverhaltens mit sich bringt.[934] Für dieses gelten einzig die Regelungen der Fusionskontrolle.

Bei der Klassifizierung eines Gemeinschaftsunternehmens als kooperativ oder konzentrativ handelt es sich nicht um den Beginn, sondern um das Ergebnis der Prüfung.[935] Ursprünglich war diese Abgrenzung für die Frage des anwendbaren materiellen Rechts und des Verfahrens (FKVO oder VO 1/2003) von entscheidender Bedeutung.[936] Seit der Änderung der FKVO vom 30.06.1997[937] unterliegen jedoch sämtliche Vollfunktionsgemeinschaftsunternehmen der Fusionskontrolle (vgl. Art. 3 Abs. 4 und Art. 2 Abs. 4 und 5 FKVO).[938] Zwar sind sämtliche konzentrativen GU solche mit Vollfunktion, jedoch sind nicht sämtliche Vollfunktionsgemeinschaftsunternehmen zwingend konzentrativ.[939]

Auch Vollfunktionsgemeinschaftsunternehmen werden gem. Art. 2 Abs. 4 FKVO im Hinblick auf den Art. 101 AEUV untersucht, soweit ihre Gründung die Koordinierung unabhängig bleibender Unternehmen bezweckt oder bewirkt. Zur Erfassung des mit der GU-Gründung verbundenen Gruppeneffekts wird also eine Ausnahme vom Trennungsprinzip für kooperative Vollfunktionsgemeinschaftsunternehmen begründet.[940] Für diese gilt folglich in gewisser Weise das sog. „Konzentrationsprivileg“, welches in der Geltung des vorteilhafteren Verfahrens nach der FKVO (vgl. Art. 21 Abs. 1 FKVO sowie insbesondere: Art. 10 FKVO) besteht.[941] Den Maßstab für die materielle Beurteilung bildet jedoch neben dem milderen Art. 2 Abs. 2 und Abs. 3 FKVO – also der Prüfung, ob die GU-Gründung den wirksamen Wettbewerb im Gemeinsamen Markt erheblich behindern würde, insbesondere durch Begründung oder

---

934 Vgl. Wiedemann/*Schroeder*, Hdb. Kartellrecht, § 8 Rn. 26.

935 Mäger/*Mäger*, Europäisches Kartellrecht, Kap. 9 Rn. 6.

936 Vgl. zur früheren Rechtslage *Emmerich*, Kartellrecht, § 17 Rn. 19 f.

937 Änderung durch VO 1310/97 v. 30.06.1997, ABl. L 180/1.

938 Dazu bereits oben: 5. Kap. B. I. 1.

939 *Bechtold*, GWB, § 1 Rn. 85.

940 I/M/*Zimmer*, Bd. 1/Teil 1, Art. 101 Abs. 1 AEUV Rn. 307 aE; von „Doppelkontrolle“ spricht in diesem Zusammenhang *Schroeder*, WuW 2004, 893 (895); dagegen hält *Pohlmann* WuW 2003, 473 (475) den Art. 2 Abs. 4 FKVO aufgrund der Normenhierarchie für einen überflüssigen Rechtsgrundverweis auf den Kartellverbotstatbestand.

941 Vgl. Loewenheim/Meessen/Riesenkampff/*Lindemann*, GU Rn. 4.

Verstärkung einer beherrschenden Stellung (sog. SIEC-Test)[942] – auch der Kartellverbotstatbestand des Art. 101 AEUV, sodass *insoweit* keine Privilegierung vorliegt.[943]

Über Art. 2 Abs. 4 FKVO wird der Art. 101 AEUV jedoch nur insoweit angewendet, als die Gründung des Gemeinschaftsunternehmens eine Koordinierung des Wettbewerbsverhaltens der GU-Mütter bezweckt oder bewirkt. Die Prüfung des Kartellverbotstatbestands fällt somit enger aus als bei Teilfunktionsgemeinschaftsunternehmen[944], da Gegenstand der Prüfung nur der Wettbewerb zwischen den Obergesellschaften ist und nicht der zwischen den herrschenden Unternehmen und der (beherrschten) Untergesellschaft.[945] Mit der Kommissionsentscheidung über die Vereinbarkeit des Zusammenschlusses mit dem Gemeinsamen Markt im Fusionskontrollverfahren gelten gem. Art. 6 Abs. 1 lit. b) UA 2 und Art. 8 Abs. 1 UA 2 und Abs. 2 UA 3 FKVO die *notwendigen* Nebenabreden („*ancillary restraints*") ebenfalls als genehmigt. Die Kommission genehmigt die Nebenabreden nicht ausdrücklich. Vielmehr sind diese automatisch von der Freigabeentscheidung erfasst, „ohne dass die Kommission diese im Einzelfall zu prüfen hätte"[946]. Entsprechend dem Prinzip der Selbsteinschätzung (vgl. Art. 1 Abs. 2 VO 1/2003) müssen die Unternehmen selber prüfen, ob eine Nebenabrede als genehmigt gilt oder nicht.[947] Die von den Gerichten im Streitfall zu klärende Frage ist somit die, ob eine *notwendige* Nebenabrede vorliegt oder nicht, wobei

---

942 „Significant impediment to effective competition" so im englische Text des Art. 2 Abs. 2 und 3 FKVO; durch den Übergang zu diesem Kriterium durch die FKVO 2004 wurde der Zweck verfolgt bestimmte Effekte von Zusammenschlüssen in Oligopolen sowie Effizienzvorteile bei der Zusammenschlusskontrolle zu berücksichtigen; vgl. ausführlich *Emmerich*, Kartellrecht, § 16 Rn. 52 ff.

943 Bei konzentrativen Gemeinschaftsunternehmen liegt die Privilegierung gerade auch in der Nichtgeltung des (strengeren) Art. 101 AEUV.

944 *Schroeder*, WuW 2004, 893 (896); Mäger/*Mäger*, Europäisches Kartellrecht, Kap. 9 Rn. 31 und Rn. 32 die umstrittenen Frage bejahend, ob eine effektive Einschränkung des Art. 101 AEUV über die niederrangige FKVO möglich ist m.w.N.; ablehnend insoweit *Pohlmann*, WuW 2003, 473 (475).

945 Loewenheim/Meessen/Riesenkampff/*Lindemann*, Art. 2 FKVO Rn. 187.

946 Erwägungsgrund 21 der FKVO.

947 Vgl. zu der Entwicklung *De Crozals/Hartog*, EWS 2004, 533 (537): Ursprünglich prüfte die Kommission die Nebenabreden. Sie änderte dies aber Jahr 2001 mit dem Hinweis, eine Prüfung habe stets nur deklaratorischen Charakter gehabt. Der EuG widersprach dem in der Sache *Lagardère/Canal+* (Urteil v. 20.11.2002, Slg. 2002, II-4825), sodass der europäische Gesetzgeber mit der Novellierung der FKVO reagiert (ABl. 2004 L 24/1).

der Nebenabredenbekanntmachung[948] trotz fehlender Bindungswirkung erhebliche Leitfunktion zukommt.[949]

2. *Deutsches Recht*

Im deutschen Recht hat sich das Prinzip der Doppelkontrolle durchgesetzt.[950] Der *Bundesgerichtshof* hat in seinem *Mischwerke*-Beschluss im Jahr 1985 festgehalten, dass es bei Kartellverbot und Fusionskontrolle grundsätzlich um verschiedene Sachverhalte geht, die sich nur teilweise überschneiden.[951] Dem haben sich der weit überwiegende Teil der Literatur und die Rechtsprechung angeschlossen.[952]

Die Errichtung eines Gemeinschaftsunternehmens kann fusionskontrollrechtlich auch vor der Prüfung des dringenden Verdachts der Verletzung des Kartellverbots freigegeben werden.[953]

Im deutschen Recht steht weniger die Frage nach dem Vorliegen eines Vollfunktionsgemeinschaftsunternehmens als die nach dem konzentrativen oder kooperativen Charakter des GU im Vordergrund. Die entsprechende

---

948 Bekanntmachung der Kommission über Einschränkungen des Wettbewerbs, die mit der Durchführung von Unternehmenszusammenschlüssen unmittelbar verbunden und für diese notwendig sind, ABl. C 56/03.

949 *De Crozals/Hartog*, EWS 2004, 535 (538); *Lückenbach*, Nebenabreden nach europäischem Fusionskontrollrecht, S. 34 f. m.w.N.

950 Oder auch „Zweischrankenprinzip"; vgl. Loewenheim/Meessen/Riesenkampff/*Lindemann*, Anh. zu § 1 GWB, Rn. 3 f.; die Frage war im deutschen Recht lange Zeit umstritten, vgl. *Emmerich*, Kartellrecht, § 33 Rn. 40 ff., sowie *K. Schmidt*, AG 1987, 333 (335).

951 BGH Beschluss v. 01.10.1985 Az. KVR 6/84 (Tz. 32) – *Mischwerke*, BGHZ 96, 69 (77 f.) = NJW 1986, 1875 (1875) mit Verweis auf BGH Beschluss v. 22.06.1981 Az. KVR 7/80 (Tz. 28) – *Transportbeton Sauerland*, BGHZ 81, 56 (65 f.) = NJW 1981, 2699 (2701) (zu einer Zuständigkeitsfrage).

952 Vgl. insbesondere BGH Beschluss v. 08.05.2001 Az. KVR 12/99 (Tz. 15) – *Ost-Fleisch*, BGHZ 147, 325 (336 f.) = NJW 2001, 3782 (3783 f.); BGH Urteil v. 23.06.2009 Az. KZR 58/07 (Tz. 14 f.) – *Gratiszeitung Hallo*, GRUR 2010, 84 (85) = NJW-RR 2010, 615 (616); aus der Literatur: FK/*Roth/Ackermann*, § 1 GWB Rn. 129 f. (Stand: Januar 2011); I/M/*Zimmer*, GWB, § 1 Rn. 316 ff.; Loewenheim/Meessen/Riesenkampff/*Lindemann*, Anh. zu § 1 GWB Rn. 3 f.; Langen/Bunte/*Krauß*, Bd. 1, § 1 Rn. 291 ff.; *Bechtold*, GWB, § 1 Rn. 80 ff.; **a.A.** *Wertenbruch*, Die Rechtsfolgen der Doppelkontrolle, S. 15 ff. (vertritt die teleologische Reduktion der *Rechtsfolge* (!) des § 1 GWB auf Zusammenschlusstatbestände).

953 BKartA Freigabe-Beschluss v. 26.01.1999 Az. B6–22121-U-74/98 – *Stellenmarkt für Deutschland GmbH*, WuW/E DE-V 100 f.

Klassifizierung stellt eine Abgrenzungshilfe im Rahmen der einzelfallabhängigen Entscheidung dar.[954] Ein kartellrechtlich unbedenkliches konzentratives Gemeinschaftsunternehmen liegt vor, wenn dieses nicht ausschließlich oder überwiegend auf demselben Markt wie die Mutterunternehmen tätig ist und sämtliche Funktionen eines selbständigen Unternehmens wahrnimmt.[955]

Anders als im europäischen Recht gibt es für Nebenabreden im deutschen Recht keine besonderen Regelungen. Es stellt sich jedoch die Frage, inwieweit die Nebenabredenbekanntmachung der *Europäischen Kommission* bei der Anwendung des § 1 GWB zu berücksichtigen ist. Da mit der 7. GWB-Novelle 2005 die Harmonisierung mit dem EU-Wettbewerbsrecht angestrebt wurde, hat die Auslegungspraxis zu Art. 101 AEUV für § 1 GWB überragende Bedeutung.[956] Mithin ist auch die Bekanntmachung über die Zulässigkeit von Nebenabreden zu berücksichtigen. Der *Bundesgerichtshof* spricht insoweit von einer *Auslegungshilfe*.[957] Auf diese Auslegungshilfe kann jedoch nicht im Fall des Erwerbs einer nicht-kontrollierenden Minderheitsbeteiligung, die zwar nach deutschem Recht einen Zusammenschluss darstellt (vgl. § 37 Abs. 1 Nr. 3 S. 1 GWB), nicht jedoch nach europäischem Recht, zurückgegriffen werden.[958]

C. Kartellrechtsneutrale Gesellschaft

Das Vorliegen einer kartellrechtsneutralen Gesellschaft als Grundvoraussetzung für eine positive kartellrechtliche Beurteilung von gesellschaftsrechtlichen Wettbewerbsverboten gewinnt im Zusammenhang mit Gemeinschaftsunternehmen eine besondere Bedeutung. Stellt nämlich der Abschluss eines GU-Gesellschaftsvertrages selbst eine kartellrechtlich unzulässige Kooperation dar, so ist eine Rechtfertigung von Wettbewerbsverboten zulasten der Gesellschafter unter dem Gesichtspunkt der Funktionsnotwendigkeit für die Gesellschaft

954 BGH Beschluss v. 08.05.2001 Az. KVR 12/99 (Tz. 29) – *Ost-Fleisch*, BGHZ 147, 325 (336) = NJW 2001, 3782 (3783).

955 BGH Urteil v. 23.06.2009 Az. KZR 58/07 (Tz. 17) – *Gratiszeitung Hallo*, GRUR 2010, 84 (85) = NJW-RR 2010, 615 (616).

956 Loewenheim/Meessen/Riesenkampff/*Nordemann*, § 1 GWB Rn. 6.

957 BGH Urteil v. 23.06.2009 Az. KZR 58/07 (Tz. 21) – *Gratiszeitung Hallo*, GRUR 2010, 84 (86) = NJW-RR 2010, 615 (617); vgl. ferner *Lückenbach*, Nebenabreden nach europäischem Fusionskontrollrecht, S. 36 f.

958 Jedenfalls zweifelnd und mit dem Hinweis, dass dies „schwieriger zu begründen“ sei: *De Crozals/Hartog*, EWS 2004, 535 (538 f.).

in jedem Fall ausgeschlossen.[959] Das gilt sowohl für das deutsche, als auch das europäische Recht.

Wie bereits erwähnt, zeichnet sich ein konzentratives Gemeinschaftsunternehmen durch die selbständige Wahrnehmung unternehmerischer Funktionen sowie dadurch aus, dass es nicht ausschließlich oder überwiegend auf demselben Markt der Muttergesellschaften tätig ist[960]. Aufgrund dieser Charakteristika sind konzentrative Gemeinschaftsunternehmen grundsätzlich kartellrechtlich unbedenklich.

Demgegenüber handelt es sich regelmäßig um ein kooperatives Gemeinschaftsunternehmen, wenn sich das GU auf die Wahrnehmung bloßer Hilfsfunktionen für die Mütter beschränkt oder zeitlich begrenzt ist.[961] Die Abgrenzung im Einzelfall wirft schwierige Fragen auf, die nicht Gegenstand dieser Arbeit sein können. Letztlich kommt es entscheidend darauf an, ob durch die GU-Gründung eine Koordinierung des Marktverhaltens der Gründungsgesellschafter bezweckt oder bewirkt wird.[962] Die Einstufung einer GU-Gründung als „kooperativ" bedeutet noch nicht zwangsläufig einen Verstoß gegen den Kartellverbotstatbestand, sondern ist im Einzelfall festzustellen.[963]

Die Aussage, dass ein im Fusionskontrollverfahren genehmigter Vertrag auch ein kartellrechtsneutraler Vertrag sei[964], darf für das deutsche Recht jedenfalls nicht so verstanden werden, dass dies stets der Fall sein soll. Da insoweit das Prinzip der Doppelkontrolle gilt, kann ein GU fusionskontrollrechtlich auch vor der Prüfung des dringenden Verdachts der Verletzung des Kartellverbots freigegeben werden.[965] Die Freigabe stellt lediglich die Unbedenklichkeit der GU-Gründung im Hinblick auf die Änderung der Marktstruktur fest.

---

959 Vgl. auch BGH Beschluss v. 01.12.1981 Az. KRB 5/79 – *Baustoffhändler*, WuW/E BGH 1901, red. Leitsatz 1; I/M/*Zimmer*, GWB, § 1 Rn. 335; *Ulmer*, WuW 1979, 433 (442).

960 BGH Beschluss v. 01.10.1985 Az. KVR 6/84 (Tz. 33) – *Mischwerke*, BGHZ 96, 69 (79) = GRUR 1986, 556 (559); BGH Urteil v. 23.06.2009 Az. KZR 58/07 (Tz. 17) – *Gratiszeitung Hallo*, GRUR 2010, 84 (85) = NJW-RR 2010, 615 (616).

961 Vgl. I/M/*Zimmer*, GWB, § 1 Rn. 322.

962 I/M/*Zimmer*, GWB, § 1 Rn. 323.

963 BGH Beschluss v. 08.05.2001 Az. KVR 12/99 (Tz. 29) – *Ost-Fleisch*, BGHZ 147, 325 (336) = NJW 2001, 3782 (3785); BGH Beschluss v. 04.03.2008 Az. KVZ 55/07 (Tz. 14), WuW DE-R 2361 (2362).

964 So *Schroeder*, FIW 181 (1999), 93 (125) (allerdings zur alten Rechtslage).

965 Vgl. dazu oben: 5. Kap. B. II. 2.

Im europäischen Recht gilt hingegen grundsätzlich das Trennungsprinzip[966], sodass sich die Frage nach der Unbedenklichkeit einer GU-Gründung in Bezug auf Art. 101 AEUV neben der fusionskontrollrechtlichen Freigabeentscheidung nicht stellt. Eine Ausnahme gilt insoweit lediglich für die Beurteilung von kooperativen Vollfunktionsgemeinschaftsunternehmen anhand von Art. 2 Abs. 4 FKVO.

D. Funktionsnotwendigkeit

Die Untersuchung beschränkt sich auf Gemeinschaftsunternehmen in der Form der GmbH. Daher gelten auch für diese die bereits ausgeführten Grundsätze zu der Begründung und Zulässigkeit von Wettbewerbsverboten im Recht der GmbH. Es wurde herausgearbeitet, dass sich ein Wettbewerbsverbot zulasten des Minderheitsgesellschafters (auch wenn dieser die Möglichkeit hat, strategisch wichtige Unternehmensentscheidungen zu blockieren) nicht aus der gesellschaftsrechtlichen Treupflicht ergibt und eine entsprechende vertragliche Vereinbarung – die Spürbarkeit der Wettbewerbsbeschränkung vorausgesetzt - kartellrechtlich unzulässig ist. Die eine Aussage ist dabei die Kehrseite der anderen, da ein solches Wettbewerbsverbot nicht erforderlich ist, um die Gesellschaft vor der Gefahr der inneren Aushöhlung zu schützen.

Da sich Gemeinschaftsunternehmen regelmäßig durch eine paritätische Beteiligung auszeichnen, kann zulasten der GU-Mütter danach kein Wettbewerbsverbot angenommen werden. Dies wird teilweise als unglücklich empfunden. So wird das *Oberlandesgericht Frankfurt* für seine ablehnende Haltung im Hinblick auf die Beurteilung der Zulässigkeit von Wettbewerbsverboten zulasten des die Kommanditgesellschaft nicht beherrschenden Gesellschafters kritisiert, weil dies mit Blick auf mittelständische paritätische Joint Ventures nicht interessengerecht sei.[967] Als Reaktion auf diese Kritik ist aber nicht eine andere generelle Beurteilung der von einem Minderheitsgesellschafter mit Blockademöglichkeit ausgehenden Aushöhlungsgefahr für die Gesellschaft geboten. Es ist vielmehr zu überlegen, ob sich ein Wettbewerbsverbot nicht aufgrund spezifischer Überlegungen in Bezug auf das Gemeinschaftsunternehmen rechtfertigen lässt.

966 Vgl. oben: 5. Kap. B. II. 1.

967 *Schulze/Schröer*, jurisPR-HaGesR 12/2009 Anm. 6 zu OLG Frankfurt Urteil v. 17.03.2009 Az. 11 U 61/08.

I. Gesteigerte Treupflicht im Gemeinschaftsunternehmen

Bei *Lutter* findet sich die Aussage, dass wirtschaftlicher Wettbewerb des nicht an der Geschäftsführung beteiligten Mitglieds erlaubt sei, es sei denn, der Verband bestehe *de facto* als personale Mitunternehmergemeinschaft, wobei diese in einem Klammerzusatz als Gemeinschaftsunternehmen bezeichnet wird.[968] Es ließe sich überlegen, ob ein Gemeinschaftsunternehmen nicht stets eine der Offenen Handelsgesellschaft vergleichbare mitunternehmerisch strukturierte Arbeitsgemeinschaft darstellt, sodass seine Gesellschafter einem ungeschriebenem Wettbewerbsverbot zu unterwerfen sind und folglich auch eine entsprechende Vereinbarung kartellrechtlich nicht zu beanstanden wäre.

Einerseits kann aber bezweifelt werden, dass die Gründung eines Gemeinschaftsunternehmens durch mehrere Großunternehmen tatsächlich zu einer auf besonderem persönlichen Vertrauen beruhenden Arbeitsgemeinschaft führt.[969] Andererseits kommt es nach hier vertretener Auffassung für die Begründung eines ungeschriebenen Wettbewerbsverbots nicht auf die Realstruktur der Gesellschaft an, sondern einzig auf die konkrete Ausgestaltung der jeweiligen Gesellschafterstellung.[970] Folglich ergibt sich insoweit jedenfalls keine von den allgemeinen gesellschaftsrechtlichen Grundsätzen abweichende Beurteilung von Gemeinschaftsunternehmen im Hinblick auf Wettbewerbsverbote.

II. Wettbewerbsverbot aufgrund des Unternehmenskaufgedankens

Möglicherweise lässt sich aber ein GU-spezifischer Ansatz aus dem Unternehmenskaufgedanken herleiten.

---

968 *Lutter*, AcP 180 (1980), 84 (112 f.), in Fn. 131 finden sich ein Nachweis zu Gemeinschaftsunternehmen im Kartellrecht, sodass *Lutter* den Begriff „Gemeinschaftsunternehmen" auch in dem hier zugrundeliegenden Sinne zu gebrauchen scheint und nicht nur als Synonym für „personale Mitunternehmergemeinschaft".

969 Vgl. auch *Mertens/Cahn*, FS Heinsius, 545 (556); davon zu unterscheiden ist der sog. „Arbeitsgemeinschaftsgedanke". Dieser ist einschlägig, wenn die Marktteilnahme mehrerer Unternehmen erst bei Koordinierung ihres Auftretens gegenüber der Marktgegenseite möglich ist (z.B. bei Großprojekten). Die Bildung einer Arbeitsgemeinschaft führt in diesem Fall zu *zusätzlichem* Wettbewerb und stellt daher keine Wettbewerbsbeschränkung dar; vgl. Loewenheim/Meessen/Riesenkampff/*Nordemann*, § 1 GWB Rn. 83 u. 184; I/M/*Zimmer*, GWB, § 1 Rn. 282 ff.

970 Vgl. oben: 3. Kap. D. II. 2. d) und IV. 1. b).

1. Allgemeines zum Unternehmenskaufgedanken

a) Ungeschriebenes Wettbewerbsverbot bei Unternehmenskauf

Das Unternehmen als Tätigkeitsbereich in Verbindung mit seinen Rechten, Chancen, Beziehungen und Sachen kann Gegenstand des rechtsgeschäftlichen Verkehrs sein.[971] Dabei schuldet der Veräußerer gem. §§ 157, 242 BGB als Nebenpflicht zu der Übertragung des Unternehmens[972] die Unterlassung von Wettbewerb, ohne dass es hierfür einer besonderen Abrede bedarf.[973] Dies wird damit begründet, dass der Veräußerer andernfalls aufgrund seiner weiterhin bestehenden Geschäftskontakte und Insiderinformationen (bestimmtes Knowhow) zu einem gefährlichen Konkurrenten des Erwerbers werden könnte und somit die Gefahr einer nachträglichen Wertminderung des Unternehmens besteht.[974] Der Erwerber soll die ungestörte Möglichkeit zum Ausbau und zur Festigung seiner Marktposition haben.[975] Das bezieht sich insbesondere auf die Konsolidierung des Kundenstammes.[976]

Aufgrund der genannten Zielsetzung ist das Wettbewerbsverbot auf das sachlich, räumlich und zeitlich für die Erreichung des Vertragszwecks Erforderliche beschränkt. Dabei stellt ein Zeitraum von 10 Jahren regelmäßig keine angemessene Dauer dar[977], während eine Dauer von 2 Jahren in der Regel als angemessen

971 Vgl. *Canaris*, Handelsrecht, § 8 Rn. 1.

972 Bei einem Unternehmenskauf kann das dingliche Erfüllungsgeschäft rechtstechnisch entweder in der einzelnen Übertragung sämtlicher Rechte und Gegenstände („asset deal") oder in der Übertragung der Gesellschaftsanteile der unternehmenstragenden Gesellschaft („share deal") liegen; vgl. *K. Schmidt*, Handelsrecht, § 5 I. 5.

973 *Canaris*, Handelsrecht, § 8 Rn. 9; *K. Schmidt*, Handelsrecht, § 5 II. 1. Rn. 34; Staudinger-BGB/*Beckmann*, § 453 Rn. 183; vgl. BGH Urteil v. 18.12.1954 Az. II ZR 76/54, BGHZ 16, 71 f. = NJW 1955, 337 f. (Rückkehrverbot bei Praxistausch kraft ergänzender Vertragsauslegung); teilweise wird auch auf die nachvertragliche Treupflicht abgestellt oder das Wettbewerbsverbot als konkludent vereinbart angesehen, vgl. *Hommelhoff*, ZHR 150 (1986), 254 (262, Fn. 33).

974 *Canaris*, Handelsrecht, § 8 Rn. 9; *Hirte*, ZHR 154 (1990), 443 (444); Staudinger-BGB/*Beckmann*, § 453 Rn. 183: der Käufer soll sich die mit der Unternehmensübertragung verbundenen Chancen verschaffen können.

975 MünchKomm-HGB/*Thiessen*, Anh. § 25 Rn. 25.

976 *Hirte*, ZHR 154 (1990), 443 (447 ff.) mit umfangreichen Nachweisen aus der Rechtsprechung; *Hommelhoff*, ZHR 150 (1986), 254 (261).

977 BGH Urteil v. 03.11.1981 Az. KZR 33/80 (Tz. 18) – *Holzpaneele*, NJW 1982, 2000 (2001).

anzusehen ist.[978] Letztlich ist eine Abwägung vorzunehmen, die sämtliche Umstände des Einzelfalles zu berücksichtigen hat, sodass eine generelle Bestimmung der angemessenen Dauer nicht möglich ist.

b) Wettbewerbsverbot bei Unternehmenskauf im Kartellrecht

Die kartellrechtliche Zulässigkeit eines *erforderlichen* vertraglichen Wettbewerbsverbots zulasten des Veräußerers eines Unternehmens ist anerkannt.[979] Dieses ist als Nebenabrede notwendig, um eine im Interesse des Wettbewerbs erwünschte Unternehmenstransaktion überhaupt erst zu ermöglichen, da der Erwerber nur mit einem Wettbewerbsverbot zulasten des Veräußerers sicherstellen kann, dass ihm der vollständige Unternehmenswert zukommt und keine nachträgliche Entwertung durch eine Konkurrenztätigkeit des Veräußerers stattfindet.[980] Dies lässt sich dogmatisch mit einer teleologischen Restriktion des Kartellverbotstatbestandes begründen (sog. Immanenzgedanke).[981] Für den Fall, dass die Erforderlichkeit in dem oben genannten Sinne nicht bejaht werden kann, ist ein vertragliches Wettbewerbsverbot zulasten des Veräußerers nichtig (§ 1 GWB i.V.m. § 134 BGB; Art. 101 Abs. 2 AEUV), falls die Wettbewerbsbeschränkung auf dem relevanten Markt auch (zwischenstaatlich) spürbar ist. Die zulässige Höchstdauer liegt regelmäßig ebenfalls bei 2 Jahren.[982]

---

978 Staudinger-BGB/*Beckmann*, § 453 Rn. 186; *Hirte*, ZHR 154 (1990), 443 (451); *Michalski/Funke*, GmbHG, § 13 Rn. 233: längeres Verbot bei Übertragung besonderen Know-hows (3 – 5 Jahre).

979 BGH Urteil v. 03.11.1981 Az. KZR 33/80 (Tz. 15 ff.) – *Holzpaneele*, NJW 1982, 2000 (2001); Wiedemann/*Wiedemann*, Hdb. Kartellrecht, § 2 Rn. 7; *Emmerich*, Kartellrecht, § 4 Rn. 67; *Bechtold*, GWB, § 1 Rn. 60; daneben muss sich ein vertragliches Wettbewerbsverbot zulasten des Veräußerers eines Unternehmens insbesondere an § 138 BGB messen lassen. Nach bestrittener, aber überzeugender Ansicht, erfasst § 138 BGB nur das *knebelnde* Wettbewerbsverbot, vgl. *Hommelhoff*, ZHR 150 (1986), 254 (262 Fn. 35); *Ulmer*, NJW 1979, 1585 (1586 f.).

980 Vgl. BGH Urteil v. 03.11.1981 Az. KZR 33/80 (Tz. 18) – *Holzpaneele*, NJW 1982, 2000 (2001); vgl. auch Bekanntmachung der Kommission über Einschränkungen des Wettbewerbs, die mit der Durchführung von Unternehmenszusammenschlüssen unmittelbar verbunden und für diese notwendig sind, ABl. C 56/03 (Tz. 18).

981 Vgl. oben: 4. Kap. A. II. 1. b).

982 Vgl. Bekanntmachung der Kommission über Einschränkungen des Wettbewerbs, die mit der Durchführung von Unternehmenszusammenschlüssen unmittelbar verbunden und für diese notwendig sind, ABl. C 56/03 (Tz. 20) m.w.N.: wenn neben dem Unternehmen der Geschäftswert und Know-How übertragen werden, ist eine Dauer von 3 Jahren angemessen; beschränkt sich die Übertragung auf den Geschäftswert, sind höchstens 2 Jahre zulässig.

2. *Anwendung des Unternehmenskaufgedankens auf Gemeinschaftsunternehmen*

Den bisherigen Ausführungen im Zusammenhang mit der Frage nach der Funktionsnotwendigkeit von gesellschaftsrechtlichen Wettbewerbsverboten lag der Gedanke zugrunde, dass das Unternehmen vor den Gefahren innerer Aushöhlung durch seine Gesellschafter geschützt werden muss (sog. „Aushöhlungsgedanke").

Möglicherweise kann der soeben dargestellte Unternehmenskaufgedanke für die Beurteilung der kartellrechtlichen Zulässigkeit von Wettbewerbsverboten zulasten der GU-Mütter herangezogen werden. Eine dem Wettbewerbsverbot bei einem Unternehmenskauf nach Sinn und Zweck vergleichbare Situation wird für den Fall angenommen, dass ein Gesellschafter „unternehmerisches Potenzial" in das Gemeinschaftsunternehmen einbringt.[983] Das Gemeinschaftsunternehmen bedarf dann des Schutzes vor einer nachträglichen Entwertung der eingebrachten Werte.

a) Maßgeblichkeit der Stellung in der Gesellschaft

Fraglich ist, ob es im Zusammenhang mit dieser Argumentation zur kartellrechtlichen Zulässigkeit von vertraglichen Wettbewerbsverboten auf die Stellung des sein „unternehmerisches Potenzial" einbringenden Gesellschafters in dem Gemeinschaftsunternehmen ankommt. Anders gewendet lautet die Frage, ob ein Wettbewerbsverbot nach dem Unternehmenskaufgedanken nur zulasten des die Gesellschaft beherrschenden Gesellschafters vereinbart werden kann oder auch zulasten eines einfachen Minderheitsgesellschafters.

In der Nebenabredenbekanntmachung der *Europäischen Kommission* heißt es, ein Wettbewerbsverbot zwischen Gründern ohne Beherrschungsmacht und einem Gemeinschaftsunternehmen sei nicht als mit der Durchführung des Zusammenschlusses unmittelbar verbunden und für diesen notwendig anzusehen.[984] Gegen diese Auffassung der *Kommission* wird geltend gemacht, sie vermische an der genannten Stelle der Bekanntmachung Aspekte des Schutzes vor Aushöhlung mit Aspekten des Unternehmenskaufs.[985] Das ist zutreffend. Soweit die *Kommission* in Tz. 36 der Bekanntmachung auf die Notwendigkeit der Gewährleistung des Gutglaubensschutzes während der Verhandlungen abstellt

---

983 *Kapp/Schumacher*, WuW 2010, 481 (487); vgl. auch I/M/*Körber*, Bd. 1/Teil 2, Art. 8 FKVO Rn. 61.

984 ABl. C 56/03 (Tz. 40).

985 *Kapp/Schumacher*, WuW 2010, 481 (488).

und ein Wettbewerbsverbot für erforderlich hält, um dem Gemeinschaftsunternehmen die Aneignung des Know-hows und des Geschäftswerts der Gründer zu ermöglichen, rekurriert sie auf diejenigen Aspekte, die ein Wettbewerbsverbot zulasten des Veräußerers eines Unternehmens rechtfertigen.[986] In demselben Satz wird die Notwendigkeit eines Wettbewerbsverbots dann zusätzlich mit dem Interesse der Gesellschafter am Schutz des Gemeinschaftsunternehmens vor Wettbewerbshandlungen von mit privilegiertem Zugang zu Know-how und Geschäftswert ausgestatteten Gründungspartnern begründet. Dabei geht es um den Schutz der Gesellschaft vor Aushöhlung.

Soweit die *Kommission* in Tz. 40 ausführt, dass Wettbewerbsverbote „des Weiteren" zwischen Gründern ohne Beherrschungsmacht und einem Gemeinschaftsunternehmen als nicht mit der Durchführung des Zusammenschlusses unmittelbar verbunden und für diesen notwendig gelten, ist dieses Erfordernis nach seinem Sinn und Zweck nur auf die in Tz. 36 genannten Aspekte des Schutzes der Gesellschaft vor Aushöhlung zu beziehen.

Jedenfalls stellt die Nebenabredenbekanntmachung der *Kommission* nur eine Auslegungshilfe bei der Anwendung des Kartellrechts dar.[987] Die allgemeinen Überlegungen zum Wettbewerbsverbot zulasten des Veräußerers eines Unternehmens haben gezeigt, dass es maßgebend auf den mit dem Unternehmenskauf verbundenen Transfer des in den Kundenbeziehungen liegenden Geschäftswerts sowie von Know-how ankommt. Dieser Transfer soll durch das Wettbewerbsverbot geschützt werden. Somit erscheint es folgerichtig, bei Anwendung dieses Gedankens ebenfalls maßgebend auf das Einbringen von Werten abzustellen. Die Stellung des einbringenden Gesellschafters in dem Gemeinschaftsunternehmen und seine damit verbundenen Einflussmöglichkeiten sind hingegen unbeachtlich.[988]

---

986 Vgl. *Kapp/Schumacher*, WuW 2010, 481 (485); ebenfalls die unterschiedlichen Aspekte vermischend: I/M/*Körber*, Bd. 1/Teil 2, Art. 8 FKVO Rn. 61 ff.

987 Vgl. *Lückenbach*, Nebenabreden nach europäischem Fusionskontrollrecht, S. 34 f. m.w.N.; BGH Urteil v. 23.06.2009 Az. KZR 58/07 (Tz. 21) – *Gratiszeitung Hallo*, GRUR 2010, 84 (86). Der *Bundesgerichtshof* geht in dieser Entscheidung ausschließlich auf den Aspekt der Aushöhlungsgefahr ein und stellt zu Tz. 40 der Kommissionsbekanntmachung fest, dass Beherrschungsmacht nicht notwendig eine Mehrheitsbeteiligung voraussetze, sondern auch eine „gemeinsame Beherrschung" durch die Muttergesellschaften genügen kann. Der Gedanke des Unternehmenskaufs wird der Bekanntmachung nicht entnommen und diskutiert.

988 So i.E. auch I/M/*Körber*, Bd. 1/Teil 2, Art. 8 FKVO Rn. 62.

b) Zeitliche Begrenzung des Wettbewerbsverbots

Auch für die zeitliche Begrenzung des Wettbewerbsverbots gilt: Wer die kartellrechtliche Zulässigkeit eines vereinbarten Wettbewerbsverbots zulasten der GU-Mütter aufgrund der mit einem Unternehmenskauf vergleichbaren Situation begründet, muss sich auch an den dort anerkannten und sich aus Sinn und Zweck des Wettbewerbsverbots ergebenden zeitlichen Grenzen orientieren. Danach ist eine Dauer von 2 Jahren, je nach den Umständen des Einzelfalles, regelmäßig angemessen und somit kartellrechtlich zulässig.[989]

Die Aussage in Tz. 36 der Nebenabredenbekanntmachung der *Kommission*, dass Wettbewerbsverbote zwischen den Gründerunternehmen und dem Gemeinschaftsunternehmen für die Dauer des Bestandes des Gemeinschaftsunternehmens als notwendig angesehen werden können, ist wiederum ausschließlich auf die Überlegungen zum Schutz der Gesellschaft vor Aushöhlung zu beziehen.[990]

c) Bestimmung des erforderlichen „unternehmerischen Potenzials"

Ein Wettbewerbsverbot kann nach dem bisher Gesagten nur zulasten derjenigen GU-Mutter aufgrund entsprechender Anwendung des Unternehmenskaufgedankens in kartellrechtlich zulässiger Weise vereinbart werden, welche ein bestimmtes „unternehmerisches Potenzial" in das Gemeinschaftsunternehmen einbringt. Dabei ist fraglich, welche Art unternehmerischen Potenzials hierfür erforderlich ist.

Kapp/Schumacher nennen insoweit beispielhaft die Einbringung eines Betriebs, Teilbetriebs oder von Know-how sowie von gewerblichen Schutzrechten.[991] Dagegen heißt es in der Nebenabredenbekanntmachung der *Kommission*, dass Wettbewerbsverbote nicht als für die Durchführung eines Zusammenschlusses notwendig erachtet werden können, wenn sich die Übertragung auf materielle Vermögenswerte, wie Grundstücke, Gebäude, Maschinen oder ausschließliche gewerbliche Schutzrechte beschränkt.[992]

Wettbewerbsverbote werden aufgrund des Unternehmenskaufgedankens für erforderlich erachtet, weil die Übertragung bestimmter Vermögenswerte

---

989 Vgl. oben: 5. Kap. D. II. 1. a); vgl. ferner *Schroeder*, FIW 181 (1999), 93 (111).

990 Ebenso *Kapp/Schumacher*, WuW 2010, 481 (488). Diese Deutung ist auch unproblematisch möglich, da die *Kommission* lediglich davon spricht, dass Wettbewerbsverbote für die gesamte Dauer des GU notwendig sein *können*.

991 *Kapp/Schumacher*, WuW 2010, 481 (487).

992 Bekanntmachung der Kommission über Einschränkungen des Wettbewerbs, die mit der Durchführung von Unternehmenszusammenschlüssen unmittelbar verbunden und für diese notwendig sind, ABl. C 56/03 (Tz. 21).

nur stattfinden kann, wenn der Übertragende es unterlässt, von seinen weiterhin bestehenden Kundenbeziehungen oder seinem Know-how Gebrauch zu machen.[993] Somit erklärt sich, warum die Übertragung von Grundstücken, Gebäuden oder Maschinen, sofern sie nicht mit den entsprechenden immateriellen Vermögenswerten zusammenhängen, nicht geeignet ist, ein Wettbewerbsverbot nach dem Unternehmenskaufgedanken zu rechtfertigen. Der Inhaber eines Ausschließlichkeitsrechts wie dem Eigentum (§ 903 BGB) kann sich gegen dessen Beeinträchtigung gerichtlich zur Wehr setzen. Das gilt aufgrund ihres ausschließlichen Charakters auch für gewerbliche Schutzrechte[994].[995]

Teilweise wird zwar gefordert, auch die Übertragung gewerblicher Schutzrechte müsse zur Rechtfertigung eines Wettbewerbsverbots nach dem Unternehmenskaufgedanken genügen, da die „sofortige" gerichtliche Geltendmachung von Ansprüchen aus ihrer Verletzung nicht möglich und ausreichend sei und es daher eines scharf umrissenen Wettbewerbsverbots bedürfe.[996] Jedoch verkennt diese Auffassung, dass dem Erwerber eines Unternehmens (oder dem Gemeinschaftsunternehmen), nimmt man ein Wettbewerbsverbot und einen entsprechenden Verstoß hiergegen an, ebenfalls nur Unterlassungs- und Schadensersatzansprüche zustehen würden, sodass die Annahme eines Wettbewerbsverbots insoweit keinen Vorteil bringt.[997]

Das für die Annahme eines Wettbewerbsverbots erforderliche „unternehmerische Potenzial" muss somit in immateriellen Vermögenswerten wie einem speziellen Kundenstamm oder Know-how begründet liegen. Die Übertragung gewerblicher Schutzrechte an sich genügt nicht.

993 Vgl. oben: 5. Kap. D. II. 1. a).

994 Vgl. *Götting*, Gewerblicher Rechtsschutz, § 5 Rn. 1 ff.; solche Rechte können sein: Patent-, Geschmacks-, Gebrauchsmuster-, Verlags-, Urheber- und Markenrechte (vgl. zu Letzterem: § 27 Abs. 1 MarkenG).

995 So wohl auch die Überlegung der *Kommission*, die in Tz. 21 der Nebenabredenbekanntmachung (a.a.O.) hinter die Nennung der ausschließlichen gewerblichen Schutzrechte den Klammerzusatz „deren Inhaber gegen Rechtsverletzungen durch den Veräußerer sofort gerichtliche vorgehen kann" anfügt.

996 Vgl. die Nachweise zu dieser Ansicht bei *Lückenbach*, Nebenabreden nach europäischem Fusionskontrollrecht, S. 61 Fn. 291.

997 Vgl. *Lückenbach*, Nebenabreden nach europäischem Fusionskontrollrecht, S. 61, mit dem Hinweis, dass die isolierte Übertragung gewerblicher Schutzrechte ohne Know-how oder Goodwill selten sein dürfte.

d) Begründung eines ungeschriebenen Wettbewerbsverbots?

Der Unternehmenskaufgedanke wird im Zusammenhang mit Gemeinschaftsunternehmen – soweit ersichtlich – nur im Hinblick auf die kartellrechtliche Rechtfertigung vertraglicher Wettbewerbsverbote diskutiert. Es stellt sich daher – dem dieser Untersuchung zugrundeliegenden Grundsatz der Korrelation zwischen der Begründung ungeschriebener Wettbewerbsverbote und deren kartellrechtlicher Zulässigkeit folgend – die Frage, ob unter den bereits ausgeführten Voraussetzungen ein ungeschriebenes Wettbewerbsverbot zulasten des „unternehmerisches Potenzial" in das GU einbringenden Gesellschafters anzunehmen ist.

Bei einem regulären Unternehmenskauf ergibt sich das Wettbewerbsverbot gem. §§ 157, 242 BGB aus einer Nebenpflicht zum Unternehmenskaufvertrag.[998] Dogmatischer Anknüpfungspunkt für das ungeschriebene Wettbewerbsverbot ist in diesem Fall mithin der Kaufvertrag über das Unternehmen.

Bei der Gründung eines Gemeinschaftsunternehmens wird die Pflicht zur Übertragung eines bestimmten unternehmerischen Potenzials regelmäßig als Einlagepflicht vereinbart werden. Bei der hier beispielhaft behandelten GmbH kann eine Sacheinlage gem. § 5 Abs. 4 GmbHG im Gesellschaftsvertrag statuiert werden. Eine solche Sacheinlagevereinbarung ist demzufolge körperschaftsrechtlicher Natur.[999] Insbesondere rechtlich nicht besonderes geschütztes, aber gewerblich verwertbares Know-how kommt ebenso als Sacheinlage in Betracht, wie ein bestimmter Kundenstamm.[1000] Es ist zudem möglich, ein Geschäft als Ganzes mit sämtlichen Aktiva und Passiva als Sacheinlage zu leisten, wobei diese dann regelmäßig auch die immateriellen Werte (Kundenstamm, Goodwill, Know-how) umfasst.[1001]

Zur Begründung eines ungeschriebenen Wettbewerbsverbots ist mithin dogmatisch an die körperschaftsrechtliche Sacheinlagevereinbarung anzuknüpfen. Aus

998 Oben: 5. Kap. D. II. 1. a) m.w.N.

999 Baumbach/Hueck/*Fastrich*, GmbHG, § 5 Rn. 21; MünchKomm-GmbHG/*Märtens*, § 5 Rn. 64; Ulmer/*Ulmer/Casper*, GmbHG, § 5 Rn. 37; BGH Urteil v. 02.05.1966 Az. II ZR 219/63 (Tz. 31), BGHZ 45, 338 (345) = WM 1966, 571 (572) ausdrücklich: „Sacheinlage ist kein Kauf".

1000 MünchKomm-GmbHG/*Märtens*, § 5 Rn. 96 m.w.N.; Baumbach/Hueck/Fastrich, GmbHG, § 5 Rn. 26; allgemein muss der Gegenstand der Sacheinlage zur Bildung der Kapitalgrundlage der Gesellschaft geeignet sein.

1001 Baumbach/Hueck/*Fastrich*, GmbHG, § 5 Rn. 30 bezeichnen dieses Vorgehen als „üblich".

dieser kann sich gem. §§ 157, 242 BGB ein in zeitlicher Hinsicht angemessenes Wettbewerbsverbot zulasten des einbringenden Gesellschafters ergeben.

Dabei ist abschließend darauf hinzuweisen, dass dies keine Besonderheit von Gemeinschaftsunternehmen darstellt. Vielmehr gelten die dargestellten Grundsätze immer, wenn eine Sacheinlage eines Gesellschafters vereinbart wird und ein Wettbewerbsverbot aufgrund der ausgeführten Umstände erforderlich ist.

III. Schutz des konzentrativen GU vor Zerstörung

Aufgrund der Besonderheiten konzentrativer Gemeinschaftsunternehmen werden für diese spezielle Überlegungen zur kartellrechtlichen Zulässigkeit von Wettbewerbsverboten vertreten.

1. Der Ansatz von Kapp/Schumacher

Die dargestellten Grundsätze zur Zulässigkeit eines Wettbewerbsverbots aufgrund des Unternehmenskaufgedankens gelten nur zulasten desjenigen GU-Gesellschafters, der entsprechendes „unternehmerisches Potenzial" in das Gemeinschaftsunternehmen einbringt. Für konzentrative Gemeinschaftsunternehmen haben *Kapp/Schumacher* einen darüber hinausgehenden, sämtliche Gesellschafter unabhängig von der Art ihrer Einlage erfassenden Ansatz entwickelt.[1002]

Dem liegt die Überlegung zugrunde, dass sich ursprünglich in Wettbewerb zueinander stehende Gründungsgesellschafter zugunsten des Gemeinschaftsunternehmens von dem entsprechenden Markt vollständig zurückziehen, sodass die Gründung im Hinblick auf § 1 GWB ein unbedenkliches konzentratives GU darstellt.[1003] Daher müsse die vertragliche Absicherung dieses kartellrechtsneutralen Zustandes über Wettbewerbsverbote zulasten der GU-Gründer ebenfalls kartellrechtlich zulässig sein. Hierdurch werde verhindert, dass die Gründer auf dem Markt des GU tätig würden und es auf diese Weise insbesondere zu einer Koordinierung des Wettbewerbsverhaltens der Gründer untereinander komme.

Andernfalls könnten die Gesellschafter nach der Gründung des Gemeinschaftsunternehmens wieder zueinander in Wettbewerb treten, sodass es aufgrund der dann eintretenden Koordinierungsgefahr zwischen den Gründungsgesellschaftern

---

1002 *Kapp/Schumacher*, WuW 2010, 481 (489 ff.); es ist allerdings erforderlich, dass *irgendeiner* der Gesellschafter unternehmerisches Potenzial einbringt, welches durch das Wettbewerbsverb geschützt werden muss; dazu sogleich.

1003 *Kapp/Schumacher*, WuW 2010, 481 (490); vgl. zur kartellrechtlichen Unbedenklichkeit der Gründung eines konzentrativen GU oben: 5. Kap. C.

zur „erneuten“ Anwendung des § 1 GWB auf das GU komme. Folglich ticke in jedem zulässigen GU die „Zeitbombe der Zerstörung“, da die Umwandlung eines kartellrechtlich zulässigen konzentrativen GU in ein hinsichtlich § 1 GWB problematisches kooperatives GU drohe.[1004]

Vor dieser Zerstörung müssten diejenigen Gründungsgesellschafter mit Hilfe eines Wettbewerbsverbots geschützt werden, welche ihre wirtschaftliche Tätigkeit am Markt des GU zu dessen Gunsten aufgegeben haben, da diese – anders als reine Finanzinvestoren – regelmäßig „unternehmerisches Potenzial“ in das Gemeinschaftsunternehmen eingebracht hätten, welches bei Auflösung der Gesellschaft in der Regel nicht im Wege der Sachausschüttung zurückgewährt werden könne.[1005] Jedenfalls könne dies nicht ohne qualitativen Wertverlust erfolgen. Folglich ergebe sich für den einbringenden Gründungsgesellschafter ein erhöhtes Schutzbedürfnis.

Kapp/Schumacher folgern aus diesen Überlegungen, dass ein vertragliches Wettbewerbsverbot zulasten sämtlicher GU-Gesellschafter, unabhängig von deren Stellung als Minderheits- oder Mehrheitsgesellschafter sowie der Art der geleisteten Einlage, kartellrechtlich zulässig sei. Nach diesem Ansatz kann somit auch zulasten des nicht-einbringenden Minderheitsgesellschafters eines Gemeinschaftsunternehmens ein vertragliches Wettbewerbsverbot zum Schutz des „unternehmerisches Potenzial“ einbringenden Gesellschafters vereinbart werden.

2. *Auseinandersetzung mit dem Ansatz von Kapp/Schumacher*

Der dargestellte Ansatz wurde in der Diskussion um die kartellrechtliche Zulässigkeit gesellschaftsrechtlicher Wettbewerbsverbote – soweit ersichtlich – noch nicht vertreten. Eine genauere Auseinandersetzung mit den vorgetragenen Argumenten erscheint daher gewinnbringend.

a) Rechtsfolgen der „Umwandlung“ eines konzentrativen in ein kooperatives GU

Nach dem dargestellten Ansatz bedarf der „unternehmerisches Potenzial“ in ein Gemeinschaftsunternehmen einbringende Gesellschafter des Schutzes durch ein Wettbewerbsverbot, da in dem Gemeinschaftsunternehmen andernfalls

---

1004 *Kapp/Schumacher*, a.a.O. mit dem Hinweis in Fn. 41, dass der Schutz der Gesellschaft vor Zerstörung bereits im Zusammenhang mit dem „Aushöhlungsgedanken“ anerkannt sei.

1005 *Kapp/Schumacher*, WuW 2010, 481 (491).

die „Zeitbombe der Zerstörung tickt". Der Wert der Einlage werde bei späterer „Zerstörung" des GU besonders gefährdet. Was aber genau mit „Zerstörung" gemeint ist, wird nicht ausgeführt. Um insoweit für Erhellung zu sorgen, ist die Situation in den Blick zu nehmen, dass ein ursprünglich kartellrechtlich unbedenkliches konzentratives GU wegen der Aufnahme wettbewerblicher Aktivitäten seiner Gesellschafter zu einem – das ist hier zu unterstellen – gegen den Kartellverbotstatbestand verstoßenden kooperativen GU wird.[1006] Dabei ist davon auszugehen, dass zulasten der GU-Gründer kein Wettbewerbsverbot vereinbart wurde. Es ist zwischen europäischem und deutschem Recht zu unterscheiden und zu untersuchen, welche konkreten Rechtsfolgen sich jeweils im Fall der beschriebenen „Umwandlung" eines konzentrativen in ein kooperatives GU ergeben.

aa) Rechtsfolgen bei Anwendung des deutschen Rechts

Da im deutschen Recht das Prinzip der Doppelkontrolle gilt[1007], ist § 1 GWB auch nach Genehmigung des Zusammenschlusses zeitlich unbefristet anwendbar. *Kapp/Schumacher* gehen davon aus, dass die Anwendung des § 1 GWB auf das (dann) kooperative GU zu dessen Auflösung führt.[1008]

Es ist aber ein Trugschluss, aufgrund der späteren Aufnahme von Wettbewerbshandlungen durch die Gesellschafter und der hierdurch entstehenden kartellrechtswidrigen kooperativen Zusammenarbeit von der Auflösbarkeit der unternehmenstragenden Gesellschaft auszugehen. Diese kommt nur dann in Betracht, wenn der Gegenstand oder der Zweck der Gesellschaft selbst gegen das Kartellverbot verstößt.[1009] *K. Schmidt* spricht in diesem Zusammenhang von „konstitutioneller Kartellrechtswidrigkeit".[1010] Im Zeitpunkt der Gründung eines konzentrativen Gemeinschaftsunternehmens ist dessen Gegenstand oder Zweck jedoch gerade nicht kartellrechtswidrig. Vielmehr zeichnet sich das konzentrative GU dadurch aus, dass es unabhängig von den Muttergesellschaften alle Funktionen eines Vollunternehmens ausübt und zu seinen Müttern nicht im Wettbewerb steht.[1011] Es ist daher im Hinblick auf den Kartellverbotstatbestand unbedenklich.

1006 Genau hiervor soll das Wettbewerbsverbot nach *Kapp/Schumacher* schützen.

1007 Vgl. oben: 5. Kap. B. II. 2.

1008 Vor der im Auflösungsfall drohenden Wertminderung des eingebrachten unternehmerischen Potenzials soll das Wettbewerbsverbot gerade Schutz gewähren.

1009 Vgl. *K. Schmidt,* AcP 186 (1986), 421 (450); *K. Schmidt*, AG 1987, 333 (338).

1010 *K. Schmidt*, AG 1987, 333 (338).

1011 Vgl. nur *Bechtold*, GWB, § 1 Rn. 85, sowie Rn. 86: Ein konzentratives GU liegt insbesondere vor, wenn die Gründer zwar Wettbewerber sind, jedoch einer oder beide

Bei *Wiedemann* heißt es, dem konzentrativen GU könne durch die Gesellschafter ein „kooperativer Annex" hinzugefügt werden, indem sie das Statut oder andere Verträge änderten.[1012] Für den Fall, dass das GU dann als überwiegend kooperativ anzusehen ist, sei das „Vertragswerk" entsprechend der Errichtung eines kooperativen GU zu behandeln.[1013] Eine Änderung des Gesellschaftsstatuts wird regelmäßig aber gerade nicht erfolgen. Bei der vorliegend behandelten GmbH ist überdies zu bedenken, dass Satzungsänderungen nur nach dem Verfahren der §§ 53 ff. GmbHG erfolgen können und konkludente Satzungsänderungen somit ausgeschlossen sind.[1014]

Der Grund für den Übergang vom konzentrativen zum kooperativen GU liegt in der hier diskutierten Konstellation in der tatsächlichen Aufnahme von Wettbewerb durch die Gesellschafter, wodurch zwischen diesen die Gefahr der Koordinierung ihres Wettbewerbsverhaltens entsteht (Gruppeneffekt).[1015] Möglicherweise kann hierin eine konkludente Änderung der Grundvereinbarung des Gemeinschaftsunternehmens gesehen werden.[1016] Selbst wenn die Grundvereinbarung gegen § 1 GWB verstößt[1017], hat dies jedoch keine rechtlichen Auswirkungen auf die Existenz des gemeinsamen Unternehmensträgers.[1018]

Für den Fall, dass die GU-Gesellschafter nach Gründung eines konzentrativen Gemeinschaftsunternehmens zu diesem in Wettbewerb treten und es daraufhin zu kooperativen Gruppeneffekten kommt, kann hierin eine abgestimmte Verhaltensweise gesehen werden, gegen die das *Bundeskartellamt* mit Verfügungen gem. §§ 32 ff. GWB sowie der Verhängung von Bußgeldern gem. § 81 Abs. 1 oder Abs. 2

---

von ihnen die Tätigkeit auf dem betroffenen Markt vollständig und endgültig in das GU einbringt.

1012 *Wiedemann*, Gemeinschaftsunternehmen, S. 196.

1013 *Wiedemann*, Gemeinschaftsunternehmen, S. 196 f. mit Verweis auf S. 187 ff.

1014 Vgl. nur MünchKomm-GmbHG/*Harbarth*, § 53 Rn. 41 m.w.N.

1015 Man wird auch nicht davon sprechen können, dass der Unternehmensgegenstand des GU in diesem Fall gegen das Kartellverbot verstößt.

1016 Da es sich bei der Grundvereinbarung regelmäßig um eine (Innen-)GbR handelt (vgl. oben: 5. Kap. A. I.), ist eine konkludente Änderung jedenfalls möglich.

1017 Vgl. zu der Frage der Anwendbarkeit der Grundsätze der fehlerhaften Gesellschaft bei Kartellverstößen oben: 4. Kap. C. VI. 2. Vgl. ferner speziell zu der Frage der Anwendbarkeit dieser Grundsätze auf Innengesellschaften: *K. Schmidt*, GesR, § 6 II. 3.

1018 Vgl. *Wiedemann*, Gemeinschaftsunternehmen, S. 199; *Ulmer*, WuW 1979, 433 (446); **a.A.** *Gansweid*, Gemeinsame Tochtergesellschaften, S. 268, der allerdings die Anwendung der Grundsätze über die fehlerhafte Gesellschaft nicht einmal diskutiert und das GU der „Unwirksamkeitsfolge" des § 1 GWB unterwerfen will.

GWB vorgehen kann.[1019] Die unternehmenstragende Gesellschaft als solche bleibt somit unberührt, sodass diese nicht einmal nach den Grundsätzen der fehlerhaften Gesellschaft für die Zukunft abzuwickeln ist.

Möglich erscheint allerdings die Anordnung der Aufgabe der Beteiligung an dem GU oder dessen Auflösung als strukturelle Maßnahme des *Bundeskartellamts* gem. § 32 Abs. 2 GWB.[1020] Das *OLG Düsseldorf* hat in dem Fall *Nord-KS/Xella* jedoch festgehalten, dass strukturelle Maßnahmen gegenüber Abhilfemaßnahmen verhaltensorientierter Art aufgrund ihrer Eingriffsintensität subsidiär sind.[1021] Im zu entscheidenden Fall lag der Kartellverstoß in dem Abschluss und der Durchführung eines auf Gründung eines kooperativen Gemeinschaftsunternehmens gerichteten Gesellschaftsvertrags. Das *OLG* hielt es für „erforderlich, aber auch ausreichend" dem betroffenen Gesellschafter die weitere Durchführung des (nichtigen!)[1022] Gesellschaftsvertrags zu untersagen, da er beispielsweise durch Aufgabe der Tätigkeit auf dem Markt des GU die Möglichkeit haben müsse, ein im Hinblick auf § 1 GWB unbedenkliches konzentratives GU zu schaffen.[1023]

Der Fall zeigt, dass selbst bei Gründung und Durchführung eines kooperativen GU dessen Auflösung oder die Anordnung des Ausscheidens eines Gesellschafters als *ultima ratio* regelmäßig nicht zulässig ist. Das muss erst Recht gelten, wenn ein kartellrechtlich zulässiges konzentratives GU aufgrund der Aufnahme von Wettbewerbshandlungen durch seine Gesellschafter in ein

---

1019 Vgl. ähnlich auch *K. Schmidt*, AG 1987, 333 (338), der darauf hinweist, dass das GU zwar nicht in seiner Existenz berührt wird, aber bei nicht-Befolgen einer kartellbehördlichen Verfügung die Auflösungsklage als verbandsrechtliche Reaktion möglich ist (zwar zu den alten Vorschriften, in der Sache aber weiterhin zutreffend).

1020 Vgl. zu der Zulässigkeit von strukturellen Maßnahmen gem. § 32 GWB: *Bechtold*, GWB, § 32 Rn. 16 f.; I/M/*Emmerich*, GWB, § 32 Rn. 41.

1021 OLG Düsseldorf Beschluss v. 20.06.2007 Az. VI-Kart 14/06 (V) (Tz. 34), WuW/E DE-R 2146 (2152 f.), dabei orientiert sich das Gericht ausdrücklich an Art. 7 Abs. 1 VO 1/2003 (vgl. insoweit auch BT-Drucks. 15/3640, S. 51); die Ausführungen des Gerichts werden durch den BGH im Rahmen des die Nichtzulassungsbeschwerde zurückweisenden Beschlusses bestätigt, vgl. BGH Beschluss v. 04.03.2008 Az. KVZ 55/07 (Tz. 17 ff.), WuW/E DE-R 2361 (2363 f.). Allerdings sieht der BGH für die Anordnung des Ausscheidens aus der Gesellschaft von vornherein keinen Raum, da das OLG von der Nichtigkeit des Gesellschaftsvertrages ausgegangen sei (Tz. 16).

1022 Das OLG Düsseldorf geht mit keinem Wort auf die Frage nach der Anwendbarkeit der Grundsätze über die fehlerhafte Gesellschaft ein, vgl. vorige Fn. sowie zu dieser umstrittenen Frage oben: 4. Kap. C. VI. 2.

1023 OLG Düsseldorf Beschluss v. 20.06.2007 Az. VI-Kart 14/06 (V) (Tz. 36), WuW/E DE-R 2146 (2153).

kartellrechtswidriges kooperatives GU „umgewandelt" wird. In diesem Fall stellt die verhaltensorientierte Abhilfemaßnahme der Aufgabe der erst später aufgenommenen anderweitigen Wettbewerbstätigkeit des GU-Gesellschafters die einzig verhältnismäßige Maßnahme dar.

bb) Rechtsfolgen bei Anwendung des europäischen Rechts

Im europäischen Recht gilt im Wesentlichen das Trennungsprinzip.[1024] Die Gründung eines Gemeinschaftsunternehmens, welches die Schwellenwerte des Art. 1 Abs. 2 u. 3 FKVO überschreitet, ist mithin entweder anhand der FKVO oder anhand des Art. 101 AEUV und nach dem Verfahren der VO 1/2003 zu beurteilen.[1025] In Durchbrechung dieses Prinzips wird bei Vollfunktionsgemeinschaftsunternehmen der Gruppeneffekt gem. Art. 3 Abs. 4 FKVO und Art. 2 Abs. 4 FKVO materiell nach Art. 101 AEUV beurteilt. Dabei liegt die für Art. 101 AEUV erforderliche Vereinbarung in der *Gründung* des Gemeinschaftsunternehmens.[1026]

Bei in der Folgezeit nach Freigabe des Zusammenschlusses zu einem Gemeinschaftsunternehmen mit Vollfunktion doch eintretenden kooperativen Effekten zwischen den Gesellschaftern kann es nicht aufgrund eines Verstoßes gegen Art. 101 AEUV zur Auflösung der Gesellschaft kommen, sodass die Freigabe gem. Art. 2 Abs. 2 FKVO von dauerhafter Natur ist.[1027] Die *Kommission* kann ihre Entscheidung allenfalls unter den engen Voraussetzungen des Art. 6 Abs. 3 FKVO oder Art. 8 Abs. 6 FKVO widerrufen.

Zwischen den Gesellschaftern gilt Art. 101 AEUV dann nur noch für den Fall, dass die *spätere* Koordinierung nicht durch die GU-Gründung bezweckt oder bewirkt wurde.[1028] Das „Bezwecken" einer späteren Koordinierung durch die *Gründung* eines konzentrativen Gemeinschaftsunternehmens im Sinne einer objektiv wettbewerbsbeschränkenden Tendenz[1029] ist bei „Umwandlung" eines konzentrativen in ein kooperatives GU ebenso wenig anzunehmen wie

---

1024 Vgl. dazu oben: 5. Kap. B. II. 1.

1025 Die Anwendung des GWB ist *insgesamt* gem. § 35 Abs. 3 GWB ausgeschlossen, vgl. *Bechtold*, GWB, § 35 Rn. 23 (zu der Frage der Reichweite des Ausschlusses).

1026 I/M/*Zimmer*, Bd. 1/Teil 1, Art. 101 Abs. 1 AEUV Rn. 314.

1027 Wiedemann/*Schroeder*, Hdb. Kartellrecht, § 8 Rn. 13.

1028 Wiedemann/*Schroeder*, a.a.O.

1029 Für die Bestimmung des Zwecks kommt es maßgebend auf den Zweck der Maßnahme selbst (objektive Tendenz) und nicht so sehr auf die von den Beteiligten verfolgte subjektive Absicht an, vgl. nur I/M/*Emmerich*, Bd. 1/Teil 1, Art. 101 Abs. 1 AEUV Rn. 174 m.w.N.

die Feststellung tatsächlicher (späterer) Koordinierungseffekte der Gründung am Markt. Diese „Umwandlung" beruht nämlich auf einem eigenständigen Entschluss der Gesellschafter, zu dem Gemeinschaftsunternehmen in Wettbewerb zu treten. In diesem Fall bleibt es also zwar bei der Anwendung des Art. 101 AEUV zwischen den Gesellschaftern. Insoweit kann aber auf die Ausführungen zum deutschen Recht verwiesen werden. Der eintretende Gruppeneffekt kann lediglich als abgestimmte Verhaltensweise zwischen den Gesellschaftern qualifiziert werden. Das Statut des Gemeinschaftsunternehmens bleibt jedenfalls unberührt.[1030]

b) Ergebnis

Sowohl das deutsche als auch das europäische Recht gelangen zu demselben Ergebnis: Das Gemeinschaftsunternehmen wird durch die Aufnahme von Wettbewerb seitens der Gesellschafter des ursprünglich konzentrativen GU und der damit entstehenden Gefahr von kooperativen Gruppeneffekten nicht in seiner Existenz berührt. Das GU wird somit auch nicht nach den Grundsätzen der fehlerhaften Gesellschaft für die Zukunft abgewickelt.

Folglich ist bereits der Ausgangspunkt der Überlegungen von *Kapp/ Schumacher* unzutreffend. Da dem unternehmenstragenden Verband keine „Zerstörung" droht, bedarf es zum Schutz hiervor auch keines Wettbewerbsverbots. Die Auflösung des GU und damit einhergehende Verluste der „unternehmerisches Potential" einbringenden Gesellschafter sind nicht zu befürchten.

IV. Eigener Ansatz: Rechtfertigung über das Konzernprivileg

Abschließend sollen einige eigene Überlegungen im Hinblick auf die Beurteilung der kartellrechtlichen Zulässigkeit gesellschaftsvertraglich vereinbarter Wettbewerbsverbote zulasten der GU-Mütter vorgenommen werden. Möglicherweise kommt eine Rechtfertigung unter einem in diesem Zusammenhang noch nicht diskutierten Gesichtspunkt in Betracht.

1. *Vorüberlegungen*

Die Untersuchung hat bisher gezeigt, dass ein gesellschaftsrechtliches Wettbewerbsverbot kartellrechtlich nur dann unbedenklich ist, wenn es für den Bestand

---

1030 Strukturelle Abhilfemaßnahmen sind in Art. 7 Abs. 1 S. 2 VO 1/2003 ausdrücklich vorgesehen. Diese dürfen durch die *Kommission* nur verhängt werden, wenn keine verhaltensorientierte Maßnahme von gleicher Wirksamkeit möglich ist (vgl. Art. 7 Abs. 1 S. 3 VO 1/2003). Vgl. insoweit bereits die Ausführungen zum deutschen Recht.

der Gesellschaft funktionsnotwendig ist. In diesem Fall ergibt sich ein Wettbewerbsverbot bereits aus der gesellschaftsrechtlichen Treupflicht. Da Gemeinschaftsunternehmen in den gängigen Gesellschaftsformen organisiert sind – insbesondere in Form der GmbH – gelten insoweit keine Besonderheiten im Hinblick auf die Beurteilung der Funktionsnotwendigkeit eines Wettbewerbsverbots. Insbesondere ist ein Wettbewerbsverbot nach hier vertretener Auffassung zulasten eines GmbH-Minderheitsgesellschafters kartellrechtlich nicht zulässig, auch wenn dieser mit Vetorechten in Bezug auf strategische Unternehmensentscheidungen ausgestattet ist. Dies betrifft insbesondere paritätische Gemeinschaftsunternehmen. Mit dem Unternehmenskaufgedanken lässt sich die kartellrechtliche Zulässigkeit von zeitlich begrenzten Wettbewerbsverboten zulasten des „unternehmerisches Potenzial" einbringenden Gesellschafters begründen.

Möglicherweise lassen sich Wettbewerbsverbote zulasten von GU-Müttern unter einem weiteren Aspekt rechtfertigen. Ein Gemeinschaftsunternehmen zeichnet sich durch die *gemeinsame Beherrschung* durch seine Muttergesellschaften aus. Es ist daher zu überlegen, ob der Kartellverbotstatbestand zwischen dem GU und seinen Müttern überhaupt zur Anwendung kommt (sog. Konzernprivileg). Wird dies verneint, so ist das gesellschaftsvertraglich vereinbarte Wettbewerbsverbot generell einer Beurteilung anhand des Kartellverbots entzogen. Es ist mithin die umstrittene Frage nach der Anwendung des Konzernprivilegs auf Gemeinschaftsunternehmen zu beantworten.

2. *Grundlagen des Konzernprivilegs*

Es bedarf zunächst einiger allgemeiner Überlegungen zu Begründung und Anwendung des Konzernprivilegs. Dabei geht es um das Verständnis mehrerer Unternehmen als *wirtschaftlicher* Einheit, sodass zwischen *rechtlich* selbständigen Unternehmen getroffene Vereinbarungen der Beurteilung anhand des Kartellverbots entzogen sind.[1031]

1031 Vgl. allgemein zum Konzernprivileg: I/M/*Zimmer*, GWB, § 1 Rn. 132 ff.; Loewenheim/Meessen/Riesenkampff/*Nordemann*, § 1 GWB Rn. 94 ff.; I/M/*Emmerich*, Bd. 1/Teil 1, Art. 101 Abs. 1 AEUV Rn. 43 ff.; MünchKomm-EUWettbR/*Wollmann/Schedl*, Art. 81 EG Rn. 98 ff.; *Möschel*, Recht der Wettbewerbsbeschränkungen, Rn. 191 f.; *Potrafke*, Kartellrechtswidrigkeit konzerninterner Vereinbarungen, S. 72 ff.; *Buntscheck*, Das „Konzernprivileg"; *Thomas*, ZWeR 2005, 236 ff.; *Fleischer*, AG 1997, 491 ff.; *Schroeder*, WuW 1988, 274 ff; vgl. auch zu der hoch umstrittenen Frage nach der Haftungszurechnung in der wirtschaftlichen Einheit: *Van Vormizeele*, WuW 2010, 1008 ff.

a) Einschränkung der wettbewerblichen Selbständigkeit

Das Kartellrecht gewährleistet im Sinne des Selbständigkeitspostulats die wirtschaftliche Handlungsfreiheit der an einer Vereinbarung oder sonstigen Maßnahme beteiligten Unternehmen.[1032] Da dieser Freiheitsschutz im Fall der fehlenden wettbewerblichen Autonomie nicht mehr erforderlich ist, bildet das Selbständigkeitspostulat die dogmatische Grundlage des Konzernprivilegs.[1033] Entscheidend ist letztlich die Frage, unter welchen Voraussetzungen eine derart kartellrechtsfreie wirtschaftliche Einheit anzunehmen ist. Allein auf die *rechtliche* Selbständigkeit der Konzerngesellschaften kann es jedenfalls schon deshalb nicht ankommen, weil unselbständige Betriebsabteilungen unstreitig nicht dem Kartellverbot unterfallen, und die Organisation über rechtlich selbständige Tochtergesellschaften insoweit nicht anders behandelt werden darf, da die Gründe für die Wahl einer dezentralen Organisationsform – vom Kartellrecht unabhängig – in dem Anreiz zu Eigenverantwortlichkeit, dem Erhalt des Geschäftswerts oder steuer- und haftungsrechtlichen Vorteilen zu suchen sind.[1034]

aa) Meinungsstand zum europäischen Recht

Die Diskussion des Konzernprivilegs wird im europäischen Recht von der Frage nach dem Vorliegen einer „wirtschaftlichen Einheit" dominiert. Dabei handelt es sich um einen Typus, der aufgrund nicht abschließender Faktoren im Hinblick auf die jeweiligen Umstände des Einzelfalles zu bestimmen ist.[1035] Der *EuGH* hat in der Rechtssache *Viho/Kommission* entschieden, dass eine Mutter und ihre 100 %-ige Tochtergesellschaft eine wirtschaftliche Einheit darstellen.[1036] Dagegen

---

1032 Vgl. EuGH Urteil v. 04.06.2009 Az. C-8/08 (Tz. 32) – *T-Mobile/Kommission*, Slg. 2009, I-4562 (4574); *Emmerich*, Kartellrecht, § 4 Rn. 33 ff., dort auch zu dem anderen Konzept der Wettbewerbsbeschränkung, wonach (jedenfalls auch) auf die Auswirkungen einer Maßnahme auf Dritte abzustellen ist; vgl. zu entsprechenden Ausnahmefallgruppen vom Selbständigkeitspostulat: Langen/Bunte/*Krauß*, Bd. 1, § 1 Rn. 138 ff.

1033 *Thomas*, ZWeR 2005, 236 (239).

1034 Mäger/*Mäger*, Europäisches Kartellrecht, Kap. 7 Rn. 2 m.w.N.; vgl. dazu auch *Fleischer*, AG 1997, 491 (500 f.).

1035 Mäger/*Mäger*, Europäisches Kartellrecht, Kap. 7 Rn. 5.

1036 EuGH Urteil v. 24.10.1996 Az. C-73/95 P (Tz. 16) – *Viho/Kommission*, Slg. 1996 I-5482 (5495), vgl. auch Kommission Entscheidung v. 18.06.1969, ABl. EG 1969 Nr. L 165/12 (14) – *Christiani Nielsen*; EuGH Urteil v. 10.09.2009 Az. C-97/08 P (Tz. 60) – *Akzo Nobel u.a./Kommission*, Slg. 2009 I-8266 (8288); abweichend hingegen EuG Urteil v. 26.04.2007 Az. T-109/02 u.a. (Tz. 132) – *Bolloré u.a./Kommission*,

urteilte der *EuG* in der Sache *Tréfileurope/Kommission*, dass die der Beteiligung am Gesellschaftskapital entsprechende Kontrolle i.H.v. 25,001 % keineswegs für die Bildung einer wirtschaftlichen Einheit genügen kann, da diese „von der Mehrheit sehr weit entfernt" sei.[1037] Diese Aussage kann wohl dahingehend verstanden werden, dass eine Mehrheitsbeteiligung jedenfalls genügen würde.[1038] Widersetzt sich die Tochtergesellschaft jedoch dem Einfluss ihrer Mutter und tritt autonom am Markt auf, so ist eine wirtschaftliche Einheit abzulehnen.[1039]

Der *EuGH* hat in der Rechtssache *Akzo Nobel u.a./Kommission* festgehalten, dass für die Beurteilung des autonomen Marktverhaltens der Tochtergesellschaft sämtliche relevanten Gesichtspunkte zu berücksichtigen sind, welche mit ihrer wirtschaftlichen, organisatorischen und rechtlichen Verbindung zur Muttergesellschaft in Zusammenhang stehen.[1040] Diese ließen sich nicht abschließend aufzählen, sondern nur „von Fall zu Fall" bestimmen.

Lässt sich mithin nicht abschließend beurteilen, wann genau eine wirtschaftliche Einheit vorliegt, bleibt nur die Bildung von Fallgruppen.[1041] Danach bildet der Vertragskonzern ebenso wie der faktische Konzern mit qualifizierter Mehrheit, also der Möglichkeit zur jederzeitigen Umwandlung der Tochtergesellschaft in eine Betriebsabteilung oder unselbständige Niederlassung, regelmäßig unproblematisch eine wirtschaftliche Einheit.[1042] Auch bei einer einfachen Mehrheitsbeteiligung streitet die Möglichkeit der Einflussnahme auf die Geschäftspolitik

---

Slg. 2007, II-965 (1011), wonach neben der 100 %-igen Kapitalbeteiligung noch zusätzlich Elemente erforderlich sein sollen (allerdings im Zusammenhang mit der Frage der Haftungszurechnung).

1037 EuG Urteil v. 06.04.1995 Az. T-141/89 (Tz. 129) – *Tréfileurope/Kommission*, Slg. 1995 II-797 (842); eine Minderheitsbeteiligung lässt auch der EuGH nicht genügen, vgl. EuGH Urteil v. 17.11.1987 Az. verb. Rs. 142 u. 156/84 (Tz. 7 u. 31) – *BAT und Reynolds/Kommission*, Slg. 4566 (4569/4575).

1038 So wohl auch *Thomas*, ZWeR 2005, 236 (243), der das genannte EuG-Urteil zum Beleg der Aussage, dass eine Mehrheitsbeteiligung zu einer wirtschaftlichen Einheit führt, zitiert.

1039 EuGH Urteil v. 12.07.1979 Az. verb. Rs. 32/78 u 36 – 82/78 (Tz. 24) – *BMW/Kommission*, Slg. 1979, 2435 (2475).

1040 EuGH Urteil v. 10.09.2009 Az. C-97/08 P (Tz. 74) – *Akzo Nobel u.a./Kommission*, Slg. 2009 I-8266 (8291) (zur wirtschaftlichen Einheit im Zusammenhang mit der Haftungszurechnung).

1041 Vgl. zu den Fallgruppen im Einzelnen: Mäger/*Mäger*, Europäisches Kartellrecht, Kap. 7 Rn. 6 m.w.N.

1042 Mäger/*Mäger*, Europäisches Kartellrecht, Kap. 7 Rn. 6 m.w.N.; *Fleischer*, AG 1979, 491 (498).

der Tochtergesellschaft durch die Besetzung deren Leitungsorgane für eine widerlegliche Vermutung des Vorliegens einer wirtschaftlichen Einheit.[1043] Hingegen genügt eine bloße Minderheitsbeteiligung, die auch nicht tatsächlich wie eine faktische Mehrheit wirkt, nicht. Die umstrittene Frage, ob dies im Hinblick auf einen mit Vetorechten ausgestatteten Minderheitsgesellschafter anders zu sehen ist, wird im Zusammenhang mit der Frage nach der Anwendbarkeit des Konzernprivilegs auf Gemeinschaftsunternehmen vertieft.[1044]

bb) Meinungsstand zum deutschen Recht

Im Hinblick auf die Anwendbarkeit des § 1 GWB auf Vereinbarungen zwischen Konzerngesellschaften wird von einer Minderheit jeweils eine pauschale Extremposition vertreten. So hält *Ulmer* den § 1 GWB innerhalb eines Konzerns für unanwendbar, da die wirtschaftliche Freiheit der Tochtergesellschaften wegen der Kapitalbeteiligung ausgeschlossen sei.[1045] Dagegen betont *Zeitler* das rechtlich selbständige Auftreten der Konzernunternehmen, und dass der Konzern als solcher üblicherweise gerade nicht selbständig auf dem Markt auftrete, sodass für die Marktgegenseite ein entsprechender Eindruck entstehe, an dem sich die Konzernunternehmen festhalten lassen müssten.[1046] Daher sei die Figur der Unternehmenseinheit des Konzerns abzulehnen.[1047]

Der *Bundesgerichtshof* musste sich zu der Frage der Zulässigkeit konzerninterner Wettbewerbsbeschränkungen noch nicht äußern. Das *OLG Düsseldorf* hat in seiner *Heilwasser*-Entscheidung ausgeführt, dass § 1 GWB nicht die wirtschaftliche Selbständigkeit der beteiligten Unternehmen voraussetze, da der Zweck des Kartellverbots andernfalls zu leicht unterlaufen werden könnte.[1048] Kartellverträge

---

1043 Mäger/*Mäger*, Europäisches Kartellrecht, Kap. 7 Rn. 6; *Fleischer*, AG 1979, 491 (499).

1044 Unten: 5. Kap. D. IV. 3.

1045 *Ulmer*, WuW 1960, 162 (172 ff.); entgegen dem Zitat bei *Potrafke*, Kartellrechtswidrigkeit konzerninterner Vereinbarungen, S. 102 (Fn. 451) vertritt *Grandpierre*, Wettbewerbsbeschränkungen zwischen verbundenen Unternehmen, S. 82 ff. nicht den generellen Ausschluss der Anwendung des § 1 GWB auf konzerninterne Vereinbarungen (vgl. *Grandpierre*, a.a.O., insbesondere S. 103).

1046 *Zeitler*, WuW 1959, 621 (627).

1047 *Zeitler*, a.a.O. trifft diese Aussage im Zusammenhang mit der Beurteilung eines Konzernrabatts; vgl. auch zu der ausschließlich auf die rechtliche Selbständigkeit der Konzerngesellschaften abstellenden *intra-enterprise-conspiracy-doctrine* des US-amerikanischen Rechts: *Fleischer*, AG 1997, 491 (497 f.).

1048 OLG Düsseldorf Urteil v. 06.11.1981 Az. U (Kart.) 6/81 – *Heilwasser*, WuW/E OLG 2631.

könnten dann zu Zeiten der Konzernbindung wirksam geschlossen und die Konzernbindung anschließend aufgelöst werden.[1049]

Dagegen hält das *OLG Stuttgart* einen wettbewerbsbeschränkenden Vertrag für „kartellrechtlich nicht relevant", der lediglich die Folge einer wirtschaftlichen Abhängigkeit darstellt.[1050] Auch das *OLG Frankfurt* formuliert, dass Konzernunternehmen aufgrund ihrer rechtlichen Selbständigkeit zwar grundsätzlich kartellrechtsrelevante Verträge schließen könnten, jedoch dann kein Kartellvertrag im Sinne des § 1 GWB vorliege, wenn die Wettbewerbsbeschränkung nur eine Folge der Konzernbildung sei.[1051]

Die vorliegenden obergerichtlichen Entscheidungen lassen im Ergebnis jedenfalls keine einheitliche Linie der Rechtsprechung erkennen.

Überzeugend ist es, im Rahmen einer umfassenden Einzelfallbetrachtung zu fragen, ob im Hinblick auf bestehende rechtliche und tatsächliche Möglichkeiten der Einflussnahme von einem zwischen den beteiligten Unternehmen bestehenden beschränkbaren Wettbewerb gesprochen werden kann; ob sich mithin die Tochtergesellschaft gegenüber der Mutter tatsächlich unabhängig verhalten kann.[1052] Die Anwendung des § 1 GWB kann nämlich jedenfalls nicht mit der alleinigen Auswirkung einer konzerninternen Maßnahme auf Dritte begründet werden.[1053] Es soll nun ein Überblick über Fallgruppen des deutschen Rechts[1054] gegeben werden, in denen die wirtschaftliche Selbständigkeit der Tochtergesellschaft regelmäßig nicht mehr anzunehmen ist.

(1) Vertraglicher Unterordnungskonzern

Für den Fall, dass ein Beherrschungsvertrag im Sinne des § 291 Abs. 1 AktG abgeschlossen wurde, ist das herrschende Unternehmen gem. § 308 Abs. 1 AktG berechtigt, dem Vorstand der Gesellschaft hinsichtlich der Leitung der

1049 OLG Düsseldorf a.a.O.; dies war in dem der Entscheidung zugrundeliegenden Sachverhalt passiert.

1050 OLG Stuttgart Urteil v. 27.06.1980 Az. 2 U (Kart.) 130/79, WuW/E OLG 2352 (2355).

1051 OLG Frankfurt Urteil v. 22.04.1985 Az. 6 U 174/81 – *Guy Laroche*, WuW/E OLG 3600 (3601).

1052 I/M/*Zimmer*, GWB, § 1 Rn. 134; Loewenheim/Meessen/Riesenkampff/*Nordemann*, § 1 GWB Rn. 94; *Möschel*, Recht der Wettbewerbsbeschränkungen, Rn. 192; *Thomas*, ZWeR 2005, 236 (244).

1053 Langen/Bunte/*Krauß*, Bd. 1, § 1 Rn. 136; Wiedemann/*Schroeder*, Hdb. Kartellrecht, § 8 Rn. 18.

1054 Mangels Relevanz für die weiteren Ausführungen, wird nicht auf die (schwierige) Frage der Wettbewerbsbeziehungen im Gleichordnungskonzern eingegangen.

Gesellschaft (nachteilige) Weisungen zu erteilen. In diesem Fall ist § 1 GWB nicht anwendbar, da die durch das deutsche Konzernrecht gewährten Befugnisse auch im Kartellrecht zu berücksichtigen sind.[1055] Es besteht kein Wettbewerb, der beschränkt werden könnte. Das gilt nicht nur im Hinblick auf erteilte Weisungen, sondern generell für den vertraglichen Unterordnungskonzern, da jedenfalls immer die Möglichkeit der verbindlichen Weisung besteht.[1056]

(2) Faktischer Unterordnungskonzern

Da im faktischen GmbH-Konzern die Weisungsmöglichkeit des Mehrheitsgesellschafters gem. § 37 Abs. 1 GmbHG besteht, kann insoweit auf die Ausführungen zum vertraglichen Unterordnungskonzern verwiesen werden. Es besteht kein zwischen den Konzerngesellschaften beschränkbarer Wettbewerb.

Problematischer ist hingegen die Beurteilung der Wettbewerbsbeziehungen im faktischen Aktienkonzern. Hier besteht kein rechtlich verbindliches Weisungsrecht im Sinne des § 308 Abs. 1 AktG. Der Vorstand der abhängigen Gesellschaft hat diese gem. § 76 AktG unter eigener Verantwortung zu leiten und eine einheitliche Konzernleitung unterliegt den Schranken der §§ 311 ff. AktG, die eine Schädigung im Konzerninteresse verbieten.[1057] Aus diesen Gründen wird die grundsätzliche Anwendbarkeit des § 1 GWB befürwortet, da der Wettbewerb als Steuerungsinstrument erhalten bleibe.[1058]

Altmeppen meint, der § 1 GWB gelte im Konzern nicht, solange die wettbewerbsbeschränkende Maßnahme auf den Einfluss der Konzernleitung zurückgehe.[1059] Dabei komme es nicht darauf an, ob die Marktbeschränkung vertraglich legitimiert oder faktisch angelegt sei, da der Gesetzgeber mit den §§ 18 Abs. 1 S. 3, 17 Abs. 2, 16, 311 ff. AktG gerade zum Ausdruck bringe, dass er auch im faktischen Konzern von einer einheitlichen Leitung ausgehe.[1060] Die §§ 311 ff. AktG könnten nicht gegen die Geltung des Konzernprivilegs ins Feld geführt werden, da diese Regelungen

---

1055 I/M/*Zimmer*, GWB, § 1 Rn. 135; Loewenheim/Meessen/Riesenkampff/*Nordemann*, § 1 GWB Rn. 95; *Möschel*, Recht der Wettbewerbsbeschränkungen, Rn. 192; in diesem Sinne kann man wohl auch OLG Frankfurt Urteil v. 22.04.1985 Az. 6 U 174/81 – *Guy Laroche*, WuW/E OLG 3600 (3601) verstehen.

1056 I/M/*Zimmer*, GWB, § 1 Rn. 136 m.w.N.; *Bechtold*, GWB, § 1 Rn. 29.

1057 Vgl. Langen/*Bunte*, Bd. 1, § 1 Rn. 124 (11. Auflage).

1058 Langen/*Bunte*, Bd. 1, § 1 Rn. 124 (11. Auflage).

1059 *Altmeppen*, ZHR 171 (2007), 320 (338); *Altmeppen*, Abschied vom „qualifiziert faktischen" Konzern, S. 40 f.

1060 *Altmeppen*, ZHR 171 (2007), 320 (338).

lediglich den Schutz von Gläubigern sowie Minderheitsgesellschaftern zum Ziel hätten und nicht dem Schutz der Wettbewerbsfreiheit dienten.[1061]

Diese Argumente sind überzeugend[1062] und stimmen im Wesentlichen mit den Ausführungen im Zusammenhang mit der Frage nach einem ungeschriebenen Wettbewerbsverbot zulasten des herrschenden Aktionärs überein.[1063] Faktische Geschäftsführung wird trotz der Kompetenzordnung der Aktiengesellschaft aufgrund der Möglichkeiten der Einflussnahme auf die Willensbildung durch den Mehrheitsgesellschafter für möglich gehalten.

Insofern ist es konsequent, im Zusammenhang mit der Frage nach dem Konzernprivileg keinen qualitativen Unterschied zwischen Vertragskonzern und faktischem Konzern zu machen.[1064]

(3) Verbundklausel des § 36 Abs. 2 S. 1 GWB

Unabhängig von den gerade angestellten Überlegungen stellt sich die Frage nach der Anwendbarkeit der Verbundklausel des § 36 Abs. 2 S. 1 GWB im Zusammenhang mit der kartellrechtlichen Beurteilung konzerninterner Maßnahmen. Diese Norm stellt für die Beurteilung von Zusammenschlüssen den Grundsatz auf, dass die im Sinne der §§ 17, 18 AktG verbundenen Unternehmen als einheitliches Unternehmen anzusehen sind. Wird diese Wertung auf die Anwendung des Kartellverbotstatbestands übertragen, so wären Maßnahmen zwischen verbundenen Unternehmen im Sinne der §§ 17, 18 AktG einer Beurteilung anhand des Kartellverbotstatbestands entzogen, da es an einer Vereinbarung *zwischen Unternehmen* fehlte.[1065]

Teilweise wurde die Anwendung des § 36 Abs. 2 S. 1 GWB im Hinblick auf die kartellrechtliche Beurteilung konzerninternen Wettbewerbs mit der Begründung abgelehnt, es handele sich bei dieser Regelung aufgrund ihrer systematischen

---

1061 *Altmeppen*, a.a.O. mit Hinweis auf die Gesetzesmaterialien bei *Kropff*, AktG 1965, S. 373 ff., 406 ff.

1062 So auch i.E.: *Bechtold*, GWB, § 1 Rn. 29; Loewenheim/Meessen/Riesenkampff/*Nordemann*, § 1 GWB Rn. 95; I/M/*Zimmer*, GWB, § 1 Rn. 138 (mit Einschränkung); *Thomas*, ZWeR 2005, 236 (245); *Huber*, ZHR 131 (1968), 193 (239 ff.); *Fleischer*, AG 1997, 491 (498 ff.); vgl. auch den Tätigkeitsbericht 1989/90 des BKartA, BT-Drucks. 12/847, S. 31: Das BKartA geht davon aus, dass konzerninterne Allianzen generell nicht vom Kartellverbot erfasst werden.

1063 Vgl. oben: 3. Kap. F. I. 4. b)

1064 *Altmeppen*, Abschied vom „qualifiziert faktischen“ Konzern, S. 41 verweist insoweit auf Art. 3 Abs. 1 GG, der eine Ungleichbehandlung verbietet, wenn kein rechtfertigender Grund ersichtlich ist.

1065 Vgl. dazu *Thomas*, ZWeR 2005, 236 (246).

Stellung im Gesetz um eine nicht verallgemeinerungsfähige Spezialnorm der Fusionskontrolle.[1066] Es ist jedoch mittlerweile anerkannt, dass die Verbundklausel des § 36 Abs. 2 S. 1 GWB für den gesamten Anwendungsbereich des GWB gilt und somit auch im Rahmen des § 1 GWB zu berücksichtigen ist.[1067] Dies wird mit dem Willen des Gesetzgebers begründet. In der Regierungsbegründung der 6. GWB-Novelle heißt es zu § 36 GWB, die Verbundklausel solle „im gesamten Anwendungsbereich des Gesetzes" gelten und auf diese Weise sicherstellen, dass sämtliche verbundene Unternehmen im Sinne der §§ 17, 18 AktG als wirtschaftliche Einheit behandelt werden.[1068] Folglich sind über § 36 Abs. 2 S. 1 GWB die aktienrechtlichen Grundsätze – insbesondere die Abhängigkeitsvermutung des § 17 Abs. 2 AktG – für die Beurteilung der Unanwendbarkeit des Kartellverbots im Konzerninnenverhältnis heranzuziehen.[1069]

cc) Tatsächlicher Gebrauch der Einflussmöglichkeiten erforderlich?

Sowohl nach deutschem als auch nach europäischem Recht ist es fraglich, ob die bloße Leitungsmöglichkeit durch die Muttergesellschaft für die Unanwendbarkeit des Konzernprivilegs genügt, oder ob hiervon auch tatsächlich Gebrauch gemacht werden muss. Das Erfordernis der tatsächlichen Ausübung der Leitungsbefugnisse wird mit der ansonsten grundsätzlich bestehenden Handlungsfreiheit der Tochtergesellschaft begründet.[1070] Dagegen spricht aber, dass die Konzernspitze, welche ihrer Tochtergesellschaft eine gewisse Handlungsfreiheit zugesteht und diese Handlungsfreiheit später durch Vereinbarung einschränkt, von kartellrechtlichen Sanktionen (Nichtigkeit der Vereinbarung und möglicherweise sogar Bußgelder) betroffen wäre.[1071] Das bedeutete eine – auch aus wettbewerbspolitischen Gründen unerwünschte – Bevorzugung

---

1066 I/M/*Zimmer*, GWB (3. Auflage 2001), § 1 Rn. 149.

1067 BGH Urteil v. 23.06.2009 Az. KZR 21/08 (Tz. 15) – *Entega*, WuW/E DE-R 2739 (2741) = WM 2009, 1997 (1998 f.); Loewenheim/Meessen/Riesenkampff/*Kahlenberg/Peter/Bauer*, § 36 GWB Rn. 183; Langen/Bunte/*Kallfaß*, Bd. 1, § 36 Rn. 136; *Bechtold*, GWB, § 36 Rn. 63; Wiedemann/*Schroeder*, Hdb. Kartellrecht, § 8 Rn. 19.

1068 BT-Drucks. 13/9720, S. 56 f.

1069 Vgl. *Thomas*, ZWeR 2005, 236 (246 f.), dort auch zu der Möglichkeit der Widerlegung der Abhängigkeitsvermutung beispielsweise durch Stimmbindungs- oder Entherrschungsverträge.

1070 *Möschel*, Recht der Wettbewerbsbeschränkungen, Rn. 192; I/M/*Emmerich*, Bd. 1/Teil 1, Art. 101 Abs. 1 AEUV Rn. 51; Darstellung der Argumentation auch bei *Kuhn*, Kooperative Aspekte von Gemeinschaftsunternehmen, S. 238 m.w.N.

1071 *Kuhn*, Kooperative Aspekte von Gemeinschaftsunternehmen, S. 238 f.

zentralistischer Konzernstrukturen.[1072] Überdies wäre der Nachweis der tatsächlichen Ausübung von Leitungsmacht praktisch regelmäßig nicht möglich[1073], sodass dieses Kriterium als nachzuweisendes Erfordernis einer wirtschaftlichen Einheit untauglich ist. Folglich genügt die bloße Möglichkeit der Einflussnahme, um die Unanwendbarkeit des Kartellverbotstatbestandes anzunehmen.[1074]

Hiergegen kann nicht eingewendet werden, dass die Haftung der Konzernmutter für Wettbewerbsverstöße der Tochtergesellschaft nach Auffassung des *EuG* den Nachweis des tatsächlichen Gebrauchs von Einflussmöglichkeiten voraussetzt.[1075] Hierbei geht es um die Haftungszurechnung im Konzern, welche für die Konzerngesellschaften nachteilig ist (vgl. allein die Erhöhung des gem. Art. 23 Abs. 2 VO 1/2003 für die Bußgeldberechnung zugrunde zu legenden Maximalbetrags).[1076] Die Unanwendbarkeit des Kartellverbotstatbestands im Konzerninnenverhältnis stellt hingegen eine *Privilegierung* dar.

b) Methodische Begründung

Es besteht weitgehend Einigkeit darüber, dass der Kartellverbotstatbestand auf wirtschaftliche Einheiten unanwendbar ist. Allein die methodische Begründung bleibt oft im Dunkeln. Als geeignete Ansatzpunkte bieten sich der Unternehmensbegriff und das Tatbestandsmerkmal der Wettbewerbsbeschränkung an. Die bislang erfolgten Ausführungen zu der Frage, wann eine wirtschaftliche Einheit anzunehmen ist, beziehen sich hingegen lediglich auf den materiellrechtlichen Maßstab für die Unanwendbarkeit des Kartellverbotstatbestands.

Nach Ansicht von *Harms* stellt der Unternehmensbegriff den tatbestandlichen Anknüpfungspunkt für die kartellrechtliche Behandlung konzerninterner Beziehungen dar.[1077] Danach sind nur wirtschaftlich selbständige Unternehmen als Adressaten des Kartellverbotstatbestands anzusehen.[1078] Auch eine Entscheidung

---

1072 *Kuhn*, a.a.O.

1073 *Kuhn*, a.a.O.; Mäger/*Mäger*, Europäisches Kartellrecht, Kap. 7 Rn. 9.

1074 So auch: Wiedemann/*Schroeder*, Hdb. Kartellrecht, § 8 Rn. 7; *Thomas*, ZWeR 2005, 236 (257); *Fleischer*, AG 1997, 491 (500 f.); vgl. ferner: Kommission Entscheidung v. 18.06.1969, ABl. EG 1969 Nr. L 165/12 (14) – *Christiani Nielsen.*

1075 Vgl. EuG Urteil v. 27.10.2010 Az. T-24/05 (Tz. 165) – *Alicante One u.a./Kommission* (noch nicht in Slg. veröffentlicht).

1076 Vgl. zur Haftungszurechnung im Konzern allgemein: *Van Vormizeele*, WuW 2010, 1008 ff.

1077 Vgl. FK/*Roth/Ackermann*, Art. 81 Abs. 1 EG Rn. 295 (Stand: Mai 2009); wohl auch *Thomas*, ZWeR 2005, 236 (242).

1078 Vgl. auch *Fleischer*, AG 1997, 491 (493) m.w.N. zu dieser Ansicht in Fn. 26.

des *EuG* kann man in diese Richtung interpretieren.[1079] Dieser hat in der Rechtssache *Viho/Kommission* ausgeführt, dass der Kartellverbotstatbestand mangels Willensübereinstimmung zwischen wirtschaftlich voneinander unabhängigen Beteiligten innerhalb einer wirtschaftlichen Einheit nicht erfüllt sein könne.[1080]

Gegen den Unternehmensbegriff als methodischen Ansatzpunkt für das Konzernprivileg spricht aber, dass dies zu einem „gespaltenen Unternehmensbegriff" im Kartellrecht führen würde.[1081] Gegenüber Dritten kann die Unternehmenseigenschaft von abhängigen Gesellschaften nämlich nicht zweifelhaft sein[1082], während sie im Innenverhältnis zur Konzernmutter verneint werden müsste.

Überzeugend ist es, den Kartellverbotstatbestand mangels Vorliegens von beschränkbarem Wettbewerb nicht auf konzerninterne Vereinbarungen anzuwenden. Wo ein selbständiges Handeln der Tochtergesellschaft im Verhältnis zu ihrer Mutter nicht möglich ist, kann es auch nicht zu einer Verhinderung, Einschränkung oder Verfälschung des Wettbewerbs kommen.[1083] Da der Kartellverbotstatbestand daher bereits nach seinem Wortlaut nicht erfüllt ist, bedarf es insoweit nicht der teleologischen Reduktion.[1084]

Im Anwendungsbereich der Verbundklausel des § 36 Abs. 2 S. 1 GWB ist es überdies naheliegend, bereits eine Vereinbarung *zwischen Unternehmen* zu verneinen. Zwingend ist dies indes nicht, da der Wertung der Verbundklausel auch über die Verneinung der Wettbewerbsbeschränkung zur Geltung verholfen wird und auf diese Weise der materiell-rechtliche Grund für die Unanwendbarkeit des Kartellverbotstatbestands stärker betont wird.

1079 So jedenfalls *Thomas*, ZWeR 2005, 236 (240).

1080 EuG Urteil v. 12.01.1995 Az. T-102/92 (Tz. 51) – *Viho/Kommission*, Slg. 17 (35); auch der EuGH verwendet den Begriff der wirtschaftlichen Einheit und macht diesen am Unternehmensbegriff fest, vgl. EuGH Urteil v. 24.10.1996 Az. C-73/95 P (Tz. 50) – *Viho/Kommission*, Slg. 1996 I-5482 (5495); vgl. ferner EuG Urteil v. 12.12.2007 Az. T-112/05 (Tz. 58) – *Akzo Nobel u.a.*, Slg. 2007 II-5053 (5074) im Zusammenhang mit der Zurechnung wettbewerbswidrigen Verhaltens der Tochtergesellschaft.

1081 *Schroeder*, WuW 1988, 274 (276); *Kuhn*, Kooperative Aspekte von Gemeinschaftsunternehmen, S. 235 f.

1082 Vgl. nur FK/*Roth/Ackermann*, Art. 81 Abs. 1 EG Rn. 127 m.w.N. (Stand: Januar 2009).

1083 Wiedemann/*Schroeder*, Hdb. Kartellrecht, § 8 Rn. 3; *Pohlmann*, Der Unternehmensverbund, S. 396 ff.; *Schroeder*, WuW 1988, 174 (277); *Fleischer*, AG 1997, 491 (494); letztlich ist dies auch nur konsequent, wenn der dogmatische Anknüpfungspunkt des Konzernprivilegs im Selbständigkeitspostulat gesehen wird. Genau genommen ist es aber irreführend von konzerninternen *Wettbewerbsbeschränkungen* zu sprechen.

1084 Mit Hinweis auf teleologische Reduktion aber: *Thomas*, ZWeR 2005, 236 (242).

3. *Anwendung des Konzernprivilegs auf Gemeinschaftsunternehmen*

Die Frage nach der Unanwendbarkeit des Kartellverbotstatbestands im Verhältnis des Gemeinschaftsunternehmens zu seinen Müttern ist umstritten. Der Grund hierfür liegt in der *gemeinsamen Beherrschung* des GU durch die Muttergesellschaften, während es in den typischen Fällen des Konzernprivilegs um die Beherrschung durch *eine* Gesellschaft geht. Der jeweils einzelnen GU-Muttergesellschaft steht jedoch typischerweise keine eigene Beherrschungsmacht zu; diese wird vielmehr im Kollektiv ausgeübt.

a) Standpunkt von Rechtsprechung und Europäischer Kommission

Weder die deutsche, noch die europäische Rechtsprechung musste sich bisher mit der Frage nach der Anwendung des Konzernprivilegs auf Gemeinschaftsunternehmen befassen. Die *Europäische Kommission* formulierte in der Entscheidung *Ijsselcentrale*:

„Schließlich kann nicht gesagt werden, dass SEP selbst mit einem oder mehreren Produktionsunternehmen eine wirtschaftliche Einheit bildet. SEP ist vielmehr ein gemeinsames Unternehmen im Sinne eines Joint Ventures, das von den Mutterunternehmen gemeinsam kontrolliert wird."[1085] Diese Formulierung lässt sich – jedenfalls isoliert – als Absage an die Anwendung des Konzernprivilegs auf Gemeinschaftsunternehmen deuten. Allerdings betont die *Kommission* auch, dass in dem zu entscheidenden Fall jedes Produktionsunternehmen seine Geschäftspolitik eigenständig bestimme.[1086] Auch in der Entscheidung *Gosme/Martell* wird zwar der Kartellverbotstatbestand im Verhältnis des GU zu seinen Muttergesellschaften für anwendbar erachtete; der Grund hierfür liegt aber nach den Ausführungen der *Kommission* in der fehlenden Ausübung von Kontrolle der Muttergesellschaften über das GU sowie in der Tatsache, dass die Parteien in ihren Schreiben an die *Kommission* stets ihre Unabhängigkeit betont hätten.[1087]

Die genannten Entscheidungen lassen sich nicht generell gegen die Anwendung des Konzernprivilegs auf Gemeinschaftsunternehmen anführen.

1085 Kommission Entscheidung v. 16.01.1991 IV/32.732 (Tz. 24) – *Ijsselcentrale u.a.*, ABl. 1991 L 28/32.

1086 Kommission, a.a.O.

1087 Kommission Entscheidung v. 15.05.1991 IV/32.186 (Tz. 30) – *Gosme/Martell – DMP*, ABl. 1991 L 185/28; insbesondere waren die Muttergesellschaften je zur Hälfte an Kapital und Stimmrechten des GU beteiligt, der Aufsichtsrat des GU wurde paritätisch besetzt und das GU handelte aufgrund seiner Marktstärke seine Verkaufsbedingungen eigenständig aus; vgl. ferner: Kommission Entscheidung v. 18.10.1991 IV/32.737 (Tz. 9) – *Eirpage*, ABl. 1991 L 306/22.

Sie zeigen vielmehr nur, dass die im Einzelfall zu bestimmende wettbewerbliche Autonomie im Verhältnis des GU zu seinen Müttern das entscheidende Kriterium darstellt.[1088] In dem Entwurf für die Horizontalleitlinien aus dem Jahr 2010 formuliert die *Kommission* eindeutig, dass sie die Unanwendbarkeit des Kartellverbotstatbestands für möglich erachtet: „Da ein Gemeinschaftsunternehmen eine Einheit mit jeder der Muttergesellschaften bildet, die gemeinsam bestimmenden Einfluss und die Kontrolle über das Gemeinschaftsunternehmen ausüben, gilt Art. 101 nicht für Vereinbarungen zwischen den Muttergesellschaften und einem solchen Gemeinschaftsunternehmen, sofern die Gründung des Gemeinschaftsunternehmens dem EU-Wettbewerbsrecht nicht zuwiderlief."[1089] In einer Fußnote wird hierzu ausgeführt, dass ein bestimmender Einfluss in diesem Fall anzunehmen sei, wenn die Muttergesellschaften alle Anteile an dem GU kontrollieren und über eine gemeinsame Leitungsbefugnis verfügen.[1090] Zwar findet sich die genannte Formulierung des Entwurfs nicht in den neu gefassten Leitlinien zur Anwendung des Art. 101 AEUV[1091]. Gleichwohl verdient die von der *Kommission* im Entwurf geäußerte Auffassung Beachtung.[1092]

Ebenfalls zu beachten ist im vorliegenden Zusammenhang die Entscheidung des *EuG* zur Zurechnung von Wettbewerbsverstößen des Gemeinschaftsunternehmens an die Muttergesellschaften.[1093] Die Unternehmen *Akzo* und *Avebe* waren jeweils zu 50 % an einem GU beteiligt. Die Mütter mussten die Geschäftsführung des GU nach dem geschlossenen Unternehmensvertrag „gemeinsam und in ständiger Absprache" ausüben. Das *EuG* sah keine echte Selbständigkeit des GU mehr gewährleistet, sodass er das wettbewerbswidrige Verhalten des GU den beiden Müttern zurechnete. Ebenso hat der *EuG* in der Rechtssache *Alicante One u.a./Kommission* entschieden.[1094] Das Gericht hält ausdrücklich fest, dass nicht

---

1088 *Thomas*, ZWeR 2005, 236 (250); zustimmend: Mäger/*Mäger*, Europäisches Kartellrecht, Kap. 9 Rn. 88.

1089 Ziffer 11 des Entwurfs der Horizontalleitlinien von 2010, abgedruckt bei *Kling*, ZWeR 2011, 169 (173).

1090 Dabei zitiert die Kommission EuG Urteil v. 27.09.2006 Az. T-314/01 (Tz. 138/139) – *Avebe/Kommission*, Slg. 2006 II-3085 (3131).

1091 Vgl. ABl. 2011 C 11/01.

1092 Vgl. *Kling*, ZWeR 2011, 169 (173).

1093 EuG Urteil v. 27.09.2006 Az. T-314/01 (Tz. 138 ff.) – *Avebe/Kommission*, Slg. 2006 II-3085 (3131 f.); vgl. zu der Problematik der Haftungszurechnung auch *Van Vormizeele*, WuW 2010, 1008 ff.

1094 EuG Urteil v. 27.10.2010 Az. T-24/05 (Tz. 164 ff.) – *Alicante One u.a./Kommission* (noch nicht in Slg. veröffentlicht).

die alleinige Kontrolle der Mutter über die Tochtergesellschaft für die Annahme eines bestimmenden Einflusses erforderlich ist. Vielmehr genüge die gemeinsame Kontrolle für die Begründung einer gesamtschuldnerischen Haftung der GU-Mütter für Wettbewerbsverstöße der Tochtergesellschaft, soweit die Voraussetzung der tatsächlichen Ausübung des bestimmenden Einflusses erfüllt ist.[1095]

Wird die Figur der wirtschaftlichen Einheit mithin zulasten der GU-Mütter im Hinblick auf die Zurechnung von Wettbewerbsverstößen des GU angewendet, so kann nichts anderes in Bezug auf die (privilegierende) Unanwendbarkeit des Kartellverbotstatbestands gelten.[1096]

b) Ermittlung des geeigneten Maßstabs für die Anwendung des Konzernprivilegs

Es ist die Frage nach dem geeigneten Maßstab für die Beurteilung der Unanwendbarkeit des Kartellverbotstatbestands im Verhältnis des Gemeinschaftsunternehmens zu seinen Muttergesellschaften zu beantworten. Dabei bietet sich als Ausgangspunkt sowohl der deutsche Begriff der konzernrechtlichen Abhängigkeit bei Mehrmütterherrschaft als auch der Begriff der gemeinsamen Kontrolle des Fusionskontrollrechts an.

aa) Konzernrechtliche Abhängigkeit bei Mehrmütterherrschaft

Der Wortlaut des § 17 Abs. 1 AktG spricht zwar gegen die Möglichkeit der Mehrmütterherrschaft, da als abhängige Unternehmen solche rechtlich selbständigen Unternehmen bezeichnet werden, auf die *ein* anderes Unternehmen unmittelbar oder mittelbar einen beherrschenden Einfluss ausüben kann. Trotz des verwendeten Singulars ist die Subsumtion der mehrfachen Abhängigkeit unter § 17 Abs. 1 AktG aber anerkannt.[1097] Der Gesetzgeber wollte mit dieser Formulierung den Abhängigkeitstatbestand nicht auf einzelne Unternehmen beschränken, zumal der durch das Gesetz angestrebte Schutz der Minderheitsaktionäre und Gläubiger vor einem fremdbestimmten Unternehmerwillen gegen eine Einschränkung spricht.[1098] Insbesondere der Schutz der §§ 311 ff. AktG könnte

---

1095 EuG Urteil v. 27.10.2010 Az. T-24/05 (Tz. 165) – *Alicante One u.a./Kommission.*

1096 Vgl. *Thomas*, ZWeR 2005, 236 (251).

1097 Vgl. nur *Hüffer*, AktG, § 17 Rn. 13 m.w.N.

1098 BGH Urteil v. 04.03.1974 Az. II ZR 89/72, BGHZ 62, 193 (196 f.) m.w.N.; KK-AktG/*Koppensteiner*, § 17 Rn. 84: die Formulierung des § 17 AktG im Singular ist darauf zurückzuführen, dass dem Gesetzgeber die Problematik nicht bewusst war; Ende der 50-er Jahre waren Gemeinschaftsunternehmen noch nicht weit verbreitet, vgl. *Gansweid*, Gemeinsame Tochtergesellschaften, S. 117 f.

durch eine formale Aufspaltung einer Mehrheitsbeteiligung leicht vereitelt werden, wenn man den Wortlaut des § 17 Abs. 1 AktG ernst nehmen würde.[1099]

Die Mehrmütterherrschaft setzt die Koordinierung der Einflussmöglichkeiten der Muttergesellschaften voraus.[1100] Die erforderliche Koordinierung der Einflussmöglichkeiten ist unproblematisch anzunehmen, wenn sich die Muttergesellschaften vertraglich zu einheitlichem Handeln gegenüber der Tochtergesellschaft verpflichtet haben oder sogar untereinander einen Gleichordnungskonzern (§ 18 Abs. 2 AktG) bilden.[1101] Im Übrigen ist die gesicherte Ausübung der gemeinsamen Herrschaft aufgrund tatsächlicher oder rechtlicher Umstände erforderlich, wobei insbesondere Vorkehrungen zur Beilegung von Konflikten außerhalb der Gesellschafterversammlung hierfür ein Indiz darstellen.[1102] Es genügt beispielsweise die Verpflichtung zur inhaltlich identischen Stimmabgabe, auch wenn darüber mit Mehrheit zu entscheiden ist.[1103] Der *Bundesgerichtshof* hat gemeinsame Beherrschung durch eine Gruppe von Gesellschaftern mit gleicher personeller Zusammensetzung, welche über die Hälfte der Anteile eines anderen Unternehmens innehat, mit der Begründung angenommen, dass aufgrund des Interessengleichlaufs eine gemeinsame Willensbildung auf „ausreichend sicherer Grundlage“ beruhe.[1104] Dieselben Personen werden ebenso wenig wie die von ihnen bestellten Vertretungsorgane in derselben Angelegenheit unterschiedlich entscheiden.

Umstritten ist, ob im Hinblick auf paritätische 50:50-Gemeinschaftsunternehmen stets Abhängigkeit anzunehmen ist. Die Befürworter dieser Auffassung stellen auf den in dieser Situation gegebenen faktischen Einigungszwang ab.[1105] Dagegen wird argumentiert, ein faktischer Einigungszwang sei empirisch nicht nachgewiesen, und dass die GU-Mütter sich auch auf ein unabhängiges Auftreten des gemeinsamen Unternehmens verständigen könnten.[1106] Vielmehr sei, wie sonst auch, eine

---

1099 *Lutter*, NJW 1973, 113 (118).

1100 MünchKomm-AktG/*Emmerich*, § 17 Rn. 30; KK-AktG/*Koppensteiner*, § 17 Rn. 90 ff.

1101 Großkomm-AktG/*Windbichler*, § 17 Rn. 64.

1102 Großkomm-AktG/*Windbichler*, § 17 Rn. 65 m.w.N.

1103 KK-AktG/*Koppensteiner*, § 17 Rn. 90; zur Zulässigkeit dieser Gestaltung: BGH Urteil v. 24.11.2008 Az. II ZR 116/08 – *Schutzgemeinschaftsvertrag II*, BGHZ 179, 13 ff. = ZIP 2009, 216 ff.

1104 BGH Urteil v. 04.03.1974 Az. II ZR 89/72, BGHZ 62, 193 (199), an den „Obergesellschaften“ waren zwei Gesellschafter oder Gesellschaftergruppen mit je 50 % und entsprechendem Stimmrecht beteiligt.

1105 *Säcker*, NJW 1980, 801 (804); KG Beschluss v. 14.12.1977 Az. Kart. 11/77 – *Westdeutsche Allgemeine Zeitungsverlagsgesellschaft*, WuW/E OLG 1967 (1972 f.).

1106 KK-AktG/*Koppensteiner*, § 17 Rn. 93; *Emmerich*/Habersack, § 17 Rn. 31.

Koordinierung der Einflussmöglichkeiten auf „ausreichend sicherer Grundlage" erforderlich.[1107]

Mit *K. Schmidt* ist die Lösung des Problems in der *prima-facie*-Annahme von Abhängigkeit[1108] zu suchen. Auf diese Weise lässt sich dem Erfahrungssatz Rechnung tragen, dass Gemeinschaftsunternehmen häufig zur Vereinheitlichung der Geschäftspolitik geschaffen werden und diese von „Entscheidungen, nicht von Pattsituationen" lebt.[1109] Sollten die GU-Mütter sich auf ein unabhängiges Auftreten des GU verständigt haben, kann die *prima-facie*-Annahme widerlegt werden, und ein empirischer Nachweis ist für die Annahme eines Erfahrungssatzes auch nicht zu fordern.[1110]

Es ist noch einmal zu betonen, dass eine bloße Sperrminorität oder ein gewisser faktischer Einigungszwang nicht für die Annahme gemeinsamer Beherrschung im Sinne des Konzernrechts genügt.[1111] Kann gemeinsame Beherrschung angenommen werden, so ist das GU von jeder Muttergesellschaft abhängig und nicht von der häufig zwischen diesen bestehenden GbR.[1112]

bb) Gemeinsame Kontrolle im Fusionskontrollrecht

(1) Europäisches Recht

Besteht die Möglichkeit zweier oder mehrerer Unternehmen, auf ein anderes Unternehmen bestimmenden Einfluss auszuüben, so ist gemeinsame Kontrolle im Sinne der europäischen Fusionskontrolle (Art. 3 Abs. 1 lit. b FKVO) anzunehmen.[1113] Anders als bei der alleinigen Kontrolle, ist ein bestimmender Einfluss in diesem Sinne auch anzunehmen, wenn das strategische Wirtschaftsverhalten eines Unternehmens aufgrund von in der Satzung des GU oder zwischen den Muttergesellschaftern vereinbarten Vetorechten blockiert werden

---

1107 OLG Hamm Urteil v. 26.05.1997 Az. 8 U 115/96, AG 1998, 588.

1108 *K. Schmidt*, ZGR 1980, 277 (288), zustimmend: MünchKomm-AktG/*Bayer*, § 17 Rn. 81; K. Schmidt/Lutter/*J. Vetter*, AktG, § 17 Rn. 47.

1109 *K. Schmidt*, a.a.O.; vgl. auch KG Beschluss v. 14.12.1977 Az. Kart. 11/77 – *Westdeutsche Allgemeine Zeitungsverlagsgesellschaft*, WuW/E OLG 1967 (1972 f.), welches auf den gemeinsamen Gründungsakt der GU-Mütter abstellt, der – anders als bei unkoordiniertem Erwerb über den Kapitalmarkt – eine übereinstimmende Willensbildung nahe lege.

1110 Vgl. MünchKomm-ZPO/*Prütting*, § 286 Rn. 58: Erfahrungsgrundsätze müssen nicht in jedem Fall wissenschaftlich verifizierbar sein.

1111 Vgl. nur K. Schmidt/Lutter/*J. Vetter*, AktG, § 17 Rn. 46 m.w.N.

1112 Vgl. nur *Hüffer*, AktG, § 17 Rn. 14 m.w.N.

1113 MünchKomm-EuWettR/*Wessely/Wegner*, Art. 3 FKVO Rn. 91.

kann (negative Kontrolle).[1114] Insoweit genügt aber nicht jedes Vetorecht eines Minderhcitsgesellschafters. Das Vetorecht muss vielmehr über das hinausgehen, was Minderheitsgesellschaftern regelmäßig zum Schutz ihrer Finanzinteressen eingeräumt wird.[1115] Die *Kommission* nennt als Beispiel des üblichen Rechtsschutzes eines Minderheitsgesellschafters solche Vetorechte im Hinblick auf Entscheidungen, die das Wesen des Gemeinschaftsunternehmens berühren, wie Satzungsänderungen, Kapitalerhöhungen, Kapitalherabsetzungen oder die Liquidation.[1116] Als zur Begründung gemeinsamer Kontrolle geeignet werden hingegen solche Vetorechte aufgeführt, die sich auf strategische Unternehmensentscheidungen, wie das Budget, den Geschäftsplan, größere Investitionen oder die Besetzung der Unternehmensleitung beziehen.[1117] Letztlich bedarf es einer Gesamtschau der geschäftlichen Aktivitäten des Gemeinschaftsunternehmens, wie auch des Inhalts der jeweiligen Vetorechte.[1118]

Auch ohne die genannten Vetorechte ist gemeinsame Beherrschung jedenfalls anzunehmen, wenn mehrere Minderheitsgesellschafter gemeinsam eine Stimmenmehrheit haben und diese gemeinsam, beispielsweise über eine Holdinggesellschaft oder aufgrund einer Pooling-Vereinbarung, gesichert ausüben.[1119] Ferner wird aufgrund des stets gegebenen Einigungszwangs gemeinsame Kontrolle im Fall des paritätischen 50:50-Gemeinschaftsunternehmens bejaht.[1120]

1114 Vgl. I/M/*Körber*, Bd. 1/Teil 2, Art. 3 FKVO Rn. 90 ff.; Konsolidierte Mitteilung der Kommission zu Zuständigkeitsfragen v. 21.02.2009 (Tz. 65), ABl. C 43/27.

1115 Konsolidierte Mitteilung der Kommission zu Zuständigkeitsfragen v. 21.02.2009 (Tz. 66), ABl. C 43/27.

1116 Konsolidierte Mitteilung der Kommission zu Zuständigkeitsfragen v. 21.02.2009 (Tz. 66), ABl. C 43/27.

1117 Konsolidierte Mitteilung der Kommission zu Zuständigkeitsfragen v. 21.02.2009 (Tz. 67), ABl. C 43/27.

1118 Vgl. Konsolidierte Mitteilung der Kommission zu Zuständigkeitsfragen v. 21.02.2009 (Tz. 68 u. 73), ABl. C 43/27; MünchKomm-EUWettR/*Wessely/Wegner*, Art. 3 FKVO Rn. 96.

1119 Konsolidierte Mitteilung der Kommission zu Zuständigkeitsfragen v. 21.02.2009 (Tz. 74 u. 75), ABl. C 43/28 u. 29.

1120 Immenga/Mestmäcker/*Immenga/Körber*, Bd. 1/Teil 2, Art. 3 FKVO Rn. 84; MünchKomm-EUWettR/*Wessely/Wegner*, Art. 3 FKVO Rn. 93 m.w.N.; Langen/Bunte/*Käseberg*, Bd. 2, Art. 3 FKVO Rn. 63; Mäger/*Mäger*, Europäisches Kartellrecht, Kap. 8 Rn. 34.

(2) Deutsches Recht
Der Erwerb der Kontrolle über ein Unternehmen durch *mehrere* Unternehmen stellt gem. § 37 Abs. 1 Nr. 2 S. 1 GWB einen Zusammenschluss dar. Bei der Frage, wann die Möglichkeit der gemeinsamen Ausübung bestimmenden Einflusses durch zwei oder mehr Unternehmen besteht, wird überwiegend auf die – bereits dargestellte – Praxis der *Europäischen Kommission* verwiesen.[1121]

Auch nach deutschem Recht genügt das bloße Nebeneinander von Beteiligungen nicht, sondern die Gemeinsamkeit der Kontrolle muss sich aus zusätzlichen Umständen, wie beispielsweise einer Konsortialvereinbarung, ergeben.[1122] Eine etwas strengere Beurteilung deutet sich in Bezug auf paritätische 50:50-Gemeinschaftsunternehmen an. Der *Bundesgerichtshof* hat betont, dass allein der in dieser Konstellation gegebene Einigungszwang nicht für die Annahme gemeinsamer Beherrschung genüge und es zusätzlicher rechtlicher oder tatsächlicher Umstände bedürfe, welche für die Ausübung der gemeinsamen Herrschaft eine ausreichend gesicherte Grundlage bildeten.[1123] Insoweit unterscheidet sich das deutsche vom europäischen Recht, das den aus der Parität folgenden Einigungszwang für die Annahme gemeinsamer Kontrolle genügen lässt.[1124]

Allerdings ergingen die genannten Beschlüsse des *Bundesgerichtshofs* noch zu § 23 GWB a.F.[1125] Nach § 23 Abs. 2 Nr. 5 GWB a.F. galt jede sonstige Verbindung von Unternehmen, auf Grund derer ein oder mehrere Unternehmen einen beherrschenden Einfluss auf ein anderes Unternehmen ausüben können, als Zusammenschluss. Ob ein beherrschender Einfluss in diesem Sinne gegeben ist, war nach den Kriterien der Verbundklausel des § 23 Abs. 1 S. 2 GWB a.F. (= § 36 Abs. 2 S. 2 GWB) zu beurteilen, der auf den aktienrechtlichen Abhängigkeitsbegriff (§ 17 AktG) verwies.[1126] Auch wenn § 37 Abs. 1 Nr. 2 S. 1 GWB nicht mehr auf „beherrschenden Einfluss" (§ 23 Abs. 2 Nr. 5 GWB a.F.), sondern in Anlehnung an Art. 3 Abs. 1 lit. b) FKVO auf den „Erwerb der Kontrolle" abstellt,

---

1121 I/M/*Mestmäcker/Veelken*, GWB, § 37 Rn. 26; vgl. auch die Kommentierung bei Loewenheim/Meessen/*Riesenkampff/Lehr*, § 37 GWB Rn. 16, in der ebenfalls die Konsolidierte Mitteilung der Kommission zitiert wird.

1122 *Bechtold*, GWB, § 37 Rn. 13 f.

1123 BGH Beschluss v. 08.05.1979 Az. KVR 1/78 (Tz. 30 f.) – *WAZ*, BGHZ 74, 359 (366) = WuW/E BGH, 1608 (1611); BGH Beschluss v. 18.11.1986 Az. KVR 9/85 (Tz. 11) – *Hussel-Mara*, BGHZ 99, 126 (130) = WuW/E BGH 2337 (2339).

1124 Vgl. Langen/Bunte/*Kallfaß*, Bd. 1, § 37 Rn. 32.

1125 Vgl. I/M/*Mestmäcker*, GWB (1. Auflage, 1981), § 23.

1126 I/M/*Mestmäcker*, GWB (1. Auflage, 1981), § 23 Rn. 224.

wird die Mehrmütterklausel des § 36 Abs. 2 S. 2 GWB noch zur Bestimmung der gemeinsamen Kontrolle herangezogen.[1127] Auf diese Weise geht die Auslegung der „gemeinsamen Kontrolle" in § 37 Abs. 1 Nr. 2 S. 1 GWB eher in die Richtung des deutschen Konzernrechts anstelle des europäischen Fusionskontrollrechts.

Der Gesetzgeber wollte mit der Übernahme des flexiblen europäischen Kontrollbegriffs jedoch nach Möglichkeit alle Konstruktionen erfassen, „mit denen ein steuernder unternehmerischer Einfluss auf ein „Zielunternehmen" erreicht wird".[1128] Die besseren Gründe sprechen daher für eine Orientierung an den Grundsätzen der europäischen Fusionskontrolle und nicht an der (veralteten) *BGH*-Rechtsprechung.[1129] Danach genügt der Einigungszwang im Rahmen des paritätischen 50:50-Gemeinschaftsunternehmens regelmäßig auch im deutschen Recht für die Annahme gemeinsamer Kontrolle. Diese ist jedenfalls *prima facie* zu vermuten und kann somit nur im Einzelfall widerlegt werden.[1130]

cc) Folgerungen für die Anwendung des Konzernprivilegs auf GU

Bereits im Zusammenhang mit den Überlegungen zur Zulässigkeit eines Wettbewerbsverbots zulasten des mit Vetorechten ausgestatteten GmbH-Minderheitsgesellschafters wurde der Frage nachgegangen, ob das Konzernrecht oder das Fusionskontrollrecht als Orientierung im Hinblick auf die Beurteilung der Funktionsnotwendigkeit des Wettbewerbsverbots in Betracht kommt.[1131] Eine ähnliche Frage stellt sich im Zusammenhang mit der Anwendung des Konzernprivilegs auf Gemeinschaftsunternehmen.

Thomas bezeichnet das Vorliegen gemeinsamer Kontrolle im Sinne der Fusionskontrolle als Mindestanforderung für die Anwendung des Konzernprivilegs auf Gemeinschaftsunternehmen.[1132] Auch *Mäger* hält zumindest eine mitkontrollierende Stellung für die Anwendung des Konzernprivilegs für erforderlich.[1133] Somit wird der weitere Begriff der Mitkontrolle, wonach der negative Einfluss von Vetorechten genügt, dem engeren Begriff der Beherrschung des deutschen Konzernrechts als Ausgangs- und Orientierungspunkt vorgezogen.

1127 *Bechtold*, GWB, § 37 Rn. 13; vgl. auch I/M/*Mestmäcker/Veelken*, GWB, § 37 Rn. 29: „Fortgeltende Bedeutung des § 23 Abs. 2 Nr. 5 a.F. für die gemeinsame Kontrolle des § 37 Abs. 1 Nr. 2 GWB.

1128 Begr. RegE 6. GWB-Novelle, BT-Drucks. 13/9720.

1129 So wohl auch: Langen/Bunte/*Kallfaß*, Bd. 1, § 37 Rn. 32.

1130 So wohl auch *Thomas*, ZweR 2005, 236 (256).

1131 Vgl. oben: 4. Kap. C. III. 2. a) cc) (2).

1132 *Thomas*, ZWeR 2005, 236 (254).

1133 Mäger/*Mäger*, Europäisches Kartellrecht, Kap. 9 Rn. 87.

Es ist zu überlegen, ob sich diese Orientierung an den Grundsätzen des Fusionskontrollrechts durch teleologische Erwägungen im Hinblick auf das Konzernprivileg bestätigen lässt.

Die gemeinsame Beherrschung wird durch das Konzernrecht erfasst, um den Schutz der Minderheitsgesellschafter und der Gläubiger der abhängigen Gesellschaft zu gewährleisten.[1134] Dagegen geht es in der Fusionskontrolle um die Erfassung des gemeinsamen Einflusses auf das Wettbewerbspotential des kontrollierten Unternehmens, wodurch die Möglichkeit der Durchsetzung eigener Wettbewerbsinteressen und somit einer Marktstrukturveränderung besteht.[1135]

Die dogmatische Grundlage des Konzernprivilegs liegt im Selbständigkeitspostulat, also der Möglichkeit des autonomen unternehmerischen Auftretens am Markt. Die erwähnte Zielsetzung der Fusionskontrolle lässt den Schluss zu, dass ihre Grundsätze einen geeigneten Ausgangspunkt für die Frage nach der Anwendung des Konzernprivilegs auf Gemeinschaftsunternehmen darstellen. Die Möglichkeit der Muttergesellschaften zur Durchsetzung eigener Wettbewerbsinteressen ist nämlich für die Frage relevant, ob das GU gegenüber seinen Müttern über wettbewerbliche Autonomie verfügt.[1136] Kann das GU sein Wettbewerbsverhalten gegenüber den Muttergesellschaften nicht autonom bestimmen, wobei es keine Rolle spielen kann, ob sich diese Unselbständigkeit aufgrund des Einflusses einer einzelnen oder mehrerer Muttergesellschaften gemeinsam ergibt, so bleibt für die Anwendung des Kartellverbotstatbestands mangels zu schützendender Handlungsfreiheit kein Raum.[1137]

Aus den Regelungen des europäischen Fusionskontrollrechts lässt sich überdies ein weiteres Argument für die grundsätzliche Möglichkeit eines kartellverbotsfreien Innenverhältnisses zwischen dem GU und seinen Müttern herleiten. Die Gründung eines Vollfunktionsgemeinschaftsunternehmens (Art. 3 Abs. 4 FKVO) ist gem. Art. 2 Abs. 4 u. 5 FKVO ausschließlich im Hinblick auf die mit der GU-Gründung verbundene Gefahr der Koordinierung des Wettbewerbsverhaltens zwischen den Muttergesellschaften anhand des Art. 101 Abs. 1 AEUV zu

---

1134 *Lutter*, NJW 1973, 113 (117).

1135 Vgl. BGH Beschluss v. 18.11.1986 Az. KVR 9/85 (Tz. 11) – *Hussel-Mara*, BGHZ 99, 126 (139) = AG 1987, 178 (179); I/M/*Mestmäcker/Veelken*, GWB, § 36 Rn. 64.

1136 **A.A.** *Pohlmann*, Der Unternehmensverbund, S. 411 f.

1137 *Thomas*, ZweR 2005, 236 (251); Mäger/*Mäger*, Europäisches Kartellrecht, Kap. 9 Rn. 96.

prüfen.[1138] Folglich lässt diese Regelung den Schluss zu, dass im Verhältnis des GU zu seinen Muttergesellschaften ein kartellrechtsfreier Binnenraum anzunehmen ist.[1139]

Im deutschen Fusionskontrollrecht verleiht § 36 Abs. 2 S. 2 GWB dem Gedanken Ausdruck, dass auch mehrere Muttergesellschaften die Autonomie des GU gemeinschaftlich beschränken können.[1140] Da sich in § 36 Abs. 2 S. 1 GWB ein für das gesamte GWB Geltung beanspruchender Grundsatz manifestiert[1141], kann für dessen 2. Satz nichts anderes gelten. Auch der deutsche Gesetzgeber bestätigt mit dieser Norm mithin die Annahme eines kartellrechtsfreien Innenverhältnisses zwischen GU und seinen Muttergesellschaften. Was allerdings die materiellen Anforderungen im Hinblick auf die Nichtanwendung des § 1 GWB betrifft, so ist eine Orientierung an den dargestellten Grundsätzen des europäischen Fusionskontrollrechts geboten.[1142]

Im Ergebnis ist festzuhalten: Das Konzernprivileg findet im Verhältnis des Gemeinschaftsunternehmens zu seinen kontrollierenden Muttergesellschaften Anwendung.[1143] Dafür ist entscheidend, ob ein autonomes Wettbewerbsverhalten des GU möglich ist. Es ist zu vermuten, dass dies nicht der Fall ist, wenn die Muttergesellschaften gemeinsame Kontrolle im Sinne der zur Fusionskontrolle aufgestellten Grundsätze ausüben. Diese Vermutung kann im Einzelfall widerlegt werden.

1138 Loewenheim/Meessen/Riesenkampff/*Lindemann*, Art. 2 FKVO Rn. 187; Wiedemann/*Schroeder*, Hdb. Kartellrecht, § 8 Rn. 14; I/M/*Körber*, Bd. 1/Teil 2, Art. 2 FKVO Rn. 625; Langen/Bunte/*Käseberg*, Bd. 2, Art. 2 FKVO Rn. 341.

1139 Wiedemann/*Schroeder*, Hdb. Kartellrecht, § 8 Rn. 14.

1140 Vgl. dazu *Thomas*, ZweR 2005, 236 (254 f.).

1141 Vgl. oben: 5. Kap. D. IV. 2. a) bb) (3).

1142 Vgl. oben: 5. Kap. D. IV. 3. b. bb) (2); es ist daher nicht über § 36 Abs. 2 S. 1 GWB auf die strengeren Grundsätze zu § 17 AktG zurückzugreifen.

1143 Generell ablehnend hingegen: *Gansweid*, Gemeinsame Tochtergesellschaften, S. 241 ff. Teilweise wird eine wirtschaftliche Einheit und somit die Anwendbarkeit des Konzernprivilegs nur in den Fällen der „industriellen Führerschaft" eines GU-Gesellschafters angenommen, Wiedemann/*Schroeder*, Hdb. Kartellrecht (1. Auflage 1999), § 8 Rn. 11. Übernimmt ein GU-Gesellschafter die Führung der Geschäfte des GU, so sei der Kartellverbotstatbestand (nur) im Verhältnis des GU zu *diesem* Gesellschafter unanwendbar. Dabei geht es nicht wirklich um die Frage der Anwendbarkeit des Konzernprivilegs auf *gemeinsam* kontrollierte GU, da die Muttergesellschaft, welche die industrielle Führerschaft innehat, *alleinige* Kontrolle ausübt, vgl. Mäger/*Mäger*, Europäisches Kartellrecht, Kap. 9 Rn. 95.

4. *Bedeutung für die kartellrechtliche Beurteilung von Wettbewerbsverboten*

Die Diskussion der Anwendung des Konzernprivilegs auf Gemeinschaftsunternehmen an sich ist nicht neu; bislang wurde dieser Ansatz aber – soweit ersichtlich – nicht mit der Frage nach der kartellrechtlichen Zulässigkeit gesellschaftsrechtlicher Wettbewerbsverbote in Verbindung gebracht.

Zwischen dem GU und seinen Muttergesellschaften kann nach hier vertretener Auffassung ein kartellrechtsfreier Binnenraum angenommen werden, soweit die Mütter gemeinsame Kontrolle nach den Grundsätzen des Fusionskontrollrechts ausüben. Es ist zu untersuchen, ob gewichtige Gründe dagegen sprechen, Wettbewerbsverbote zulasten der GU-Mütter aufgrund des Konzernprivilegs bereits von vornherein aus dem Anwendungsbereich des Kartellverbotstatbestands auszunehmen.

a) Wettbewerbsverbot als Beschränkung der GU-Mütter

Das Wettbewerbsverhalten des Gemeinschaftsunternehmens kann durch seine Gründer in kartellrechtlich unbedenklicher Weise beschränkt werden – beispielsweise durch ein Wettbewerbsverbot –, da es in diesem Fall allein um die Ausübung interner Leitungsmacht geht.[1144] Die dem GU auferlegte Beschränkung darf im Ergebnis nur nicht zu einer Wettbewerbsbeschränkung der Gesellschafter untereinander führen.[1145]

Fraglich ist, ob auch Wettbewerbsverbote zulasten der GU-Gesellschafter aufgrund der fehlenden Handlungsfreiheit zwischen dem GU und seinen Gesellschaftern erst gar nicht anhand des Kartellverbotstatbestandes zu überprüfen sind. In der Literatur findet sich häufig die Differenzierung zwischen Beschränkungen des GU einerseits und Beschränkungen der GU-Gründer andererseits.[1146] Letztere werden für grundsätzlich unzulässig erachtet. Daher werden gesellschaftsrechtliche Wettbewerbsverbote ausschließlich auf ihre Kartellrechtsimmanenz und somit ihre Funktionsnotwendigkeit für den jeweiligen Verband hin untersucht.

Der Grund hierfür mag in der dogmatischen Grundlage des Konzernprivilegs, dem Selbständigkeitspostulat, liegen. Es geht dabei schließlich um die eingeschränkte Handlungsfreiheit der gemeinsamen Tochtergesellschaft. Diese

---

1144 I/M/*Zimmer*, GWB, § 1 Rn. 336; Loewenheim/Meessen/Riesenkampff/*Lindemann*, GU, Rn. 24.

1145 I/M/*Zimmer*, GWB, § 1 Rn. 337.

1146 Vgl. Loewenheim/Meessen/Riesenkampff/*Lindemann*, GU, Rn. 23 f.; I/M/*Zimmer*, GWB, § 1 Rn. 334 ff.; *Gansweid*, Gemeinsame Tochtergesellschaften, S. 234 ff.

Sichtweise würde aber verkennen, dass im Fall der eingeschränkten Handlungsfreiheit der Tochtergesellschaft zwischen dieser und ihren Muttergesellschaften generell ein kartellverbotsfreier Raum entsteht.[1147] Das GU hat gegenüber seinen Müttern gerade keine eigenständige Verhandlungsposition. Dies zeigt sich etwa bei Verträgen über die Lieferung/Abnahme von Produkten zwischen dem GU und seinen Müttern. Der Inhalt solcher Durchführungsverträge wird regelmäßig nicht von den Organen des GU mit den Mitgliedern ausgehandelt; diese werden vielmehr von den Mitgliedern unmittelbar vereinbart und nur ihre Durchführung wird dem GU überlassen.[1148]

Vergleichbar ist die Situation bei der Vereinbarung eines Wettbewerbsverbots zulasten der GU-Mütter.[1149] Hierbei stehen sich nicht das GU und seine Gesellschafter als gleichwertige Verhandlungspartner gegenüber. Vielmehr wird ein solches Wettbewerbsverbot regelmäßig bei GU-Gründung zwischen den Gesellschaftern im Rahmen des GU-Gesellschaftsvertrags vereinbart werden. Dabei handelt es sich also *de facto* um eine Selbstbeschränkung[1150] der Gesellschafter, die sich auf diese Weise gegenseitig zur Förderung des GU verpflichten und hierdurch gewährleisten, dass der Erfolg des GU nicht durch parallele Aktivitäten eines Gesellschafters gefährdet wird.[1151]

Diese kann allenfalls im Hinblick auf eine Interessenkoordination der GU-Mütter untereinander kartellrechtlich problematisch sein.[1152] Das ist aber jedenfalls nicht der Fall, wenn das Wettbewerbsverbot lediglich Ausdruck des endgültigen Rückzugs der Mütter vom Markt des GU ist, sodass dessen Gründung ein kartellrechtlich unbedenkliches konzentratives GU darstellt.[1153] Wie bereits

---

1147 Vgl. in dieser Richtung wohl auch *Thomas*, ZweR 2005, 236 (237 ff.).

1148 *Mestmäcker*, Recht und ökonomisches Gesetz, S. 347.

1149 Vgl. zu der Einordnung von „neben dem Gesellschaftsvertrag" getroffenen Vereinbarungen als schuldrechtliche und nicht gesellschaftsrechtliche Verpflichtung: *Gansweid*, Gemeinsame Tochtergesellschaften, S. 69 f.

1150 Man könnte auch formulieren: „Ausübung von Leitungsmacht der Mütter gegen sich selbst."

1151 FK/*Heithecker/Schneider*, Art. 101 Abs. 1, 3, Fallgruppe II. 9 GU Rn. 31 (Stand: Mai 2010).

1152 Vgl. I/M/*Zimmer*, GWB, § 1 Rn. 337 (allerdings im Zusammenhang mit der Beschränkung des GU); auch *Pohlmann*, Der Unternehmensverbund, S. 415 lässt jedenfalls die Verpflichtung des *alleinigen* Kontrollinhabers gegenüber dem kontrollierten Unternehmensträger nicht dem Kartellverbotstatbestand unterfallen.

1153 Durch diesen Ansatz erlangt die Argumentationsstruktur von *Kapp/Schumacher*, WuW 2010, 481 (490) doch noch Relevanz. Der dogmatische Ansatzpunkt ist jedoch ein anderer.

ausgeführt[1154], zeichnet sich ein konzentratives GU durch die selbständige Wahrnehmung unternehmerischer Funktionen sowie dadurch aus, dass es nicht ausschließlich oder überwiegend auf demselben Markt der Muttergesellschaften tätig ist, womit sich seine Unbedenklichkeit im Hinblick auf den Kartellverbotstatbestand erklärt. Die mit der Gründung eines konzentrativen GU verbundene Veränderung der Marktstruktur, die in dem Rückzug der Muttergesellschaften von dem Markt des GU liegt, wird anhand der Regelungen der Fusionskontrolle auf ihre Unbedenklichkeit hin überprüft. Folglich kann in einem nur den sachlichen und räumlichen Markt des GU betreffenden Wettbewerbsverbot auch keine Wettbewerbsbeschränkung der Gesellschafter untereinander liegen.[1155] Es wird lediglich der Zustand der veränderten Marktstruktur aufrechterhalten. In der Vereinbarung von Wettbewerbsverboten kann zwar ein Indiz für die Beschränkung *potentiellen Wettbewerbs* auf dem Markt des GU gesehen werden.[1156] Insoweit sind aber strenge Anforderungen und insbesondere eine wirtschaftlich realistische Betrachtungsweise im Hinblick auf die Möglichkeit des potentiellen Markteintritts zu fordern.[1157]

Überdies werden im europäischen Fusionskontrollrecht die mit der Gründung eines Vollfunktionsgemeinschaftsunternehmens (Art. 3 Abs. 4 FKVO) verbundenen koordinierenden Effekte auf das Wettbewerbsverhalten der Muttergesellschaften gem. Art. 2 Abs. 4 FKVO i.V.m. Art. 101 AEUV überprüft. Führt diese Prüfung zu einem negativen Ergebnis, ist der Zusammenschluss für mit dem gemeinsamen Markt unvereinbar zu erklären. Eine irrtümliche Freigabeentscheidung erwächst in Bestandskraft und kann nur unter den Voraussetzungen der Artt. 6 Abs. 3, 8 Abs. 6 FKVO widerrufen werden.[1158] Da eine entsprechende Prüfung unter Berücksichtigung des gesellschaftsvertraglichen Wettbewerbsverbots mithin im Zusammenschlussverfahren erfolgt, kann es im Anschluss an die Freigabe des GU *insoweit* nicht zu kartellrechtswidrigen koordinierenden Effekten im Verhältnis der Muttergesellschaften untereinander kommen.

1154 Vgl. oben: 5. Kap. C.

1155 In Betracht kommt allenfalls eine Wettbewerbsbeeinträchtigung aufgrund des mit der GU-Gründung verbundenen koordinierten Rückzugs der Muttergesellschaften vom GU-Markt, vgl. FK/*Heithecker/Schneider*, Art. 101 Abs. 1, 3, Fallgruppe II. 9 GU Rn. 13 (Stand: Mai 2010).

1156 Vgl. Kommission Entscheidung v. 18.10.1991 IV/32.737 (Tz. 9) – *Eirpage*, ABl. 1991 L 306/22; FK/*Heithecker/Schneider*, Art. 101 Abs. 1, 3, Fallgruppe II. 9 GU Rn. 16 (Stand: Mai 2010).

1157 FK/*Roth/Ackermann*, Art. 81 Abs. 1, Grundfragen Rn. 13 (Stand: Mai 2009).

1158 Loewenheim/Meessen/Riesenkampff/*Lindemann*, Art. 2 FKVO Rn. 196.

Dieses Ausführungen zeigen: Die Vereinbarung eines gesellschaftsrechtlichen Wettbewerbsverbots zulasten der GU-Mütter kann – bei Vorliegen entsprechender gemeinsamer Kontrolle – der Überprüfung anhand des Kartellverbotstatbestands generell entzogen sein (Konzernprivileg).[1159] Es bestehen insoweit keine Bedenken im Hinblick auf negative wettbewerbliche Auswirkungen im Verhältnis der Muttergesellschaften untereinander. Das gilt allerdings nur, wenn es sich um ein Wettbewerbsverbot zulasten der Mütter eines kartellrechtlich unbedenklichen konzentrativen Gemeinschaftsunternehmens handelt und somit lediglich Ausdruck des endgültigen Rückzugs der Mütter vom Markt des GU ist.

b) Wettbewerbsverbot als Beschränkung der jeweils *einzelnen* GU-Mutter

Das im Gesellschaftsvertrag eines Gemeinschaftsunternehmens zulasten der GU-Mütter vereinbarte Wettbewerbsverbot stellt primär eine Wettbewerbsbeschränkung zwischen dem GU und der jeweiligen einzelnen Muttergesellschaft dar. Es ist zu überlegen, ob dieser Umstand der Anwendung des Konzernprivilegs entgegensteht.

Pohlmann vertritt die Auffassung, dass auch eine geringe Handlungsfreiheit des GU gegenüber der einzelnen Muttergesellschaft im Interesse des Wettbewerbs schutzwürdig sei, sodass die Anwendung des Konzernprivilegs nicht in Betracht komme.[1160] Dagegen wird eingewandt, es fehle im Verhältnis des GU zu jeder seiner Muttergsellschaften generell an einer im Interesse des Wettbewerbs schutzwürdigen Handlungsautonomie.[1161]

Die Streitfrage ist für die hier diskutierte Frage jedoch nicht relevant. Bei *Pohlmann* findet sich im Zusammenhang mit oben genannter Ansicht das Beispiel, dass A und B paritätische Mütter eines Gemeinschaftsunternehmens sind, und nur A mit diesem eine Bezugsbindung vereinbart. Ein *gesellschaftsvertragliches* Wettbewerbsverbot wird aber gerade niemals nur von einem Gesellschafter vereinbart, sondern von sämtlichen Gesellschaftern. Auch

---

1159 Wird das Konzernprivileg – wie im europäischen Recht aber entegegen der vorliegend vertretenen Meinung – methodisch mit dem Unternehmensbegriff begründet, so ist die Anwendung des Konzernprivilegs „in beide Richtungen" ebenfalls konsequent. Im Falle einer wirtschaftlichen Einheit liegt danach nämlich nur ein Unternehmen vor. Es ist mithin nicht zu erklären, warum eine Beschränkung der Muttergesellschaft gegenüber dem GU anhand des Kartellverbotstatbestands zu überprüfen sein soll.

1160 *Pohlmann*, Der Unternehmensverbund, S. 416.

1161 *Thomas*, ZweR 2005, 236 (254).

wenn sich die Wirkung des Wettbewerbsverbots auf das Einzelverhältnis GU – jeweilige Muttergesellschaft beschränkt, so wurde dieses jedenfalls gemeinschaftlich vereinbart.[1162]

c) Vereinbarung des Wettbewerbsverbots bei Gründung des GU

Fraglich ist, ob bereits das bei Gründung des GU vereinbarte Wettbewerbsverbot aufgrund des Konzernprivilegs der Beurteilung anhand des Kartellverbotstatbestands entzogen sein kann. Dagegen ließe sich einwenden, dass eine Wettbewerbsbeschränkung nur dann als konzernintern klassifiziert werden kann, wenn bereits ein gesellschaftsrechtliches Abhängigkeitsverhältnis geschaffen wurde. Ein solches wird jedoch erst mit der Gesellschaftsgründung geschaffen. *Gansweid* unterscheidet in seiner Untersuchung der Anwendung des § 1 GWB auf Gemeinschaftsunternehmen nach Beschränkungen, die dem GU im Rahmen des Gesellschaftsstatuts bei der Gründung auferlegt werden und solchen, die erst nach Gründung des GU vereinbart werden.[1163] Für die zuerst genannten Fälle stellt er Erwägungen an, die der Immanenztheorie nahe kommen, während er die zuletzt genannten Fälle als solche der konzerninternen Wettbewerbsbeschränkungen diskutiert.

Die genannte Differenzierung erweist sich jedoch als zu formalistisch und würde, wenn man sie konsequent anwendete, zu unsinnigen Ergebnissen führen. So wäre der Fall denkbar, dass ein bei Gründung des GU vereinbartes Wettbewerbsverbot im Moment der Gründung gegen den Kartellverbotstatbestand verstößt, während dieser nur eine Sekunde später wegen des dann bestehenden Abhängigkeitsverhältnisses aufgrund des Konzernprivilegs überhaupt nicht mehr anwendbar wäre. Die Nichtigkeitsfolge lässt sich aber nicht rückgängig machen, sodass eine erneute Vereinbarung, mithin eine Änderung des Gesellschaftsvertrages, erforderlich wäre.

Es kann aber keinen Unterschied machen, ob das Wettbewerbsverbot bei Gründung der Gesellschaft oder erst wenig später vereinbart wird. Daher muss das Konzernprivileg bereits bei Gründung der Gesellschaft zur Freistellung von Wettbewerbsverboten von der Überprüfung anhand des Kartellverbots führen

---

1162 Auf eine Entscheidung der genannten streitigen Frage kommt es demnach nur im Falle der privatautonomen Vereinbarung eines Wettbewerbsverbotes an, der hier nicht näher behandelt werden soll.

1163 *Gansweid*, Gemeinsame Tochtergesellschaften, S. 234 ff.

können. Das darf allerdings nur gelten, wenn sich aus den Gründungsdokumenten des GU konkrete Anhaltspunkte für das Vorliegen von gemeinsamer Beherrschung ergeben.

Zeitlich ist das Wettbewerbsverbot so lange der Überprüfung anhand des Kartellverbots entzogen, wie die gemeinsame Kontrolle durch die Muttergesellschaften ausgeübt wird.[1164]

d) Ergebnis

Neben dem Immanenzgedanken sowie der europäischen Nebenabredendoktrin kommt für Gemeinschaftsunternehmen auch die Rechtfertigung des gesellschaftsvertraglichen Wettbewerbsverbots aufgrund des Konzernprivilegs in Betracht. Während die Immanenztheorie den Kartellverbotstatbestand im Falle der Funktionsnotwendigkeit des Wettbewerbsverbots einer teleologischen Restriktion unterwirft, schließt das Konzernprivileg generell die Anwendung des Kartellverbotstatbestandes aus und schafft auf diese Weise einen kartellverbotsfreien Binnenraum zwischen dem GU und seinen Gesellschaftern.

Dieser dogmatische Ansatz muss nicht auf Gemeinschaftsunternehmen beschränkt bleiben. Die Anwendung des Konzernprivilegs kommt schließlich auch – und in erster Linie – im Verhältnis des herrschenden Mehrheitsgesellschafters zu der von ihm abhängigen Gesellschaft in Betracht. Insoweit lässt sich die Aufrechterhaltung des Wettbwerbsverbots jedoch auch mit Hilfe der Immanenztheorie begründen. Gleichwohl erscheint es überlegenswert, ob ein dogmatischer Ansatz, der zur Unanwendbarkeit des Kartellverbotstatbestandes führt, nicht der teleologischen Restriktion des Kartellverbotstatbestandes vozuziehen ist.

Zu einem anderen Ergebnis führt die Anwendung des Konzernprivilegs allerdings bei der Beurteilung von Wettbewerbsverboten zulasten der Mütter eines konzentrativen Gemeinschaftsunternehmens. Wie gezeigt[1165], vermag alleine die Blockademöglichkeit im Hinblick auf strategische Unternehmensentscheidungen nicht die Funktionsnotwendigkeit eines Wettbewerbsverbots zu begründen. Wird aber auf die gemeinsame Beherrschung des GU durch seine Muttergesellschaften abgestellt, so lässt sich das Wettbewerbsverbot mit Hilfe des Konzernprivilegs aufrechterhalten, da es überhaupt nicht anhand des Kartellverbots auf seine Wirksamkeit überprüft wird. Dies bedeutet eine

1164 Vgl. nur Wiedemann/*Schroeder*, Hdb. Kartellrecht, § 8 Rn. 16 m.w.N.

1165 Vgl. oben: 4. Kap. C. III. 2. a)

Ausnahme von dem Grundsatz, dass die Begründung eines ungeschriebenen Wettbewerbsverbots und die Beurteilung der kartellrechtlichen Zulässigkeit von gesellschaftsvertraglich vereinbarten Wettbewerbsverboten zwei Seiten ein und derselben Medaille sind. Die Vereinbarung eines Wettbewerbsverbots zulasten der Muttergesellschaften im Rahmen eines konzentrativen Gemeinschaftsunternehmens ist konstitutiv, da sich ein Wettbewerbsverbot nicht bereits aus der gesellschaftsrechtlichen Treupflicht ergibt.

6. Kapitel: Zusammenfassung in Thesen

1. Die Fragen rund um das gesellschaftsrechtliche Wettbewerbsverbot, seine ungeschriebene Begründung, wie auch seine kartellrechtliche Zulässigkeit, sind eng mit der gesellschaftsrechtlichen Treupflicht verbunden.
2. Eine gesetzliche Regelung des gesellschaftsrechtlichen Wettbewerbsverbots findet sich in § 112 HGB. Die Norm stellt eine gesetzliche Typisierung der gesellschaftsrechtlichen Treupflicht in der offenen Handelsgesellschaft dar. Sinn und Zweck der Regelung ist zum einen, dass der Gesellschafter die aufgrund seiner Gesellschafterstellung erlangten Informationen nicht zur Verfolgung eigennütziger Zwecke verwerten und zum anderen seinen Einfluss in der Gesellschaft nicht missbrauchen können soll.
3. Im Falle eines Verstoßes gegen § 112 Abs. 1 HGB können die Gesellschafter gem. § 113 Abs. 1 HGB zwischen der Geltendmachung eines Schadensersatzanspruches oder dem Eintrittsrecht wählen, wobei sich Letzteres dadurch auszeichnet, dass es nicht darauf ankommt, ob die Gesellschaft selbst einen Gewinn erzielt hätte.
4. Gesellschafter, die keinem ausdrücklich normierten Wettbewerbsverbot unterliegen, können einem ungeschriebenen Wettbewerbsverbot unterworfen sein. Dieses ergibt sich unmittelbar aus der gesellschaftsrechtlichen Treupflicht. Einer Analogie zu § 112 HGB bedarf es insoweit nicht. Nichts anderes gilt für die Kapitalgesellschaften, da es sich bei der Annahme eines Wettbewerbsverbots um einen gesteigerten Fall der Einwirkungskontrolle handelt.
5. Allein das Bestehen gesetzlicher Informationsrechte kann generell nicht zu einem ungeschriebenen Wettbewerbsverbot führen, da einem möglichen Missbrauch mit Auskunfts- und Einsichtsverweigerungsrechten begegnet werden kann.
6. Hingegen unterliegt sowohl der beherrschende Gesellschafter einer Kommanditgesellschaft einem ungeschriebenen Wettbewerbsverbot wie der einer GmbH und der einer Aktiengesellschaft, da der Missbrauch von Informtionen, die auf informellem Wege erlangt wurden, droht, und der herrschende Gesellschaft jederzeit zur Einflussnahme auf die Gesellschaft in der Lage ist, ohne dass ein objektiver Maßstab für die Beurteilung einer Maßnahme als nachteilig und somit deren Ausgleich besteht.
7. Der tatsächlichen Ausübung der gesellschaftsrechtlich vermittelten Einflussmöglichkeiten durch den Mehrheitsgesellschafter bedarf es nicht; es

besteht insoweit eine tatsächliche Vermutung des Gebrauchs bestehender Einflussmöglichkeiten.

8. Ein ungeschriebenes Wettbewerbsverbot besteht zulasten des Mehrheitsgesellschafters im Recht der GmbH unabhängig von der Gesellschaftsstruktur. Es ist mithin nicht erforderlich, dass es sich um eine „personalistische" GmbH handelt. Allein eine personalistische Gesellschaftsstruktur kann überdies kein Wettbewerbsverbot zulasten eines GmbH-Minderheitsgesellschafters begründen; es kommt vielmehr maßgebend auf die Ausgestaltung der konkreten Gesellschafterstellung an.
9. Im Aktienrecht stehen die Regelungen über den Nachteilsausgleich im faktischen Konzern (§§ 311 ff. AktG) der Annahme eines ungeschriebenen Wettbewerbsverbots zulasten des herrschenden Gesellschafters nicht entgegen. Von dem bestehenden Wettbewerbsverbot kann keine Ausnahme zugunsten des konzernrechtlichen Einzelausgleichssystems begründet werden, wenn dieses System nicht funktioniert. Im Falle eines herrschenden Gesellschafters, der in demselben Handelszweig tätig ist, wie die Gesellschaft, ist zu vermuten, dass es mangels objektiven Maßstabs zu nicht ausgleichsfähigen Einflussnahmen kommt, sodass die §§ 311 ff. AktG keine Anwendung finden.
10. Eine Befreiung von dem Wettbewerbsverbot ist durch Satzungsänderung möglich, wobei der zu befreiende Gesellschafter nicht stimmberechtigt ist. Das GmbH-Recht fordert hierfür eine ¾-Mehrheit der abgegebenen Stimmen und das Aktienrecht verlangt eine Mehrheit, die mindestens drei Viertel des bei der Beschlussfassung vertretenen Grundkapitals umfasst; eines sachlichen Rechtfertigungsgrundes bedarf es in diesen Fällen nicht.
11. Es besteht ein natürliches Spannungsverhältnis zwischen dem Kartellverbotstatbestand und dem gesellschaftsrechtlichen Wettbewerbsverbot. Der Kartellverbotstatbestand lässt sich aufgrund des Immanenzgedankens einschränken, wobei es sich methodisch um eine teleologische Restriktion handelt. Ein gesellschaftsrechtliches Wettbewerbsverbot ist kartellrechtsimmanent, wenn es für den Bestand der Gesellschaft funktionsnotwendig ist. Ist die Funktionsnotwendigkeit in diesem Sinne gegeben, besteht immer auch ein ungeschriebenes Wettbewerbsverbot; insoweit sind dieselben Wertungen maßgebend.
12. Mangels verdeckter (Ausnahme-)Regelungslücke kommt eine teleologische Reduktion des § 112 Abs. 1 HGB im Falle des von der Geschäftsführung ausgeschlossenen OHG-Gesellschafters bei isolierter Betrachtung der Normen des HGB nicht in Betracht. Jedoch lässt sich die Einschränkung des § 112 Abs. 1 HGB mit Rücksicht auf das rechtsethische Prinzip der Wettbewerbsfreiheit,

das in § 1 GWB zum Ausdruck kommt, im Wege der gesetzesübersteigenden Rechtsfortbildung begründen, wenn das Wettbewerbsverbot für den Bestand der Gesellschaft nicht funktionsnotwendig ist.

13. Der Normenkonflikt zwischen dem europäischen Kartellverbotstatbestand (Art. 101 AEUV) und § 112 Abs. 1 HGB lässt sich im Wege des Anwendungsvorrangs zugunsten des Kartellverbots lösen.
14. Die Frage nach der Funktionsnotwendigkeit eines vereinbarten Wettbewerbsverbots zulasten des Minderheitsgesellschafters, der die Möglichkeit der Blockade strategischer Unternehmensentscheidungen hat, wird im Hinblick auf die kartellrechtliche Zulässigkeit streitig diskutiert; nicht jedoch im Zusammenhang mit der Frage nach der Begründung eines ungeschriebenen Wettbewerbsverbots.
15. Die Ausführungen des *Bundesgerichtshofs*, der die Funktionsnotwendigkeit und somit die kartellrechtliche Zulässigkeit eines Wettbewerbsverbots zulasten des mit der Möglichkeit zur Blockade strategischer Unternehmensentscheidungen ausgestatteten Minderheitsgesellschafters bejaht, überzeugen nicht. Für die Frage, ob die bloße Blockademöglichkeit die Gefahr der inneren Aushöhlung der Gesellschaft begründet, ist eine Orientierung an dem Kontrollbegriff des Fusionskontrollrechts unzweckmäßig. Vielmehr ist eine Anleihe im Konzernrecht vorzugswürdig. Dort genügt die bloße Blockademöglichkeit nicht für die Annahme von Beherrschung.
16. Überdies unterliegt der Gesellschafter mit Blockademöglichkeit bei der Ausübung seines Stimmrechts der gesellschaftsrechtlichen Treupflicht, welche zu einer positiven Stimmpflicht führen kann. Hierin ist ein milderes Mittel zu sehen, welches die Annahme eines Wettbewerbsverbots als unverhältnismäßig erscheinen lässt.
17. Die Kooperationsform des Gemeinschaftsunternehmens verdient besondere Beachtung. Es werden zwar die regulären Gesellschaftsformen – insbesondere die GmbH – verwendet; gleichwohl sind einige Besonderheiten zu berücksichtigen.
18. Der Unternehmenskaufgedanke kann ebenso zur ungeschriebenen Begründung eines Wettbewerbsverbots führen, wie zur kartellrechtlichen Rechtsfertigung eines vereinbarten Wettbewerbsverbots aufgrund des Immanenzgedankens.
    Das ist der Fall, wenn ein Gesellschafter „unternehmerisches Potenzial" in die Gesellschaft einbringt und ein Wettbewerbsverbot zum Schutz vor nachträglicher Entwertung durch den einbringenden Gesellschafter erforderlich ist. Das Wettbewerbsverbot ist jedoch regelmäßig auf eine Dauer von 2 Jahren und auf den einbringenden Gesellschafter begrenzt.

19. Mit dem Gedanken, dass ein konzentratives Gemeinschaftsunternehmen vor der Zerstörung durch die „Umwandlung“ in ein kartellrechtlich problematisches kooperatives Gemeinschaftsunternehmen zu schützen sei, lässt sich ein Wettbewerbsverbot zulasten sämtlicher GU-Gesellschafter nicht rechtfertigen. Eine solche „Umwandlung“ berührt nicht die verbandsrechtliche Grundlage des Gemeinschaftsunternehmens, sodass keine wirkliche „Zerstörung“ droht.
20. Die kartellrechtliche Zulässigkeit gesellschaftsvertraglich vereinbarter Wettbewerbsverbote lässt sich mithilfe des Konzernprivilegs begründen. Es ist zu vermuten, dass sich das GU nicht autonom verhalten kann und mithin das Konzerprivileg Anwendung findet, wenn die Muttergesellschaften gemeinsame Kontrolle im Sinne der zur Fusionskontrolle aufgestellten Grundsätze ausüben.
21. Die Begründung der Zulässigkeit von gesellschaftsrechtlichen Wettbewerbsverboten mithilfe des Konzernprivilegs stellt insofern eine Besonderheit dar, als der ansonsten gegebene Gleichlauf der Annahme ungeschriebener Wettbewerbsverbote und der Beurteilung der kartellrechtlichen Zulässigkeit gesellschaftsvertraglich vereinbarter Wettbewerbsverbote durchbrochen wird:
    Mit dem hier vorgeschlagenen Lösungsansatz gelangt man zur kartellrechtlichen Zulässigkeit eines gesellschaftsrechtlichen Wettbewerbsverbots, welches sich nicht zugleich aus der gesellschaftsrechtlichen Treupflicht ergibt.

www.ingramcontent.com/pod-product-compliance
Ingram Content Group UK Ltd.
Pitfield, Milton Keynes, MK11 3LW, UK
UKHW021910290926
8980IPUK00015B/1176

9 783631 657201